● 文献信息资源开发与研究丛书

元朝文书档案工作研究

陈子丹 著

中国社会科学出版社

图书在版编目（CIP）数据

元朝文书档案工作研究／陈子丹著．—北京：中国社会科学出版社，2014.8

ISBN 978-7-5161-4689-7

Ⅰ.①元… Ⅱ.①陈… Ⅲ.①文书档案—档案工作—研究—中国—元代 Ⅳ.①G279.294.7

中国版本图书馆 CIP 数据核字(2014)第 193463 号

出 版 人 赵剑英
责任编辑 孔继萍
责任校对 郝阳洋
责任印制 王炳图

出　　版 中国社会科学出版社
社　　址 北京鼓楼西大街甲 158 号（邮编 100720）
网　　址 http://www.csspw.cn
　　　　 中文域名:中国社科网　　010-64070619
发 行 部 010-84083685
门 市 部 010-84029450
经　　销 新华书店及其他书店

印刷装订 北京市兴怀印刷厂
版　　次 2014 年 8 月第 1 版
印　　次 2014 年 8 月第 1 次印刷

开　　本 710×1000　1/16
印　　张 20
插　　页 2
字　　数 340 千字
定　　价 59.00 元

《文献信息资源开发与研究丛书》编委会

总　序

文献是文明的结晶，也是文明的载体。人类创造文献，积累文献，开发利用文献信息资源，不断推动文明的进程。

中国乃人类文明古国。中华文明史也可以说是文献的历史。其文献类型之多样，内容之丰赡，数量之巨大，正所谓“浩如烟海”、“汗牛充栋”。而今，由于新技术的广泛使用，信息时代的迅速来临，文献已呈“爆炸”之势；尤其是互联网的出现，使人类社会又进入了一个崭新的时代。

与此同时，我们亦面临诸多的问题与挑战，比如：传统文献怎样才能在保护中得到更好的开发利用，现代文献在充分传播利用的同时又怎样才能得以有效传承，人类文献资源如何才能更好地实现共享，而对于按几何级数增长的文献，怎样才能真正管好用好，怎样才能处理好文献的多样性与一体化的关系，等等。这些都需要文献学者和实际工作者进行更广泛更深入的调查与研究，努力探求并切实遵循“文献之道”，以文献积淀文化，以文献创新文化，进而实现中华文化的伟大复兴。

云南地处祖国的西南边疆，中原文化很早就在这里传播，大量的汉文典籍源源不断地传入并积累，成为云南文化的主流与传统。而其地方、民族与边疆诸特色亦在云南文献中得以彰显。以地方特色而言，编史修志从来都是文化胜业，且成绩斐然。专著、文集不断被创制和保存，民国年间辑刻的《云南丛书》，“初编”、“二编”即达205种1631卷及不分卷的50册。其后更有数千种图书文献问世。从民族特色来说，云南民族众多，文化多元，民族典籍文化源远流长，傣族的贝叶文献、彝族的毕摩文献、纳西族的东巴文献、藏族文献、白族文献等，早已产生了国际性影响，是人类共同的文化财富。就边疆特色来看，记载或论述边地、边境、边界、边民、边防及边贸等内容的边疆文献，种类多，价值高，历来都受重视；尤其是在西部大开发、中国面向西南开放重要“桥头堡”的建设及文化强省的建设中，云南文献的研究与建设被赋予了神圣的文化使命，推进到了新的发展阶段。

云南大学是西南地区建立最早的综合性大学之一。其前身东陆大学奠基于云南贡院故地，承续着悠久深厚的历史文化，而今日云南大学的步伐正向着她的第一个百年迈进。建校之初即已呈现出“西学”、“国学”以及“滇学”并重的特质，而文献的研究、整理与开发利用，一直被视为学术的根基，袁嘉谷、方树梅、刘文典、钱穆、顾颉刚、姜亮夫、吴晗、向达、白寿彝、徐嘉瑞、方国瑜、江应樑、谢国桢、李埏等诸多学术泰斗、文献大家都曾执教于斯，他们的学术著述多已成为传世之作，他们的文献学成就早已名垂青史。特别是自20世纪80年代以来，相继建立了档案学、图书馆学、信息资源管理等专业，经过一代代学者的努力，继承传统，开拓创新，文献学科获得长足发展。培养出的学士、硕士和博士，多已成为业务骨干；培育出的学术成果，已显现出自身的优势和特色。更可喜的是，资深学者不断推出自己的力作，学术新秀正在脱颖而出。

为促进文献学科的发展，繁荣学术文化，进一步做好文献工作，在云南大学的大力支持下，我们组织出版这套《文献信息资源开发与研究丛书》。我们的初衷，概而言之就是求真求新、继承创造。求真是科学研究的本义，无论是文献学学术研究，还是文献资源的整理实践，定当以求真为基本原则，否则，绝无科学可言。求新是我们的学术追求，没有独到的见解，没有新意，不足以言学术贡献。继承是学术创造的源泉，创造是学者永恒的使命。这是我们的学术心愿。古人说，取法乎上，仅得其中，虽不能至，心向往之。我们秉承这种精神，朝着这个方向，努力前行。

是为序。

张昌山

2013年9月于云南大学会泽院

目　录

绪　论

蒙古原名蒙兀室韦，起自朔漠。1206年，大汗铁木真统一蒙古各部，建立蒙古汗国（大蒙古国），尊号成吉思汗。此后相继攻灭西夏、金、吐蕃、大理，并向西攻取中亚、西亚等地。1260年，蒙古汗国第五代可汗忽必烈在开平即汗位，建元中统。1271年定国号为“大元”，次年以大都（今北京）为都城。1279年灭南宋，统一全国，建立了由蒙古贵族占统治地位的统一的多民族封建王朝。元朝建立后，逐渐推行汉法，统一官制。但是，由于疆域辽阔、民族众多，出于加强统治的需要，在建章立制方面实行强烈的民族歧视政策，仍然保持着游牧旧习。元人郝经说：“以国朝之成法，援唐宋之故典，参辽金之遗制，设官分职，立政安民，成一代王法。”① 国家机构的设置独具特色，既保持了蒙古汗国时期落后的游牧制度，又杂采宋、金等朝的政治体制，头绪纷繁，新旧混合，其文书档案工作也与前朝迥然有异，呈现出鲜明的民族特色和时代特点。

一

在整个中国档案事业史上，元朝近百年的文书档案和文书档案工作，占据着极其重要的地位。它不仅文书档案的数量较多，文种类型多样，内容丰富多彩，而且文书档案工作颇具特色，在照刷磨勘文卷、文书立卷归档、公文邮驿制度、档案编次注册和借阅批注、吏员出职升官和选拔任用

---

① （元）郝经：《四库全书·陵川集·立政议》（卷32），上海古籍出版社1987年版，第361页。

等方面，都取得了突出的成就。元朝的驿传制是历代最为发达的公文传递制度。同时，元代近百年的档案文献编纂活动，在中国古代档案文献编纂史上也占有非常重要的地位。它不仅成果众多、内容丰富，而且在编纂制度、编纂方法和编纂思想等方面也取得了突出成就。在开放、多元的文化背景下，元代文书档案工作继承了前代的优良传统，伴随着时代发展的历程，在诸多方面都有长足的进步。

北方蒙古族首次以少数民族入主中原，自然而然对少数民族政权的地位给予特殊关注，在注重少数民族政治文化地位的决策倾向影响下，少数民族文化以前所未有的速度迅猛发展。这一历史特点反映在文书档案工作上，是少数民族文书档案数量的增多，内容更加丰富，文书档案和文书档案工作也受到重视，成为元代文治的一项重要内容。同时，史学之民族内容的进一步丰富，是这个时期史学发展最突出的特点。[①] 别史、传记、史注、地志和行记的纂述，也有新的发展。这些对元代文书档案工作以及档案文献编纂的发展都具有重要的促进作用。

另外，元代在国家政体模式上表现出对汉文化和宗教、民族文化的最高层次上的兼容，一是取汉文化第一经典《易经》中的“大哉乾元”之义，改国号为“元”，以为中国正统王朝的当然继承者；二是奉藏传佛教——喇嘛教为国教，推行政教并行的国家政体模式；三是实行民族等级划分和歧视政策。作为这三个并行的政治形式在档案文献编纂上的迁衍与反映，元朝一方面将宋、辽、金皆列入“正史”，另一方面鼓励用少数民族文字修史，更为重要的是以宗教的道统来比附历史，以形成对汉文化正统史观的分庭抗礼。[②] 对于这种特定历史时期出现的特殊文化现象，史学界历来褒贬不一。在此不加评说，只是客观地指出这一重要的而且是中国古代史上独一无二的编纂特点。

二

元朝统治者在建立统治机构的同时，也沿用了前代封建王朝使用的文

① 瞿林东：《中国史学史纲》，北京出版社 1999 年版，第 541 页。

② 尹华：《中国少数民族历史文献沿革述略》，《图书馆理论与实践》1995 年第 3 期。

书种类、名称以及一套文书制度。元代皇帝和皇后、太子颁发的下行文书，除沿用前代的诏书等以外，还有宣命、敕牒、懿旨、令旨等。皇帝颁发的文书统称为圣旨，其中公开告谕臣民的文书，因以黄纸书写，称为黄榜或皇榜。臣下上呈皇帝、太子的文书仍沿用前代的称呼，为奏、启等。各级官府的上行文有呈、申、牒上、牒呈上等；平行文有咨、平牒等；下行文有答付、今故牒、指挥等。此外，为了征收赋税，元政府还设立了多种登记户籍、田产的文书，如青册、鱼鳞册等。

元朝政府文移主要使用畏兀儿文、八思巴蒙古文和汉文三种文字。公文的书写有三大特点，一是多用简笔字和俗字，二是多用赵体，三是公文很少有避讳。公文在从蒙古语原文翻译成汉文时，还形成了一种特殊文体形式的公文——“汉文硬译公牍”，俗称“白话文文牍”。

元朝专门文书还有皇帝和皇太子学习书写的文书、法律文书以及社会契约文书等；元朝汉文石刻主要有元代白话碑、宣光碑刻、墓碑、宗教石刻、人物碑、少数民族汉文石刻等，谱牒档案主要有南海甘蕉蒲氏家谱、泉州回族谱牒、赛典赤家谱等；元朝科技、教育档案主要有天文占卜档案、地理档案、农业档案、《庙学典礼》、《元统元年进士录》等。元朝历史档案存世者甚罕，迄今发现并整理公布的元朝历史档案中，数量最多的是黑水城出土的元代文书档案。大理五华楼遗址也出土了一批元碑。西藏自治区档案馆在初步整理出的一百多万件档案中，发现了部分元代西藏地方政权形成的档案。甘肃省博物馆也藏有23件元朝档案。

元朝少数民族文字档案主要分为蒙古文档案、回鹘文档案、藏文档案等。其中的蒙古文档案又分为回鹘式蒙古文档案和八思巴蒙古字档案。回鹘式蒙古文档案产生于13世纪上半叶，并形成了令旨、碑铭、信札、玺文等不同类型的文书档案。现存的回鹘式蒙古文档案主要有碑铭和函件两类，数量稀少。八思巴字档案产生于13世纪末期，存世的纸质档案极为罕见，碑刻档案则遗存较多。从目前掌握的材料来看，全国有十几个寺庙藏有八思巴文石碑，但大部分都在西藏。现存的回鹘文档案主要有碑铭和社会经济文书两类，其中契约文书遗留下来的数量多、种类全，内容丰富。元代藏文档案主要有法旨、铁券文书、西藏官方档案，现存西藏自治区档案馆。

元朝在全国大小官署衙门里，设置了数量不等的文书档案工作机构，并配备了文书档案人员。在中书省和行中书省，设有承发司、管勾司、检校所、照磨所、给事中等机构，在中央六部和院、台、寺、监以及地方路、府、州、县等衙门，一般都设立双重性质的文书档案机构，既承担文书处理工作又兼做档案保管工作，其首领官名称较多，如承发架阁照磨、承发兼照磨、承发架阁兼照磨、架阁库管勾兼承发、承发架阁库管勾、提控案牍兼照磨等。至于各衙门从事文书缮写、翻译、传令、监印等工作的吏员，其名目更为繁多，有怯里马赤、必阇赤、令史、译史、通事、宣使、奏差、知印、监印、贴书、书写、铨写、书吏、典吏等。

元朝文书档案人员大致可分为主管官员（首领官）、具体负责官员(管勾)、吏职人员三大类。主管官员主要是各级机构中的首领官，负责统领吏员，执掌文书的收发处理和管理案牍；具体负责档案管理工作的官员主要是各级架阁库的首领官，称“管勾”；吏职人员又分为案牍吏员、翻译吏员、传达吏员、文书收发钤印吏员四大类，大多数没有品级。

元代仿照宋制，在中央和地方各级官衙中普遍设置架阁库，配备管勾等官吏，负责收藏前代和本朝的档案。本朝形成的档案依据文字不同，分为蒙文、回回文、汉文档案，分别设有蒙文架阁库、回回架阁库，收藏蒙文、回回文档案。

元朝不重视科举，官员的选拔任用普遍采用吏员出职制度。由吏升官是元朝的主要入仕之途。元朝各级行政、监察部门的主要吏职，包括县司吏在内都可以出任官职。正是这种吏员出职的普遍性，使吏员成为补充官员的主要来源，形成元代官员大多来自吏员的局面。而吏员的补充选用又主要通过4种途径实现，一是由“白身”补司、县吏；二是由见习吏员补吏；三是由儒人充任吏职；四是由职官充任吏职。

元朝各级官员腐败无能，文档吏员权力膨胀，吏制的弊端也日益严重。政府虽然采取过一些措施来革除吏弊，但由于各级官员依赖于吏，又驾驭不住吏，文档吏员的舞弊现象愈演愈烈，始终无法消除。

元朝统治者在继承唐、宋、金文书工作制度的同时，也根据封建政务的需要，加以改造和完善，形成了一套元朝的文书管理制度，包括文书避讳制度、文书缮写制度、文卷登记和勾销制度、行移公事程限和催办制度、圆佥文书制度、文书押署制度、印章的制作保管与使用制度、照刷磨勘文卷制度、文书立卷制度、文书保密制度等。

元朝的公文邮驿规模庞大、辐射全国，形成以大都为中心的邮驿系统，以驿站为主体的马递网路和以急递铺为主体的步递网路。驿站分陆站、水站和水陆相兼站三种，星罗棋布，脉络相通，朝令夕至，遍设于帝国辽阔疆域内，最多时达一万多处。急递铺专掌递送紧急公文，每十里或十五里、二十五里设置一铺，设铺司一人负责、隶铺兵四人，每十铺设一邮长。在大都专设总急递铺提领所，各路设急递总铺，置提领掌理。

元朝档案管理制度主要包括架阁管理制度、区别文字分别架阁制度、当面交卷制度、周年交案制度、不得私藏官府文卷制度、档案曝晒制度、档案利用制度等，这些制度对元代档案工作的发展起到了促进作用。

元朝文书档案工作有以下若干特点：(1) 档案工作的游牧特征明显；(2) 全国文书总汇机关只设中书一省；(3) 宰相仅是皇帝的秘书；(4) 吏员出职制度在我国封建社会档案史上绝无仅有；(5) 公文驿传制度在规模、数量和管理水平上都超过前代；(6) 文书立卷方法上有所创新；(7) 文书档案机构不健全；(8) 文书工作与档案工作混合；(9) 文档管理权限下移；(10) 文档管理制度不够完善；(11) 重视档案的收集和安全保护；(12) 重视档案的检索和开发利用。

三

元代近百年的档案文献编纂利用，无论在编纂思想、方法还是编修成果上，都取得了突出的成就，呈现出鲜明的时代特征，在中国古代档案文献编纂利用史上占有重要地位。

元代专门性的档案文献编纂机构是翰林国史院，后又把集贤院与翰林国史院合并称翰林国史集贤院。翰林国史院的史臣以翰林学士兼任，主修史官有承旨、学士、侍读、侍讲学士、直学士，属官包括待制、修撰、应奉翰林文字、编修官、检阅、典籍，共四十员左右，由从一品至正八品，此外还有首领官和吏员等。

元代也仿效汉制修纂起居注、时政记和日历，但以往对起居注、时政记和日历的编纂情况不得而详。明初徐一夔说元代不设起居注官，也不修日历，因此没有起居注和日历，唯有实录。近人金毓黻、刘节等皆指出徐氏所言不当，因《元史·百官志》记载给事中兼修起居注，秘书监设著作郎、佐郎，如宋、辽、金制，即掌修日历，而王恽《进世祖实录表》明言除采时政之编外，亦参取于起居注，可知元代非如徐氏所说仅有时政科之设，而无起居注、日历之置。

元朝统治者也重视本朝实录的纂修。每位皇帝死后，由史官编修实录，其主要依据是中书省下设的时政科所保存的档案文献。《元十三朝实录》包括了从蒙古建国（元太祖）到元朝宁宗共 13 朝的每一位大汗，钱大昕的《补元史艺文志》著录了元朝所修实录，包括《五朝实录》（太祖、太宗、定宗、睿宗、宪宗）、《世祖实录》、《顺宗实录》、《成宗实录》、《武宗实录》、《仁宗实录》、《英宗实录》、《泰宗实录》、《明宗实录》、《文宗实录》、《宁宗实录》等 13 朝 15 帝的实录，共 500 余卷。其中除顺帝一朝 36 年无实录外，其他各朝都较完整，这些实录材料记录了元朝的重要史实，虽然今已亡佚，但却为明朝时编写《元史》提供了基本依据，是明修《元史》的主要资料来源。

元朝特别重视典章格例等政书的编纂。主要表现在：一是编纂《元典章》和《经世大典》。《元典章》完成于英宗至治二年（1322 年），分前、新两集。前集 60 卷，记元世祖至延祐七年（1320 年）英宗初政时各项典章制度；新集不分卷，记元初迄至治二年（1322 年）间典制，似为补充前集而未竟之作。前后二集分类不尽相同，所录内容为元廷所颁诏令、律令和有关事例，是政府组织法和各项专门法令典制文书的汇编。《元典章》虽然编次杂琐、条理不清，但它保留了大批元代法令条文的原始材料，在《经世大典》散佚的情况下，此书便成为研究元代各种典章制度的重要文献。《经世大典》完成于文宗至顺三年（1332 年），计 880 卷，是元代官修的大型典志体史书，它以会要的形式，记载了蒙古时期的历史和社会制度，反映了元初至文宗朝的典章制度沿革。二是汇编法律文书。如完成于至治三年的《大元通制》，它具有刑法和民法法典的性质，共 88 卷，分制诏、条格、断例、别类四项，凡 2539 条。全书今已不传，现存的《通制条格》22 卷为原书条格项的残卷。三是官修《宪台通纪》正续集、《南台备要》，所记为御史台制度，书已失传，仅存《永乐大典》辑本。四是私修《秘书监志》（王士点、商企翁）。全书 11 卷，对有元一代秘书监的建置迁除、典章故实、职官题名皆有详细记载，现保存完整。这些法律文书、典章格例的编纂，总结了元初以来典章制度的沿革演变，为后来者经世治国提供了规范和参考。

元朝国史的编写始于蒙古汗国时期用畏兀儿体蒙古文编修的《脱卜赤颜》，这种国史今已散佚，但明洪武年间的汉译本《元朝秘史》（12卷）保存了它的许多重要材料。元朝是以蒙古族统治者为首建立的大一统皇朝，在历史观念上，蒙古族的历史无疑受到重视，《元朝秘史》自然有很高的地位。不仅蒙古汗国时期有《脱卜赤颜》，终元之世的整个元代，皆有以蒙古文字修的《秘史》。元朝建立后，蒙古文国史还在不断地修订和增补，当时翰林国史院的蒙古、色目史臣还在为《脱卜赤颜》一类国史的编修补充新材料。

《元朝秘史》记载了蒙古各氏族部落的源流，成吉思汗的祖先谱系及其生平事迹，窝阔台统治前期的活动，反映了13世纪中叶前蒙古族的历史进程以及与此相关的北方民族关系的变化，是研究蒙古汗国建立前后的政治军事制度、经济生产、部落战争、社会组织的重要史料。它以描写战争见长，叙事中又配以诗歌，因而其史学和文学价值都很高，是一部不朽的蒙古史著作。《元朝秘史》现已有十余种外国语言的译本，对此书的研究已发展为国际性课题，形成了独特的“秘史学”。

与蒙古文国史内容相近的史书还有《（皇元）圣武亲征录》。此书于元世祖中统年间译成，篇幅较小，记载了成吉思汗的主要事迹及窝阔台汗一朝的史事，史家认为此书也源自《脱卜赤颜》，但书中史实与《元朝秘史》相比，有同有异，对同一事件的记载也有详略之别，但资料更为广泛，叙事也准确得多。一些学者认为《圣武亲征录》的蒙古文原书早已失传，现在看到的是它的汉译本，但其成书年代很难确定。也有研究者认为此书可能是忽必烈时代的大臣王鹗等人撰修的。

元代很重视对前代史的编修。在元朝之前，曾历辽、金、宋三朝，当时皆未有史，故而修纂辽、金、宋三史自然地落在元朝的头上，元朝亦依例慨然任之。灭金灭宋时，元朝君臣就注意到对辽、金、宋三史的编修，搜罗了相关史料，安排了修史人才。由于三朝何为正统的争论和延搁，直到顺帝至正三年（1343年）三月，三史才正式设局开修，五年十月三史相继修成。其中《辽史》116卷，《金史》135卷，《宋史》496卷。三史之所以能在短时间内修成，是因为在此设局修书之前，各史已具备了相当的基础。比如《辽史》在金朝和元初已有5次编修的过程，积累的材料丰富而系统，因而最快完成。《金史》则有保存较好的金实录和王鹗的《金史》为蓝本，而《宋史》则以宋16朝大量的国史为基本材料，再加上其他史书删削而成。三史在两年内迅速成书，毕竟过于仓促，或失于阙略，或失于芜杂，难免为后世所讥，但三史的编修又各有所长。例如，《金史》向来被认为“与宋、辽二史取办仓卒者不同，故其首尾完密，条例整齐，约而不疏，赡而不芜”①，在三史中最为完善。《辽史》内容虽较为简略，但因记辽代史事的其他史籍甚少，故有较高的史料价值。至于《宋史》，史家虽病其繁芜，但从另一方面看，正因其卷帙庞大，才保存了大量的史料。历来对于三史的评价，多从史料利用的角度，指责其仓猝成书、校核不精以至谬误百出。但若从史学发展的角度来看，三史作为元朝统一政权对辽、金、宋时期多民族历史进程的总结，作为“二十四史”的组成部分，它在历史编纂方法和史学思想上都有着一定的成就和特色。总的来说，辽、金、宋三史的编修是元代档案利用工作的一件大事，三史编修的完成不仅保持了历代正史编修的连续性，而且与当时的实录、国史等著述一起反映了元代档案史料编纂中民族内容的丰富。

但是，元代在灭了西夏后，并没有打算编修西夏史。且有元一代始终未能编出一部西夏专史单行于世，个中原因一直是个谜。据有的学者分析，原因可能有三：一是西夏是辽、金、宋的藩属国，与封建史家的正统观念不合；二是蒙古族统治者仇视倔强的西夏，欲亡其国并亡其史；三是西夏不重修史，也不注重档案的收集和保存，史料文献匮乏。辽、金、宋三史只分别为西夏修了一个《夏国传》，且放在了“野蛮民族史”部分，算是对西夏历史作了一个总结和交代。但这样的总结已把西夏历史的真相篡改和歪曲了。

元代方志在前代基础上取得了新的成就。其中，《元大一统志》的编修是一重要创新。从地方志发展角度看，统一志这种新方志种类的出现是中国方志史上值得注意的一件大事，它的出现对元代全国修志和明清两代修志及编纂一统志都颇有影响。

元朝档案文献编纂的代表性人物主要有马端临、胡三省、虞集、欧阳玄、苏天爵等。马端临不仅最早取“文献”二字作书名，从理论上对“文献”作了界定，而且发展了分门别类编纂材料的方法，提出

① 《四库全书·〈金史〉目录》，台湾商务印书馆1986年版，第27页。

了文、献、注三合一的编纂方法和“信而有征者从之，乖异传疑者不录”的考订方法，他在至元年间编成的典志体通史《文献通考》(348 卷)，以完整的体例、详密的材料和进步的史学思想，从典制史沿革的角度，对宋以前的历史进行了全面总结，不仅内容丰富、材料可靠，门类亦有创新。又广搜史料，详加考订，去伪存真，再分类目，按时代排比，并在各条后夹录前人及宋儒议论，再加上表明自己见解的按语。这种方法便于考察历代典章制度的源流，开创了后世历史考证学之先河。

元代史家在补、注《资治通鉴》方面做了大量的工作，出现了“《通鉴》学”力作《新注资治通鉴》。胡三省的《音注资治通鉴》294 卷是一部传世佳作，最负盛名。该书包括对文字的注释（字音、文义、名物、典故、地理等方面）、对前人注释错误的辨正、对史事记载错误的考证以及典章制度源流的介绍和评论、对历史事件或历史人物的评价等。收集材料数量丰富，涉及面比较广泛。“凡纪事之本末，地名之同异，州县之建置离合，制度之因革损益，悉疏其所以然。若《释文》之舛谬，悉改而正之，著《〈资治通鉴释文〉辨误》十二卷。”[①] 对事件、人物的评论一针见血，非常精练，而且善于用史实揭露事物的实质，具体注释方法上也有值得参考借鉴之处。

元代中期，虞集主持纂修了典志体巨著《经世大典》，总结了有元一代的典章史实。他高度重视辽、金、宋三史的编修，提出过许多重要建议。他还博采文献资料，及时为当朝人物撰写人物碑传，以为后世著史之征。又广涉各种家乘谱牒，爬梳材料，为考史资粮。体现出重视档案文献考辨，如实记录史事的精神。

元代中后期，欧阳玄几乎参与了当时所有的重大史学工程。他主持编修了辽、金、宋三朝正史，参修《经世大典》，编纂四朝实录，制定“国律”、“条格”，为元代档案和历史编纂作出了杰出贡献。在辽、金、宋三史的编修中，他的贡献有三点：一是制定《三史凡例》，拟定编写细则数十条；二是统一体例、增删审定、笔削不公；三是亲自撰写论、赞、表、奏。

① （元）胡三省：《新注资治通鉴序》，见苏天爵《元文类》（卷 32），台湾商务印书馆 1986 年版，第 400 页。

元代后期，随着故老凋零、旧文散失，一些史家从考核当代史实出发，或博采文献，或参稽记注，继续在史学领域里耕耘，苏天爵是其中的杰出代表。他的《元朝名臣事略》是元代杰出的传记体史书，取当世档案文献记当代名臣名士，保存了许多元初人物的传记资料，具有较高史料价值。他编辑的《元文类》虽是一部诗文总集，但也有许多颇具史料价值的文献。苏天爵在史馆任职多年，有大量综罗文献的工作实践，对广收博采文献资料提出了一系列具体措施。此外，苏天爵还提出了校雠考辨、抉择去取等重要思想，如文献的收集、整理和积累，要为经世之用；在历史人物的史料收集方面，无论善恶贵贱都应广为网罗整理。有元一代，苏天爵在文献征实方面成就显著，尤其在保存、整理、编辑元代档案资料上贡献最大。

考察蒙元百余年的档案文献编纂利用，发现有若干值得注意的突出成就和显著特点，这些成就和特点对于借鉴和总结元代档案文献编纂利用的经验教训，继承和发扬其优良传统，丰富和充实中国古代档案编纂利用史的知识和理论，都是一份不可忽视的宝贵遗产。

元代档案文献编纂利用的成就突出、特征显著。其编纂利用成就有：(1) 首次用非汉文纂修中国史书。蒙古人统一中国后，用本民族的文字编纂皇家秘史，这是中国历史上首次用非汉文纂修中国史书。(2) 开创了宗教型民族档案文献的编纂方法。(3) 最早取“文献”二字为书名，从理论上对文献作了界定。元代马端临著《文献通考》，最早取“文献”二字作为书名。(4) 创造了文、献、注三合一的编纂方法，开历史考证学之先河。马端临在《文献通考》一书中提出了文、献、注三者结合为一体的编纂思想。这种方法开后世历史考证学之先河，值得档案文献编纂工作者借鉴。(5) 形成网罗文献、编纂史料、以资借鉴的学风，丰富了档案编纂思想。(6) 依累朝实录而修三史。其编纂利用特征有：(1) 用蒙、汉两种文字编纂的做法独一无二。元朝官方用汉文和蒙文两种文字修史的做法，是其他王朝不曾有过的。(2) 历朝实录纂修不绝，但史稿都已亡佚。(3) 国史院人才济济，地位重要。(4) 重视政书的编纂，种类和数量较多。元朝对典章格例等政书的编纂极为重视。如现存的《元典章》、《大元通制条格》都是各种圣旨条律和例案的汇编。元立国近百年，官修政书的种类和数量较多，但绝大部分已散佚，流传下来的不多。(5) 始终没有编出一部通用的、全面性的法典。(6) 对汉人利用档案严加防范，限制了私人修史的发展。元朝对汉人严加防范，严格控制利用。元王朝的某些重要机密档案，除蒙古官吏外，汉族官吏无权查阅，私人修史更谈不上利用官方档案，从而极大地限制了私人修史的发展。

第一章

元朝文书档案

第一节　元朝公务文书

蒙元公务文书的形成大体可分为两个阶段：一是蒙古汗国时期，主要是成吉思汗发布的各种敕令，用畏兀字蒙古文记录下来，名为“大札撒”；二是元朝建立后以皇帝名义颁发的各种诏敕类文书、文武臣僚上奏文书、中央和地方官府间行移文书以及户籍、田产文书等。

一　“大札撒”和清册

蒙古部落原有许多从古代相传下来的习惯法，称为“约孙”（yosun，蒙语意为道理、规矩、缘故，元代通常译为“体例”），它包含了在长期历史过程中形成的种种社会习惯和行为规范，当部落贵族（那颜）成为统治者，他们就可以对部人发号施令，于是就有了“札撒”（jasag，蒙语意为法令、法度、法规）。

大蒙古国建立前后，成吉思汗颁布了一系列敕令。在1219年西征前举行的大会上，又“重新确定了训言、法令和古来的体制”，命人用畏兀儿体蒙古文全部记录在纸卷上，编订为《大札撒》。成吉思汗还要求每个宗王收藏一部《大札撒》，装在金盒子里保存，每当诸王朝会共议国家大事时，都要依例诵读《大札撒》条文，然后遵照其中的有关规定行事。其后历任蒙古君主在登基、出征、宴会等重大仪式上，都必须郑重地捧出《大札撒》来宣读，以示遵循祖制，并向世人彰显自己是恪守成吉思汗祖训的合法继承者。元人说：“凡大宴，世臣掌金匮之书，必陈祖宗《大札撒》以为训。"[①] 志费尼在《世界征服者史》中也有记载："依据自己的想法，他（成吉思汗）给每个场合制定一条法令，给每个情况制定一条律文；而对每种罪行，他也制定一条刑罚。因为鞑靼人没有自己的文字，他便下令蒙古儿童习写畏兀文，并把有关的札撒和律令记在卷帙上，这些卷帙，称为'札撒大典'，保存在为首宗王的库藏中。每逢新汗登基，大军调动，或诸王会集［共商］国事和朝政，他们就把这些卷帙拿出来，仿照上面的话行事，并根据其中规定的方式去部署军队，毁灭州郡、城镇。"[②] 这些《大札撒》作为蒙古立国的纲领性文件，或者说根本大法，在蒙古统治者心目中一直享有崇高的地位，具有至高无上的权威，不得任意更改、变动和破坏。《大札撒》也是用畏兀儿蒙古文记录的第一批档案文件，但原件今已失传。

1206 年建国时，成吉思汗还任命末弟失吉·忽秃忽担任蒙古帝国的最高行政长官"也可札鲁花赤"（大断事官），执掌赋税和刑法，负责审断刑狱、诉讼和编制户口清册、征收财赋等，规定凡由断事官"断了的事，写在清册上"，作为不许更改的成例。设"断事官"和"立清册"成为蒙古帝国早期处理行政事务的两大制度。在处理政务的过程中，断事官不断用畏兀字蒙古文把分配给宗室诸王和划归各千户的民户数、判决的各类案件都登记在《清册》上，形成北方游牧民族历史上最早的档案文件汇编。

二　皇命文书

（一）诏书

诏书是元朝诏敕类文书中最为重要的一种。元朝诏书由翰林国史院的文士、史臣用汉文起草，其使用范围基本上都属于一些需要布告全国，"咸使闻知"的重大事件，如重大典礼、赦宥、政治兴革、征伐、人事任命、诛罚、对外交往等。在文体方面，使用典雅的汉文文言（只有泰定帝即位诏书例外），以骈体文为主，偶有用散文者。辞藻华丽，多用典

---

① （元）柯九思等：《辽金元宫词》，陈高华点校，北京古籍出版社 1988 年版，第 1 页。

② ［伊朗］志费尼：《世界征服者史》（上册），J. A. 波伊勒英译，何高济译，商务印书馆 2009 年版，第 26 页。

故，以显示王朝的“文治”形象。这些方面基本继承了前代“王言”的传统。①

（二）圣旨

元朝圣旨的概念，较之诏书相对复杂一些，有广义和狭义之分。

广义上说，以皇帝名义下达的命令，包括诏书和宣命（或制书）在内，皆可称为圣旨。狭义上说，“圣旨”即《经世大典序录》所言：以国语（蒙古语）宣谕，用蒙古文记录颁发的皇帝命令。《元典章》、《通制条格》等元朝政书收录了许多这类文件的汉译文。其中，大部分是按照蒙古语的句法、词法机械地套译为汉文，无法用汉语常规读通，形成所谓的“蒙文直译体”圣旨。这类体裁的圣旨文书最常见的构成方式，是先引用大臣上奏的原话，提出某项建议和主张，然后经皇帝首肯，最终形成决策性文件颁发。②

除“蒙文直译体”白话外，元朝圣旨还有另一种常被学者忽视的文体——“汉文吏牍体”。它同样是自蒙文原稿转译，但并非机械套译，而是对语法结构、词序等进行了调整，使译文大体符合汉语习惯。其中有时也不乏白话俗语，但基本上都是当时汉语口语中习见的。③

元朝凡以皇帝名义颁下的圣旨文书，起首必有“上天眷命，皇帝圣旨”或是“长生天气力里，大福荫护助里，皇帝圣旨里”的套语，有时简写为“皇帝圣旨”、“钦奉圣旨”。“其中，‘长生天气力里，大福荫护助里’是蒙文，意为‘天眷命’，末称：‘有圣旨么道，无体例勾当休行者，行呵，他每不怕那甚么。圣旨俺的。（年号或辰属）年月日，地名(有的时分写)。’”④

与诏书相比，圣旨涵盖的内容非常广泛，大事小事不拘，“大而至于军国大计，小而至宰杀老病的牛马、幼马、羊羔等微而至微的琐事”⑤。

---

① 张帆：《元朝诏敕制度研究》，studa. net/lishi/060403/15195824 - 10. html. 2006 - 04 - 03。

② 同上。

③ 同上。

④ 潘嘉：《中国文书工作史纲要》，档案出版社 1985 年版，第 38 页。

⑤ 周良霄：《皇帝与皇权》，上海古籍出版社 1999 年版，第 270 页。

（三）玺书

与圣旨相似，元朝玺书的概念也有广义、狭义之别。

广义上，凡是盖有皇帝玺印的下发文件都可称为玺书。其中，应当包括诏书、圣旨（狭义）、宣命（或制书）在内。元初，世祖诏颁八思巴所制蒙古新字，宣布要用它“译写一切文字，期于顺言达事而已。自今以往，凡有玺书颁降者，并用蒙古新字，仍各以其国字副之”。[①] 这里所说的玺书显然是广义概念。广义的玺书大体上相当于广义的圣旨，但不包括未形成书面文件的口传圣旨。

同样，狭义的玺书也与狭义的圣旨相近，多用以指称那些内容较为琐细的圣旨文书。《元史》卷二三《武宗纪二》载至大二年春正月“乙巳，塔思不花、乞台普济言：‘诸人恃恩径奏，玺书不由中书，直下翰林院给与者，今核其数，自大德六年至至大元年所出，凡六千三百余道，皆于田土、户口、金银铁冶、增余课程、进贡奇货、钱谷、选法、词讼、造作等事，害及于民，请尽追夺之。今后有不由中书者，乞勿与。’制可”。这6300多道玺书，实际上都是近臣就某些具体的琐事乘隙奏请，得到皇帝“那般者”首肯之后，书写盖玺下发的圣旨。又如《元史》卷一〇一《兵志四·站赤》：“其给驿传玺书，谓之铺马圣旨。”可知在很多场合下，玺书就是圣旨的同义词。

（四）宣敕（制敕）

宣敕或称制敕，是元朝的人事除授和封赠文书。元代最高统治者用宣命敕牒封赐官爵，颁发给生者称“封”，颁发给死者称“赠”。封赠因被封赠者的品级不同而有所不同。《元史》卷八三《选举志三·铨法中》：“凡迁官之法……自六品至九品为敕授，则中书牒署之。自一品至五品为宣授，则以制命之。三品以下用金宝，二品以上用玉宝，有特旨者，则有告词。其理算论月日，迁转凭散官。”又《元史》卷八四《选举志四·考课》：“凡封赠之制……正从一品至五品宣授，六品至七品敕牒。”可知宣授（命）、敕牒用途之分，以五、六品之间为界。一品至五品称为“宣”，宣命用于封赠五品以上官员；六品至九品称为“敕”，敕牒用于封赠六品

---

① （明）宋濂等：《元史·释老传》（卷202），中华书局1976年版，第4518页。

以下的官员。宣敕要加盖皇帝的玺印（玉宝或金宝），制敕则只由中书省宰相签署。宣敕文书皆用纸，宣命用白色纸，敕牒用赤色纸。①

（五）黄榜

黄榜也称皇榜，是皇帝公开告谕臣民的文书，以黄纸书写。《元史·世祖纪六》载："遣品文焕赍黄榜安谕临安中外军民，俾按堵如故。"

（六）令旨、懿旨

与皇帝的文书称"圣旨"相适应，皇太子及诸王颁发的文书称"令旨"，皇后颁发的文书称"懿旨"。

（七）皇帝和皇太子学习、书写的文书

延祐二年（1315 年）集贤院奏仁宗皇帝："裕宗皇帝小时节读的文书、写来的字……玉赟善收拾著来。如今他的孩儿说不是他每合收的，将来呈献过。"仁宗皇帝批下圣旨："都教秘书监里好生收拾者。"② 又如至大四年（1311 年），特奉皇太子令旨："把我看的文书都教般将秘书监里去者。"于是，秘书监的盛少监和王少监一同交割到文书 644 部，计 6698 册。施行间，又奉令旨："应有的图画并手卷都与哈海赤司徒者，其余的文书尽数交割与秘书监家好生收拾者，休教损坏了。"③ 秘书监收藏的并不只是一个皇帝的文书，如泰定二年（1325 年）太子谕德世门里、詹事赞善马学士奏曰："裕宗皇帝写来的仿书并读来的文书，又仁宗皇帝东宫收拾来的文书在秘书监里有。"④

元代秘书监究竟总共收藏了几个皇帝和皇室成员的文书，目前还无从查考。仅至正二年（1342 年）的统计，秘书监藏有皇家手卷就达 770 卷。在宋代，从宋太宗开始，几乎每个皇帝死后都要单独建立一代皇帝的"图书档案馆"，如太宗的龙图阁、真宗的天章阁、仁宗的宝文阁、神宗的显谟阁等，专奉一代皇帝的"御书、御制文集及典籍、图画、宝瑞之

---

① （明）叶子奇：《草木子·杂制篇》（卷之三下），中华书局 1959 年版，第 62 页。

② （元）王士点、商企翁：《秘书监志》，高盛荣点校，浙江古籍出版社 1992 年版，第 93 页。

③ 同上书，第 94—95 页。

④ 同上书，第 96 页。

物，及……属籍、世谱”，等等[①]。但在元代，几乎很少出现专门收藏一代皇帝形成的诏令、图书、谱牒等档案的“阁”，而秘书监恰好又担当了这方面的部分职能。因此，是不是所有皇帝的御用物品和图书档案都交由秘书监保管，还是一个值得探讨的问题。

三　臣僚上书

（一）奏、启

臣僚上行皇室文书名称，在一般情形下，官员上呈皇帝用“奏”，上呈皇太子用“启”。元朝中书省是全国文书工作的中枢，除中央各台、院有权上奏、启外，地方各机关上呈中央文书都须经过中书省，“不准隔越中书省奏启”。所以奏启文书使用面很小。

（二）表、签

元代朝廷举行重大庆典时，按例五品以上官员须上奏进贺表、签，至元三年（1266 年）四月，中书礼部制定表签体式。表是元朝臣僚上奏给皇帝和皇太后的文书，签是臣僚上奏给皇太子和皇后的文书。由于表、签文书使用范围很窄，形成数量不多，又是朝廷庆祝重大典礼活动、皇帝生日、正旦最原始的记录，文书内容丰富，辞藻华丽，装裱精良，所以成为元代档案中的精品。元代的表、签文书全部收藏在秘书监里，仅《秘书监志》一书就全文收录了具有代表性的表、签文书 48 件，从内容看，有贺圣寿的，如《天寿节贺表》；有贺登基的，如《登极贺表》；有贺受册、封尊号的，如《皇太子受册贺签》、《贺皇太后受尊号表》；还有贺正旦的《正旦贺表》。祝贺的对象主要是皇帝、皇太后、皇后、皇太子等；上奏贺表的大都是汉人和蒙古人。

四　官府间行移文书

元朝官府往来文书的种类名称基本沿用前朝，也产生了省札、札付、咨付等新文种。官府间行移文书按照“品从行移等第”的封建等级制度

---

① （元）脱脱等：《宋史·志 115·职官 2》（卷 162），中华书局 1977 年版。

和文书程式规定了文书的名称和行文制度，于平行文中，又进一步区分了品级相近衙门的往来行文关系。（前）至元五年（1268 年）十一月规定了不相隶属官署行移体例[①]，共 6 种：牒上、牒呈上、申、今故牒、指挥、平牒。加上相互隶属官署行移，元朝官府行移中，上行文主要有申、咨呈、牒上、牒呈上、状；下行文主要有札付、咨付、今故牒、指挥；平行文主要有咨、关、平牒。

（一）上行文

中央机关的上行文用“申”、“咨呈”。“申”又称申文，用于申述，宋始用，元朝六部行文中书省、各路行文行中书省用申文；在不相统摄的衙门中，六品以下行文三品，七品以下行文四品，八品以下行文五品，都用申。“咨呈”用于陈请，是行中书省向中书省行文所使用的文书。明人王圻《续文献通考·职官考二》载：“行省移文于都省，以咨呈呈之。”

地方官府的上行文用“牒上”、“牒呈上”、“状”。“牒上”用于品级稍低的衙门向其不相统属的品级略高的衙门行文，如四品行文三品、六品行文五品、八品行文六品、九品行文七品等都用牒上。“牒呈上”也用于不相统属的官署行文，品级差别较之牒上更大，如五品行文三品，六品行文四品，七品行文五品，九品行文六品，都用牒呈上。“状”是个人因事向官府报告或申诉时使用的文书。其中，府吏或司属吏目以个人名义呈上的称“曹状”；吏目差役等承办公务、明确责任而形成的责任状、责领状；诉讼中形成的有诉状、取状（供词）等。

（二）平行文

中央机关的平行文用“咨”、“关”。“咨”又称“咨文”，始于宋，与宋朝的咨报类似，元朝中央品级较高的衙门相互行文都用咨文。“关”又称“平关”，即宋以前的关或刺，元朝用于诸司自相质问。

地方官府的平行文用“平牒”。“平牒”用于品级相同或相近而不相统属的衙门，四、五品之间，六、七品之间，八、九品之间，往复行文都用平牒。

---

① 《元典章·吏部卷之八·典章十四·公规二·案牍》，中华书局、天津古籍出版社 2011 年版，第 513—514 页。

（三）下行文

中央机关的下行文用“札付”、“咨付”。“札付”是中书省、御史台、行省、行台使用的下行文。“咨付”是中书省向行省行文使用的文书，《续文献通考·职官二》载：“凡都省移文于行省，以咨付付之。”

地方官府的下行文用“今故牒”、“指挥”。“今故牒”用于品级略高的衙门对不相统属的品级稍低的衙门行文，如三品行文四、五品，四品行文六、七品，五品行文六品以下，六品行文八、九品，七品行文九品，都用今故牒。“指挥”用于品级相差较大又不相统属的衙门，如三品行文六品以下，四品行文八、九品，都用指挥。

五　户籍、田产文书

元朝为了征收赋税、搜刮百姓，设立了各种名目的户籍、田产文书，如青册、鱼鳞册等。

（一）青册

青册又称户口青册，因封面为青色而得名，是登记百姓家口人丁的册籍，从成吉思汗起已有，一直沿用到元亡。

（二）鱼鳞册

鱼鳞图册是由官府编制的土地图册。主要根据各地田亩形状绘制而成，分地区装订成册，因图上所绘田亩挨次排列形同鱼鳞，故而得名。江浙、福建一带最为盛行。

六　元朝公务文书的特点

（一）政府文移主要使用三种文字

元朝在政府文移中主要使用三种通行的官方文字：蒙古文、汉文和回回文。其中，蒙古文有畏兀字蒙古文和八思巴蒙古文两种，回回文指亦思替非文字，即波斯文。元朝文书早期主要使用畏兀字蒙古文，元世祖忽必烈以后，主要使用八思巴蒙古文、汉文两种文字书写。官府文移多使用汉字，皇帝的诏书圣旨宣敕、廷庙议政记录以及省、台、院重要文书都使用蒙古新字，在用汉文颁布时，还要再翻译成汉文。政府一般公文基本上都采用文言文，但也夹杂着一些硬译的蒙古语词汇，也有一些公文使用口语，较通俗易懂。但实际上，有元一代各民族使用的文字并不限于这三种。比如，吐蕃地区通行的仍然是藏文。元朝也注意包容不同民族的文化。元世祖虽命八思巴创制蒙古新字，但并未废弃其他民族文字，这是元代在文化上的包容性的具体体现，也是适应多民族国家发展的正确选择。至元二十四年（1287 年），总制院使桑哥、帖木儿左丞等奏："前者麦术丁说有来：'亦思替非文书，学的人少有。这里一两个人好生的理会得有，我则些少理会得。咱每后底这文书莫不则那般断绝了去也么？教学呵，怎生？'道有来。"[①] 至元二十六年（1289 年）五月，尚书省臣建议设学，于是八月设置了回回国子学。元仁宗延祐元年（1314 年）四月，又设回回国子监，培养的生员后来大多成为百司庶府的译史。[②] 在朝廷重视蒙古族文字和防止其他民族文字"断绝"的文化政策下，不同民族文字书写的文书在民族文化的沟通和交流中发挥了积极的作用。

（二）公文书写有三大特点

元朝公文的书写也有其特点：一是多用草体字、简体字和异体字。元朝政府把八思巴蒙古新字定为通用国字，对汉字的书写要求不十分严格，公文书写追求速度和效率，故所用草体字、简笔字、俗字较多。二是多用赵孟頫的字体，兼用行、草及仿宋体。元代初期，书法犹效宋、金遗风。元中期以后，赵孟頫的书法在社会上盛行一时，影响颇大，不但士大夫竞相习写赵书，一般文人也纷纷模仿，皆以赵体字为美。自此，元代公文书写，无论中央、地方，其字体几乎都是赵体的风貌，一直影响到明初。三是公文很少有避讳。元人礼制观念淡薄，避讳不严，所以在元代公文中几乎见不到避讳的痕迹。

（三）独创了一种特殊文体的公文——"汉文硬译公牍"

元朝蒙古族官方文书中出现了一种特殊文体形式的公文，可称为

---

① 方龄贵：《通制条格校注・亦思替非文书》（卷 5），中华书局 2001 年版，第 247 页。

② （明）宋濂等：《元史・选举志一・学校》（卷 81），中华书局 1976 年版，第 2028 页。

“汉文硬译公牍”。元代庙廷听对的蒙古文记录，有一部分会按照蒙古语用词顺序，逐字逐词地硬译成汉文，同时还用一些固定的词汇体现蒙古语的语法，这样硬译出来的记录就形成汉文敕令。

元朝皇帝颁发的诏旨、各级政府机构发布的律令等文件一般都以蒙古文草拟，但在以汉文发布时，大多采用蒙古语法、句式，从蒙古语原文机械地翻译过来，句法乖戾，语言鄙俚，十分费解，由此形成了一种蒙文不像蒙文、汉文不像汉文的特殊文体形式，被称为“汉文硬译公牍”或“元代白话文牍”，社会上俗称“白话文”。此类文牍数量较大，元代中央决策性文件多半采用这种文体。在《元典章》、《经世大典》、《通制条格》、《宪台通记》、《南台备要》、《元史》等现存史籍中都有收录。

现存的元代白话文公牍主要是石刻碑文，俗称“元代白话碑”。这是一种用汉字镌刻在碑石上的以汉语为主、中间夹杂着蒙古语的白话文石刻档案，多为元代统治者颁发给寺院、道观、庙宇的各类旨令。原文多用回鹘式蒙古文或八思巴字写成，然后再译为白话汉语。[①] 元太祖成吉思汗曾多次颁布保护、弘扬儒教、佛教、景教、道教、伊斯兰教的白话文圣旨，元世祖忽必烈及后嗣许多蒙古皇帝倍加崇拜各门宗教，也曾颁布过许多圣旨，因此产生了各类“白话圣旨碑”。

元代白话文牍尽管不易理解，甚至容易引起误会，但它作为当时译写大量官方文牍的一种独特文体，其价值不可低估。用元代白话文译写的“汉文硬译公牍”是汉、蒙文化和语言交流的佐证，对研究语言学发展史具有一定意义。

第二节　元朝法律、社会契约文书

一　法律文书

元代的法律文书主要有各种制诏、条画、条格、断例等。

欧阳玄在《〈至正条格〉序》一文中谈及制诏、条格和断例时写道：“制诏，国之典常，尊而阁之，礼也。……条格、断例，有司奉行之事

① 祖生利：《元代白话碑文中代词的特殊用法》，《民族语文》2001年第5期。

也。……我元以忠贤治天下，宽厚得民心，简易定国政，临事制宜，晋叔向所谓古人议事以制之意，斯谓得之。……条格、断例，申命锓梓示万方。”[①] 从这段话中可以看出，元朝官府处理公务的主要法律依据就是条格与断例，前者是有关行政方面的，后者是有关刑事方面。

制诏是由皇帝亲自颁发的法律文件。条画、条格是经皇帝亲自裁定或直接由中书省等中央机关颁发给下属部门的各式政令，就行政制度的某一个方面，或某一机构的设置和职责范围等，作出具体的规定，相当于单行法规，如《品官子孙荫叙格》、《尚书省条画》、《立御史台条画》、《立行御史台条画》、《立各道按察司条画》、《设立司农司条画》等。

断例、判例就是断案的成例，是在长期司法实践中形成的、具有典型意义的判例和事例以及对同类案件具有普遍约束力的通则性规定，即在日常的司法实践中积累的处理具体、个别案件的指令性文书，这些文书中的典型案例可作为日后处理相同或类似案件的参考。

元代的法律体系，主要是由因时立制、临事制宜而陆续颁发的各种单行法规构成，政府下令，凡在朝及地方各级衙门均应分别类编先后颁发的“圣旨、条画及朝廷已行格例，置簿编写检举”，作为官吏遵循的依据。当时，“内而省部，外而郡府，抄写格例，至数十册。遇事有难决，则检寻旧例。或中所无载，则旋行议拟，是百官莫知所守也”。[②] 随着条画、条格和断例的岁增月积，繁杂重出，互相抵牾。元政府于是将历年所颁降的单行法规和“断例”重加“分拣”、“斟酌”，厘定“等第”，加工整理成各种新的法律文书，作为“通例”公布。同时，对国家的政制法程，也多次召集老臣，从以往颁发的政府文书中选出“可著为令者，类集折衷，以示所司”。[③] 如元世祖至元二十八年（1291 年）成书的《至元新格》，英宗至治三年（1323 年）成书的《大元通制》，顺帝至正六年（1346 年）成书的《至正条格》等，皆是将制诏、条格、案例等格律类聚，按照事目编辑而成。例如，《至元新格》就是将历年所颁格例按照公

① （元）欧阳玄：《圭斋文集·〈至正条格〉序》（卷 7），台湾商务印书馆 1986 年版，第 58—59 页。

② （明）杨士奇、黄淮等：《历代名臣奏议·治道》（卷 67）台湾商务印书馆 1986 年版，第 859 页。

③ 韩儒林、陈得芝、邱树森、姚大力：《元史》，中国大百科全书出版社 2011 年版，第 72—73 页。

规、选格、治民、理财、赋役、课程、仓库、选作、御盗、察狱等十事辑为一书。[①]。

除上述不成系统的法典外，《元典章》和《通制条格》中也收录了元代颁发的大部分法律文书。《元典章》包括元世祖到元英宗至治二年（1322 年）间的诏令、判例和各种典章制度等政法文件，可以说是囊括有元一代官方法律文件的总录。《通制条格》是元朝政府颁行的法令文书汇编《大元通制》中的条格部分。它与《元典章》同样是汇集元代法律文书的珍贵档案史料。

元代法律文书的原件今已散失殆尽，但在黑水城出土文书中还能找到几件残片，如编号为 F116 的元代《失林婚书案文卷》是亦集乃路总管府架阁库遗址出土文书中保存文字最多的一份文书档案，它是一件以婚书为中心的婚姻案件，真实记录了元代的法制用语，完整保存了元代不同文状的书写法式，不仅清晰地反映出元代亦集乃路官厅审理民事诉讼案件的司法程序，而且反映出婚书在元代婚姻中的重要性以及婚书对夫妻双方的法定约束作用。[②] 俄藏黑水城文献第 ДX1403 号文书是元代亦集乃路刑房对一起杀人案件判决意见的官方文件，“对研究元代法律史上的‘断例’具有重要价值”。[③]

二　社会契约文书

在中国古代社会，民间日常生活中的财产关系甚至一些身份关系经常以契约的形式来缔结，从而使契约关系成为社会关系的基本形态之一。

现存元代契约文书的类型，涉及买卖契约、典卖契约、交换契约、借贷契约、租佃契约、雇佣契约、租赁契约、合伙契约、婚姻契约、析产文约、收养契约、解纷文约等。从地域上来看，保存下来的元代契约文书主要来自东南的泉州和徽州、西北的黑水城遗址、新疆吐鲁番等地，其中有些契约文书不是原件，而是家谱、誊契簿等文献中保存的契约抄件，但不

① 曾宪义：《中国法制史》，中国人民大学出版社 2000 年版，第 168—169 页。

② 侯爱梅：《〈失林婚书案文卷〉初探》，《宁夏社会科学》2007 年第 2 期。

③ 陈志英：《〈元皇庆元年（1312 年）十二月亦集乃路刑房文书〉初探》，《内蒙古社会科学》2004 年第 5 期。

影响其史料价值。

已发现和公布的元代契约文书主要有以下几种。

（一）泉州的契约文书

施一揆《元代地契》（《历史研究》1957年第9期，后收入《元史论集》，人民出版社1984年版）首次刊布了晋江陈埭丁姓家谱中的8件元代地契，指出其属于两组元末土地买卖文契，并就其在田宅典卖、土地价格、地税标准及阿拉伯商人在泉州的侨居情况等史料价值作了说明。[①]

（二）徽州的契约文书

王钰欣、周绍泉主编的《徽州千年契约文书》（花山文艺出版社1992年版）第一辑卷一共收录元代契约文书（包括龙凤年间）13件，其中卖山地契10件、分家文书1件、纳税凭证1件、解纷文约1件。张传玺主编的《中国历代契约汇编考释》（北京大学出版社1995年版）共收录元代契约60件、契式14件、元代买地券2件。该书所录不限于徽州契约文书，但徽州文书占了很大比重。同时还首次刊布了部分收藏单位所藏的元代契约文书，包括安徽省博物馆27件，北京图书馆7件，北京大学图书馆3件，天津市图书馆6件，天津历史博物馆1件，共计44件。此外，还辑录施一揆《元代地契》所刊福建晋江地契8件、北京市门头沟区斋堂北李家村灵岳寺内刻石1件、黑城出土文书1件、散见民族文字契约6件，另录有《新编事文类要启札青钱》外集卷十一《公私必用》所载契式14件。[②]

（三）黑水城出土的契约文书

陈炳应《黑城新出土的一批元代文书》（《考古与文物》1983年第1期）刊布了20世纪70年代后期在黑水城遗址陆续发现的24件元代文书，内有两件残缺的粮食借贷契约的录文。李逸友《黑城出土文书（汉文文书卷）》（科学出版社1991年版）下篇之拾伍“契约类”共收录26件元代亦集乃路的民间私人契约文书，拾肆“票据类”中有契本一件。《俄藏

---

① 杨淑红：《元代契约文书的刊布与研究综述》，《中国史研究动态》2011年第1期。

② 同上。

黑水城文献》（上海古籍出版社 1997—2000 年版）中有一件元代典地契。沙知、吴芳思《斯坦因第三次中亚考古所获汉文文献（非佛经部分）》（上海辞书出版社 2005 年版）中有一件元代借贷契约。《中国藏黑水城汉文文献》（国家图书馆出版社 2008 年版）第六卷“票据、契约、卷宗与书信卷”中收录契约类文书共计 68 件，包括借贷契约 22 件，买卖契约 5 件，雇身契 3 件，合伙契约 3 件，租田契 1 件，典地契 1 件，运输承揽契 1 件，房屋租赁契约 1 件，婚书 1 件，收据 1 件，其余为契约残屑。该卷还收录契本若干件。[①] 叶新民的《亦集乃路元代契约文书研究》一文把黑水城出土的元代契约文书划分为合同婚书、借贷契约文书、雇佣契约文书、买卖契约文书、租赁与合同伙计契约文书等六个类别，并作了详细说明。[②]

（四）新疆吐鲁番等地的契约文书

新疆吐鲁番等地发现的回鹘文契约文书是一个相对独立且较为专门的研究领域，国内外学者在其刊布和研究方面的成果很多。目前仅翻译、整理的汇编就有苏联的俄文译本、日本的日文译本、德国的德文译本和我国学者李经纬、耿世民、刘戈等人的汉文译本等。

除泉州、徽州、黑水城遗址和新疆吐鲁番等地的契约文书以外，国内还有一些散见的元代契约。如山西大同博物馆收藏的《元冯道真墓志》背面刻有买地契，有的学者认为该契约属于“甲型买地券”，是仿制真物的随葬明器。[③] 但也有学者认为此契约是一件人间契约录文的刻石，其目的是保护该墓地的合法土地所有权不受侵犯。[④] 1999 年在河北省隆化县西北鸽子洞发现了一批元代窖藏文物，其中包括一件比较完整的典地契、一件残缺的典地契和一件残缺的雇佣契约。[⑤]

---

① 杨淑红：《元代契约文书的刊布与研究综述》，《中国史研究动态》2011 年第 1 期。

② 叶新民：《亦集乃路元代契约文书研究》，见中国蒙古史学会《蒙古史研究》第 5 辑，内蒙古大学出版社 1997 年版。

③ 吴天颖：《汉代买地券考》，《考古学报》1982 年第 1 期。

④ 张传玺：《契约史买地券研究》，中华书局 2008 年版。

⑤ 隆化县博物馆：《河北隆化鸽子洞元代窖藏》，《文物》2004 年第 5 期。

第三节 元朝汉文石刻、谱牒档案、画像

元代流传下来的石刻档案，大部分已编入各地的金石志或地方志的金石门中。杨殿珣编的《石刻题跋索引》（商务印书馆 1957 年版）中也有收录。国家图书馆善本金石组编辑的《辽金元石刻文献全编》（北京图书馆出版社 2003 年版）从各种金石志书中辑录辽金元时期的石刻 2000 余篇，其中大部分属于元代，为研究者提供了方便。在已经收录的石刻档案中，数量最多的是墓碑、墓碣，其次是宗教碑刻和儒学碑刻。最有特色的是"元代白话碑"。

一 元代白话碑

白话，是元代朝廷和民间通行的口头语言，元人以之入曲调入史籍，形成具有鲜明时代特色的语言文字形式。蔡美彪先生认为："这种白话，虽然由于翻译水平的限制，还不能和当时的实际汉语完全一致，但在一定程度上仍然反映了元代的白话口语状况，成为研究元代汉语史的一种很好的资料。"① 道布和照那斯图先生认为：元代白话是以汉语北方语为基础，在词汇和语法上受蒙古语影响较深的一种汉语白话变体。

以白话入碑文，乃是中国碑刻史中的独特之处。"元代白话碑"是一种镌刻在石碑上的白话文牍，多为元代统治者颁发给寺院道观的各类旨书。此类白话碑文大多译自用八思巴蒙古文颁布的公文，即蒙古皇帝、王族、高官、帝师等统治者发布的圣旨、令旨、懿旨、法旨、钧旨等，公文与碑刻之间有着非常密切的关系。

元代白话碑的原文多用八思巴字写成，少数用回鹘式蒙古文写成，再译成白话汉语。白话碑文的翻译，基本上是蒙古语语法的照搬，它在基本词汇和语法上采用元代北方汉语的口语元素，贴近当时现实口语，同时又将中古蒙古语自身的词汇和语法成分大量掺杂到汉文句子里，形成一种与纯粹汉语有所不同的特殊混合语体，即通常所讲的"直译体"。

---

① 蔡美彪：《元代白话碑集录》，科学出版社 1955 年版。

元代是汉语北方官话形成的重要阶段，也是北方阿尔泰语同汉语发生大规模接触的鼎盛时期，不同类型语言之间的长期接触，必然会对汉语的使用产生某些影响。白话碑文中蒙汉混合的语言现象，正是这一时期语言接触的直接生动的体现。深入研究其中的语言现象，对于探索语言融合的规律，对于全面了解元代北方汉语的面貌、特点，弄清历史上阿尔泰语对汉语的实际影响，具有重要意义。白话碑文的内容虽显程式化，但涉及元代政治、经济、法律、宗教、文化、地理等诸多方面，又是最可靠的原始材料，具有很高的历史学、宗教学、方志学价值。同碑而刻的回鹘式蒙古文和八思巴文是研究中世纪蒙古语的极其珍贵的材料，白话碑文对于蒙古文的识读、转写，也具有重要参考价值。①

元代白话碑中的圣旨、令旨等都是用“硬译公牍文体”写成。所谓“硬译公牍文体”，是元代特有的一种文化现象，专门用来翻译蒙古文字。即将蒙古文译成汉文时“死死遵循蒙古语词法和句法，用汉语作的记录文字”。其“语汇采自元代汉语口语，而语法却是蒙古式的”。② 传世的“硬译公牍文体”档案数量相当可观，主要是圣旨、令旨和各种官方文书，内容涉及社会生活的各个方面，对于元代历史（特别是宗教史）和语言学史的研究具有重要价值。

元代蒙古贵族入主中原前后，为笼络人心，对各种宗教都大力提倡。元朝统治者又特别尊崇儒、释、道教。为此，元朝历代统治者及地方官府不仅新建、重建或重修佛寺、道观、庙堂，而且还使之得到皇权法律的保护，经常给佛教寺院、道教宫观、庙学等颁发各类保护寺院、道观和庙学利益的白话诏书，即所谓的‘护持诏书’。当时的寺院、道观得到护持诏书后，常将这些旨书诏令镌刻在石碑上，一则用以扩大影响、抬高寺观的地位，二则作为利益受损时的“维权”依据，三则以志长久、流传后世。护持诏书一般用八思巴字和汉字两种文字写成，八思巴字表达的是蒙古语（少数写汉语），汉字用的是“硬译公牍文体”，两种文字镌刻的护持诏书碑文，其内容大体相同。基本都是蠲免僧人、道士、儒生的各种赋税差役，晓谕地方军政官员和过往使臣及平民百姓等不得侵害寺院、道观、庙学的土地、财产等权益。

---

① 祖生利：《元代白话碑文研究》，博士学位论文，中国社会科学院研究生院，2000年。

② 亦邻真：《元代硬译公牍文体》，《元史论丛》，中华书局1982年版。

寺院道观得到护持诏书，不仅是一种很高的荣誉，而且可以享受到种种特权，有实际的利益，因而很自然地成为释、道上层人物追逐的目标。得到护持诏书的寺观，或是皇家创建的“官寺”（元朝每位皇帝都要建造佛寺），朝廷特意加以扶持，或因规模宏大、历史悠久，受到朝廷的特别关照。

用“硬译公牍文体”写成的圣旨，开头一般都是“长生天气力里，大福荫护助里，皇帝圣旨”，意思是依靠长生天的力量，托大福荫的护助，汉语就是“上天保佑”之意。用汉语文言体来译开头的几句话，便是“上天眷命皇帝圣旨”。[①] 以下是汉译白话文圣旨碑文。结尾通常是：“没体例的勾当休做者，做呵，他每不怕那什么！”意思是：如果做了，他们难道不害怕吗！有时也写作：“做呵，他每不怕那。”[②]

元朝用“硬译公牍文体”写成的颁发给寺庙道观的护寺圣旨通常都不署皇帝的名字，但其中“总要按世系引述先世帝王的圣旨（所谓‘在先圣旨体例’）作为当今君主颁发同类圣旨的依据”。因而根据圣旨中列举的先世皇帝便可推知其颁诏者为何人。[③]

蒙古习俗以十二生肖纪年，元朝皇帝的八思巴蒙古字圣旨习惯上也使用生肖纪年，不用年号，如“牛儿年”、“马儿年”、“鼠年”、“鸡年”等。

因为许多元代白话碑文上都有“皇帝圣旨里”的字样，后人通常以为这是元代皇帝亲自颁发给寺院、道观的圣旨，将此类古碑称为“皇帝圣旨碑”。但据有的专家研究，以“皇帝圣旨里”为起首语的公文其实并不都是皇帝的诏书，而只是一般官府机构的公文，“皇帝圣旨里”是秉承皇帝旨意的意思。[④] 如在河南省新安县发现的一通元代“皇帝圣旨”石碑上的告示中，也有“皇帝圣旨里”字样。此碑是文物工作者在进行文物普查时，在新安县铁门镇陈村以南发现的，碑为青石质，由碑身和碑首组

---

① 蔡美彪：《元代白话碑集录》，科学出版社 1955 年版。第 22 页。

② 同上。

③ 照那斯图：《南华寺藏八思巴字蒙古语圣旨的复原与考释》，《中国语言学报》1982 年第 1 期。

④ 有的学者认为：以“皇帝圣旨里”开头的文书看似是皇帝圣旨诏书的直接下达或是行文中要引用诏书，但实际上“皇帝圣旨里”只是一种敬语，它没有实际意义。（参见尤桦《从黑水城文献看元代亦集乃路地方文书制度》，硕士学位论文，宁夏大学，2008 年。）

成，碑身高 1.7 米，宽 0.85 米，碑已残断，碑首两面刻有双龙戏珠浮雕，正面有“古道观记”四个大字。此碑两面均有碑文。正面刻《古道观记》，可惜多数字迹已漫漶不清，而背面上的字迹多数还能辨认。背面阴刻楷书，共 24 行，满行 40 字，共 1200 余字，内容是河南府路都道录司秉承皇帝旨意分别于中统四年（1263 年）和至元九年（1272 年）颁发给古道观的两则白话告示文书，除记录当时古道观附近的部分村民自愿将土地施舍或出卖给道观建庵院的史料外，还晓谕要免除古道观地税、商税等。① 在不足 10 年的时间里，地方官府两次向古道观发布告示，显示了元代地方官府对道教的推崇以及对古道观的重视，为研究元代宗教政策及古道观历史等提供了珍贵的史料。

元代用“硬译公牍文体”写成的佛寺道观护持诏书，其数量之多，分布之广，亦可谓元代宗教史的一大特色。早在 1955 年，蔡美彪先生就从各地图书馆和金石家收藏的拓片中，整理出版了《元代白话碑集录》一书，该书收录了 94 篇白话碑文，为研究元代历史和语言提供了重要史料。近年祖生利在此基础上又增补、扩充至 118 篇，写成《元代白话碑文集录校注》（初稿）②，但元代白话碑的数量肯定不止此数。

仅在云南就有两块白话圣旨碑。一碑保存在昆明市西北郊筇竹寺的大雄宝殿内，民间俗称“筇竹寺圣旨碑”。这块元代圣旨碑正面是汉字白话文，背面是直书回鹘式蒙古文（即著名的“云南王藏经碑”），二者均有较高的档案史料价值。白话圣旨碑有“云南鸭池城子玉案山筇竹寺住持玄坚长者为头和尚”等言。“鸭池”为元初蒙古人对昆明的称呼，也作“押赤”或“雅歧”，这与《元史》的记载相同。《元史》云：“乌蛮所都押赤，城际滇池，三面皆水。”此碑不书年号，只署“龙儿年四月二十三日”，也就是龙年四月二十三日，应为元仁宗延祐三年（1316 年）岁次丙辰所立。这是元仁宗爱育黎拔力八达从元朝大都发给云南的一道圣旨，筇竹寺住持玄坚和尚将它刻在石碑上，以志此事。主要内容是中央王朝敕封该寺住持玄坚为“头和尚”，颁赐一部《大藏经》，命其立教法门，护持藏经。还记载了当时的筇竹寺是拥有大量田地、人口、马匹、商店、当

---

① 司马国红、李鑫：《新安发现一通“皇帝圣旨”碑》［EB/OL］. haww. gov. cn/zt/3puoha/haww. gov. cn/html/20081229/520274. html. 2008 - 12 - 29。

② 祖生利：《元代白话碑文研究》，博士学位论文，中国社会科学院研究生院，2000 年。

铺、澡堂等产业的大寺院，故在圣旨中规定云南府军民工商各色人等，一律不得仗势侵占寺院财产，并指令地方官府严加保护，免征赋役。寺院不仅享有官府的保护权，而且有置田出佃、经商开店、豁免赋役等特权。由此可见，此碑也是以法定形式保护佛教和寺院财产的圣旨公文，是研究云南元史、宗教和寺院经济的重要档案史料。

另一碑保存在大理市崇圣寺内，原有《大崇圣寺碑铭并序》一块，碑阴刻《大崇圣寺圣旨碑》，现已不存。碑文中有“合剌章有的大理崇圣寺里”一句，参照《元史·兀良合台传》所载：“合剌章，盖乌蛮也”。《马可波罗游记》也说道：“大理为合剌章之别都”。此碑末书“猪儿年闰七月初五日”，猪儿年为元武宗至大四年（1311 年），是年降旨，后十五年（泰定三年，1326 年）立碑。碑高 94 厘米，宽 105 厘米，直行楷书，文 19 行，行 2—23 字不符。碑文云：“无体例的勾当休做者，若做呵，不怕那甚么，圣旨！”一看便知是保护寺院财产的圣旨文书。在此碑中，元仁宗指名道号地给大理崇圣寺寺主觉性、主通和尚降旨，反映了佛教在元朝最高统治者心目中的地位，也反映出世俗地主与僧侣地主之间的社会关系和经济关系。碑中还记载了当时的崇圣寺已不单纯是一个宗教场所，而是集农、工、商、贸于一身的寺院经济实体，它拥有土地、园林、作坊、店铺、客房、澡堂等，甚至还拥有人口，由此可见寺院享有元朝皇帝赐予的极大特权。

陈高华先生曾撰文介绍了杭州西湖南山慧因寺的一件元代圣旨碑文，该寺久已毁，碑亦不存。汉字碑文因著录在《慧因寺志》卷七《碑记》中得以保存下来。内容是元仁宗根据高丽忠宣王王璋的请求颁发的一道诏书，旨在保护慧因寺的利益。这件碑文有助于元代硬译公牍文体的研究，亦是有关元代杭州中外文化交流的重要文献。①

二 墓碑、宗教石刻、人物碑

近半个世纪以来，元代碑刻资料不断有新的发现。如基督教碑刻在泉州、扬州、北京、内蒙古、新疆等地都有发现。佛教、道教碑刻的数量更多。元代的回鹘人中仍然流行景教，一些属于景教的回鹘文墓碑也陆续被

① 陈高华：《杭州慧因寺的元代白话碑》，《浙江社会科学》2007 年第 1 期。

发现，但多为残片。在福建泉州、内蒙古达茂旗等地也有回鹘文的景教徒墓碑被发现。

福建泉州是宋元时期我国对外交往和对外贸易的重要港口，这里遗留了大量来自中亚、西亚甚至欧洲人的墓碑和宗教石刻，1984 年宁夏人民出版社、福建人民出版社出版了《泉州伊斯兰石刻》。广州也是宋元时期的重要港口，1989 年宁夏人民出版社出版了《广州伊斯兰古迹研究》，上述两书中除大量记录了元代回回人的墓碑外，所收《重立清净寺碑》（至正十年）、《重建怀圣寺之记碑》（至正十年），加上河北正定的《重建礼拜寺记碑》（至正八年），为研究元代伊斯兰教提供了真实可靠的第一手资料。

《重建礼拜寺记碑》。清真寺碑文。元杨受益撰。元至正八年（1348 年）立于河北定县清真寺。这是现今传世最早的清真寺碑文。原碑已毁，北京大学图书馆藏有拓片，孙贯文先生的《重建礼拜寺记碑跋》（《文物》1961 年第 8 期）一文转录了此碑的全文。文中提道“回回人遍天下”，“今近而京城，远而诸路，其寺万余”。可以看出当时回回之盛。而文中一段：“况其逢正朔，躬庸租，君臣之义无所异；上而慈，下而孝，父子之亲无所异；以至于夫妇之别，长幼之序，朋友之义，举止无所异乎。夫不惟无形无像，与周雅无声无臭之皆吻合；抑且五伦且备，与周书五典五之义文符契，而无所殊焉。”[①] 可以看成最早试图把伊斯兰教教义与中国儒家学说结合的论述。

《清净寺记》。清真寺碑文。元吴鉴撰。碑文撰于元至正十年（1350 年），后因年久日朽，明正德二年（1507 年）泉州穆斯林从《清源续志》中录得全文，重刻碑石，为《重立清净寺碑》，现存泉州通淮门清净寺内，《泉州文史》1980 年第 4 期扉页中有《重立清净寺碑》全文的校正文本。这个碑文年代仅次于定县碑文，也是现存最早的清真寺碑文之一。[②]

元代人物碑十分丰富，近年来不断有发现。赛因赤答忽碑、哈利鲁碑、康定关关碑、阎马碑、耶律子成碑等，均为新发现的元代墓碑，多为正史及文集中所无。如 1962 年在甘肃酒泉城东门洞壁发现的《大元肃州

---

① 张公瑾：《民族古文献概览》，民族出版社 1997 年版，第 560 页。

② 同上书，第 560—561 页。

路也可达鲁花赤世袭之碑》中记述了西夏人举立沙献肃州城经过，又记其子阿沙以下五世 13 人在肃州等地任职，以及元朝对他们的封赠情况，均为《元史》中所无，白滨、史金波曾有专文考释。① 该碑碑阴还有回鹘文碑文，虽残损甚多，仍不失为与汉文对照的重要资料。近年来又在甘肃漳县发现元江古部汪氏家族墓碑数十块。上述这些墓碑的墓主多为色目人，研究元史常常为色目人史料缺少而棘手，现在这些碑刻的出土，正好可以弥补元代色目人史料之不足的缺憾。

现存石刻档案有一部分已收入作者的文集或总集中，但有的文字颇有出入，可资校勘考证。如元人虞集撰文的《高昌王世勋碑》是关于元代回鹘民族（畏兀儿人）历史的极其重要的文献，但《乾隆武威县志》上抄录的碑文与元人虞集《道园学古录》卷二十四中收录的碑文就存在着好几处差异。② 还有相当一部分碑刻，没有收入各种文集或总集，有不少可以弥补典籍的空白，例如《山右石刻丛编》卷三十七《忽神伯里阁不花碑》记述蒙古许兀慎氏族世系，可补《元史》之不足。除了各金石志或石刻丛编收录的石刻碑文外，还有不少碑刻文字，或只有拓片流传，或散见于各种书刊，其中也有十分珍贵的史料。如王万庆撰文的《海云和尚道行碑》记述了临济宗长老海云的事迹，对研究元初政治、经济、宗教都有很高的价值。这样一篇重要的文献，却从未被任何金石志或石刻丛编收录。近年来，还不断有新的元代石刻发现，如 1978 年在陕西户县出土贺仁杰墓志铭和贺胜墓志铭，就是一例③。

三　宣光碑刻

在元代汉文石刻中，值得一提的是宣光碑刻。宣光碑刻仅云南尚存数种，较为珍贵。元至正二十八年（1368 年），明军攻入大都（今北京），元顺帝北走沙漠，元亡明兴。顺帝死，其子爱猷识理达腊在应昌继位，改元宣光，史称“北元”。立八年卒，弟脱古思帖木儿继位，次年改元天

① 白滨、史金波：《〈大元肃州路也可达鲁花赤世系之碑〉考释》，《民族研究》1979 年第 1 期。

② 黄文弼：《亦都护高昌王世勋碑复原并校记》，《文物》1964 年第 2 期。

③ 咸阳地区文管会：《陕西户县贺氏墓出土大量元代俑》，《文物》1979 年第 4 期。

元。当时，云南还处在元梁王统治之下，犹奉北元为正朔，故今尚存有宣光碑刻三种：一曰《兴宝寺续置常住记》（宣光六年，1376 年）、二曰《文殊奴墓幢》（宣光七年，1377 年）、三曰《普光山智照兰若记》（宣光七年，1377 年）。此外，1972 年在大理五华楼遗址发现一块题为《大光明寺住持瑞岩长老智照灵塔铭并序》的元碑，署"大元宣光九年龙集己未三月清明"，即明太祖洪武十二年（1379 年）。宣光年号仅有八年，九年乃脱古思帖木儿天元元年。云南因远距漠北，改元之消息未至，故仍署宣光九年，实为天元元年。

四　少数民族汉文石刻

1.《元代北川小坝摩崖》。元朝地方政府与当地少数民族盟誓的誓文摩崖。立于羌族聚居的北川县小坝下场口桥西侧岩壁上，今犹存。摩崖刻于元至元二十七年（1290 年）。约 106×114 厘米，文 15 行，行 4—18 字不等，全文共 208 字，无题，左行，正书。因漫漶颇多，部分字迹已不可辨。主要记述元朝地方政府在石泉（石泉是北川的旧称）与当地少数民族共同订立盟誓，采用当地少数民族传统的木刻为凭和打狗埋石为誓，使原来的盐茶古道得以通畅；双方不得违反。当时石泉主要有羌族，也有藏族。此摩崖为研究元初对川西北少数民族推行的政策提供了参考实物。[①]

2.《元世祖平云南碑》。亦称《世祖皇帝平云南碑》。现在云南省大理古城北三月街上的碑亭内。由上下二石相叠而成，下有龟座，高约 444 厘米，宽约 165 厘米，厚约 50 厘米。碑额浮雕云龙纹锦，题"世祖皇帝平云南碑"4 行 8 个篆字。碑文 58 行，上石 30 行，行 5—20 字；下石 28 行，行 2—25 字，计 1000 多字，左行，正书。碑阴为题名。碑文末有"元宪二年仲春月黄道之吉旦"一句，理应是立碑年月，但元代无"元宪"年号，当为立碑时武宗已即位，却又未新颁年号，乃取碑文中"宪庙践祚之二年"一语，而杜撰年号，实为至大元年（1308 年）立碑。碑文撰写者是翰林程文海，主要记述和赞颂元世祖忽必烈于元宪宗二年（1252 年）亲率十万大军远征西南、平定云南之经过及武功，如行军路线、平灭大理国、平定乌蛮 37 个部落、诸蛮相继纳款，同时也记有元初

① 编委会：《中国少数民族古籍集解》，云南教育出版社 2006 年版，第 548 页。

在云南推行的一些行政措施，并述撰立此碑文之缘由等。碑文云：“明年……先遣使大理招之，道阻而还。十月，过大渡河，上率劲骑由中道先进。十一月渡泸，所过望风款附。再使招之，至其国遇害。十二月，薄其都城。城倚点苍山西洱河为固，国主段兴智及其权柄高泰祥背城出战，大败。又使招之，三返弗听。下令攻之，东西道兵亦至，乃登点苍山临视。城中宵溃，兴智奔善阐，追及太祥于姚州，俘斩以徇。分兵略地，所向皆下，惟善阐未附。明年春，留大将兀良合台经略之，上振旅而还。未几拔善阐，得兴智以献，释不杀。进军平乌蛮部落三十七，攻交趾，破其都，收特磨溪洞三十六，金齿白彝罗鬼缅中诸蛮相继纳款，云南平，列为郡县。凡总府三十七、散府八、州六十、县五十、甸部寨六十一，见户百二十八万七千七百五十三，分隶诸道，立行中书省于中庆以统之。”① 碑阴题名共 17 人，均为大理宣慰司及大理路总管府之职官，为立碑时在任者，唯大多不可考。云南为多民族地区，忽必烈平云南前为大理国之地，而“世祖平云南”为云南历史上的一件大事，“立行中书省于中庆以统之”也是有关云南建省的最早记录，故此碑叙事述史甚详，可校正史书之缺误，为研究元初政治、军事及云南地方史、民族史提供了重要史料。

3.《赛平章德政碑》。碑原立于云南昆明咸阳王庙（今西仓坡），后移动并毁佚无存。碑文见明景泰《云南图经志书》卷十。元代大理路儒学提举、白族赵子元撰文。碑文计 1300 多字，主要内容可归纳为三个方面：(1) 赛典赤·赡思丁的身世及政绩；(2) 招降抚绥罗槃等甸（部）与特磨道溪洞蛮，设立元江路及广南西路；(3) 命大理总管段信苴日（实）等，击退缅甸蒲甘王朝大将释多罗伯对云南边地的侵犯，解救金齿之围困。至于赛典赤·赡思丁任云南行省首任平章政事，在任 6 年治理云南的功绩，碑文中有一段精彩的赞颂之词：“省徭役，招散亡，恤鳏寡，兴儒教，备水旱灾，礼接贤士，削去冗官。建屯田，制楮币，设路食以待劳民，薄征税以广行旅，饥寒者得以衣食，流散者得以抚绥，凡兴利除害之事，知无不为。与夫建省堂，筑驿馆，导水治桥，兴市井，皆候农隙。悦以使民，民忘其劳。凡结怨于己者，公悉以恩待之，忠厚之风，洋洋盈耳。”② 回族学者纳为信在《赛典赤·赡思丁世家》一书中白话译注了碑

① 李昆声：《云南文物古迹》，云南人民出版社 1984 年版，第 86—87 页。

② 方国瑜：《云南史料目录概说》（第三册），中华书局 1984 年版，第 1023 页。

文，并在“谨识”中写道：“《赛平章德政碑》当在赛典赤·赡思丁去世后不久树立，文章称忽必烈为帝，而不挂庙号世祖，可见在忽必烈去世（1294 年）之前，是有关赛典赤·赡思丁的最早文献。作者以真诚的感情，从推行新政利民、加强民族团结、维护国家统一等三个方面，歌颂了赛典赤·赡思丁的丰功伟绩。‘昔号难治，公来举醇’，高度概括了赛典赤·赡思丁在云南的 6 年之治。”此碑为研究元代著名回回政治家赛典赤·赡思丁的生平事迹、担任云南行省第一任省长期间的业绩以及元初云南各民族地区社会历史提供了第一手史料。

4.《创建中庆路大成庙碑记》。立于元至元二十一年（1284 年），原碑早已不存，碑文见明景泰《云南图经志书》卷十。碑记中说：“至元申戌，复命平章政事赛典赤行云南中书省事，治中庆。……暇日集僚佐而言曰：‘夷俗资性悍戾，瞀不畏义，求所以渐摩化服其心者，其惟学乎！’乃捐俸金，市地于城中之北偏，以基庙学。”显然，正是为了使所谓“资性悍戾，瞀不畏义”的云南各少数民族“渐摩化服其心”，接受儒家思想而服从元王朝的统治，赛典赤才在云南兴办学校。方国瑜先生说：“中庆路大成庙创建于至元十一年初立云南行省时，落成于十三年，为赛典赤倡导，而张立道经理其事，为云南有孔庙之始。”① 此碑对研究赛典赤在云南推行儒家教育、发展文教事业的历史功绩有一定参考价值。

五　谱牒档案

谱牒又称谱系、族谱或家谱，是对氏族或宗族世代延续的系统记录。族谱、家谱尽管有不少虚构的内容，但仍然保存有若干真实的史料，对研究元代史事也有裨益。

现已汇编出版的回族家谱资料较多，其中与元代回回人有关的家谱有《南海甘蕉蒲氏家谱》（天津古籍出版社 1987 年版）、《郑和家世资料》（人民交通出版社 1985 年版）及《泉州回族谱牒资料选编》（油印本）等多种。对研究蒲寿庚家族、赛典赤家族、泉州回族等有一定的参考价值。例如《赛典赤家谱》、《咸阳家乘》和《马氏家乘》中收录了大德元年的几份皇帝敕书，对赛典赤家族来华时间、赛典赤·赡思丁之父苦马鲁丁的

① 方国瑜：《云南史料目录概说》（第三册），中华书局 1984 年版，第 1028 页。

踪迹提供了考察的依据，对证实明代伟大航海家郑和为赛典赤·赡思丁后裔也提供了依据①。

元代西夏遗民在政治、军事、文化活动中非常活跃，他们的事迹在《元史》和诸碑传中可以找到。但是近几十年发现的西夏后裔的宗谱，不仅丰富了元代西夏人的事迹，而且可以追踪到他们后裔的分布和繁衍等状况。其中比较重要的有记载余阙后裔宗谱的合肥《余氏家谱》、《洪涛山余氏宗谱》2 种，四川余姓宗谱 3 种，云南余姓宗谱 12 种，中华书局出版的《中国家谱综合目录》与余阙有关的家谱达百余种，分布于华东、中南及西南各地。唐兀氏闾马定居河南濮阳，有《杨氏宗谱》。记载西夏宰相斡道冲及其子孙踪迹的则有《朵氏宗谱》。1998 年辽宁民族出版社还出版了《西夏皇族家谱》，有助于追寻西夏皇族后裔的踪迹。

与元代有关的家谱还很多，流传于民间的还有楔氏家谱、阿里不哥家谱、脱脱家谱等。

六 画像

在照相技术发明之前，人们保留某一事物和人体形象的唯一办法就是画像。古代政府收藏的画像与一般字画不同，一般字画是一种艺术作品，而这里所说的画像主要是“真容”，是政府直接用作立传、纪念、外交活动的凭据，要求真实、准确，最大限度地保持事件、人物的历史原貌。

元代秘书监收藏的画像除历代皇帝像，如宋代皇帝的御容外，还有历朝和本朝的名臣画像，如“贾似道真容二轴”、“鲁司寇石碑像”、元名臣刘太保等 30 人画像以及“随朝百司衙门事务图”等。

秘书监除收集本朝本国画像外，由于元朝幅员辽阔、版图庞大、对外交往频繁，所以还特别重视外国进贡物品及名臣画像的收集。大德四年(1300 年)，秘书监转呈前平滦路盐司副使唐文质文曰：“历代远方贡珍异者多矣，功臣官爵姓名图画至今，后世传之，以为盛事。圣朝自开国以来，名臣烈士，尤盛于前代，俱未见于图画，文质不避僭越之罪，愿尽平

① 1983 年6 月，李士厚先生在北京得到了《咸阳王抚滇绩》和《马氏家乘》各一册，回滇后又得到了《赛典赤家谱》及《赛氏总族牒》。这几本家谱证实郑和是元代咸阳王赛典赤·赡思丁的六世孙。

生之学，画远方职贡之图及名臣之像，藏诸秘府，以传永久。”元政府批准了唐文质的呈文，并要求负责外事接待的礼部，在平时的外事接待中，主动“询问本国国主姓名、土地广狭、城邑名号、至都里路、风俗衣服、贡献物品、珍禽异兽”并转告秘书监，“以备标录”。同时“其使客形状、衣冠令唐文质就往本馆摹写”，[①] 摹写的外国使者等画像，就存放在秘书监，以供今后有外交活动时查考。据至正二年（1342 年）统计，当时秘书监藏有“名画一千五百五十六轴”，数量之多，令人惊叹。

第四节　元朝科技、教育档案

一　天文、占卜档案

元代天文学家郭守敬在全国各地设立了 27 个观测台，进行实地观测，又亲临全国各地，收集科学资料，进行恒星位置的测定工作。观测了前人未命名的恒星 1000 余颗，使其观测记录中的星数从传统的 1464 颗增加到 2500 颗，并编制成星表。[②] 可惜这些原始记录和星表等档案材料没有流传下来。

《元史·天文志》记录了郭守敬对天文仪器的重要发明，说他创制和改进了简仪、高表、候极仪、浑天象、玲珑仪、仰仪、立运仪、证理仪、景符、窥几、日月食仪以及星晷、定时仪等十多种仪器仪表。这些仪器仪表在天文仪器史上占有重要地位，但元代以后不见记录，因而现存《元史·天文志》的有关记载是天文仪器的一部重要档案遗存。

郭守敬和许衡、王恂等人还奉元世祖忽必烈之命改订新历，于至元十八年（1281 年）编成我国古代最先进、使用时间最长的历法《授时历》。该历法共有七个部分，内容近似于《大衍历》，但采用等间距三次差内插法计算日月五星位置，又根据太阳黄经，采用弧矢割圆术和类似球面三角的方法求出它的赤经赤纬，这两种方法在天文学史和数学史上都占有重要

① （元）王士点、商企翁：《秘书监志》，高盛荣点校，浙江古籍出版社 1992 年版，第 98 页。

② 丁海斌等：《中国古代科技档案遗存及其科技文化价值研究》，科学出版社 2011 年版，第 70 页。

地位。此外，郭守敬编纂的天文历法著作还有《推步》、《立成》、《历议拟稿》、《仪象法式》、《上中下三历注式》和《修历源流》等14种，共105卷。

在黑水城出土文书中也发现了几件元代天文历法文书的残片，专家考证后认为它们是元大德和至正时期授时历的残页，并据此得知“授时历创立了历书新格式：删除了大小岁会、杂会、黄道黑道等丛辰类目，集中每月六候列于月首等等，使历书眉目一新，这种格式一直为明清遵循”。①

阴阳文书主要是观测研究天文和占卜形成的文件材料，它不仅是研究天文历法的主要依据，而且是政府重大决策活动的直接历史记录。建立元朝的蒙古族，原是文化比较落后的游牧民族，对神秘莫测的天文天象十分敬畏，每逢政府要举行一些重大活动，特别是军事行动时，都要事先进行占卜，并把管天文和管占卜的职能合在一起，从事这方面工作的人称为阴阳人，形成的文字材料就叫阴阳文书。

元政府对阴阳文书极其重视，万分保密，独存于秘书监。元政府设立的研究天文、占卜的司天监、司天台，“瞻候、选卜一切事理，唯是依凭阴阳文书，以为法则”。这些阴阳文书只供皇帝和少数阴阳人阅览，“其草泽人不得习学”。②

秘书监收藏的阴阳文书，一部分来自历朝政府，如至元十二年(1275年)，南宋还没灭亡，元政府就在算计南宋皇城临安城中的阴阳文书了，“临安秘书监内有乾坤宝典并阴阳一切禁书及本监应收经籍图书书画等物，不教失落见数呵，怎生?”皇帝即下圣旨，“伯颜行道将去者”。③阴阳文书的第二个来源就是司天台。为了便于管理，元政府在至元十年(1273年)将“回回、汉儿两个司天台，都交秘书监管者”④，这样，司天监的档案也移交给秘书监管理了。此外，秘书监还从随军征战的阴阳人那儿收集阴阳文书。至大二年（1309年），尚书省一份奏折写道：“迭里哥儿不花太子军前著行的阴阳文书，教秘书监里与者，……秘书监官人每

① 张培瑜、卢央：《黑城出土残历的年代和有关问题》，《南京大学学报》1994年第2期。

② （元）王士点、商企翁：《秘书监志》，高盛荣点校，浙江古籍出版社1992年版，第117页。

③ 同上书，第100页。

④ 同上书，第115页。

说那文书是上位合看的文书。”① 仅这一次，秘书监就从跟随太子出征的阴阳人韩瑞那儿收集到阴阳文书7部，其中包括《宝元天人详异》、《宋天文》等“天子亲览禁秘之书”。

由于收集积累的阴阳文书多了，以致装具都成了问题，至元十一年（1274年）正月，即设秘书监的第三年，秘书监向朝廷报告称：“见收阴阳禁书并一切回回文字。除钦依外，即目多有收到文书，未曾制造书柜，恐经夏润虫鼠损坏，今拟用红油大竖柜六个，内各置抽匣三层，锁钥全，常川收顿秘书相应。”② 用于存放阴阳文书等材料。从这份报告可见，当时的档案装具还是较为考究的，采用油漆防潮、防尘，用锁钥防盗，内置三层抽匣，便于分类典藏。

二　地理档案

地理舆图是古代的测绘档案，它象征着本国的版图和对别国的征服与统治。因此，历代统治者都高度重视地理舆图。元统治者在攻陷南宋都城临安后颁布的诏谕中，就明确把“天文地理册”列为重点接收项目之一，并规定由秘书监“掌历代图籍”。由于秘书监有“掌历代图籍”之便，因此，元世祖在至元二十二年（1285年）下令编修大型地理书《大元大一统志》时，就以秘书监为主要编修机构，并在秘书监内设立了著作局，聘用“鸿生硕士”担任著作郎和著作佐郎，直接负责编纂事宜，让翰林院、兵部各差正官与秘书监“一同商量编类，以为便当”，兵部与各行省为之提供有关档案资料。秘书监借编纂《大元大一统志》之机，也极力丰富库藏，把各部门、各行省保存的舆图档案都提调到秘书监，并配备了两名专业画匠，负责“彩画地图”。

《大元大一统志》的编纂历时18年，前后两次成书。初修本为787卷，增修本达到1300卷。这部1300卷的巨著，“备载天下路府州县古今建置沿革及山川、土产、风俗、里至、宦迹、人物”，所以实际上是一部元代国史和大百科全书。主要包括以下一些部分：某路，包括所辖几州、

① （元）王士点、商企翁：《秘书监志》，高盛荣点校，浙江古籍出版社1992年版，第102页。

② 同上。

本路亲管几县；建置沿革，包括禹贡州域、天象分野、历代废置（从周至大元）；各州县建置沿革；本路亲管坊郭乡镇；本路至上都大都并里至；各县至上都大都并里至；名山大川；土山；风俗形胜；古迹；寺观祠庙；官迹；人物。多取材于前朝和当朝地方志，部分为编者辑纂，可补订旧志缺略，因而具有很大价值。《大元大一统志》已佚，现仅存赵万里的辑录本《元一统志》10卷（中华书局1966年版）。

《元经世大典》中原有一幅“西北地名”图，魏源曾在《海国图志》（清道光甲辰古微堂木活字初印本）中予以转载。据魏源在说明中称，该图“得自《永乐大典》，即《元史》地理志末附西北地名二页”，因刊载原图的《永乐大典》已经散失，故只能从《海国图志》中看到转载的该图。①

至元十七年（1280年），元世祖忽必烈派遣女真人都实探寻黄河的源头，认定星宿海（火敦脑儿）即河源。都实的考察经过由他弟弟阔阔出口述，翰林学士潘昂霄笔录，于延祐二年（1315年）编成《河源志》。这是我国现存有关河源勘察的最早记录，对河源地区的地形、水系、植物、人口、聚落分布等都有简明扼要的介绍，并纠正了《汉书·西域传》中黄河源为伏流重源的谬误。

元代道士朱思本考察了今华北、华东、中南10省地理，利用当时保存的图籍，依据本人的实地勘测记录，以“计里开方”法，绘成《舆地图》2卷。具体做法是：先把全国分成若干个局部，依“计里开方”之法绘制出若干局部分图，然后再把这些各地的小图拼合成长宽各7尺的一幅大图，其精确度远远超过以前的地图。图中还反映了当时河源探测的最新成就，达到较高水平。全图绘成之后，刊刻于上清之三华院，因图幅甚大，不便于保存和流传，今图和图碑均已佚失。

元代另有两幅全国总图。一幅是李泽民于1330年左右绘制的，名为《声教广被图》；另一幅是天台僧清浚绘制的《混一疆域图》。两图均已佚。②

---

① 陈高华、陈智超等：《中国古代史史料学》（修订本），天津古籍出版社2006年版，第298页。

② 丁海斌等：《中国古代科技档案遗存及其科技文化价值研究》，科学出版社2011年版，第112页。

《奉元州县之图》约形成于元中期。图上绘出了元奉元路所辖诸州县的地理范围，并将各路、州、县城用双线方框标明并注出名称，另外还绘有山河、泉谷、陵墓、庙宇、宫苑、古城以及重要地名等。该图对研究关中地区地理沿革有一定的参考价值。现藏于国家图书馆。

三　农业档案

《农桑辑要》由元朝司农司编纂，约成书于至元十年（1273 年）前后。至元年间刊行后，仁宗延祐年间又刊于江浙行省，英宗、明宗、文宗朝也都申令颁布，至顺三年（1332 年）刊行达万册，可见此书对中国农业生产的影响较大。

全书共 6 万字左右，分作七卷十篇：典训、耕垦、播种、栽桑、养蚕、瓜菜、果实、竹木、药草和孳畜。典训篇介绍我国古代农业的传统习惯和重农言论；耕垦篇介绍农耕技术和丰产经验；播种篇分论谷物、油料、纤维三类基本农作物的耕作栽培；栽桑篇、养蚕篇指导蚕桑的生产；药草篇包括染料、药材、特种作物；孳畜篇介绍家畜、家禽、鱼和蜜蜂的饲养技术。其中栽桑、养蚕虽各只有一卷，但两卷篇幅占全书的三分之一，详细记载了北方的载桑养蚕技术和生产经验，体现出作者对蚕桑的重视。

书中所引资料一律注明来源，而且各种文献资料都严格按照时间顺序排列，使人便于了解各种技术知识的演进过程。选择文献也很严谨，迷信内容几乎全被删除。对有些资料，如苎麻、木棉（即棉花）、西瓜、胡萝卜、茼蒿、人苋、莙荙、甘蔗、养蜂等引入中原不久的经济作物或比较特异的农业技术，则注明是“新添”。

王磐《〈农桑辑要〉原序》说：此书“遍求古今所有农家之书，披阅参考，删其繁重，摭其切要，纂成一书，目曰《农桑辑要》”。[①] 蔡文渊也说：此书“参稽古今农书，芟其烦而撮其要，类萃成书，曰《农桑辑要》。若夫耕蚕之术，畜孳之方，天时地利之所宜，莫不毕具。用之则力省而功倍，刊行四方，灼有明效”。[②] 由此可见，《农桑辑要》的内容大多

① （元）王磐：《四库全书，〈农桑辑要〉原序》，台湾商务印书馆 1986 年版，第 200 页。

② （元）蔡文渊：《〈农桑辑要〉序》，见苏天爵《元文类》（卷 36），台湾商务印书馆 1986 年版，第 445 页。

是辑自古代至元初的重要农书，使大量已佚农书中的档案文献资料得以保存下来。如技术档案资料有近一半出自《齐民要术》，其余的来自《士农必用》、《务本新书》、《四时类要》、《韩氏直说》等多种农书，虽系摘录，但取其精华。特别是将《齐民要术》中有关农业生产的各种技术知识全部收录在内。最末所列的“岁用杂事”一段，把《四时类要》中农家十二个月的主要农事活动都罗列了进去，可以说是规模宏大、体系完备的一种全国性综合农书。

《农桑辑要》取材严谨，实用价值较高。《四库全书总目》说它“详而不芜，简而有要，于农家之中最为善本”。① 石汉声先生认为，《农桑辑要》是中国现存最早的官修农书，确实可以作为农业生产的技术指导书应用。

《农桑衣食撮要》刊行于元仁宗延祐元年（1314 年），作者为元代畏兀儿人鲁明善。该书与一般农书的编纂体例不同，直接继承了东汉崔寔《四民月令》的编纂体裁，按照农家的“月令”（月计划）编纂，即以月份为纲，一年十二个月，按月列举每个月农家应该从事的农事活动，如应种应收什么农作物，栽种什么树木，家畜应注意什么，怎样贮藏蔬菜，如何腌制肉类等，都一一详载，并对这些农事活动的具体操作步骤、技术措施、注意要点作了简明扼要的说明。全书除了农桑之外，还兼收园艺、畜牧、农产品加工、修建等其他必要的农事活动。《四库全书总目》评论说：“明善此书分十二月令，件系条别，简明易晓，使种艺敛藏之节，开卷了然，盖以阴补《农桑辑要》所未备，亦可谓留心民事，讲求实用者矣。”②

该书分为上、下卷，内容包括农耕、水利、气象、果树、蔬菜、竹木、畜牧、兽医、蚕桑、药材、养蜂、酿造、农副产品收藏等农家日常生活的许多方面。其记录以中原地区农事为主，兼及西北少数民族地区的农业和畜牧业经验，记述了牧羊种、造酥酒、晒干酪等方法，具有明显的民族特色，也反映了我国各民族在生产方面的相互吸收和渗透。③

王祯《农书》刊行于元仁宗皇庆二年（1313 年），37 卷，约 136000

① 《四库全书·〈农桑辑要〉提要》，台湾商务印书馆 1986 年版，第 196 页。

② 《四库全书·〈农桑衣食撮要〉提要》，台湾商务印书馆 1986 年版，第 292 页。

③ 李硕：《元朝（铁蹄踏出的强大帝国）》，吉林出版集团 2011 年版，第 181 页。

多字，281 幅插图，分为《农桑通诀》、《百谷谱》、《农器图谱》三大部分。《农桑通诀》包括农事起本、牛耕起本、蚕事起本、授时、地利、孝弟力田、垦耕、耙劳、播种、锄治、粪壤、灌溉、劝助、收获、蓄积、种植、畜养（牧）、蚕桑等篇；《百谷谱》分述粮食、蔬菜、瓜果、竹木等栽培技术。同时还详述了棉花种植技术，对过分强调“风土不宜”，妨碍引进农作物新品种的“唯水土说”作了批判；《农器图谱》绘出各种农具、农业机械图和田制、农舍、灌溉工程、运输工具、纺织机具图共 306 幅，每幅图后面都有一段文字说明，详述这种工具的来源、构造、演变和用法等。其中许多是当时最新式的农具和器具。[①] 此书还设计了一份“授时图”，将月份、物候、星象、二十四节气、农事活动等归纳于一图。这是对物候历、农事历表达形式的一种革新。该图主要适用于河南洛阳地区，对其他地区的实用性不大，但却推动了各地农事历的制定并按照二十四节气、七十二物候有序安排农事活动，构成全年农事历，提高了对农时节令的认识水平。《四库全书总目》评论说：全书“引据赅洽，文章尔雅，绘画亦皆工致，可谓华实兼资”。[②]

四　《庙学典礼》

不著撰人。此书分六卷，按时间先后顺序排列，辑录自蒙古汗国窝阔台汗九年至元成宗大德五年（1237—1301 年）间有关官学事宜的各类文书档案 80 件，是研究元代学校教育的重要档案文献。《四库全书总目》评论说：“《庙学典礼》六卷，不著撰人名氏，诸家书目皆不著录。核其所载，始于元太宗丁酉而终于成宗大德间，盖元人所录也。其书杂钞案牍，排缀成编，未经文士之修饰，故词多椎朴。又原序、原目散佚无考，亦无从得其门类，幸其年月先后皆有可稽，尚可排比成帙。谨厘析其文，勒为六卷，虽繁复之失在所未免，而一代庙学之制，措置规画梗概具存，颇可与《元史》相参考。”[③] 此书只有辑自明《永乐大典》的清文渊阁四库全书本。

---

① 李硕：《元朝（铁蹄踏出的强大帝国）》，吉林出版集团 2011 年版，第 177—179 页。

② 《四库全书·〈农书〉提要》，台湾商务印书馆 1986 年版，第 316 页。

③ 《四库全书·〈庙学典礼〉提要》，台湾商务印书馆 1986 年版，第 323 页。

五 《元统元年进士录》

有元一代，总共举行过科举考试（殿试）十六科，但只有元顺帝元统元年（1333 年）廷试发榜后的进士名录得以保存下来。此书分为 3 卷，上卷为进士题名，中、下两卷为策问试题及进士制策。进士题名录又分为蒙古、色目和汉人、南人两部分，各有 50 人。根据中举者各自所报的履历等情况汇编而成。每位进士姓名之后。记有字号、籍贯、所属种族或氏族、户籍类别、专治经书（限汉人、南人）、表字、出生年月日与时辰、父系三代的名字、母亲姓氏、父母亲情况、婚姻状况、乡试地点和名次、初授官职等项情况。后面附策问试题两道、对策 10 余篇。本书类似现代档案表册，文字简略，内容丰富，是研究元代科举、官制、各民族文化与婚姻家庭等情况的珍贵史料。书中还载有 12 名回回进士的相关情况，是研究元代回回人状况弥足珍贵的资料。原书失传已久，有元统元年刻本，系清乾隆时黄丕烈从苏州书肆偶得而藏之，后收入南陵徐乃昌辑《宋元科举三录》1923 年影印本，文字脱落甚多。①

第五节 元朝文书档案的重大发现

一 黑水城出土元代文书

黑水城遗址位于今内蒙古自治区阿拉善盟额济纳旗达赖库布镇东南约 25 公里的荒漠中，此地在蒙古语中称“哈拉浩特”（Khara – khoto），意为“黑色之城”，为西夏黑水城和元代甘肃行中书省“亦集乃路”总管府衙署所在地。将近一千年前的西夏时期，黑水城作为监军司之一，为北方军事重镇。西夏灭亡后，历经元、北元，至明初而人去城空，变为一座“死城”，消失在人们的视野和记忆中。20 世纪初，一些外国“探险队”先后在这里盗掘了一大批西夏文献和元代文书以及大量珍贵文物，才逐渐引起世人的关注。

① 编委会：《中国少数民族古籍集解》，云南教育出版社 2006 年版，第 553 页。

黑水城地处额济纳河下游，历史上曾是一片适宜耕牧的绿洲地带，属于纯内陆性沙漠气候，异常干旱，故古代居民使用过的纸张、草木、毛皮和丝织品等很容易保存下来。这就为黑水城文书的发掘出土提供了可能。自20世纪初以来，对黑水城遗址的考古发掘工作一直持续不断，其中规模较大、比较重要的发掘活动主要有三次：一是1908年、1909年俄国人科兹洛夫进行的盗掘，二是1914年英国人斯坦因在第三次中亚探险时进行的盗掘，三是1983—1984年由内蒙古文物考古研究所、阿拉善文物工作站进行的发掘。

（一）第一次：俄国人科兹洛夫的盗掘

1908年和1909年，俄国人科兹洛夫（P. K. Kozlov）两次盗掘黑水城，第二次的发掘收获很大，发现了8000余件包括元代文书在内的古代文献和文物，这些珍贵文书随即被全部运到俄国圣彼得堡，经初步整理后编成了8000多个编号，收藏于俄国科学院东方写本研究所圣彼得堡分所和冬宫博物馆（Hermitage，爱尔米塔什），长期以来很少为世人所见。据孟列夫、蒋维崧和白滨等人撰写的《俄藏黑水城文献叙录》一文所述，已确定的元代文献共81件，包括佛教作品、历史著作、文书、医书、字书、版画和纸币等，其中佛经和文书占有较大比重。孟列夫称其中有元代文书（13世纪末至14世纪初）44件。“17件保留了确切的年月，其中的13件（最早是1304年的，最晚是1364年的）反映了在1367年被明朝推翻前的一些事件。有5件文书同为时不长的被称为北元（1368—1378年）的国家有关。”“这些文书的内容包括军队的布置、军事通报、呈文、各类供给单据、各种诉讼审理文书，粮食、牲畜、布匹和珍贵物品的单据。”①

（二）第二次：英人斯坦因的盗掘

1914年英国人斯坦因（A. Stein）在其第三次中亚探险中，也对黑水城进行了盗掘，掠走了4000余件黑水城古代文书。其所掠走的文书今存英国伦敦大英图书馆东方写本印本部（简称东方部）。由于这批文书多出

① ［俄］孟列夫：《黑城出土汉文遗书叙录》，王克孝译，宁夏人民出版社1994年版，第23—24页。

土于地表层，且出土地点分散，所以大部分残损严重，文书内容的史料价值也不及俄国所藏。1953 年法国汉学家亨利·马斯伯乐将斯坦因掠得的汉文文书进行编号和介绍，编成《斯坦因第三次中亚探险所获汉文文书》一书，在该书第五章《西夏和蒙古时期的黑城文书》中收录了斯坦因在这次探险中所获得的部分元代文书，其中有年代者共 9 件，皆为元代年号。①

郭锋则对斯坦因第三次中亚探险所获黑水城出土文书中未经马斯伯乐刊布的部分作了介绍和释录，将其中的 26 件残片确定为元代文书。②

许生根对英藏黑水城文献也作了介绍，指出其中明确记载为元代汉文文书的有粮草账册 6 件，汉文户籍册 1 件，官府公文 18 件，其他属于元朝的文书有 10 余件。③

（三）第三次：20 世纪 80 年代国内的发掘

1983 年和 1984 年，内蒙古文物考古研究所联合阿拉善盟文物工作站共同组成考古队，正式对黑城子进行全面的勘察和科学的发掘。经过两次考古发掘，基本上将全城遗址勘察完毕，重点发掘面积 11000 多平方米，发现房屋基址 280 多处，出土各种民族文字的文书共计 3000 余件，其中汉文文书的数量最多，共达 2200 余件。④ 除汉文文书外，尚有 101 件回鹘式蒙古文文书、71 件八思巴字文书、16 件回鹘文文书、5 件藏文文书、1 件西夏文—梵文文书、17 件阿拉伯文文书、1 件叙利亚文书和 16 件夹杂叙利亚语的突厥语文书，共计 228 件。⑤ 这些文书中已有部分文书得到解读，大部分尚待进一步研究。除此之外，在现知黑水城文献中，还有一定数量的突厥文、波斯文、女真文、亦思替非字文献。统计数字尽管还不完全，但足以反映黑水城文献的多民族性征。

---

① Les Documents Chinois De Sir Aure Stein en Asie Centrals, edited by The Henri Maspero, London, 1953.

② 郭锋：《英国图书馆藏未经马斯伯乐刊布之斯坦因第三次中亚探险所获汉文文书》，《敦煌学辑刊》1990 年第 2 期。

③ 许生根：《英藏黑水城文献社会文书述略》，《宁夏社会科学》2004 年第 6 期。

④ 内蒙古文物考古所、阿拉善盟文物工作站：《内蒙古黑城考古发掘纪要》，《文物》1987 年第 7 期。

⑤ ［日］吉田顺一、齐木德道尔吉：《ハラホト出土モンゴル文书の研究》，东京：雄山阁 2008 年版，第 8 页。

由于第三次考古发掘揭开的基本上是元代至北元初期的地层，因而出土文书中以元代的居多，北元初期的数量比较少，而西夏时代的数量最少。经过整理拼缀，现已基本上弄清了这批文书的内容。从内容上来看，这批文书以世俗文书为主，佛教经咒较少，而且世俗文书中又以官府的公文为多，居民的书信、契约、账单、柬帖等较少。

从出土文书的情况看，官府公文数量最多，属于甘肃行省、肃政廉访司、诸王、妃子等与亦集乃路总管府之间，总管府内部及其下属机构之间公务往来的文书，种类较多，有札付、关文、呈文、故牒、付身（任命吏目的证书）、诉状、取状、责任状、户籍、账册及各种契约。从内容上分析，这些文书包括：卷宗、人事、民籍、礼仪、军政、钱粮、站赤（驿站）、词讼、票据、儒学、封签等。其中，又以钱粮方面的文书居多。不仅反映了当地的历史概况，而且为研究元朝文书工作制度和档案管理制度提供了难得的实物资料。[①]

官府公文中，又以亦集乃路总管府架阁库遗址出土的文书最多，其中“屑”纸约计1000余件，未刊印的纸屑尚有490件。该架阁库为火焚烧后损毁，残留碎屑上所存文字不多，难以贯通其文字。有的经过烟熏火烤后已无法释读其残余内容，如其中保存较为完整的《纳冬妃子分例文卷》残屑，有的长达1米，但都已烧掉下半截，上半截每行尚存1—5字不等。

（四）对黑水城的其他发掘

对黑城的发掘并不仅限于以上三次。1927年瑞典人斯文赫定和我国学者徐炳昶为首组成的中瑞西北科学考察团在考察以黑城为中心的额济纳河下游地区时，中方黄文弼发掘了文书残页数百件。[②] 据周清澍先生证实，这批文书现藏于中国社会科学院考古研究所。1963年由李逸友、陆思贤、盖山林和郑隆等组成的内蒙古文物工作队对黑城进行调查时也发现了少量文书，李逸友公布了其中编号分别为63：01和63：02的《大元通制·条格》残本和“站赤祇应账册”残件（《黑城出土文书续释》）。1976年甘肃省文物工作队组成的考古队到黑城子考察，又发现了一些文

① 李逸友：《黑城出土文书所见的元代文书档案制度》，《内蒙古档案》1991年第1期。

② 黄文弼：《略述内蒙古、新疆第一次考古经过及发现》，见《河西古地新证》（西北史地论丛），上海人民出版社1981年版。

书。这些文书的存放地点不详。1978 年中国社会科学院历史研究所的马雍和甘肃省博物馆的吴礽骧在黑城的两个垃圾堆中清理出元代文书十余件，现存于甘肃省博物馆。1979 年王勤台又在黑城获得少量文书。这两次所获文书共计 24 件，已由陈炳应释录发表，并作了初步研究①。此外，还有一部分文书曾于 20 世纪 30 年代现身北京地摊，后流散到日本，现藏于天理大学。

（五）黑水城出土元代文书的重要价值

黑水城出土元代文书基本上保持着当时的原始状态，具有特殊的文物、文献和史料价值，能够为研究当时历史时期的政治、经济、社会、文化等方面的情况提供第一手材料。与后世所编修的史志不同，黑水城出土元代文书属于全新的档案史料，有的可与《元史》互证，有的可补《元史》不足，能够为当今蒙元时期的历史研究提供不可多得的实物资料。

黑水城出土元代文书多用汉文写成，其中不少为世俗文书，全面而真实地反映了元代至北元初期黑水城地区的政治、经济、军事和文化情况，对蒙元史研究有极其重要的史料价值。

元代亦集乃路位于西北边地，是紧靠迤北的边境要冲，甘肃河西一带军队经由亦集乃路到漠北地区，军粮由本路负责筹集供给，史料对此记载较少。黑水城发现的几件军粮文书，为我们研究亦集乃路的军粮筹措转运等情况提供了珍贵资料。同时也证明了亦集乃路作为西北兵站之一，在元代北方军粮后勤供给体系中扮演着重要角色。

黑水城出土的大量汉文文书也是研究该地区蒙古民族文化的重要材料。Y1：W40 号文献残卷用汉字记音义，用于学习蒙古语文字，反映出当时汉人或懂汉语的其他民族学习蒙语以方便交流的事实。F111：W55 号文献记载："蒙古教授月支钞陆十两、禄米一石、每石折钞二十五两，计钞八十五两。"可见亦集乃路地区蒙古族居民不少，为方便蒙古人子弟就读"蒙古字学"和其他民族的百姓学习蒙古语文，任命蒙古教授一职，专门教授蒙古族或其他族学生学习蒙古语文。

黑水城文书特别是元代蒙汉文文书的出土引起了国内众多学者的注

① 陈炳应：《黑城新出土的一批元代文书》，《考古与文物》1983 年第 1 期。

意。陈之对黑城出土文书给予了高度评价，指出黑城出土文书“详尽地勾勒出了元代及北元初期亦集乃路的历史概貌，具体而又全面地反映了亦集乃路的政治、经济、文化等社会状况，对于研究元史及北元时期的历史提供了不可多得的珍贵实物资料”。[①] 方龄贵通过对《大元通制》和《至正条格》印本残页、《洗冤录》残页、《孝经直解》残页、文书中的“阔立赤”和“阔录赤”、宣光纪年文书及天元官印等材料的分析，指出“《黑城出土文书》（汉文文书卷）收录了如许新的史料，内中有的可与《元史》互证，有的可补《元史》的不足，实属难能可贵，从而为蒙元史研究展开新的前景作出了有益的贡献”。[②] 邱瑞中亲眼目睹了这批出土文书，探讨了其中的元代冥钱和版刻，并指出“黑城文献反映元代社会方方面面，有待专家学者们研究探讨，也许会使人们改变多年形成的意见”。[③]

黑水城出土文书中的元代文书（包括北元文书）为研究有元一代的历史，甚或西北史地提供了新史料。但这些文书的重要价值尚未引起元史学者的足够重视。陈高华先生曾撰文呼吁相关学人对这些文书给予充分认识：“新出土的各个时代官私文书，是一种真正的原始文献，对于研究该时代的社会面貌具有重要的价值”，“黑城元代文书对于元史研究，具有特殊的价值，我们应该加强这一方面的工作，同时也期待有新的发现”。[④]

（六）黑水城出土元代文书的编研公布

从20世纪70年代开始，黑水城出土元代文书逐渐受到学术界重视。

陈炳应《黑城新出土的一批元代文书》刊布了70年代后期在黑水城遗址陆续发现的24件元代文书。

1991年11月，李逸友先生将国内出土的部分黑城汉文文书整理成册，编著为《黑城出土文书》（汉文文书卷）一书，作为内蒙古额济纳旗黑城考古报告之一单独公布，由科学出版社出版发行。该书分上、下两

① 陈之：《元史与北元史研究的最新成果——〈黑城出土文书〉》，《内蒙古社会科学》1992年第6期。

② 方龄贵：《读〈黑城出土文书〉》，《内蒙古社会科学》1994年第6期。

③ 邱瑞中：《黑城元代文献札记》，《中国典籍与文化》1996年第2期。

④ 陈高华：《黑城元代站赤登记簿初探》，《中国社会科学院研究生院学报》2002年第2期。

篇，上篇分12章介绍了黑城出土文书的概况，断定这次获得的黑城文书“除少量属于西夏时代的佛经外，其余都是元代至北元初期的遗物”，并依据这些文书的内容，勾勒出了元代亦集乃路政治、经济、文化的概貌，包括亦集乃路的居民和建置、农牧业和商业、财政经济、站赤、社会情况、儒学和文化、宗教信仰及其他、元代的诏敕律令（《大元通制》印本、《至正条格》印本、律令抄本）、元代的票引契券（盐引和盐券、钞本、契本、地税票据）、北元初期的新史料（北元初期的文书）。下篇收录了黑城出土文书760余件，主要是元代和北元初期的世俗文书，包括大量公文和票据、契约、账册、民间书信以及少量西夏和元代的佛经，并根据这些文书的内容性质将其分为以下19类：

1. 卷宗类
2. 人事类
3. 民籍类
4. 礼仪类（礼仪、祭祀费用）
5. 军政事务类
6. 农牧类（农政、提调农桑文卷）
7. 钱粮类（提调钱粮、赋税、粮食储运收支、大德十一年税粮文卷、阿剌不花口粮文卷、至正十一年考校钱粮文卷）
8. 俸禄类
9. 诸王妃子分例类（诸投下分例、桑哥失里大王分例羊酒文卷、卜鲁罕妃子分例米面文卷、纳冬妃子分例米面文卷）
10. 军用钱粮类（军用钱粮、大德四年军粮文卷）
11. 官用钱粮类
12. 律令与词讼类（律令、审理罪囚、驱口案、婚姻案、斗杀案、盗贼案、财物案、地土案、麦足朵立只答站户案文卷、也火汝足立嵬地土案文卷、失林婚书案文卷）
13. 站赤类（提调站赤、签补站户文卷、至正二十四年整点站赤文卷）
14. 票据类
15. 契约类（共收录26件元代亦集乃路民间私人契约文书）
16. 书信类
17. 儒学与文史类（府学、启蒙习字、诗文抄本、书籍印本）

18. 杂类（封签及包封、柬帖、官私钱物账、医算、符占秘术、堪舆地理书、历学）

19. 佛教类（佛徒习学本、佛经抄本、佛经印本）①

这 19 类汉文文书内容丰富，涉及面广，基本上涵盖了黑水城地区当时人们社会生活的方方面面，其中又以钱粮类和诉讼类数量最多。但该书所收录的只是部分文书的录文，且未全部刊发所录文书的图版，文书图版仅 190 幅，不足所收录文书的 25%。

1995 年，中国社科院民研所、上海古籍出版社与俄罗斯科学院东方学研究所圣彼得堡分所合作整理、公布俄藏黑水城文献，至 2000 年陆续结集出版了《俄藏黑水城文献》（上海古籍出版社 1996—2000 年版）。该书由汉文文书、西夏文世俗文书和西夏文佛教文书三部分组成，汉文部分共 6 卷，收有文书 488 件，元代汉文文书主要分布在第 4、5、6 册中，共 81 件，内容涉及官私文书、契约、佛经、医书、历史著作、版画、字书等。

2002 年，西北第二民族学院开始进行英藏黑水城文献整理研究项目。他们与英国国家图书馆、上海古籍出版社合作，将整理和研究成果结集为《英藏黑水城文献》出版。全书共计 5 册，收有西夏文文献 7000 余件、汉文文献 230 多件，还有少量梵文、藏文等其他语种文献。汉文文献中有一部分为元代公私文书，内容包括诉讼文件、官府呈文等，记载有西北地区的行政官名、官职、行政机构等，对认识元朝政治、经济活动有重要意义。

2008 年，内蒙古自治区文物考古研究所、宁夏大学西夏研究中心、甘肃省古籍文献整理编译中心共同整理编纂出版了《中国藏黑水城汉文文献》（国家图书馆出版社 2008 年版）10 册。全书对 1983 年、1984 年黑水城两次考古发掘收获的 4213 件汉文珍稀文书首次进行了公布，所刊文书覆盖并大大超过了李逸友《黑城出土文书》（汉文文书卷）的收录范围，填补了北元时期文书档案的空白。该书分为以下 10 卷：

卷一：农政文书卷

卷二：钱粮文书卷

卷三：俸禄与分例文书卷

① 李逸友：《黑城出土文书》（汉文文书卷），科学出版社 1991 年版。

卷四：律令与词讼文书卷

卷五：军政与站赤文书卷

卷六：票据、契约、卷宗与书信卷

卷七：礼仪、儒学、文史卷

卷八：医算、历学、符占秘术、堪舆地理及其他卷

卷九：佛教文献卷

卷十：图画、印章及其他文书卷

另外，内蒙古大学与日本早稻田大学合作研究的项目《元代黑城蒙古文文书研究》已经完成，双方共同完成了黑城出土文书中300件蒙古文、八思巴字文书的释读。这类文书多为元代亦集乃路总管府文书、皇帝谕旨抄件、民间契约文书、占卜文书、经文残页等。该项目的最终成果用日、汉两种文字写成，于2008年初在日本正式出版。“此项研究的开展，对蒙古学研究领域的国际合作，对元代蒙古文文献的书写特征、语法结构，以及对当时的社会、经济、文化、政治等情况的进一步理解，都具有重要的学术意义和现实意义。”①

二　大理五华楼遗址出土元碑

唐代南诏王劝丰祐于天启十七年（唐大中十年，856年）在南诏国首府阳苴咩城（遗址在今大理古城西）建有规模宏大的五华楼，“方五里，高百尺，上可容万人”，以“会西南夷君长”，此楼在明初以前已毁。

明洪武十五年（1382年），明军攻克大理，当年，大理设“卫”，指挥周能奉命在南诏古城遗址——阳苴咩城旁另筑大理府城。第二年，都督和指挥使又共同商议将城的范围拓宽。筑城的时候，在南门大街重建了五华楼，建此楼时，将大量元代古碑拆除搬来建筑房基。

1972年大理县政府在修建大理古城时，为了拓宽街道，拆除五华楼，从上下房基石里出土了数十块数量可观、内容丰富、记载翔实的元代古碑，因当时的文物保护意识不强，将其作为普通石碑砌入灯光球场的看台。1979年，原昆明师范学院（今云南师范大学）副院长、著名云南地方史专家王云教授回邓川探亲，参观大理县文化馆时，发现数通元碑，询

① 内蒙古大学新闻网，ndnews. imu. edu. cn. /mt. /200605/Article_ 20060514210925. html。

问后得知乃五华楼遗址所出，尚有不少被砌入灯光球场看台者，遂前去踏勘，惊喜地发现有大量元代碑刻。回昆明后，王云先生向云南省文化局领导作了汇报。省文化局十分重视，立即拨出6000元专款，昆明师院派出方龄贵先生与王云、潘错、杨德华诸先生于同年到大理与县文化馆的人士一起清理拓印碑文。整个清理工作分为两次进行，第一次主要是集中碑石，清洗泥沙，进行初拓，第二次着重查缺补漏，辨认碑文，进行精拓。经去污洗刷，修复拓片后计得元碑66通，“其中汉字清晰的有五十八通，比较首尾完具的竟有二十余通之多”[①]，并确认这批珍贵的历史碑刻是因明代修筑五华楼时移动墓碑作石料，并砌入地基中才得以保存下来。经过专家鉴定，年代最早的署元至元二十四年（1287年），最晚的署北元宣光九年，即明洪武十二年（1379年）。涉及内容广泛，有职衔称谓，有疆域治理范围，有汉文化在白族地区的发展，还有一块题为《仁义道济大师墓碑铭》的元碑，确切地记载了元世祖忽必烈率领元军攻入大理的时间，[②] 为过去史料所没有，弥补了历史空白，是研究宋末元初大理白族地区的重要史料。现存元代碑刻较少，前人早有“宋元碑不易得”之叹，五华楼一次出土如此多的元碑，实属罕见，在国内外史学界，特别是元史、蒙古学界引起了轰动。

这批碑文经王云、方龄贵先生抄录考释，辑成《大理五华楼新出元碑选录并注释》（载云南大学西南古籍研究所《西南古籍研究》1985年总第1期），为研究元代云南地方民族史提供了不少新史料。其所选收的60种出土元碑的目录如下：

《故大理陈氏墓铭并叙》

《故大理路□□氏躬节仁义道济大师墓碑铭并序》

《大理路兴举学校记》

《陈氏墓碑铭并序》

《故大师白氏墓碑铭并序》（《白氏墓碑铭》）

《无名残碑》

---

① 方龄贵：《大理五华楼新出土元碑史料价值初探（一）》，《云南文物》1984年第15期。

② 该碑原题“故大理路□□□□仁义道济大师墓碑铭并序”，碑文述及元世祖忽必烈平大理，任用当地实力派人物杨公大师招抚散亡及附近郡县之史料。碑中的“天定癸丑，皇帝亲征南方。十二月十三日兵至大理……”等语明确记载了蒙古军队攻灭大理国的时间。

《段氏长老墓碑铭并序》

《赵连庆碑》

《大理路庙学残碑》

《□兆郡夫人墓志铭》

《□大理□差库大使董踰城傅墓志□》

《至正七年残碑》

《故父张照磨墓志》

《故理阳寨长官司案牍段琏墓铭并序》

《敕授鹤庆路照磨杨伯□墓志》

《张长老墓碑》

《追为亡人张踰城端神道》(残碑)

《故神功梵德大阿左梨赵道宗墓碑》

《追为亡人大师李珠庆神道》

《追为亡人杨庆良神识》

《追为亡人杨昭宗神道》

《大光明寺住持瑞岩长老智照灵塔铭并序》

(以上元碑均有碑文)

《杨孝先墓志》

《杨药师生碑》

《张闭通碑》

《杨生善碑》

《布鲁罕碑》

《释道兴碑》

《释戒超碑》

《周智太碑》

《释慧升讳周智太神道碑》

《杨踰城实碑》

《苏参碑》

《杨成庆碑》

《李明碑》

《杨禧碑》

《杨踰城佩碑》

《段观音善碑》
《苏昇福碑》
《李踰城连碑》
《董益碑》
《杨生直碑》
《杨庆碑》
《张福日碑》
《段踰城顺碑》
《苏祥福碑》
《张齐□碑》
《李贤生碑》
《译史杨公碑》
《李明益碑》
《云南县残碑》
《张顺兴碑》
《杨观音护碑》
《任祥公残碑》
《赵踰城公碑》
《南无西方阿弥陀佛碑》
《张兴光碑》
《张氏残碑》
《圆悟残碑》
《张踰城盛碑》
（以上元碑一般无碑文）

著名元史学家方龄贵先生指出："新碑首先对元史（包括北元史）的研究，特别是对元代云南历史的研究有帮助，这是很自然的。实际上，还远不止此。因为在碑文（特别是墓志中）叙事每每追溯到前代。这就不免涉及元朝以前的历史，唐宋和南诏、大理的历史不用说了，有时还牵连到唐宋以前的历史及其他方面。"①

云南为边疆多民族地区，宋代为大理国，在元代亦占有重要地位，加

① 方龄贵：《大理五华楼新出土元碑史料价值初探（一）》，《云南文物》1984 年第 15 期。

之大理地区为白族聚居之地，自唐至宋为南诏大理国统治的政治、经济、文化中心地区，而这批元碑正是在元代白族聚居的中心地区——大理发现的，虽多为墓碑，但叙事涉及面颇广，往往追溯到前代，且绝大多数碑文的作者都是白族人，他们记载了白族历史、白族文化、白族宗教和民风民俗等方面的重要情况，是值得珍视的。尤其是白族的历史文献较少，元代以前的各种史料曾在明初遭到空前的浩劫，这批碑刻正好从多方面弥补了书面文献记载的空白，是研究元代以前云南各民族，尤其是白族社会历史的重要石刻档案。

第六节　现存元朝历史档案的特点

一　现存元代碑刻档案具有多方面的重要价值

碑刻，是中华民族优秀的传统文化之一，它取材于地面之石，镌刻文字图像，记言叙事，以昭示各方，是档案的一个重要种类。碑刻档案在我国档案史上占据着非常重要的地位，其内容涉及古代社会生活的各个方面。元代碑刻档案是以汉字（白话文）、蒙古文及其他民族文字的形式形成的反映社会政治、经济、文化、宗教、风俗、人物、事件等情况的刻在石质载体上的原始铭文。元代碑刻档案因其载体的特殊性，不仅具有很高的文物价值，而且还有重要的史料价值和文字、书法艺术价值。

八思巴蒙古字碑多为元代各朝皇帝、皇后、皇子、诸王、帝师的圣旨、懿旨、令旨、法旨，所述内容主要为保护各地的佛寺道观产业不受侵犯或减免僧道赋税差役诸事，一般都有汉字译文。这些汉字译文都是用当时的汉语白话直接译出，所以又称“元代白话碑”。其内容十分丰富，尤其对研究元代蒙古语的白话体和元代汉语中的蒙古语借词及蒙、汉两种语言的相互影响有特殊价值。

元亡以后，元代碑刻大部分流散并湮没在草原上，元代典籍也因战乱而大多散失，这就导致蒙元史研究因新资料缺乏而难度很大。为了弥补这个缺憾，有关机构和学者多方收集流散在各地的元代碑刻，现已获得许多重要发现。所见元代碑刻内容丰富翔实、新颖独特，为研究蒙元史和补充《元史》提供了弥足珍贵的第一手资料。

由于元代纸质档案遗存至今的数量极少，所以现存的碑刻档案就成为我们今天研究元代政治、经济、军事、科技、文化、教育、民族等方面的第一手资料。目前，中外学者正卓有成效地对元代镌刻的种种碑碣、碑铭、碑刻进行大量发掘整理工作，也有许多碑碣镌刻方面的研究成果先后发表，这对蒙古汗国及元代诸多历史事件的考证和元代各种文字的应用、发展水平等方面的进一步研究提供了不可或缺的重要依据。

二　黑水城出土元代文书内容丰富、涉及面广

元代的黑水城虽然地理位置偏僻，人口稀少，公文相对较少，但黑水城出土的元代蒙汉文文书对元代亦集乃路的农牧业、商业、儒学文化、宗教信仰、政令经济等各方面都有详细而真实的记录，为研究蒙元历史和西北历史提供了大量新史料。这些多民族文书不仅语言种类广泛，有西夏文、畏兀儿体蒙古文、八思巴字、藏文、亦思替非字、古阿拉伯文等各种民族文字文书，而且涉及的内容极为丰富，不仅包含了契约文书、天文历法文书以及官方政令文书等社会政治、经济、科技类档案资料，而且有不少佛教、道教及其他类型的文书，为我们了解和认识元代黑水城地区蒙古族、回族、党项人、女真人、契丹人等多民族居民的生活状况提供了重要资料，有其独特的价值，说明该地区曾经与外界有过频繁的经济文化交流，这一事实本身也在一定程度上证明了该地区在沟通周边民族关系中的重要地位。

三　元朝历史档案迄今在欧亚地区仍有遗存

在国外也保存有少量元朝历史档案。如苏联列宁格勒（今俄罗斯圣彼得堡）艾尔米塔什博物馆藏有成吉思汗石（又称“也松格碑”），记述1225年成吉思汗西征从中亚细亚凯旋班师归途中，于不哈速赤忽之地举行庆功宴犒劳将士时，成吉思汗的侄子也松格射箭助兴，一箭射出达335步之遥的盛况。

法国巴黎国家档案馆保存有1298年阿鲁浑汗致法兰西国王腓力普四世的外交信件，其内容是敦促腓力普践行“合兵共战”的约定，出兵协助蒙古军队进攻埃及。另一件是完者都汗于1305年致法兰西国王腓力普

四世的“和平公约书”，内容是重申与法国修好的愿望，提出了两国和平共处、共同对敌的原则。这两件书信都是用畏兀儿体蒙古文写成，反映了蒙古族早期文字与文书的书写情况，也反映了元朝的对外关系。梵蒂冈机密档案馆保存有阿鲁浑汗于 1290 年致罗马教皇尼古拉四世的信函，内容是对教皇劝其接受基督教洗礼的回复；还有伊儿汗合赞于 1302 年致罗马教皇保尼法斯八世的信函，内容是约请教廷出兵合攻埃及。

元定宗贵由可汗的御玺早已佚失，但印文却保留在梵蒂冈机密档案馆收藏的一封外交信件上。信件是用波斯文写成，印文为回鹘式蒙古文，呈双钩体，笔势古拙遒劲。据史籍记载，这件御玺是贵由可汗举行登基大典前，由俄罗斯匠人库斯玛制作完成的，时间是 1246 年。1845 年在俄国第聂伯河畔出土了一件用回鹘式蒙古文刻成的银质符牌，上面镌刻有窝阔台系诸王俺都剌的令旨。

蒙古国境内现存的蒙古汗国及元代文物也非常多，部分碑碣上的回鹘式蒙古文多年来没有人考察认定，研究工作几乎处于停滞状态。另外，柬埔寨吴哥窟古迹浮雕，印度、尼泊尔、泰国及阿拉伯一些国家和地区、东欧一些国家博物馆，尚存有许多蒙古汗国及元代时期的档案资料和文献。

第二章

元朝少数民族文字档案

第一节　蒙古文档案

这里所说的蒙古文包括两种文字，一种是蒙古汗国早期使用的回鹘式蒙古文，另一种是忽必烈即位后于至元六年（1269 年）颁行全国的八思巴字。蒙元时期用这两种文字书写和发布的文书档案可统称为蒙古文档案，其形成和发展的高峰时期是在 13 世纪初到 14 世纪中叶。

蒙古文档案的主要书写材料是不同质地的纸张。其次还有少量的桦树皮、贝多罗树叶、绢帛和皮革。蒙古人在不同历史时期分别使用过手工制作的蒙古毛边纸、汉族毛边纸、藏族毛边纸和机器印制的俄罗斯纸。

蒙古文档案的主要书写工具是竹笔和毛笔以及刮刀。另外，还有卫拉特蒙古族特有的木笔。蒙古人早期主要用竹笔书写，后向汉人学习，改用毛笔书写。一般都用黑墨水和墨汁。刮刀则主要用于雕版。

一　回鹘式蒙古文档案

蒙古族一向珍视本民族的历史，和许多游牧民族一样，自古以来由长辈向晚辈讲述祖先的世系和光荣历史。著名的波斯历史学家拉施特在其《史集》中说："因为蒙古人自古以来有保持［对］自己的起源和世系［的记忆］的习惯，又由于他们那里没有教会和宗教，不能像其他［民族］那样借助于教会和宗教通过遵守教规的方法教导子女，所以父母要对出生的每个子女解释有关氏族和谱系的传说，这种规矩永远为他们所遵守。”①

在没有文字的漫长历史时期，这种口耳相传、口头传递的方式延续了一代又一代。根据《长春真人西游记》记载：“蒙古俗无文籍，或约之以言，或刻木为契。遇食同享，难则争赴。有命则不辞，有言则不易。有上古之遗风焉。”② 南宋使臣赵珙在《蒙鞑备录》中也言：“盖北方之国，或方千里，或方百里，兴衰起灭无常。今鞑之始起，并无文书。凡发命令，遣使往来，止是刻指以记之。为使者虽一字不敢增损。彼国俗也。其俗既朴……”③

1204 年，成吉思汗率蒙古大军征服“乃蛮”部落后，俘获了乃蛮太阳汗的王傅兼掌印官塔塔统阿。《元史·塔塔统阿传》中有如下记载：“塔塔统阿，畏兀人也。性聪慧，善言论，深通本国文字。乃蛮大敭可汗尊之为傅，掌其金印及钱谷。太祖西征，乃蛮国亡，塔塔统阿怀印逃去，俄就擒。帝诘之曰：‘大敭人民疆土，悉归于我矣，汝负印何之?’对曰：‘臣职也，将以死守，欲求故主授之耳。安敢有他!’帝曰：‘忠孝人也!’问是印何用，对曰：‘出纳钱谷，委任人材，一切事皆用之，以为信验耳’。帝善之，命居左右。是后凡有制旨，始用印章，仍命掌之。帝曰：‘汝深知本国文字乎?’塔塔统阿悉以所蕴对，称旨，遂命教太子、诸王以畏兀字书国言。”④ 这里的“国言”指蒙古语，即命其用回鹘（畏兀儿）字母拼写蒙古语，从此用回鹘字母书写的古代蒙古文便成为蒙古汗国的正式国文。回鹘文的祖先是古波斯时代的阿拉米文字。阿拉米文字的草体在公元 2 世纪左右发展成了粟特文，在中亚地区广为流传。到了公元 9 世纪中期，回鹘人参照粟特文创制了回鹘文，塔塔统阿就是用这种回鹘（畏兀儿）文字母来拼写蒙古语言。这种文字先在贵族中使用，进而又在全国正式推广，这就是最早的回鹘式蒙古文。1206 年蒙古汗国建立后，

① ［波斯］拉施特：《史集》（第一卷第二分册），余大钧、周建奇译，商务印书馆 2009 年版，第 34 页。

② （元）李志常著，党宝海校注：《长春真人西游记》（卷上），河北人民出版社 2002 年版，第 32 页。

③ （宋）赵珙著，王国维笺证：《蒙鞑备录笺证》，转引自《王国维遗书》，上海古籍出版社 1983 年版，第 7 页。

④ （明）宋濂等：《元史·塔塔统阿传》（卷 124），中华书局 1976 年版，第 3048 页。

正式使用回鹘式蒙古文记录“札撒”（法令）、“青册”（户籍），缮写公文等。

元朝建立后，在处理行政事务上继续使用回鹘式蒙古文，主要用于书写朝廷的诏敕、臣僚章奏及官府行移文书，并形成了诏令、奏章、信件、碑铭、印文、符牌等不同类型的文书档案，但这些档案原件绝大多数都没有保存下来，现存的回鹘式蒙古文档案主要有碑铭和函件两类。

（一）碑铭

单独用回鹘式蒙古文镌刻的碑刻只有两件存世。一件是《成吉思汗石》石刻，据考证当为1225年左右的文字遗物，另一件是昆明筇竹寺的《云南王藏经碑》。

《成吉思汗石》亦称《也松格碑》，是第一件回鹘式蒙古文档案，也是最早的蒙古文文献。在克里克尔河和空堆河边的古城遗址中发现。19世纪初俄国人将其移至俄国尼布楚时石碑已毁为两段，1832年又转运至圣彼得堡，现存圣彼得堡市艾米塔什博物馆。此碑为蒙古汗国大将、成吉思汗之弟哈萨尔次子也松格立，以志其武功高强。此碑无题识，不著年月，但从内容上推断，约刻立于1225年。碑文为5行回鹘式蒙古文。内容记述了成吉思汗征战萨尔塔兀勒（回回，指花剌子模）班师途中，于不哈速赤忽召集全蒙古那颜大会时，也松格在会上射箭助兴，其中一箭射中335步开外的箭靶之盛况。《成吉思汗石》对研究蒙古族历史、语言、文字、文化都有重要的实证实物价值，尤其是对研究早期回鹘蒙古文字有重要价值。

《云南王藏经碑》是回鹘式蒙古文碑文。碑现存于云南省昆明市筇竹寺内。碑高210厘米，碑头宽67厘米，碑基宽98厘米，碑身宽63厘米。碑额用八思巴字题“云南王藏经碑”6字，碑文共20行。碑的背面另有21行汉文，是元仁宗1316年的圣旨，其内容与蒙文不同，据考证为白话圣旨碑。蒙文碑文表明该碑是云南王阿鲁颁给筇竹寺的一道令旨，写于元惠宗妥懽帖睦尔至元六年（1340年）一月二十五日。文中说：“我云南王阿鲁到此任职以来，未做好事。但伯忽、阿禾、秃坚等作乱后民不聊生，背井离乡。而今逃难者尽数回乡，庄稼、商业也已恢复。此乃托皇帝札雅图汗之洪福、大长公主和我父母养育之恩。为报答他们的恩典，我从私产中拿出楮币一百五十锭给筇竹寺，每年用其利息念诵《大藏经》，为皇帝祈福，并报答大长公主收继的恩情，双亲养育的恩情，给该寺以为常住。这诵《大藏经》的楮币，是我的梯己钱，不拣兄弟、亲戚、伴当、奴婢均不得争夺，着筇竹寺收执。”[①] 碑文除了叙述云南王阿鲁的藏经情况外，还记述了至顺元年至三年（1330—1332 年）“伯忽、阿禾、秃坚诸王叛后”，云南“百姓非常困乏，死者被弃下，残存者缺乏食物……逃亡者很多”的悲惨景象[②]，对于研究元史，特别是研究元代蒙古族统治阶层内部的矛盾纷争（“秃坚之乱”）以及元代云南地方史、宗教史都具有重要史料价值。

此外大多是元朝晚期形成的蒙、汉文合刻或对照碑刻，如山西济源的《十方大紫微宫窝阔台汗圣旨碑》(1240 年)、《阔端太子令圣旨碑》(1243 年)、蒙古国境内的《释迦院碑记》(1257 年)、河南登封的《少林寺圣旨碑》(1253—1268 年)、内蒙古翁牛特旗的《大元敕赐放荣禄大夫辽阳等处行中书平章政事柱国追封蓟国公张氏先茔碑》(1335 年)、《竹温台碑》(1338 年)、蒙古国境内的《兴元阁碑记》(1346 年)、新疆的《甘州海牙碑》(1348 年)、甘肃武威的《西宁王忻都公神道碑》(1362 年）等碑铭以及《敦煌莫高窟第 16 甬道南壁题记》、《鄂托克旗阿尔巴斯苏木阿尔塞石窟题记》等题记。

《释迦院碑记》，亦称《蒙哥汗碑文》，立于 1257 年，立碑人是外剌（斡亦剌）部驸马八立托和公主一悉基。用回鹘式蒙古文和汉文书刻。1953 年在蒙古国库卜苏古勒省德勒格尔江北岸旧城遗址中发现，高 144 厘米、宽 78 厘米、厚 20 厘米，基座高 40 厘米。碑额用汉文从右至左横书“释迦院碑记”5 字。碑文蒙文在左，3 行；汉文在右，12 行。蒙文内容是祝愿蒙哥汗及其后代万寿无疆，是研究 13 世纪蒙古文化的珍贵文物。[③]

《只必帖木儿大王令旨碑》，发现于陕西省户县城关西 10 公里祖庵镇北的重阳宫，原在重阳宫下院清阳宫，1987 年迁至重阳宫，现被埋于地下，有照片和拓片存留。碑高 236 厘米、宽 86 厘米。碑身上半部分用回鹘式蒙古文楷书镌刻只必帖木儿大王令旨，共 23 行，笔画细小，部分漫

① 王海涛：《昆明文物古迹》，云南人民出版社 1989 年版，第 147—148 页。

② 同上。

③ 编委会：《中国少数民族古籍集解》，云南教育出版社 2006 年版，第 275 页。

漶；下半部分镌刻汉字楷书及附记，字形稍大，清晰可辨。蒙文碑文末题“通真大师清阳宫住持提点赐紫孙志久立石”。颁发令旨的牛儿年据专家考证应为至元丁丑十四年（1277 年）。此碑是陕西省境内目前发现的唯一的回鹘式蒙古文碑铭，立碑为元代初期，时间较早，其内容对研究道教史有重要参考作用，因此具有重要的学术价值。①

《兴元阁碑记》，立碑于 1346 年，许有壬撰文，用回鹘式蒙古文书刻。记录与兴建蒙古帝国首府哈剌和林城兴元阁寺有关的事宜。碑文说：庚辰年（1220 年）以和林为都城，后兴建宫殿、寺庙和佛塔。至正壬午年（1342 年）派布塔室利与和林省右丞相鲁铁木儿主管和林事务。寺庙里外上下绘画，有两层围墙三道大门。古三皇五帝后裔及我们窝阔台、蒙哥汗都认为，不懂弘扬宗教之大臣是愚蠢的。兴建寺庙之缘由即在于此。我曾到过陕西、四川、江浙、福建等地，所到之处都有庙宇。释迦牟尼佛时代有杰达瓦纳寺。如今从太阳升起至落下之地都已统一，理应兴建如同杰达瓦纳寺一样的寺庙。寺庙建成，命名为“兴元阁”。碑文是研究蒙古族宗教和哈剌和林城建筑规模的重要史料。石碑现已残破成四块。②

《忻都王碑》全称为《大元赐追封西宁王忻都公神道碑铭》，最早发现于 1911 年，现在甘肃省武威市西北石碑沟。此碑立于至正二十三年（1363 年），属于元惠宗妥欢帖睦尔时期汉、蒙文对照碑铭。碑高 565 厘米、宽 149 厘米、厚 45 厘米，阳面有汉文楷体刻字 32 行，阴面有回鹘式蒙古文刻字 54 行。碑文由元顺帝至正年间中书省参知政事危素撰稿，中书右丞陈敬伯篆额，光禄大夫、腾国公、集贤大学士张蓁书丹，元朝中书省左丞也松不花蒙泽并用回鹘式蒙古文刻写。碑文主要记录了突厥人忻都的族系以及一家五代人的生平事迹和功名荣禄：忻都先祖为高昌畏兀儿的名门大族，1209 年随高昌畏兀儿国主亦都护巴尔术阿尔忒的斤归附太祖成吉思汗，并参加西征，功勋卓著。祖父哈喇，元初辅助高昌国主入朝为官，因恪尽职守，屡献嘉谋，先后受封中奉大夫、岭北等行中书省参知政事、范阳郡公等职。父阿台不花因军功除承袭父职外，还特授“答剌罕”（元朝享有多种特权的一种世袭官衔）一职。后又晋封荣禄大夫、甘肃等

① 道布、照那斯图、刘兆鹤：《回鹘式蒙古文只必帖木儿大王令旨释读》，《民族语文》1998 年第 2 期。

② 编委会：《中国少数民族古籍集解》，云南教育出版社 2006 年版，第 506 页。

处行中书省平章政事柱国、秦国公。忻都生于至元九年（1272 年），一生为人笃实、正直，为官清廉、谨慎，教子忠君爱民，深得州里敬仰。官至礼部尚书。至顺二年（1331 年）卒，享年 60 岁。其下有 6 子 1 女，次子斡栾历任吏部尚书、云南行省参知政事、大都路达鲁花赤，官至中书右丞平章政事，因“征西方有大勋劳于室”和“国初寔辅翼主来归我朝”，特奉命追封其父忻都为西宁王爵，并敕造此碑，以表彰其家族功业。斡栾虽官至丞相，但因时值元末，政局动荡，故《元史》未予立传，幸有此碑可补正史之缺。是研究元史和元代维吾尔族历史的重要实物史料。①

对此碑的报道最早见于 1736 年编的《甘肃通志》。志中记载：“追封西宁王忻都墓，在武威县西北。平章政事斡栾之父，以子贵封。有碑记。”1749 年曾钧、张之浚编的《武威县志》也有“元追封西宁王忻国公，中书参知政事危素撰碑”的记载。有详细记载的当属清末王树楠、王学曾编的《新疆图志》，其中有这样的记载：“此碑于宣统三年冬月，经西凉段子永恩始访得之碑，在凉州永昌县北乡，今名曰‘高碑沟’。建有碑亭，下以螭支之。数百年来完好如故，上有碑额，系篆字，长以漢虑[illegible]度之，长二尺五寸，横一尺五寸。碑长一丈三尺，横六尺五寸，皆楷书，共三十二行六十二字，首行书‘大元敕赐追封西宁王忻都公神道碑’，次书‘奉大夫中书参知政事同知经筵事提调四方献详定使司臣危素奉敕撰文，光禄大夫腾国公集贤大学士臣张綦奉敕书丹，荣禄大夫中书省右丞同知提调国子监大都府学臣陈敬伯奉敕撰额其文’。”

《忻都王碑》对研究元朝西北历史和 14 世纪蒙古语语言、词汇、正字法、书写体、语法特点、修辞手段都提供了宝贵的资料。

（二）信函

大蒙古国时期在对外交往中书写的回鹘式蒙古文函件亦有原件留存至今。如《阿八哈汗赐罗马教皇使节书券》为伊儿汗国阿八哈汗（1265—1282 年）赐予罗马教皇使节的证书，现藏于梵蒂冈教廷机密档案馆。此证书共有回鹘式蒙古文 16 行，写于兔儿年（1267 年或 1279 年），1921 年初次发现。1921 年在梵蒂冈教廷机密档案馆还发现虎年（1290 年）写的《阿鲁浑汗致教皇书》和虎年（1302 年）写的《合赞汗致天主教教皇的

① 编委会：《中国少数民族古籍集解》，云南教育出版社 2006 年版，第 476 页。

信》。这两件信函是现存回鹘式蒙古文最早的手写本。《伊利汗国阿鲁浑汗致法兰西国王腓力普四世的信》共 34 行，写于牛年（1289 年），1824 年初次公布，现藏法国国家档案馆。此外还有《阿鲁浑汗致尼古拉四世的信》（1290 年）、《完者笃汗致法兰西国王腓力普四世的信》（1305 年）、《蒙哥汗致法兰西国王路易九世函》等外交书信。这些官方文牍都签有日期，是有明确年代可考的第一手资料，对研究元朝与西方的政治、军事、文化关系有重要参考价值。

现存的回鹘式蒙古文档案都属于大蒙古汗国时期，或是元代末期至今尚未发现属于元代初期到中期的回鹘式蒙古文档案，有专家认为这可能与忽必烈大力推广八思巴文字有关。[①] 1269 年忽必烈下令创制蒙古新字——八思巴字以后，回鹘式蒙古文就不再是元朝的官方文字。但它并没有被完全遗弃，有元一代，留下不少用这种文字写下的金石、手抄本和木刻文献。在民间更是一直流行回鹘式蒙古文。在蒙古族文化发展的长河中，它使蒙古族优秀的文化遗产得以保存，成为中华民族的宝贵财富。

用回鹘式蒙古文写成的档案，以原件形式保存下来的不过几十种，数量虽然不多，但是具有很高的学术价值。首先，它们为研究蒙古语言史提供了宝贵的资料。回鹘式蒙古文是一种拼音文字，用这种文字写成的文书档案，必然在语言上相当接近于当时通行的口语。特别是由于这种文字的规范程度不高，重文别体很多，为比较研究提供了难得的材料。因此，回鹘式蒙古文档案是研究元朝时期蒙古语的语音、语法、词汇的基本依据之一。其次，回鹘式蒙古文档案的史料价值也是不容忽视的。回鹘式蒙古文档案真实地记录了蒙古族同其他民族在政治、经济、文化上的密切交往，对研究中国历史，特别是蒙古族的历史有重要意义。这份珍贵的民族文化遗产，从一个侧面展示出蒙古族对中华民族历史文化发展作出的重要贡献，它像一颗璀璨的明珠在我国民族档案宝库中放射着异彩。

二　八思巴字档案

（一）八思巴字的命名

八思巴字是元世祖忽必烈特命国师八思巴创制的一种拼音文字。它最

---

① 罗贤佑：《元代民族史》，四川民族出版社 1996 年版，第 73 页。

初被忽必烈命名为“蒙古新字”，不久又改称“蒙古字”，元末明初又被称为“（蒙古或元）国字（国书）”。近代学术界通常称为“八思巴字”或“八思巴蒙古文”，又称“方体字”。

（二）八思巴字的创制和颁行

中统元年（1260年）忽必烈即大汗位后，为了适应大元帝国军事和政治的需要，命吐蕃喇嘛教萨迦派首领、第一任国师八思巴创制蒙古新字[①]，至元六年（1269年）新文字创制成功，二月十三日忽必烈颁诏“以新制蒙古字颁行天下”，诏书曰：“朕惟字以书言，言以纪事，此古今之通制。我国家肇基朔方，俗尚简古，未遑制作；凡施用文字，因取楔楷及卫（畏）兀字，以达本朝之言。考诸辽、金以及遐方诸国，例各有字。今文治寖兴，而字书方阙，其于一代制度，寔为未备。故特命国师八思马（巴）创为蒙古新字，译写一切文字，期于顺言达事而已。自今以往，凡有玺书颁降，并用蒙古新字，仍［各］以其国字副之。”[②] 由此可知推行蒙古新字之初，仅限于皇帝的玺书使用，并要以“国字”副之，这里的“国字”当为回鹘式蒙古文，即要求制作回鹘式蒙古文和八思巴蒙古文两种公文文本，并下令全国文书档案一律改用蒙古新字，“上则王言制、名纶綍、涣汗符、章篆刻，下而官府案牍之防闲，丝缕斗升之出内，政刑兵戎之调发，悉用其字书，以著标目稽考焉”。[③] 至元八年（1271年）春正月又下诏规定“今后不得将蒙古字道作新字”[④]。其他所有公文，仍遵旧制，即行于西域用回鹘式蒙古字，行于中原及原契丹、女真地区使用汉字。

为了迅速推行、普及蒙古新字，元世祖忽必烈还不遗余力地采取一系列行政手段和措施，扩大其使用范围。

---

① 八思巴（Phags pa Blo gros rgyal mtshan，1235—1280）：本名罗追坚赞，八思巴为其尊号，意为“圣者”。藏传佛教萨迦派第五代祖师，1270年受封为帝师，为蒙藏关系的开拓者之一、元代第一任帝师。

② 《元典章·诏令卷之一·典章一·行蒙古字》［诏］，中华书局、天津古籍出版社2011年版，第7页。

③ （元）刘仁本：《四库全书·羽庭集·送浙西宪府译史徐子信序》（卷5），上海古籍出版社1987年版，第78页。

④ 《元典章·礼部卷之四·典章三十一·学校一》，中华书局、天津古籍出版社2011年版，第1082页。

第一，在大都和各路、府、州、郡设立蒙古字学校，教授蒙古贵族子弟和百姓中的优秀子弟学习蒙古新字。世祖至元六年（1269 年）七月，下诏在各路设立蒙古国字学："中书省定学制颁行之，命诸路府官子弟入学，上路二人，下路二人，府一人，州一人。余民间子弟，上路三十人，下路二十五人。愿充生徒者，与免一身杂役。"[①] 至元八年（1271 年）春正月下诏在大都成立京师蒙古国字学，选派蒙古贵族大臣子弟入学，"教习诸生，于随朝蒙古、汉人百官及怯薛歹官员，选子弟俊秀者入学，以通鉴节要蒙古语言译写教之，俟生员习学成效，出题试问，观其所对精通者，量授官职"。[②]

第二，在至元十二年（1275 年）正式分置"蒙古翰林院"，"专掌蒙古文字"，规定"随朝见当值怯薛歹、必阇赤，限一百日，须管习熟会蒙古字"。[③] 蒙古翰林院负责起草蒙文谕旨，将官方文书从蒙文译成汉文或其他文字并作为副本。每一份文书都用八思巴文和畏兀儿字蒙古文写出，畏兀儿字与新创的八思巴文同时使用。[④]

第三，在至元二十四年（1287 年）又设立了"蒙古国子监"，生员达 120 人，蒙古、汉人各半。在国子监中培养出来的蒙古贵族子弟后来有很多是熟悉汉文化的元代高官名臣。

第四，朝廷规定官方文书及碑刻、玺印、钱钞、牌符等必须使用新字，同时又竭力排斥回鹘式蒙古文，多次下令禁止在公文中使用回鹘式蒙古文，规定"颁降玺书"、"宣命札付"、"省部台院奏目和文册"、"官府文移"、"省部台诸印信"、"铺马札子"，一律使用八思巴字。原来使用回鹘式蒙古文的牌符等，一律改成"国字"。如至元十五年七月丁亥，"诏虎符旧用畏吾字，今易以国字"[⑤]。至元二十一年五月戊午"敕中书省：奏目及文册，皆不许用畏吾字，其宣命、札付并用蒙古书"[⑥]。世祖末年

① （明）宋濂等：《元史·选举志一》（卷 81），中华书局 1976 年版，第 2028 页。

② 同上书，第 2027 页。

③ 《元典章·礼部卷之四·典章三十一·学校一》，中华书局、天津古籍出版社 2011 年版，第 1082 页。

④ ［俄］保尔·拉契内夫斯基：《元法典》（第 1 卷），巴黎，1937 年，第 149—151 页。

⑤ （明）宋濂等：《元史·世祖本纪七》（卷 10），中华书局 1976 年版，第 203 页。

⑥ （明）宋濂等：《元史·世祖本纪十》（卷 13），中华书局 1976 年版，第 266 页。

下令“诸奏目及官府公文，并用国字，其有袭用畏兀字者，禁之”①。这里的“蒙古书”、“国字”均指蒙古新字，畏兀儿蒙古文被禁用。后来在《元史》等史籍中所称的“蒙古字”、“国书”、“国字”等都指八思巴字。

无论中央蒙古字学还是府州蒙古字学，其学生学成之后，都须经翰林院出题考问，观其所答精通者，委以必阇赤、学官或译史之职。在同类职官吏员中，学会蒙古语言文字者被很快提拔起来，担任更高一级职位。这种以仕途引诱的做法，使学习蒙古文字成一时之风。当时有人用这样的诗句形容其盛况：“巷南巷北痴儿女，把臂牵衣学番语。”②

尽管朝廷颁布了强令学习和普及新文字的各种法令和措施，并再三下令禁止使用回鹘式蒙古文，必须使用八思巴字，但都收效甚微，效果不明显。即使在忽必烈时期的朝廷之上，这种文字的使用依然遇到重重阻力，个别部门甚至中书省，仍要求在公文中使用旧文字。如至元二十年(1283 年)，皇太子阿难答颁发给陕西永寿的旨令，就是用原回鹘式蒙古文与汉文两种文字书写。在官府文书层面，八思巴字也没有得到广泛应用。事实上，八思巴字无论在伊儿汗国、金帐汗国还是民间都未真正使用过，当时的蒙古族民间仍然在使用回鹘式蒙古文。

可见，文书的语言、风格、体式等作为一种公牍文化形式，一旦创立之后便有其传承性，不是政治手段或人为因素可以随便废弃或代替得了的。当然，元朝八思巴文字的创制及其在文书档案工作中的应用，也反映出当时的政治环境对文书档案工作的影响。由于政治的影响，使不同时期的文书档案工作必然带有鲜明的时代特色，八思巴文字运用于文书档案工作，就是这一历史时期社会文化发展的时代特色之一。但由于八思巴文字照搬藏文字母和藏文正字法，没有很好地结合蒙古语的自身特点，不符合蒙古语的发展规律，这些文字本身的缺点使其很难得到推广，元朝灭亡以后，八思巴字便很快停止使用，成为一种死文字了。

八思巴作为元代鼎盛时期喇嘛教萨迦派的法主，是至高无上的宗教领袖，具有统治者心目中无法替代的心灵上的凝聚力，因而备受元世祖忽必

① （明）宋濂等：《元史·刑法四·禁令》（卷 105），中华书局 1976 年版，第 2679—2680 页。

② （元）顾瑛：《草堂雅集·送杭州经历李全初代归》（卷 6），台湾商务印书馆 1986 年版，第 315 页。

烈的尊崇。因此，以皇帝为首的官方最高层推广使用“蒙古新字”书写文书档案具有非常重要的历史意义。

首先，八思巴字的颁布是一种刻意的文化行为。元朝时，汉文化处于鼎盛时期，是当时的主导文化，蒙古文化则相对处于弱势。即使是元朝的国号也是来自《易经》中的“大哉乾元”，就足以说明这一点。元朝政府统一中国后希望借鉴女真、契丹等民族的做法，创造自己的文字，保留本民族的文化，这代表了当时统治者的一种民族意识和文化倾向。但元朝政府靠国家命令强行颁布、推广八思巴文，势必和汉文化发生冲突，不可能行得通。历史表明，八思巴文自始至终都没有能够让广大民众，特别是汉人接受，甚至在元朝中后期就已经被边缘化了。

其次，元朝是中国历史上文化兴旺发达的一个朝代，无论是元曲还是简笔字、俗字白话文，都表明文化已开始在民间普及。元朝以前在中原地区形成了汉文化圈，而从元朝开始则形成了中国现在的文化格局。蒙古政权并没有泯灭文化，而是发展了文化。因此，八思巴文不仅在文字发展史上具有重大意义，同时也包含了非常丰富的历史、文化信息，而且档案文献保存稀少，价值非常珍贵，值得研究。①

（三）八思巴蒙古文档案

八思巴蒙古文作为元代的官方文字使用了大约 110 多年②（一说为 80 余年）。但这种文字的使用范围主要局限在朝廷上下，用于书写官方文书，并未得到普遍推广。元代八思巴蒙古文档案绝大部分已经散失，现存的基本上都属于官方文书类，包括圣旨、懿旨、法旨、令旨、榜文，此外还有少量的牌符、印玺、钱币类。

目前收录八思巴蒙古文档案较为齐全的汇编有两种，可供利用者参考：

一是照那斯图先生编著的《八思巴字和蒙古语文献Ⅱ文献汇集》（东

① 刘潇潇：《八思巴文大家谈》中国社会科学报刊网，sspress. cass. cn/news/16671. html. 2011－1－11。

② 从八思巴字于 1269 年颁行起，至现存最晚的八思巴字官印，如北元“甘肃省左右司之印”，署“天元五年（1382 年）六月日中书礼部造”为止，约有 110 余年。（参见照那斯图、杨耐思《八思巴字研究》，见中国民族古文字研究会《中国民族古文字研究》，中国社会科学出版社 1984 年版，第 392 页。）

京外国语大学，1991 年），汇集了现存的 40 份八思巴蒙古文档案原件，主要有圣旨、懿旨、法旨、令旨、石壁经文、碑刻、禁约榜、官印、符牌、钱币等，这部书不仅集八思巴蒙古文档案原件之大成，而且有编者的考证和注解，是一部极有价值的档案汇编和研究著作。

二是武·呼格吉勒图、萨如拉编著的《八思巴字蒙古语文献汇编》（内蒙古教育出版社 2004 年版）。该书广泛吸纳了前人收集的资料与研究成果，特别是在吸收了我国八思巴字蒙古语文献研究专家照那斯图先生的文献资料与研究基础上，增补了不少新内容并加入了编者自己的学术见解。全书由图片和文字两个部分组成，图片部分展示了 58 件八思巴字碑铭、圣旨、牌符、文书残页的比较清晰的照片，文字部分是把上述不同载体上的内容划分为官厅文书、宗教功德记、牌符、图书、其他几个类别。在具体考释时，首先交代该文献名称、形成年代、收藏地点等，其次著录原文、两种拉丁文转写、回鹘式蒙古文、汉文直译和现代汉语译文等。

1. 八思巴字圣旨、懿旨

元朝历代皇帝曾多次向全国颁发八思巴字蒙古语圣旨，申明保护当地寺庙财产，不征收赋税的宗教政策。以下介绍的 10 件八思巴字蒙古语圣旨，分别保存在北京、西藏和广东等地。这 10 件圣旨都是元朝皇帝颁发给各地寺院道观的档案原件，是此类官方档案中仅存于世的珍品，其价值无法替代。

（1）《薛禅皇帝牛年圣旨》[①]。八思巴字蒙古语的圣旨。原件现存北京民族文化宫图书馆。长 56 厘米、宽 23 厘米，圣旨开头、中间、结尾都盖有“御前之宝”4 个汉文篆字的印章。牛年（1277 年或 1289 年）正月三十日写于大都。原件用黑色墨汁写在绸子面的白纸上。行文从左至右，共 29 行，有 315 个八思巴蒙古文字。圣旨内容是元世祖忽必烈授予西藏拉吉·曾格巴拉宗教特权，他的寺庙可以免除地税、商税以及驿差贡赋。圣旨原件不仅对研究元朝宗教政策提供了宝贵资料，还对蒙古文献学的研究提供了珍贵的文物。

（2）《完者笃皇帝牛年圣旨》[②]。八思巴字蒙古语圣旨。原件现存西

① “薛禅”（贤明）是元世祖忽必烈的蒙古语庙号。

② “完者笃”（或写作“完哲都”）是元成宗铁木耳的蒙古语庙号。《元史》中也写作“完泽笃”。

藏自治区文管会。牛年（1289年或1301年）二月二十五日颁发于大都。是元成宗完者笃汗为保护寺院而颁发给搽里八所辖公结地区桑格如卜僧格为首的陀罗尼僧众的圣旨。盖有“御前之宝”皇帝玺印。主要内容与薛禅皇帝牛年圣旨相同。对研究元代宗教、元代西藏及八思巴字有参考价值。①

（3）《也孙铁木耳皇帝颁给类乌齐寺和尚们的圣旨》1道。八思巴字蒙古语圣旨。现存西藏自治区档案馆。长283厘米，宽56.3厘米。泰定元年（鼠年，1324年）三月十三日写于大都。圣旨按以前皇帝之令，向朵甘思类乌齐寺的和尚们颁发了所持的圣旨，规定使臣不准下榻寺院、征收差税，和尚们也不许持有圣旨而做无理的事等。是研究元代宗教政策的珍贵资料。②

（4）《也孙铁木耳皇帝颁给札西丹寺和尚们的圣旨》1道。八思巴字蒙古语圣旨。现存西藏自治区档案馆。长234厘米，宽57.3厘米。泰定元年（鼠年，1324年）十月二十三日写于大都。颁发给朵甘思札西丹寺的索南坚赞和斡节儿坚赞为首的和尚们，规定使臣不准下榻他们的寺院和房舍、不得向他们征收各种差税，不许抢夺寺院的财产，和尚们持圣旨者也不准做无理的事。是研究元代宗教政策的珍贵资料。③

（5）《也孙铁木耳皇帝颁给斡节儿坚赞的圣旨》。八思巴字蒙古语圣旨。现藏西藏自治区档案馆。长108厘米，宽59厘米。圣旨前半部缺损，现只剩19行字。泰定五年（龙年，1328年）三月二十三日写于大都。主要内容是也孙铁木耳皇帝为了向朵甘思地区的军民征收各种差税，给专门派去的斡节儿坚赞颁发符牌和玺书，要求当地军民听从指挥，不许违抗。同时强调若持圣旨者依仗特权，“未经与朵甘思宣慰司官商议，处罚无辜者，要上奏我们……由我们决定”如何处置。对研究元代政治、经济制度有一定参考价值。④

（6）《妥欢帖睦尔皇帝颁给贡觉桑布等的圣旨》。八思巴字蒙古语圣旨。现存西藏自治区日喀则地区档案馆。长338厘米、宽57厘米，首部

---

① 编委会：《中国少数民族古籍集解》，云南教育出版社2006年版，第452页。

② 同上书，第523页。

③ 同上。

④ 同上。

缺损。至正八年（鸡年，1348 年）正月二十七日写于大都。元惠宗妥欢帖睦尔皇帝为保护宗教而颁发给藏地公哥曲寺贡觉桑布管辖的真格廓仁青比罗巴、隆嘎、比拉吉绒卡瓦、仲萨班赞嗄廓等溪卡牧人的圣旨。免除他们的一切差税，并强调他们不得因持有圣旨而做违法之事。对研究元代宗教政策有一定参考价值。①

(7)《妥欢帖睦尔皇帝颁给云丹坚赞的圣旨》。八思巴字蒙古语圣旨。现存西藏自治区档案馆。长 273 厘米、宽 58.6 厘米，首尾齐全。全文 45 行，字迹清晰。至正二十三年（虎年，1362 年）二月三十日写于大都。元惠宗妥欢帖睦尔皇帝为派收差税而颁发给朵甘思宣慰司所辖蒙藏僧俗官员和百姓的圣旨。其内容是委任云丹坚赞为察翁格奔不地方招讨司的招讨使，负责监督完成一切差税事宜。并强调军民不得违抗，云丹坚赞也不得依仗权势而做违法之事。对研究元代政治经济制度有一定参考价值。②

(8)《妥欢帖睦尔皇帝猴年圣旨》。八思巴字蒙古语圣旨。原件现存西藏自治区文管会。至正二十八年（1368 年）二月二十一日颁发于大都。元惠宗妥欢帖睦尔皇帝为保护寺庙而颁发给西藏霞鲁寺的圣旨，是迄今发现的八思巴字蒙古语护寺文件中文字最长、内容最丰富，而且没有引述发布圣旨的先世帝王名称的圣旨。主要内容是：霞鲁寺堪布布顿于龙年（1364 年）六月圆寂，为他建灵塔所需供品和平时佛事所需供品，由霞鲁万户府有关地区承担，不得向这些地区征收任何差发和赋税。是研究元代宗教和西藏宗教的重要档案资料。③

(9)《普颜笃皇帝南华寺圣旨》（之一）。元仁宗普颜笃皇帝为保护寺院而颁赐给广东道韶州路曹溪宝林山南华禅寺福心弘辩慈济大师的护寺圣旨。原件珍藏在广东曲江南华寺。末尾残缺，无法确定其颁发年月。主要内容与忽必烈薛禅皇帝牛年三道圣旨碑文相同。对元代宗教及八思巴文字研究有一定价值。④

(10)《普颜笃皇帝南华寺圣旨》（之二）。元仁宗普颜笃皇帝为保

① 编委会：《中国少数民族古籍集解》，云南教育出版社 2006 年版，第 449 页。

② 同上。

③ 同上书，第 449—450 页。

④ 同上书，第 334 页。

护寺院而颁赐给□□路圆觉寺和尚们的护寺圣旨。原件珍藏在广东曲江南华寺。末尾残缺，无法确定其颁发年月。主要内容与忽必烈薛禅皇帝牛年三道圣旨碑文相同。对元代宗教及八思巴文字研究有一定价值。[①] 广东曲江南华寺珍藏的这两道圣旨均为纸本、墨书，长 54 厘米，宽 332 厘米，共 58 行，拼写八思巴蒙古语。由于收藏者不识八思巴字蒙古语，在装裱时将两道圣旨拼接为一张，造成行数次序错乱，文义不通，无法通读。后经照那斯图先生辨识后才又将两道圣旨分开，恢复其本来面貌。

(11)《答吉皇太后颁给古香·札巴坚赞的懿旨》。八思巴字蒙古语懿旨。原件现存西藏自治区文管会。长 236 厘米、宽 56.6 厘米。猴年（1320 年）九月十五日颁发于大都。元顺宗后答吉（己）为保护寺庙，根据皇帝圣旨颁发给西藏麻其格主持的懿旨。单独用八思巴字蒙古语写成。主要内容与忽必烈薛禅皇帝牛年三道圣旨碑文相同。[②]

2. 八思巴字桦树皮档案

1930 年一个农民在俄罗斯伏尔加河畔的一座古墓中发现了被称为《金宫桦树皮书》的 25 叶桦树皮文件，其中一叶上面写有八思巴字。这些桦树皮档案是蒙古钦察汗国（1243—1502 年）时期形成的珍贵文献之一，现藏俄罗斯圣彼得堡市一家博物馆中。

3. 八思巴字碑铭档案

元代八思巴字石刻档案绝大多数是元代各朝皇帝、太后、皇太子、诸王、帝师颁布的圣旨、懿旨、令旨、法旨等旨令文书，这些旨令文书大部分刻写在寺观里的石碑上，以此昭示天下，供官人臣民奉行。

八思巴文碑铭总数达 60 种左右，其中拼写蒙古语的有近 30 种，半数已公诸于世；另有 30 种左右是拼写汉语的，多数也已公诸于世。最早的八思巴字蒙古文碑刻是 1276 年颁布的《安西王忙哥剌鼠年令旨碑文》。其他主要碑文见下表。

---

① 编委会：《中国少数民族古籍集解》，云南教育出版社 2006 年版，第 334 页。

② 同上书，第 65 页。

种类	序号/名称	年份	现存地点
皇帝圣旨	1. 薛禅皇帝牛年圣旨（之一）	1277 年或 1289 年	山西交城玄中寺
	2. 薛禅皇帝牛年圣旨（之二）	1277 年或 1289 年	西藏绒地方
	3. 薛禅皇帝牛年圣旨（之三）	1277 年或 1289 年	甘肃泾川花严海水泉禅寺
	4. 薛禅皇帝龙年圣旨	1280 年或 1292 年	陕西周至
	5. 完者笃皇帝马年圣旨	1294 年	北京平谷兴隆寺
	6. 完者笃皇帝狗儿年圣旨	1298 年	河南林县宝严寺
	7. 完者笃皇帝牛年圣旨	1301 年	西藏搽里八公结地区
	8. 完者笃皇帝（?）圣旨（抄件）		河北昌黎云峰寺
	9. 曲律皇帝鸡年圣旨①	1309 年	山西平遥
	10. 普颜笃皇帝鼠年圣旨（之一）	1312 年	河南鹤壁大名路临济寺
	11. 普颜笃皇帝鼠年圣旨（之二）	1312 年	河南登封少林寺
	12. 普颜笃皇帝牛儿年圣旨	1313 年	河南林县宝严寺
	13. 普颜笃皇帝虎年圣旨（之一）	1314 年	河北元氏县开化寺
	14. 普颜笃皇帝虎年圣旨（之二）	1314 年	河南安阳善应储祥宫
	15. 普颜笃皇帝虎年圣旨（之三）	1314 年	陕西周至大重阳万寿宫
	16. 普颜笃皇帝虎年圣旨（之四）	1314 年	陕西周至大重阳万寿宫
	17. 普颜笃皇帝南华寺圣旨（之一）	1312 年或 1317 年	广东韶关南华禅寺
	18. 普颜笃皇帝南华寺圣旨（之二）		广东韶关圆觉寺
	19. 普颜笃皇帝马儿年圣旨	1318 年	陕西郃阳
	20. 格坚皇帝猪年圣旨	1323 年	西藏拉萨
	21. 也孙铁木耳鼠年圣旨（之一）	1324 年	西藏类乌齐寺
	22. 也孙铁木耳鼠年圣旨（之二）	1324 年	西藏札西丹寺
	23. 也孙铁木耳龙年圣旨	1328 年	西藏自治区档案馆
	24. 妥懽帖睦尔皇帝猪年圣旨	1335 年	山东邹县绎山仙人万寿宫
	25. 妥懽帖睦尔皇帝鼠年圣旨	1336 年	河南许昌天宝宫
	26. 妥懽帖睦尔皇帝马年圣旨	1342 年	四川成都青羊宫
	27. 妥懽帖睦尔皇帝羊年圣旨	1343 年	陕西长安大竹林寺
	28. 妥懽帖睦尔皇帝鸡年圣旨	1345 年	西藏贡觉桑布
	29. 妥懽帖睦尔皇帝兔年圣旨	1351 年	陕西周至大重阳万寿宫
	30. 妥懽帖睦尔皇帝虎年圣旨	1362 年	西藏自治区档案馆
	31. 妥懽帖睦尔皇帝猴年圣旨	1368 年	西藏霞鲁寺

① “曲律”是元武宗海山的蒙古语庙号。

续表

种类	序号/名称	年份	现存地点
懿旨	32. 答吉皇太后猴年懿旨	1320 年	西藏拉萨
	33. 答吉皇太后鸡年懿旨	1321 年	河北易县
诸王令旨	34. 安西王忙哥剌鼠年令旨	1276 年	陕西韩城
	35. 皇太子安西王汉文令旨碑文末刻三行蒙古语令旨		
	36. 小薛大王兔年令旨	1303 年	山西芮城
	37. 海山怀宁王蛇年令旨	1305 年	西藏霞鲁寺
帝师法旨	38. 帝师公哥罗古罗思坚藏班藏卜鸡年法旨	1321 年	河南浚县
禁约榜文	39. 中书礼部禁约榜文	1306 年	山东曲阜
	40. 中书省禁约榜文	1307 年	山东曲阜
	41. 中书省礼部榜文	1312 年	
	42. 宣政院禁约榜	1293 年	赵州柏林禅寺
石刻题记	43. 居庸关东西壁题记	1345 年	北京居庸关
	44. 敦煌莫高窟六字真言	1348 年	甘肃敦煌
	45. 白鹤梁题记	1348 年	四川涪陵

资料来源：史金波、黄润华：《中国历代民族古文字文献探幽》，中华书局 2008 年版，第 176—179 页。

八思巴字碑铭档案大体可分为皇帝圣旨、皇太后懿旨、诸王令旨、帝师法旨、禁约榜文五大类，是研究元代宗教和寺观经济不可多得的第一手资料。

（1）皇帝圣旨碑文

《薛禅皇帝牛年圣旨碑文》（之一）亦称《山西省交城县石壁山玄中寺八思巴文字蒙古语碑文》。八思巴文字蒙古语碑文。现存山西交城玄中寺。是元世祖忽必烈薛禅皇帝为保护宗教而颁发给太原府石壁寺安僧录的圣旨。牛年（1277 年或 1289 年）正月二十五日颁发于大都。主要内容有：根据成吉思汗和窝阔台汗的圣旨，向军官、士兵、达鲁花赤、官员和使臣宣谕：和尚、也里可温、先生、答什蛮不得承担任何差发，在寺院使臣不得住宿，不得索取铺马、祇应，不得征税，不得抢他们的土地、河流、园林、碾磨等一切财产，寺庙人员也不得因持有圣旨而做无理之事。有白话汉译文。碑文对研究元代宗教和八思巴字有参考价值。①

《薛禅皇帝牛年圣旨碑文》（之二）又称《薛禅皇帝颁给拉洁·僧格贝的圣旨》。八思巴字蒙古语碑文。原件存西藏自治区文管会，长 230 厘米，宽 55.8 厘米，三处盖有汉篆“御前之宝”印。牛年（1277 年或 1289 年）正月三十日写于大都。是元世祖忽必烈汗为保护寺院财产而颁发给拉洁·僧格贝的圣旨，文中强调在拉洁·僧格贝的寺院、房舍里，使臣不得下榻，不得向他们索取铺马、祇应，不得征收地税、商税，不得抢夺寺院所属土地、河流、园林、碾磨等。对八思巴字和蒙藏关系研究有一定参考价值。②

《薛禅皇帝牛年圣旨碑文》（之三）亦称《镇海之碑文》或《泾州水泉寺碑文》。八思巴字蒙古语碑文。现存甘肃省泾州县。圣旨牛年（1277 年或 1289 年）六月三十日颁发于大都。是元世祖忽必烈汗为保护寺院而颁发给泾州花严海水泉禅寺僧人的圣旨。碑额有“镇海之碑”四个汉字，但无汉语白话译文。主要内容与前述薛禅皇帝牛年两道圣旨碑文相同。对研究元代宗教和八思巴字有参考价值。③

《薛禅皇帝龙年圣旨碑文》。八思巴字蒙古语碑文。元世祖忽必烈汗为保护宗教而颁发给陕西五路西蜀四川提点李道谦的圣旨。石碑存于陕西省周至县。龙年（1280 年或 1292 年）十一月五日颁发于大都。有白话汉译文。主要内容与上述牛年三道圣旨碑文基本相同，只增加了李提点权力、先生与俗人间的争议等方面的内容。碑文对元代宗教和八思巴字文献研究有参考价值。④

《完者笃皇帝马儿年圣旨碑文》。八思巴字蒙古语碑文。元成宗完者笃汗为保护寺院而颁发给大都路蓟州平谷县瑞屏山大兴隆禅寺、净严都老法严寺等寺院的圣旨。马儿年（1294 年或 1306 年）六月十二日颁发于大都。石碑阴面阴刻汉文，碑额篆书“皇恩特赐圣旨译本”。正文为楷书汉

---

① 编委会：《中国少数民族古籍集解》，云南教育出版社 2006 年版，第 514 页。

② 同上。

③ 同上。

④ 同上书，第 513 页。

译白话文，磨损严重，有将近一半的碑文无法辨认。碑阳刻八思巴文，保存完好。碑文如下："靠长生天的气力，托大福荫的护助，皇帝圣旨。向军官们、士兵们、城子达鲁花赤、官员们、来往的使臣们宣谕的圣旨。成吉思汗、窝阔台皇帝、薛禅皇帝圣旨里说道：'和尚们、也里可温们、先生们不承担任何差发，祷告上天保佑。'兹按以前的圣旨，不承担任何差发，祷告上天保佑；向在大都路所属蓟州平谷县瑞屏山的兴隆寺、净严都老法严寺等寺院的太章老兴觉二人颁发了收执的圣旨。在他们寺院、房舍里使臣不得下榻。向他们不得索取铺马、祗应，不得征收地税、商税。不得抢夺寺院所属土地、河流、园林、碾磨、店舍、铺面、澡堂等一切物品。他们也不得因持有太章老兴觉二人收执的圣旨而做无理的事。如做岂不怕？圣旨，马儿年六月十二日写于上都。刘嗣正书。"石碑现存北京市平谷区太后村。

《普颜笃皇帝鼠年圣旨碑文》。回鹘式蒙古文、八思巴字、汉文碑刻。元仁宗普颜笃皇帝为保护寺院而颁发给河南府路少林禅寺、空相禅寺、宝应禅寺、天庆禅寺、维摩禅寺的圣旨。鼠年（1312 年）三月十三日颁发于大都。现存河南省登封少林寺。碑额刻有"圣旨碑"三个汉字。碑身刻蒙古文，可分为四段，上面三段分别为蒙古宪宗蒙哥皇帝牛年、世祖忽必烈薛禅皇帝鸡年、世祖忽必烈薛禅皇帝龙年三道圣旨，系回鹘式蒙古文。下面一段为元仁宗普颜笃皇帝鼠年圣旨碑文，系八思巴字。石碑的另一面刻有上述四道圣旨的汉译白话文。八思巴字蒙古语碑文的主要内容与忽必烈薛禅皇帝牛年颁发的三道圣旨碑文相同。①

《普颜笃皇帝虎年圣旨碑文》（之一）。八思巴字蒙古语碑文。元仁宗普颜笃皇帝为保护寺院而颁发给察罕八拉哈孙所属元氏县开化寺的圣旨。虎年（1314 年）四月十五日颁发于大都。现存河北省元氏县。八思巴字蒙古语圣旨与汉译白话文同刻一石。主要内容与忽必烈薛禅皇帝牛年颁发的三道圣旨碑文相同。②

《普颜笃皇帝虎年圣旨碑文》（之二）。八思巴字蒙古语碑文。元仁宗普颜笃皇帝为保护寺院而颁发给彰德路善应储祥宫的提点葆和显真弘教大师陈道明的圣旨。虎年（1314 年）七月二十八日颁发于察罕仓。现存河

---

① 编委会：《中国少数民族古籍集解》，云南教育出版社 2006 年版，第 334—335 页。

② 同上书，第 334 页。

南省安阳市。八思巴字蒙古语圣旨与汉译白话文同刻一石。主要内容与忽必烈薛禅皇帝牛年颁发的三道圣旨碑文相同。①

《普颜笃皇帝虎年圣旨碑文》（之三）。八思巴字蒙古语碑文。元仁宗普颜笃皇帝为保护宗教而颁发给奉元路大重阳万寿宫先生们的圣旨。虎年（1314 年）七月二十八日颁发于察罕仓。现存陕西省周至县。八思巴字蒙古语圣旨与汉译白话文同刻一石。主要内容与忽必烈薛禅皇帝牛年颁发的三道圣旨碑文相同。②

《普颜笃皇帝虎年圣旨碑文》（之四）。八思巴字蒙古语碑文。元仁宗普颜笃皇帝为保护宗教而颁发给道教真人孙德彧的圣旨。虎年（1314 年）七月二十八日颁发于察罕仓。现存陕西省周至县。八思巴字蒙古语圣旨与汉译白话文同刻一石。主要内容与忽必烈薛禅皇帝牛年颁发的三道圣旨碑文相同。③

《普颜笃皇帝马儿年圣旨碑文》。八思巴字蒙古语碑文。元仁宗普颜笃皇帝为保护寺院而颁发给奉元路同州郃阳县的五家国清寺等寺院的圣旨。马儿年（1318 年）四月二十三日颁发于大都。现存陕西省郃阳。八思巴字蒙古语圣旨与汉译白话文同刻一石。主要内容与忽必烈薛禅皇帝牛年颁发的三道圣旨碑文相同。④

《妥懽帖睦尔皇帝猪年圣旨碑文》。八思巴字蒙古语碑文。元惠宗妥懽帖睦尔皇帝为保护宗教而颁发给益都路滕州邹县绎山仙人万寿宫住持李道实等人的圣旨。碑刻现存山东邹县。元统三年（1335 年）七月十四日颁发于上都。石碑上半部分为八思巴字蒙古语，下半部分为汉语白话译文。主要内容与忽必烈薛禅皇帝牛年颁发的三道圣旨碑文基本相同。⑤

《妥懽帖睦尔皇帝鼠年圣旨碑文》。八思巴字蒙古语碑文。元惠宗妥欢帖睦尔皇帝颁发给汴梁路许州天宝宫提点王清贵为首的和尚们的圣旨。石碑现存河南许昌。（后）至元二年（1336 年）七月十二日颁发于上都。⑥

① 编委会：《中国少数民族古籍集解》，云南教育出版社 2006 年版，第 334 页。

② 同上。

③ 同上。

④ 同上。

⑤ 同上书，第 450 页。

⑥ 同上。

《妥懽帖睦尔皇帝成都圣旨碑文》。八思巴字蒙古语碑文。元惠宗妥懽帖睦尔皇帝为保护宗教而颁发给成都青羊宫的圣旨。至正二年（1342年）颁发，月日及地点缺失。石碑残缺。仅剩上半段八思巴字蒙古语原文主要部分。主要内容与忽必烈薛禅皇帝牛年颁发的三道圣旨碑文基本相同。①

《妥懽帖睦尔皇帝兔年圣旨碑文》。八思巴字蒙古语碑文。元惠宗妥欢帖睦尔皇帝为保护宗教而颁发给奉元路大重阳万寿宫道教先生们的圣旨。至正十一年（1351年）二月二十八日颁发于大都。石碑现存陕西周至。八思巴字蒙古语圣旨与汉语白话文同刻一石。主要内容与忽必烈薛禅皇帝牛年颁发的三道圣旨碑文基本相同。②

（2）皇太后懿旨碑文

《答吉皇太后鸡年懿旨碑文》。八思巴字蒙古语碑文。碑刻现存河北易县。鸡年（1321年）十月十日颁发于大都。内容是元顺宗后答吉（己）为保护宗教，根据皇帝圣旨颁发给保定路易州龙兴观、洪元宫、烟霞观和玉泉观的提点王进善等为首的先生们的懿旨。碑额刻篆体八思巴字“太皇太后”四个汉字的相应字母。八思巴字蒙古语与汉译白话文并刻一石。主要内容与忽必烈薛禅皇帝牛年三道圣旨碑文相同。③

（3）皇子、诸王令旨碑文

《安西王忙哥剌鼠年令旨碑文》。是元世祖忽必烈第三子安西王忙哥剌为保护宗教而颁发给平阳府尧庙、后土庙、禹王庙的董真人等先生们的令旨。碑现存陕西省韩城。鼠年（1276）正月二十六日颁发于京兆府。八思巴字蒙古语令旨原文和汉译白话文并刻一石。北京图书馆藏有两种文字的拓片。八思巴蒙古文原文为23行。内容是按照祖传的旨意，免除寺庙僧侣的地税、商税以及其他一切差赋。主要内容与忽必烈薛禅皇帝牛年三道圣旨碑文相同。这是迄今所见元朝官方颁布的最早的八思巴字护寺文件，④对研究早期八思巴蒙古文的语法构词以及整个蒙古文字史、蒙古文献学研究提供了宝贵的第一手资料。与此同时，还对研究元朝宗教政策以

---

① 编委会：《中国少数民族古籍集解》，云南教育出版社2006年版，第449页。

② 同上书，第450页。

③ 同上书，第65页。

④ 同上书，第11页。

及僧侣特权问题也提供了重要参考资料。

《小薛大王兔年令旨碑文》。是蒙古汗国窝阔台汗第三子阔出的幼子小薛为保护宗教，根据皇帝圣旨颁发给平阳路河中府河东县观庄下方延祚寺珍吉祥等和尚们的令旨。碑现存山西省芮城。兔年（1303 年）三月二十九日颁发于大都。此碑刻写体例违背八思巴字规则，书写不是从左往右，而是按汉文书写格式自右向左。碑文只有八思巴蒙古文，不附汉译文。主要内容与忽必烈薛禅皇帝牛年三道圣旨碑文相同。①

（4）帝师法旨碑文

《帝师公哥罗古罗思坚藏班藏卜鸡年法旨碑文》。八思巴字蒙古语碑文。是元仁宗、英宗、泰定三朝帝师公哥罗古罗思坚藏班藏卜为保护寺院而颁发给大名路浚州大伾山天宁寺住持朗吉祥的法旨。现存河南浚县。鸡年（1321 年）十月十五日颁发于大都。八思巴字蒙古语与汉译白话文并刻一石。主要内容与忽必烈薛禅皇帝牛年三道圣旨碑文基本相同。②

（5）禁约榜文

除旨令文书外，还有一种当时称为“禁约榜”的榜文。榜文内容也与保护寺庙权益有关。元朝的榜文都以汉文颁发，只附一句八思巴蒙古文在左侧，与“右榜晓谕各令通知”或“右榜晓谕”之类文字并列刻写于石刻上面。

由于蒙古族没有碑刻文化，因此在今内蒙古地区发现的八思巴文碑刻较少，碑刻主要集中于当时经济、文化发达的中原地区。据不完全统计，国内外现存的各类元代碑碣中已发掘的共计 40 余通，其中八思巴文碑碣将近 30 通，分布于国内的陕西周至、韩城，甘肃泾川，山西太原，河南安阳、许昌、浚县，河北易县，山东邹县等地的寺院道观内。其中以北京居庸关过路塔门洞东西壁上镌刻的八思巴文宗教功德碑和甘肃敦煌六字真言八思巴文碑最为著名。

由于八思巴字的纸质档案遗存极少，所以散布于全国各地的石质碑刻成为我们今天研究这种创制于 13 世纪、流行于 14 世纪的元朝官方文字的主要档案资料。这些八思巴字碑铭真实记录了当时的社会发展变化，客观反映了元代政治、经济、宗教、文化、历史、地理等多方面的实际情况，

① 编委会：《中国少数民族古籍集解》，云南教育出版社 2006 年版，第 494 页。

② 同上书，第 87 页。

对研究元代政治状况、民族关系、宗教政策、行政区划、历史人物、重大事件等各方面都提供了第一手原始材料，价值十分珍贵。

4. 牌符

牌与符本是两种，但元代不加区分，“牌”也称“符”，形状多呈圆形，也有长方形，质地有铜质、铁质，或镀以金银，一般发给各级官员或使者作为出入关卡、禁地的通行证。蔡美彪先生认为：元代朝廷颁授的牌符约有两类，一类是官员佩载的长牌，一类是差使乘驿的圆牌。[①] 元朝军官佩戴的符牌分为虎头金牌、平金牌、平银牌三等，又称为虎符、金符、银符。大致上是万户佩虎符，千户佩金符，百户佩银符。虎符还有三珠、二珠、一珠的区别，三珠为最高，只有上万户府达鲁花赤、万户以上的掌军者才能发给。符牌由政府颁发，军官升迁或去职后，按规定都要交回原持符牌。[②]

元朝时期，官方用金、银、铜、铁制作刻有金字、银字八思巴蒙古文的长方形或圆形的牌符赠予官员或使者，作为证明来使用。这些牌符两面都有刻字，而且元代圣旨牌无论形状、质地如何，均为发给官人或使者遵照皇帝圣旨执行公务所用。为了便于持牌者把牌子系在腰间，牌子上部都有供系带子用的圆孔或供佩戴用的圆环，当时制作这种带子的最好材料莫过于上好的优质皮条，制作牌子时圆孔必须足够穿过一定宽度的皮条。

八思巴蒙古文金、银、铜、铁质牌符在国内外都有收藏，现存十余种，并不断被发现。

俄国先后发现两块银质金字长方形八思巴蒙古文牌符、一块铁质银字圆形八思巴蒙古文牌符。前者一块是1846年在俄国叶尼塞州米奴辛斯克圆场发现的，也称“叶尼塞牌”或“米奴辛斯克牌”。这枚银质长牌的两面阴刻有鎏金的八思巴蒙古文，正面三行，背面两行，上部有圆孔式环形纽，包铁，环孔书汉字“宿字四十二号”，现存俄罗斯圣彼得堡艾尔米塔什博物馆。另一块是1853年在俄国纽克斯克出土。两个牌符都刻有意为“在永恒天的力量下，皇帝的名字是神圣的；若谁不从，要问罪，以至死罪”的双钩体八思巴蒙古文。后者是1881年在俄国托木斯克州的巴卡塔尔斯克出土的一枚圣旨圆牌，铁质银字，首部雕刻有虎头纹样，牌面有竖

---

① 蔡美彪：《元代圆牌两种之考释》，《历史研究》1980年第4期。

② 白钢：《中国政治制度史》（下卷），天津人民出版社1997年版，第699页。

排八思巴字蒙古语五行，正反面文字相同。[①]

现存元上都博物馆的元代牌符主要有：

(1)“东路蒙古侍卫亲军”腰牌（左面汉文，右面八思巴文，铜质鎏金，长7.5厘米，宽3厘米）。

(2)“皇帝圣命违令者死”令牌（左面汉文，右面八思巴文，纯银质，长10.2厘米，宽5.5厘米）。

(3)“王府”令牌（八思巴文、汉文、蒙文，铜质，长16.8厘米，牌身宽6.9厘米，牌头宽9.2厘米）。

(4)“千户”令牌（左面汉文，右面八思巴文，纯银质，长8.3厘米，宽4.4厘米）。[②]

内蒙古大学民族博物馆收藏有一枚“元朝八思巴蒙古文圣旨金牌”。该金牌呈圆角长方形片状，长26厘米，宽8厘米，重350余克，含金量58.44%，含银量41.56%，金牌正面上端有孔，圆孔外径5厘米，内径2厘米，用纯银镶孔边，穿孔边缘处破损了约四分之一，背面无损，圆孔边缘处刻有“张字九十五号”6个汉字。金牌两面都有八思巴蒙古文字，正面3行，背面2行。正面译成汉语为：(1)长生（中行），(2)天的气力下（左行），(3)皇帝的名字是神（右行）；背面译成汉语为：(1)圣的，谁若不，(2)从要问罪处死。连读为：“靠长生天的气力，皇帝的名号是神圣的，谁若不从，斩首问罪。”[③] 正反两面连起来读才是一个完整的意思。

1998年在内蒙古清水河县下城湾古城村发现一枚八思巴字圣旨银牌，现藏内蒙古自治区文物考古研究所。牌符正反两面都刻有八思巴文，顶部穿孔外缘处刻有“丁字八十号”几个小字，这是蒙古汗国及元代时期牌符特有的一种千字文编号，便于官府统一掌管发放。元世祖中统元年(1260年)曾下诏规定：“已上牌匣具系营造小尺，上以千字文为号”。可见这是中国在使用阿拉伯数字以前借《千字文》中的汉字进行编号的一种方式。“丁”源自《千字文》中“绮回汉惠，说感武丁”一句，是

① ［日］羽田亨：《元朝驿传杂考》，见《羽田博士史学论文集》（历史篇），1958年。

② 孛儿只斤·苏和、孛儿只斤·苏日娜、娜仁高娃：《蒙古三大部》，内蒙古人民出版社2012年版，第330—331页。

③ 宝音图：《元朝八思巴蒙古文圣旨金牌面世》，《蒙古学信息》2002年第1期。

千字文第 560 字，“八十号”则表明是“丁”字母系统下的第 80 号牌符。[①]

1985 年在内蒙古兴安盟科尔沁右翼中旗杜尔基苏木色音花艾里发现一枚元代铜质圆牌——“天字拾一号”夜巡牌，正面中心有一个大大的“元”字，据专家考证应为元朝国号之意，两侧环绕着吐蕃文和汉文，背面中心刻有一行八思巴字，左侧为畏兀儿字蒙古文，右侧为波斯文，这个“大元牌符”能够证明中国从元朝就开始成为一个大一统的多民族国家。[②]

铁质银字、金字圣旨圆形牌在国内发现过两块：一块是 1965 年从兰州征得，现藏甘肃省博物馆的八思巴字铁质银字圣旨圆牌；另一块是西藏扎什伦布寺收藏的八思巴字铁质金字圣旨圆牌。这两块牌符上均阳文正楷镌刻五行八思巴字。不但内容完全相同，每个字在牌子上的排列也都一样，译成汉文意为：“靠永恒长生天的力量，皇帝圣旨，谁若不从，即要问罪。”两块牌子上部都有虎头花纹。有人认为，铁质金字圣旨圆牌就是史书中记载的虎头金牌。

另外，还有一块刻有四种文字的铜质圆牌和一块刻有三种文字的铜质圆牌，前者正面刻有“防奸令”几个汉字，“令”字铸在正中，背面中间刻有八思巴蒙古文，左方刻有波斯文，右方刻有回鹘式蒙古文。回鹘式蒙古文和八思巴蒙古文的意思完全一样。牌符正反两面都铸有虎头纹饰。[③] 后者的正面是汉字，背面左方刻有八思巴蒙古文，右方刻有波斯文。牌符正反两面都铸有叶蒂纹饰，上段还有供穿佩戴用的圆孔。[④]

5. 印玺

印玺作为档案的重要一种，不仅具有很高的雕饰艺术价值和书法艺术价值，而且具有很高的史料价值，因为从印玺上的文字我们可以间接地了

---

① 刘潇潇：《寻觅八思巴文遗迹》，中国社会科学报刊网，sspress. cass. cn/news/16671. html. 2011 - 1 - 11。

② 同上。

③ 1925 年在北京发现一枚铜质圆牌，正面上部饰兽头纹，牌面铸有方形轮廓两重，中间自左至右刻有波斯文、八思巴文、畏兀儿文三种文字；背面上部饰叶蒂纹，牌面铸有方形轮廓一重，中间刻有一个“令”字，左右两侧刻有“关伪防奸，不许借带，违者治罪”几个汉字，轮廓外围饰缠枝纹，圆牌右侧边缘上刻有“地字五十号”5 个汉字。（参见［日］羽田亨《元朝驿传杂考》，载《羽田博士史学论文集》（历史篇），1958 年。）

④ 张公瑾：《民族古文献概览》，民族出版社 1997 年版，第 458—459 页。

解蒙古文及其蒙古语的发展和演变过程。

元朝时期多用八思巴文字来刻写玺文和印章。八思巴蒙古文印章一律用篆体刻写，译汉字音，多在印章背面刻注与印章正面对应的汉字。八思巴蒙古文字与汉文字混合入印，其类别可分为官印和私印。在私押印中又见有姓氏印、吉语印、勘合印（专用）等。从印文字意表现方式上看，有元八思巴字与汉文字意组合使用的，也有八思巴字和汉文字意相同而直接对读的。

孙家潭在《蒙元时期独特的蒙汉文种混合印》一文中介绍了他收集到的四方私印，其中一方名为“记室大吉”，1.8 厘米见方，于印体左右两侧印墙上铸有穿。此印章中上面两字是八思巴字，从左至右对读汉文字分别为“记”、“室”。下面从右到左两字为汉文字楷书“大”、“吉”，两字中间夹有“押”记。印文从上至下顺序释读作“记室大吉（押)”。按《辞源》解释，“记室”为官名，掌章表书记文檄，或称记室督、记室参军等，元后废。“大吉”属吉语祝词。此印从印文内容和形式上分析包含有多种含义。首先，八思巴字印文“记室”与汉字“吉语”类以及“押”组合入印，这种情况在其他资料中也曾发现，说明这种印应是元代的一种常规印式。其次，“记室”并非官职，所以这种印不是官印，是否与持印者身份有关，还有待进一步考证。再次，“记室”《辞源》解释为“掌章表书记文檄”，应是从事文书档案工作的吏员。最后，依据八思巴字印文“记室”二字的解读和印文中的“押”记，以及“吉语”文意特征进行综合分析，可以看出这类印与文书档案上使用的印押相关联，是一种专用印式。①

罗福颐主编的《故宫博物院藏古玺印选》收录了部分八思巴字玺印，并在涉及蒙古族古印玺的序言中提道：“至宣光、天元两方北元官印，可补史书之所缺佚，是关于北元史学之重要，不言而喻。”所言两方北元印，一为 610 号北元“太尉之印”，二为 611 号“甘肃省左右司之印”。此外，该书标记号码的用八思巴字篆刻的印玺还有 609、612、629、633、642、643、644、645 号，有解读的，也有没解读的。

照那斯图、薛磊著的《元国书官印汇释》第八章“驿站印”中收录

① 孙家潭：《蒙元时期独特的蒙汉文种混合印》，见周明甫《中国少数民族古籍论》（第五辑），四川民族出版社 2004 年版，第 262—263 页。

了8方八思巴字站印，它们是：

（1）至元十七年（1280年）“昔保赤八剌哈孙站之印”；

（2）至元二十五年（1288年）“斜列站印”；

（3）至大二年（1309年）“神山驿印”；

（4）皇庆元年（1312年）九月“吾剌毛丹站印”；

（5）皇庆元年（1312年）九月“祥州站印”；

（6）皇庆元年（1312年）“富峪驿印”；

（7）天历元年（1328年）“昌平站印”；

（8）至正七年（1347年）“敦都儿苦站印”。①

以八思巴字与汉文字混合入印，在当时官、私印极为兴盛并普遍使用的同时，特别是在八思巴字创制颁行的初期，具有相对的科学性，它不仅有助于八思巴字直接进入实用的范围，而且在实际利用中又有利于这种新兴文字的普及、推广与传播，同时也是蒙古族统治者推行本民族语言文字的一种有效措施和手段。②

至正二十八年（1368年）元朝灭亡后，蒙古贵族退回北方大草原。但作为元帝国的国字，八思巴字并没有立即被废弃。蒙古贵族仍然继续使用它刻制印玺。直至近代，八思巴字仍有少量用于镌刻印章和寺庙、庭院门楹上的经文。

现存的八思巴文字印玺有100余方，包括皇帝玺文、帝师国师的印章、王公印鉴、军官印章，元朝中央和地方各级行政、军事机关及其主管官员的印章。以下略举几例：

（1）帝师印：玉质，双龙盘纽，正方形，长宽各9.5厘米，高6厘米，印文4行，每行4字，用八思巴文篆体字母拼写汉字“大元帝师统领诸国僧尼中兴释教之印”16字。该印是元成宗铁穆耳于元贞元年（1295年）赐予帝师策喇实巴鄂尔嘉勒的。③

（2）王公印：金质，驼纽，正方形，长宽各11.3厘米，厚3.1厘米，高11厘米。印文2行，每行2字，用八思巴文篆体字母拼写汉字“白兰

① 照那斯图、薛磊：《元国书官印汇释》，辽宁民族出版社2011年版，第261—268页。

② 孙家潭：《蒙元时期独特的蒙汉文种混合印》，见周明甫《中国少数民族古籍论》（第五辑），四川民族出版社2004年版，第263—264页。

③ 李杰：《中国少数民族文献探研》，民族出版社2002年版，第172—173页。

王印”4字。该印是元泰定帝也孙铁木儿于泰定四年（1327年）赐予“白兰王”锁南藏卜的。①

（3）官员印：如八思巴文“使司之印”，正方形，长宽各5.6厘米，高1厘米；八思巴文“百户”印，铜质，正方形，长宽各7.2厘米，厚1.5厘米，高8厘米。两印现存元上都博物馆。②

近年来官方印章又有许多新发现，甚至国外也有发现。如日本长崎县鹰岛发现了刻有“管军总把印”八思巴蒙古文的元军遗物。

6. 钱钞

钱钞作为一种特殊载体的档案，在古代处于流通的过程之中，它是商品经济的产物。尤其是蒙文或者是蒙汉文合璧的钱币，就显得更加珍贵。

在我国古代，每当皇帝继位之后，都有改元铸币的习惯。元代铸币的一个重要特点就是钱币上铸有蒙文文字。因此从钱币上的文字来看，也可以从一个侧面反映出蒙文的发展和演变过程。

元代八思巴文是以“国字”规格颁布的，因此在钱币上出现较多。元朝通行的宝钞，钞面为汉文，面值两旁各有八思巴字一行，拼写汉语。一般钞面为“大元通宝”或“至元通宝”，左行为“至元宝钞”，右行为“诸路通行”。

保存至今的多为用八思巴文铸造的铜钱。如现存元上都博物馆的元代钱币有：（1）八思巴文“至元通宝”，元世祖忽必烈至元年间铸，折二钱，直径3.9厘米，厚0.2厘米；（2）八思巴文“大元通宝”，元武宗至大年间铸，直径4厘米，厚0.2厘米；（3）铁质钱币，元顺帝至正年间铸，背面上方有八思巴文“亥”，为干支纪年，下方有“五”，为纪值钱，十分罕见。直径3.7厘米，厚0.2厘米。③

第二节 回鹘文档案

回鹘亦称回纥，是我国汉文史籍中对古代维吾尔族的称呼，原为铁勒

① 李杰：《中国少数民族文献探研》，民族出版社2002年版，第174页。

② 孛儿只斤·苏和、孛儿只斤·苏日娜、娜仁高娃：《蒙古三大部》，内蒙古人民出版社2012年版，第337页。

③ 同上书，第340页。

的一部。回鹘族西迁初期仍用突厥文，后来采用粟特字母，大约在9世纪创制了自己的民族文字——回鹘文。回鹘文来源于中亚粟特文，是一种依照粟特字母创制的音素文字，由18—22个符号组成（因时间早晚字母数目有所不同）。一般认为，回鹘文流行时间是8—15世纪，流行地区是今新疆吐鲁番盆地和中亚楚河流域。由于回鹘人广泛使用这种文字，所以通称为回鹘文。10世纪下半叶，随着伊斯兰教传入新疆，回鹘文到14—15世纪便逐渐废弃不用，而代之以阿拉伯字母文字。

回鹘文既用于碑刻，也用于各种内容的写本，元代还用于木刻本。13—15世纪，回鹘文曾用作金帐汗国、察合台汗国和帖木耳帝国的官方文字。直到15世纪，回鹘文一直被广泛使用，并用这种文字记录、形成了大量回鹘文文书档案。19世纪末20世纪初，随着外国考古队、探险家来到新疆吐鲁番和甘肃敦煌等地进行考古发掘，先后发现了一大批用回鹘文写成的各种内容的档案文献。但由于历史原因，这些回鹘文档案文献大都流失海外，至今未能回归祖国怀抱。

保留至今的回鹘文档案内容十分广泛，是中华民族丰富的文化遗产之一，也是我们研究回鹘社会历史、宗教信仰、语言文字、文学艺术、科学技术等方面的重要材料。

现存的回鹘文档案主要有碑铭、文书等形式。

一　碑铭

元代遗留下了一批为数不多的回鹘文碑铭档案，如《大元肃州路也可达鲁花赤世袭之碑》、《有元重修文殊寺碑》、《亦都护高昌王世勋碑》等，这些碑铭的外形大多为汉族传统形式，并带有汉文，不但记载了部分地区回鹘人的历史，而且对研究元代回鹘人的语言文字及与汉语的比较也具有极高的学术价值。

（一）《大元肃州路也可达鲁花赤世袭之碑》

该碑于1962年在甘肃酒泉市发现，现藏甘肃省酒泉市文化馆。碑高2.36米，宽约0.91米。明洪武年间因修城支撑门洞用，碑被凿解为左右两部分，各宽0.45米左右。碑文用汉文和回鹘文书写。汉文共23行，回鹘文共32行。此碑立于元顺帝至正二十一年（1361年）。立碑人为元代西夏遗民、党项人（蒙元时期党项人被称为唐兀人或河西人，有时也泛称为西夏人）善居。

碑文记述成吉思汗征西夏时，肃州守将、党项羌人举立沙献城归降，后助太祖征讨战死。太祖为表彰其功，任命其子阿沙为肃州路大达鲁花赤，后子孙五代13人世袭官职仕事元朝，到元末立此世袭碑时止，共历150余年。其中对善居本人及其生父令只沙的记载尤详。这种比较完整地反映元代党项羌人家族谱系和少数民族历史人物活动的记载颇为珍贵，为我们了解元代河西走廊党项族的历史提供了珍贵史料。碑文的回鹘文部分虽在主要内容上与汉文部分一致，而且不如汉文部分完整，但它在某些事实的叙述方面比汉文部分要详细、具体，可弥补碑文汉文部分之不足。另外，因回鹘文是一种拼音文字，它可以正确地记录地名、人名等，因此，碑文的回鹘文部分还可以弥补汉字记音不准的缺陷，为我们提供一些人名的正确拼音。此外，该碑本身表明，直到元朝末期仍有相当数量的党项羌、回鹘人居住在肃州一带，并使用回鹘文作为自己的正式书面文字，这清楚地反映了回鹘族及其文化在河西走廊一带的深刻影响。

（二）《有元重修文殊寺碑铭》

发现于甘肃省酒泉市西南约15公里的文殊沟，现存甘肃省肃南裕固族自治县民族博物馆。碑高1.24米，宽0.74米，碑额和碑座已失。正面为汉文，散文体，共26行，每行52字。背面为回鹘文，韵文体，也是26行。汉文和回鹘文的内容大致相同，但后者并不是前者的译文，这不仅表现在段落内容和细节上不同，而且表现在文体上也不同，汉文为散文体，回鹘文则为押头韵的韵文体。据此碑汉文部分末尾书“大元泰定三年岁次丙寅八月丁酉朔十五日丙戌上旬喃答失太子立石”，可知此碑立于元泰定三年（1326年），立碑人为喃答失太子。碑文记载了喃答失太子及其亲属发愿重修文殊寺的功德，讲述元代蒙古察合台一支在河西走廊上的业绩，不仅提供了河西走廊察合台一支完整、准确、详细的系谱（即成吉思汗—察合台—拜答尔—阿禄嵬—主伯—喃忽里—喃答失），还反映了文殊山石窟的历史。该碑对研究河西走廊的回鹘历史、文学和语言也具有重要价值。

（三）《亦都护高昌王世勋碑》

该碑现藏甘肃省武威市博物馆。1933 年左右在武威县北 30 里石碑沟一带出土。原碑高约 4 米，宽约 1.62 米，现仅存原碑下半段，高 1.8 米，宽 1.62 米，约为全碑的五分之二。碑文用汉文和回鹘文书写，碑阳为汉文，碑阴为回鹘文。汉文部分从上到下通行书写，右行，楷书，凡 36 行，满行 90 字（现残存下半截的 40 字）。回鹘文部分则分栏书写，每栏 51 行或 52 行（原碑似分为 20 栏），现仅存该碑最后一部分的 4 栏半，字迹已漫漶不清。

据此碑的回鹘文部分，碑石立于元顺帝元统二年（1334 年），虞集撰文，夔夔书丹，系奉诏撰刻。碑文简要记述回鹘人起源于鄂尔浑河流域的历史传说，回鹘西迁的原因与经过，回鹘西迁后的分支、流派，自巴而术阿而忒的斤亦都护至太平奴诸畏兀儿亦都护 8 代高昌回鹘王的世系源流以及他们入仕元朝中央政府的历史事迹，可补其他史料对上述历史记载的不足，是研究元代回鹘（畏兀儿族）民族史和高昌王国史极为珍贵的物证。碑文的汉文部分曾先后被收入虞集的《道园学古录》（卷二十四）以及《元文类》、《陇右金石录》、《乾隆武威县志》等书。①

回鹘文碑铭一般为长方形的墓志铭形式，底座有石龟，碑铭上端有碑额，两边雕成龙状，碑铭的另一面多刻有汉文。回鹘文碑铭带有明显的汉族式墓志铭的特点。碑石不仅经过精细的加工，而且出现了底座的石龟，碑文的刻写更加美观、流畅。有的回鹘文碑铭还分栏书写。

回鹘文碑铭的制作过程大致也和古代突厥文碑铭一样，是先采石、打磨光滑后制成，然后写碑文，最后刻碑文。

保留至今的回鹘文碑铭并不多，这与回鹘人从蒙古高原时期的游牧生活转到高昌、河西走廊的定居农业生活以及纸的广泛应用有着密切的关系。

二　社会经济文书

宋元时期回鹘王国的回鹘文字已广泛使用于社会生活的各个方面，形

---

① 编委会：《中国少数民族古籍集解》，云南教育出版社 2006 年版，第 530—531 页。

成了大量反映劳动力买卖、土地买卖、货币借贷等社会经济活动的契约、文书等材料，其中大部分是元代的。在敦煌、新疆等地出土的回鹘文文书也主要是社会经济文书，现存有400余件，收藏于世界各地。经国内外专家学者刊布的约在200件①，其中契约文书占了很大比重。

1928年苏联出版的拉德洛夫《回鹘语文献集》（俄文译本）汇集文书128件，其中绝大多数为契约文书。日本山田信夫《回鹘文契约文书集成》（《ウィゲル文契约文书集成》，大阪大学出版社1993年版）所收121件全部为契约文书。但这些文书现都藏于国外，国内无法见到。

李经纬著《吐鲁番回鹘文社会经济文书研究》（新疆人民出版社1996年版）所收文书共107件，内含人口买卖16件、土地租佃与买卖21件、借贷22件、其他遗嘱立继婚书合伙等7件；李经纬著《回鹘文社会经济文书研究》（新疆大学出版社1996年版）收80件文书，内有人口买卖与典押6件、土地租佃买卖交换20件、借贷13件、房产买卖1件、财产分配3件。李经纬这两部著作共收契约文书107件。另外还有耿世民著《回鹘文社会经济文书研究》（中央民族大学出版社2006年版）共收契约81件，包括人口买卖20件、过继1件、土地交换与买卖19件、租借12件、借贷24件、遗嘱5件。刘戈著《回鹘文买卖契约译注》（中华书局2006年版）收录买卖契约29件。②

下面略举几例已定名和公布的回鹘文经济文书原件，它们是《斌通（善斌）卖身契》（三种）、《定惠大师卖奴隶字据》、《医者大师义与蔡氏离居字据》、《摩尼教寺院文书》、《摊派草料令》（五件）等。③

《阿体卖奴隶（善斌）给买主写的临时字据》。这是一张回鹘文、汉文对写的契约文书。两种文字的内容详略不一。该文书为西北文物考察队于1953年冬在新疆吐鲁番寻获，1954年夏在北京故宫博物院展出过。

《阿体给买主写的正式字据》。这张回鹘文契约文书的背面右下角有墨书汉文“善斌元契耳石”7字。原件为西北文物考察队于1953年冬在

① 李经纬：《回鹘文社会经济文书的发现、收藏与研究情况概述》，《喀什师范学院学报》1996年第2期。

② 杨淑红：《元代契约文书的刊布与研究综述》，《中国史研究动态》2011年第1期。

③ 张铁山：《回鹘文文献及其学术价值》，见李晋有《中国少数民族古籍论》，巴蜀书社1997年版，第181—183页。

新疆吐鲁番寻获，1954 年夏在北京故宫博物院展出过。同年《新疆文物展览特刊》制成图版。

《买主薛赛大师买到奴隶后写的正式字据》。原件现存中国历史博物馆。1 页，19 行，用回鹘文草书体书写。这张契约文书是 1953 年冬西北文物考察队在新疆吐鲁番获得，1954 年夏在北京故宫博物院展出过。同年《文物参考资料》第 10 期上刊有图版。

《定惠大师卖奴隶字据》。原件现存新疆维吾尔自治区博物馆。1 页两面，共 10 行，用回鹘文草书体书写。背面右下角有汉文小字二行“定惠取银一锭十五两，与我的文字记”15 字。这张契约文书是 1953 年冬西北文物考察队在新疆吐鲁番获得，1954 年夏在北京故宫博物院展出过。

《医者大师义与蔡氏离居字据》。这张字据分为两部分：回鹘文部分 8 行，汉文部分 6 行。两部分的具体内容不一样。这张字据是 1953 年冬西北文物考察队在新疆吐鲁番获得，1954 年夏在北京故宫博物院展出过。同年《文物参考资料》第 10 期上刊有图片。

《摩尼教寺院文书》。是研究回鹘摩尼教寺院经济极有价值的长篇回鹘文写本，原件现藏中国历史博物馆。编号为：8782T. 82，卷子式。现存部分长 270 厘米，高 29. 5 厘米，前半部分残缺，仅存 125 行。文书上盖有汉字篆文红色方印 11 处。印文为：大福大回鹘国中书省门下颉于迦思诸宰相之宝印。这张契约文书是黄文弼先生在新疆考古时所得，图版刊于 1954 年出版的《吐鲁番考古记》（图版第 89—94）。

《回鹘文摊派草料令》五件[①]。这五件回鹘文文书于 1976 年在新疆吐鲁番县伯孜克里克千佛洞出土，现存吐鲁番县文化馆。每件文书上都盖有一二方长方形图章，疑为分派草料任务的下级地方官的印章。文书用回鹘文草书体书写。从整个字体看，文书应属于元代，约形成于 13 世纪，是元朝在新疆地区的政府机构通过神权行使其行政法权的凭证。

回鹘文契约文书都有一定的书写格式，大体包括五个部分：

---

① 由于原件破损严重，最后两件混在一起，被耿世民先生误为一件，所以有四件之说，后经维吾尔学者库尔班·外力确认是五件。参见耿世民《几件回鹘文文书译释》，《文物》1980 年第 3 期；库尔班·外力《吐鲁番出土的五件回鹘文文书》，见中国民族古文字研究会《中国民族古文字研究》，中国社会科学出版社 1984 年版，第 105 页。

(1) 立约日期：某年（十二生肖纪年）某月某日。

(2) 买卖、租赁、借贷等的理由及目的。

(3) 买卖对象（如土地、奴隶）及价格。

(4) 保证及违约赔偿条款。

(5) 立约人、写约人、证人签名盖章（手印）。

回鹘文契约文书多为民间的记录形式，其大小尺寸不一，一般为一张纸，也有多张纸粘连起来的卷子式；用纸很随便，有的就在其他废纸的背面书写。回鹘文字体使用草体。

回鹘文契约文书保留下来的数量多、种类全、内容丰富，它们大都记录了当时的经济活动，真实地反映了当地的土地和人口（奴隶）买卖、土地交换与租佃、房产买卖、财产遗产分配、牲畜租赁、货币与粮食的借贷，以及典当、收养、过继、释奴、遗嘱等方面的情况，是回鹘社会经济活动的直接记录，是了解当时的赋役制度、阶级矛盾、民族关系和一般日常生活的第一手珍贵原始材料，对研究古代回鹘社会的经济、历史、宗教、语言文字等方面也具有很高的学术价值。

第三节　藏文档案

元代藏族地区的寺院都很重视对珍贵档案文献的保管，在八思巴时期设立的“拉章”机构中，就有专门管理文书档案事务的官员称为“仲译”(yig)。各教派均记录、保存本门诸高僧大德的著述与事迹，成为后代撰写教法史的基本材料。古藏文巨著《萨迦全集》是“萨迦五祖”的全集，其中就包含重要的原始资料。现今保存下来的元代藏文档案主要有法旨、铁券文书和官方档案。

一　元代法旨

元代的帝师向西藏地方颁布的法旨往往用藏文书写，如1306年仁钦坚赞帝师颁发给昆顿师长和仁钦白桑布师长的法旨，有无头字11行，钤朱印。

山东省长青县大灵岩寺还保存有一通元代形成的藏汉文合璧碑刻，题为《大元国师法旨碑》，藏文为无头字。①

二　元代铁券文书

西藏自治区档案馆现存的元代铁券文书也往往用古藏文书写，如"遵照圣旨，元朝皇帝帝师仁钦坚赞就挨巴地方的地庙溪卡草木、水源皆属昆顿大师及仁钦白桑布大师事所颁之铁卷文书"（藏历龙年，元大德八年，1304 年）、"遵照圣旨，元朝皇帝帝师贡噶洛珠坚赞白桑布就不得以对属于仁钦贡大师的普东挨巴地方的寺庙、庄园等增征差役事所颁之铁卷文书"（藏历羊年，元延祐六年，1319 年）、"遵照圣旨，元朝皇帝帝师贡噶洛卓坚赞就封坚赞扎巴之子旺杰承袭父职、任仲木地方千户长事所颁之铁卷文书（藏历铁鸡年，元至治元年，1321 年）、"遵照圣旨，元朝皇帝帝师贡噶坚赞白桑布封益西贡噶为官之铁卷文书"（藏历火牛年，元至元三年，1337 年）等。

三　元代西藏官方档案

2013 年 6 月 19 日，在韩国光州，经联合国教科文组织世界记忆工程国际咨询委员会第 11 次会议评审，西藏自治区档案局（馆）申报的"中国元代西藏官方档案"成功入选《世界记忆名录》。此次入选的"元代西藏官方档案"共 22 件，皆为纸质文件，包括 4 份圣旨、5 份法旨和 13 份铁券文书，这部分档案自成体系，为一个有机的整体。其一，年代极为久远，形成于元大德八年（1304 年）至元至正二十七年（1367 年）期间，为元代时期，即西藏地方政权萨迦和帕竹时期。其二，形制各异，不仅有圣旨、法旨，还有铁券文书，因产地和级别不同而形制各异，圣旨皆为内地产的手工纸，而法旨和铁券文书的纸张全为西藏本土生产的"狼毒草"藏纸。书写形式也独具特色，圣旨为从左至右，法旨和铁卷文书从上往下。档案背面粘贴绸缎布类，起到保护作用。其三，文种独特，皇帝圣旨用八思巴字新蒙古文写成，法旨和铁券文书则为古藏文。用古藏文写成的元代纸质档案非常稀少，因此特别珍贵。其四，内容丰富，该组档案文献

① 蔡美彪：《元代白话碑集录》，科学出版社 1955 年版，

记载了元朝帝王颁布的法律政令和帝师与地方政务官发布的规章条例，再现了西藏正式成为中国一个行征区域的过程，反映了西藏独特的政教合一统治模式的施政体制，揭示了元朝帝王与帝师之间的紧密关系以及藏传佛教的特权和地位，为研究当时的历史提供了不可多得的档案文献资料。

元代档案中有关西藏归属问题的珍稀文书档案是当时元朝中央政府与西藏地方之间来往的重要文件，以及由元代中央政府任命的西藏地方官员行使职权的一些重要文件，也是中国现存最古老的官方档案原件之一。其内容反映了有关西藏归属问题，反映了西藏自13世纪就归入中国版图这一历史事实，反映了这一历史时期西藏地方与元朝中央政府的政治关系，是研究西藏历史文化极富价值的原始资料，同时对研究藏文字、蒙文字的演变也具有重要价值。

第四节 元朝少数民族文字档案的特点

一 八思巴字纸质档案存世稀少，极为罕见

元代八思巴字纸质文书主要发现于内蒙古额济纳旗黑水城，因为内蒙古地区气候干燥，纸质文书才得以保存下来，但纸张都残破不全，有些甚至只剩小块残片，有些只有八思巴文，有些是八思巴文和其他文字对译的，有些是手写八思巴文并附汉译白话文对照，有的汉文文书上还盖有八思巴文印章，可以代表元朝官方推广使用八思巴文的情况。

藏区现存有很多八思巴文的变体文书，但错误比较多。寺庙中，布达拉宫的八思巴文纸质档案保存得最好。因为八思巴是藏传佛教萨迦派第五代祖师，所以八思巴文能够在藏区流传下来，特别是作为藏文书法的一种字体继续使用。

八思巴字的纸质档案遗存稀少，存世的极为罕见，这些八思巴文纸质档案不仅有重要的历史价值，在文物档案方面也是十分珍贵的传世佳品。

二 八思巴字档案保持了史实记录的原始性

八思巴字档案是很宝贵的历史档案，它的内容涉及整个元代社会的政

治、经济、文化、日常生活等各个领域，现存八思巴字档案主要反映有关元朝宗教政策、民族关系、典章制度、历史人物、行政区划等社会情况。因此，它对于研究元史可提供直接的证据。

元代遗留下来的载籍不算少。但是由于种种原因，这些史料往往不能充分地、如实地反映客观事物发展的真相，尤其是在长期流传的过程中，有的经历了几个朝代的筛选、删削和篡改，已经面目全非。而八思巴字档案在记录史实方面，则完全保持着它的原始性。尤其是刻在实物上的八思巴文档案，件件都是历史的真实记录。例如元朝八思巴字的官印，全国现存有一百多方，而且不断有新的发现，这些官印是元朝的各种官职、设施、行政区划的可靠物证，可用来核实、补充、纠正现有的史实记载。①

三　元代少数民族文字碑刻、印章文种多样，价值珍贵

蒙古族崛起特别是元朝建立之后，在部分吸收汉族先进文化的同时，也接受了汉民族先进的刻石、刻印技术，并且把多种少数民族文字应用于碑刻、印章之上，为我们保留了数量可观的汉文、蒙古文及其他民族文字的碑刻、印章档案。

现已发现的元朝少数民族文字碑碣，按照文种大体可分为苏克达蒙文碑，回鹘式蒙古文碑，八思巴文字碑，蒙汉文合璧碑，蒙、汉、八思巴文三文合璧碑，汉文碑，蒙、汉、八思巴、梵、藏、西夏文六文合璧碑等，种类十分丰富。这些碑文内容涉及元代语言、文字、历史、地理、制度、宗教、寺观以及各民族分布和风俗习惯等诸多方面的内容，是研究蒙古语的语音、语法、词汇的基本依据之一。尤其是八思巴字石刻留下了当时多种民族语言文字的记录，成为探讨民族语言文字变迁与发展的基础性材料。

在古文书学中，一个重要的任务就是判断文书的真伪，判断的依据之一是文书的外部特征，包括书体、书写材料，特别是公证方式。西藏文书的公证方式除了少数用手指画押和签名外，大部分都是使用印章。八思巴文虽然是 13 世纪创制的，但是从 17 世纪一直到近代都是西藏政府官员最

① 照那斯图、杨耐思：《八思巴字研究》，见中国民族古文字研究会《中国民族古文字研究》，中国社会科学出版社 1984 年版，第 388 页。

常用的印章用字。因此，如果研究西藏印章档案，对八思巴字的系统研究是不能忽视的。目前，整个西藏印章研究还处于起步阶段，八思巴字研究情况也大体相同，主要是缺少系统的文献资料。近年来不断发现新印章，有官印也有私印，还有寺庙门上的八思巴字。西藏拉萨的档案馆里收藏有大量古代西藏政府的官印档案资料，如果能够获得高质量的摹本，将对八思巴文研究非常有帮助。[①]

四 多种民族文字、多种类型的文书档案在古代绝无仅有

从文字上看，元朝历史档案大致可分为12种类型。一是多种文字并用，如在北京居庸关过街塔云台座下部的门洞内壁两侧刻写的文献，就是汉、梵、藏、八思巴、回鹘、西夏六种文字并用，另外还有敦煌莫高窟的六字真言碑，也是汉、梵、藏、八思巴、回鹘、西夏六种文字并用，甘肃省永昌圣容寺附近的山石上也凿刻了这六体文字真言，这三处石刻皆为相同的六种文字。证明这些文字都是元朝政府当时认可的通行文字。二是八思巴蒙古文、回鹘式蒙古文与汉文并用，如元上都博物馆收藏有一枚八思巴蒙古文、回鹘式蒙古文与汉文合璧的元代铜权，高9厘米，宽52厘米。三是回鹘式蒙古文与汉文并用，如元代木刻版图书《孝经》就是用回鹘式蒙古文与汉文对译的。四是回鹘式蒙古文与八思巴蒙古文并用，如1930年出土的《金宫桦树皮书》。五是八思巴蒙古文与回鹘文并用，如吐鲁番出土了用八思巴文和回鹘文书写的双语文献残片。在土耳其伊斯坦布尔大学图书馆中收藏着一部用波斯文写成的《奇闻录》写本，其中有一页是八思巴蒙古文和回鹘文双语对照抄写的忽必烈汗遗训，可能是通晓八思巴字的回鹘人所作。这部文献原是德国探险队在吐鲁番获得，后被土耳其人阿拉特在二战期间将文献带回土耳其。[②] 六是八思巴蒙古文与汉文并用，元代大部分文书都是这种合璧卷。七是单独用回鹘式蒙古文形成的，如《也松格碑》和《云南王藏经碑》、1845年在第聂伯河畔出土的金帐

① 刘潇潇：《八思巴文大家谈》［EB/OL］. 中国社会科学报刊网，sspress. cass. cn/news/16671. html. 2011-1-11。

② 牛汝极、照那斯图：《元代畏兀儿人使用八思巴字述论》，《西北民族研究》2002年第3期。

汗国银质长牌。八是单独用八思巴蒙古文形成的，如全国现存的一百多方八思巴字官印。九是用西夏文、契丹文、藏文、汉文写成的。十是古叙利亚文与回鹘体蒙古文并用。如内蒙古出土了一方景教瓷墓志。墓志上古叙利亚文与回鹘体蒙古文并用，又饰莲花纹，反映了基督教在东传过程中受蒙古文化和佛教文化的影响。[①] 十一是回鹘文与叙利亚文、汉文合璧。在新疆和内地发现的一些景教徒墓碑往往是回鹘文与叙利亚文、汉文合璧，如扬州出土的元延祐四年（1317 年）墓碑，上面有 10 行文字是用古叙利亚文记回鹘语。十二是单独用古叙利亚文形成的，如元上都博物馆保存有一块古叙利亚文牌，青铜质，长 5.9 厘米，宽 1.9 厘米。这样形成的多种民族文字、多种类型的档案文献，在我国古代只有元代才有。

① 韩儒林、陈得芝、邱树森、姚大力：《元史》，中国大百科全书出版社 2011 年版，第 118 页。

第三章

元朝文书档案机构和官吏

第一节　元朝文书档案工作机构

一　元朝中央和地方机构

（一）中央机构

元朝一改唐宋以来在中央设置三省的制度，中枢机构只设中书省，以中书省总领全国的行政事务，下设中书令、左右丞相、平章政事、左右丞、参政等职官。同时设吏、户、礼、兵、刑、工六部，分别掌管国家的各项事务，各部（六部）设尚书、侍郎、郎中、员外郎等职官。元朝的最高军事机构为枢密院，枢密院掌军政，设枢密使、枢密副使等官员专门负责军事事务。中央设御史台为监察机关，司监察，设御史大夫、御史中丞等官员负责掌管全国的监察事务，其下还设有殿中司和察院，负责监察百官。同时还设立宣政院，负责掌管全国的宗教事务，下设院使、同知、副使、佥院、同佥等官员。此外还设立通政院，负责掌管全国的驿站，下设院使、同知等官员。另外，中央还设有翰林兼国史院、集贤院、奎章阁学士院、太常礼仪院、典瑞院、太史院、太医院、将作院、中政院等各个职能机关。

（二）地方机构

元朝地方机构与中央机关呈倒置状态，上简而下繁。政务、军务和监察三大机构均有分支，代表中央政府管理各地军政事务，如行中书省统摄地方政务，行枢密院统摄地方军务，行御史台统摄地方监察。

行中书省（简称行省或省）负责掌管地方军政大权，“统郡县、镇边鄙，与都省为表里”，并有“征伐之役，分任军民之事”的权责。凡“钱粮、兵甲、屯种、漕运、军国重事，无不领之”①。其下依次分设道、路、散府或府、州、县以及路或府之下被称为录事司的特别区。路设总管府为行政机关；府统属于路，有的府直隶于行省或中书省；州统属于府，或直隶于路、行省；县统属于州，或直隶于府、路。在边远地区又设军，军同州。在远离行省中心的地区或少数民族聚居区设宣慰司，在云南行省、四川行省、湖广行省的边疆民族地区以及宣政院所辖的吐蕃地区设宣抚司、安抚司、招讨司、都元帅府等。

御史台之制也与唐宋不同，除中央御史台外，又在地方置行御史台，受中央御史台节制。在各地设提刑按察司（后改为肃政廉访司），隶属于行御史台或中央御史台。

元以军事立国，也以军事治国，全国普遍以军事建制划分管理区域，虽有路、府、州、县等传统形式的行政建制，但基本上处于万户、千户之类的军事长官的绝对控制之下。《元史》卷九二《百官志八》云：“各处总兵官以便宜行事者，承制拟授，具姓名以军功奏闻，则宣命敕牒随所索而给之，无有考核其实者。于是名爵日滥，纪纲日紊，疆宇日蹙，而遂至于亡矣。”

元朝衙门纷杂，机构交错，官制紊乱，冗文泛滥，是历史上少有的。尽管元王朝国家机关臃肿庞大，但文书档案工作机构却不太健全。

二　元朝文书机构及其职责

（一）中书省

元朝的中书省不再负责草拟诏令，而是成为全国文书的总汇机关。中书省的最高长官为中书令（往往以皇太子充任，太子阙位则为虚衔），其职责是“典领百官，会决庶务”。② 下设左右丞相（以右为上），其职责“统六官，率百司，居令之次。令缺，则总省事，佐天子，理万机”。③ 平

① （明）宋濂等：《元史·百官志七》（卷91），中华书局1976年版，第2305页。

② （明）宋濂等：《元史·百官志　》（卷85），中华书局1976年版，第2120页。

③ 同上书，第2121页。

章政事、左右丞、参政为宰辅，由丞相主管省务。省内还设有参议府，负责处理省内日常事务，类似于今天的办公厅，其长官称“参议中书省事”，主管左右司文牍，管辖六部和参与军国重事的预决，相当于今天的办公厅主任。《元史·百官志一》称：“参议中书省事，秩正四品。典左右司文牍，为六曹之管辖，军国重事咸预决焉。”主管文书事务的有左右司，职官有郎中、员外郎、都事等，下辖诸房科和设相应的职官。

由于元朝境内民族众多，中书省的公文以多种文字拟制、颁发，规定由左、右丞相分工负责不同文字的公文处理工作。如窝阔台汗时，凡中书省发往西域、畏兀儿诸国的公文，一律用畏兀儿文拟制，由右丞相镇海负责；发往汉地、契丹、女真族的公文，则分别用汉文和契丹文拟制，由左丞相耶律楚材负责。其下还有令史（省掾）、蒙古必阇赤、书吏负责具体的文书处理事务。

中书省内的文书工作部门有：

（1）承发司：负责文书的收发事宜，由承发管勾主管。

（2）管勾司：“掌出纳四方文移，缄縢启拆之事，邮递之程期，曹属之承受，兼主之”[①]。负责接收天下的文书，拆封和封口及邮递的日期等事务，设管勾1人主管，下有典吏8人。管勾为正八品，其俸禄为“一锭，四十五两”，“俸二十五贯三钱三分三厘，米二石”。[②]

（3）检校司：“掌检校左、右司、六部公事程期、文牍稽失之事”[③]。负责检校文书事务，核对中书省和行中书省的文书是否迟滞或是遗失。设检校官4人主管，下有书吏6人。检校官为正七品，其俸禄为“一锭一十两，一锭五两”，“俸二十八贯，米三石五斗”。[④]

（4）照磨所：“掌磨勘左右司钱谷出纳、营缮料例，凡数计、文牍、簿籍之事。”[⑤] 负责文书的照刷、磨勘等。设照磨1人主管，下有典吏8人。照磨为正八品，其俸禄为“一锭，四十五两”，“俸二十五贯三钱三分三厘，米二石”。[⑥]

---

① （明）宋濂等：《元史·百官志一》（卷85），中华书局1976年版，第2125页。

② （明）宋濂等：《元史·食货志四》（卷96），中华书局1976年版，第2453页。

③ （明）宋濂等：《元史·百官志一》（卷85），中华书局1976年版，第2125页。

④ （明）宋濂等：《元史·食货志四》（卷96），中华书局1976年版，第2453页。

⑤ （明）宋濂等：《元史·百官志一》（卷85），中华书局1976年版，第2125页。

⑥ （明）宋濂等：《元史·食货志四》（卷96），中华书局1976年版，第2453页。

（5）时政科："掌随朝省、台、院、诸司凡奏闻之事，悉纪录之，如古左右史。"① 负责记注皇帝言行和省、台、院、诸司奏闻之事。设有文学掾1人主管，有起居注（后改为给事中兼修起居注），左、右补阙（后改为左、右侍议奉御兼修起居注）等官员。起居注和左、右补阙为正四品，即负责记录省、台、院以及诸司的上奏之事。其下设令史1人，译史4人，通事兼知印1人。起居注的俸禄为"俸五十三贯三钱三分三厘，米五石"②。左右补阙俸禄为"俸四十八贯六钱六分六厘，米四石五斗"③。

（二）六部

中书省下仿尚书省编制，设吏、户、礼、兵、刑、工六部，分管王朝各个方面事务。长官为尚书、侍郎。其下也设置了负责文书事务的官职。如吏部设蒙古必阇赤3人、令史25人、回回令史2人、怯里马赤1人、知印2人、奏差6人、蒙古书写2人、铨写5人、典吏19人；户部也设有蒙古必阇赤7人、令史61人，回回令史6人，怯里马赤1人、知印2人、奏差32人、蒙古书写1人、典吏22人。

（三）枢密院

元代沿袭宋制，设立枢密院为全国最高军事机关，负责管理全国的军事事务。"元枢密院掌天下兵甲机密之务。凡官禁、宿卫、边庭、军翼、征讨、戍守、简阅、差遣、举功、转官、节制、调度无不由之。官有知院六人，同知四人，副枢、佥院、同佥、院判、参议各二人。又经历二人，都事四人，承发兼照磨二人，架阁库管勾、同管勾各一人。中统四年置副使二人，佥书一人。至元七年置同知、院事、院判各一人。二十八年始置知院一人，增院判一人，又以中书平章商量院事。大德十年增置知院二人，同知、副枢、佥院各五人，同佥三人，院判二人。至大三年知院七人，同知、副枢各二人，佥院、同佥各一人，院判二人，革去议事平章。延祐四年以分镇北边，增知院一人，五年增同知一人，后定置如前。至至正七年复置议事平章二人，十三年今皇太子领枢密使，如旧制。十五年添

---

① （明）宋濂等：《元史·百官志四》（卷88），中华书局1976年版，第2225页。

② （明）宋濂等：《元史·食货志四》（卷96），中华书局1976年版，第2453页。

③ 同上。

设佥院、院判各一人。”[①] 其长官为知院，副职为同知、副枢、佥院等。其下设首领官：经历 2 人，都事 4 人，承发兼照磨 2 人，架阁库管勾 1 人、同管勾 1 人；吏员：掾史 24 人、译史 14 人、通事 3 人、司印 2 人、宣使 19 人、铨写 2 人、蒙古书写 2 人、典吏 17 人等。

（四）御史台

御史台是元代最高监察机关，主要负责“掌纠察百官善恶、政治得失”。[②]“世祖至元五年始立台建官，官七人，有大夫、中丞、侍御史、治书侍御史、典事等，又检法二人，狱丞一人，七年改典事为都事，十九年罢检法、狱丞，二十七年始置经历一人。成宗大德二年令御史台稽察枢密院案牍。仁宗皇庆元年增中丞为三人，二年减一人。英宗至治二年增大夫一人，后定置官如上。”[③] 至元五年（1268 年）在设立御史台的同时设立了架阁库，并任命了文书档案官员。“今定置台官。御史大夫二员、中丞二员……架阁库管勾兼承发司一员。至元五年始置。十一年三月，为本台收支脏罚钱物，架阁文卷数多，增置管勾二员，内架阁库同管勾一员，承发司管勾兼本台狱丞一员。”[④] 长官为御史大夫（2 人），次官是御史中丞（2 人），还有侍御史、治书侍御史各 2 人。首领官有经历 1 人、都事 2 人、照磨 1 人、承发管勾兼狱丞 1 人、架阁库管勾兼承发 1 人。吏员有掾史 15 人、译史 4 人、知印 2 人、通事 2 人、宣使 10 人、蒙古书写 2 人、典吏 6 人等。御史台的下属机构有殿中司和察院，也设有文书职官。殿中司有殿中侍御史 1 人、通事 1 人、译史 1 人，察院设监察御史 32 人。

（五）肃政廉访司

肃政廉访司，在世祖至元六年（1269 年）建立时称提刑按察司。初为四道，至元十四年（1277 年）增为八道，后又不断增置，到至元二十八年（1291 年）改称肃政廉访司，至元三十年（1293 年）“遂定为二十

---

① （清）嵇璜、曹仁虎等：《续文献通考·职官考·枢密院》（卷 56），台湾商务印书馆 1986 年版，第 562—563 页。

② （明）宋濂等：《元史·百官志二》（卷 86），中华书局 1976 年版，第 2177 页。

③ （清）嵇璜、曹仁虎等：《续文献通考·职官考·御史台》（卷 54），台湾商务印书馆 1986 年版，第 493 页。

④ （明）解缙、姚广孝等：《永乐大典·经世大典》（卷 2607），中华书局 1986 年版。

二道”，即南台所统十道，西台所统四道，以及内台所统的八道。这就把全国在地方上的一百八十五路、分属二十二道肃政廉访司进行监察。各司视监察的需要，可以设立分司。每道肃政廉访司的官吏都有法定的编制，规定每道设官 8 员，其中肃政廉访使、副使各 2 人，佥事 4 人，组成领导核心。还有经历、知事、照磨兼管勾、书吏、译史、通事、奏差、典吏等 28 人，各自履行法定的职责。肃政廉访司担负着照刷案牍的监察职能。照刷案牍虽然是比较烦琐的文案检核，但它将行政监察贯彻于“簿书期会”之中，某种意义上应该是肃政廉访司监察活动深入、细致的表现。提刑按察司和肃政廉访司的照刷案牍，起初涉及的官府只有宣抚司、路总管府、统军司、转运司等，后来，宣慰司、行省理问所、徽政院所属两浙财赋府等的案牍照刷，也陆续归肃政廉访司负责。

（六）翰林院

元代继承唐宋史官制度，也设立专门的史馆和专职的史官。元朝的史馆称翰林院，掌理制诰起草，并兼修国史。但是将它一分为二：一曰翰林院兼国史院，秩正二品，主掌修纂国史，地位宠重，一如唐宋。翰林国史院史官设有承旨、学士、侍读学士、侍讲学士、直学士、待制、修撰、应奉翰林文字、编修官、检阅、典籍、经历、都事、掾史、译史、通事、知印、蒙古书写、书写、接手书写、典吏、典书等职，负责各朝实录的编修工作。二曰蒙古翰林院，也参与制诰的草拟，“秩从二品，掌译写一切文字及颁降玺书，并用蒙古新字，仍各以其国字副之”。[①] 即负责拟制、翻译、颁降皇帝的蒙古文制诰文书，用八思巴蒙古新字翻译，原文字保留。其下置有承旨、学士、侍读学士、侍讲学士、直学士、待制、修撰、应奉、写圣旨必阇赤、令史、司直（后改为经历）、都事、承发架阁库管勾、必阇赤、掾史、通事、译史、知印、书写、典吏等。翰林国史院在档案史料的收集、元代历朝实录和其他官修国史的编纂等方面，发挥了积极的作用。

（七）秘书监

在元代，秘书监除收藏图书外，还承担了管理部分皇室和国家档案的

① （明）宋濂等：《元史·百官志三》（卷 87），中华书局 1976 年版，第 2190 页。

职能。元秘书监设于元世祖至元九年（1272年）十一月，当时南宋政权尚未灭亡。初设时，机构级别较低，为从三品，人员也较少，设官员4人（监2人，少监2人），吏属6人（令史2人、典书2人、奏差2人）。灭宋以后，因文献增多，职能扩大。大德九年（1305年）七月十三日，中书省上奏成宗皇帝，认为秘书监“掌管禁书自前立来的，不比其余衙门有”，结果奉旨升为正三品，与吏、户、兵部等政府主要职能部门级别相等，人员也逐年增多。到元武宗至大二年（1309年），从秘书监的官吏俸秩表查得，受禄官吏达46人，其中有知秘书监1人、秘书监3人、少监4人、监丞2人、典簿1人、令史3人、知印2人、蒙古必阇赤1人、通事回回令史1人、奏差2人、典书2人、管勾1人、典吏1人、祗候13人，属官有著作郎2人、著作佐郎2人、秘书郎2人、校书郎2人、辨验书画直长1人。

元政府置秘书监，其职亦承历代政府“待遇儒臣”之意，“秘府奉图史，无倥偬之务，简牍希阔，公会有期，郎吏陟降，堂序进退、揖诺，礼容甚都。凡器用简札，饮食之需，趋走之徒毕具”。[①] 由于秘书监是个“朝廷所以优待文臣者周矣”的地方，故“其监丞皆用大臣奏荐，选世家名臣子弟为之”。[②]

秘书监的职能是“掌历代图籍，并阴阳禁书”[③]，同时兼领天文历数的部分职务。由于古代图书和档案没有现代那样严格的划分，因此秘书监所掌管的历代图籍和天文阴阳禁书，从今天来看，实际上有相当一部分就是档案，而且是元朝政府视为最机密、专供皇帝等少数人阅览和皇室成员自身形成的档案。

元政府把那些历朝的档案典籍，凡属文件形式的统称为“故牍”，并在秘书监中专设管勾一职，管勾的主要任务是“掌故牍”，同时“又兼专管御览图书经典一切文字”。由此可见，历史档案在秘书监的馆藏中所占比例不算太少，并且部门对它的重视程度也远在“御览图书禁书”之上，真可谓“不为不重”。

---

① （元）王士点、商企翁：《秘书监志》，高盛荣点校，浙江古籍出版社1992年版，第58页。

② （明）宋濂等：《元史·百官志六》（卷90），中华书局1976年版，第2296页。

③ 同上。

（八）地方文书机构

元代在地方设行中书省（简称“行省”或“省”），代理中央政府管理地方事务，下设有路、府、州、县各级政府。行中书省的文书部门和职官都仿照中书省。省衙内设有主簿，主管文书工作，官秩为从八品至九品。路、府、州的官衙内各设有经历司，负责文书工作和处理日常事务，相当于今天的办公室，以经历为主官，知事为副手。经历主管衙门案牍文书，统领吏员，秩从五品至从七品不等。其俸禄为“一锭三十两，一锭二十两”，“俸三十四贯六钱六分六厘，米三石”。[①] 县府内仍设主簿，负责文书处理事务，为从八品或正九品的小官。

元代地方上的监察机构称为行御史台（简称“行台）。行台是中央御史台的派出机构，先后设过4个，但长期保留下来的只有两个：一为江南诸道行御史台（简称“南行台”或“南台”），二为陕西诸道行御史台（简称“西行台”或“西台”）。

世祖至元十三年（1276年），监察御史田滋建言：“江南新附，民情未安，加以官吏侵渔，宜立行御史台以镇之。”于是在至元十四年（1277年）置江南诸道行御史台于扬州，归中央的御史台管领。至元二十七年（1290年）规定，江南行台负责管理江南地区的江浙、江西和湖广三个行中书省的监察事务，并总制江东、江西、浙东、浙西、湖北、湖南、广东、广西、福建和海南十道提刑按察司。南台的“官秩如内台”。其监察御史初置10人，文宗天历元年（1328年）为24人，后定制为28人。同时设立架阁库及架阁库管理官员。“至元十四年（1277年）始置江南行御史台……架阁库管勾一员；大德元年，建康行台为江南诸道行御史台，置都事二员，其属架阁库管勾、承发司管勾兼狱丞各置一员。”[②]

陕西诸道行御史台，是世祖至元二十七年（1290年）由云南提刑按察司升为云南诸道行御史台的。成宗大德元年（1297年），“移治陕西，号陕西诸道行御史台”。陕西行台亦隶中央御史台管领，负责管理陕西、甘肃、四川和云南四个行中书省的监察事务，并统制汉中、陇北、四川、

---

① （明）宋濂等：《元史·食货志四》（卷96），中华书局1976年版，第2454页。

② （明）解缙、姚广孝等：《永乐大典·经世大典》（卷2607），中华书局1986年版。

云南四道提刑按察司。西台的“官秩如南台”，其监察御史一直为20人。西台也设有架阁库，架阁库管勾的数量与中央御史台相同，“陕西诸道行御史台设官品秩同内台（中央御史台）。……定置都事二员、照磨一员、架阁库管勾一员……”①

三 元朝的架阁库

架阁库就是档案库，是专门贮存文书档案的场所，相当于今天的档案馆或档案室。架阁库一般建于官府以东或以西相对僻静的一侧，而不是都固定在某一边，这样便于文件材料的保存，也有利于架阁库的安全。架阁库主要收藏官府的“籍账案牍”。“籍账”是指户口和赋税以及金谷钱帛出纳的簿册，同时也有大量的图册和其他资料。案牍就是文书档案，主要是上行下达的公文和刑名狱案文书。

架阁库制度始于宋代。元朝沿袭了宋朝设立的架阁库制度，专门设置架阁库来贮藏和保管档案。元人毛元庆在《中书省架阁库题名又记》中载：“世祖圣德神功文武大孝皇帝建元中统初，立中书省以统百司，本庶政教、典礼、兵刑，事之为成，与天下郡县之版籍，当藏弃徵信者，设管勾架阁库官俾典之。”② 可见蒙元政府对架阁库的重视，早在统治之初就开始设立。架阁库在元代得到较快的推广，内自中书省、枢密院、御史台、六部，外到行省、行御史台、宣慰司、路、府、州、县各级官府，都普遍设有架阁库，配备有专门的管理人员，专门贮藏和保管办理完毕并经监察机关检查和审核过的文案，业务上已与文书部门有了明显的区别。

中书省设有汉人架阁库、蒙古架阁库和回回架阁库。元人张以宁在《中书省架阁库题名记》中载：“中书省署之西偏为库，曰架阁。”中书省架阁库中存放的档案资料非常丰富，“凡天下之图书、版籍、计金谷钱帛出纳之文牍，尊闳庋藏，以待夫考征之用者，咸在焉。”③

① （明）解缙、姚广孝等：《永乐大典·经世大典》（卷2607），中华书局1986年版。

② （元）毛元庆：《中书省架阁库题名又记》，见（元）熊梦祥著，北京图书馆善本组辑《析津志辑佚》，北京古籍出版社1983年版，第20页。

③ （元）张以宁：《中书省架阁库题名记》，见（元）熊梦祥著，北京图书馆善本组辑《析津志辑佚》，北京古籍出版社1983年版，第19—20页。

六部分置左部（吏、户、礼）架阁库、右部（兵、刑、工）架阁库。

枢密院、御史台等中央机关都设置架阁库。御史台架阁库的规模相对比较大，既有正库，又有东、西两库。“至元十八年七月奉旨建肃正堂五间……架阁库正库三间，东库二所八间，西库三所十三间……”[①] 架阁库的库房与厅室分开，这样既便于档案人员在厅室内开展文书档案的收集、整理、登记、借阅等工作，又便于档案的保存和管理，也有利于防火、防潮、防霉等安全保护。

地方上的行台、行省、路、府、州、县都设立架阁库或者承发架阁库，配备有专门的管理人员。如江南诸道行御史台架阁库设在集庆路治（今南京市），在37名官吏编制中，专设2名架阁库管勾，是档案工作的专职人员。从至元十四年到至正三年（1277—1343年），江南诸道行御史台架阁库共有45位架阁库管勾，其中有16名是蒙古人。

元代地方总管府架阁库规模亦有可靠记载。元人陈旅在《嘉兴路总管府架阁库记》中说：架阁库建于“府东，纵百九十尺，衡廿有八尺，创库若厅事、若房、若门凡有十五间”。[②] 可知元代嘉兴路总管府架阁库建于总管府东侧，占地长190尺，宽28尺，有库房、厅事、门房共15间。

架阁库的规模大小随所属机构大小、性质不同而略有差异。架阁库的人员编制也不一样。中统初年建立的燕京行中书省设立了专门的架阁库官。府、州、县及录事司机构不设专门的架阁库官员，有关事务由首领官或者吏员担任。

元代各级机关中架阁库的规模是相当大的，所建方位也是经过认真考虑、有一定规律可循的，其人员的设置与选任严格而注重才干，管理制度非常具体。这些在某种程度上与其负有监督文书处理之责的职能有关，这一职能使它比其他政务机关更重视档案库的建设。从这个角度来看，元代架阁库建设有其特色，代表了我国古代档案管理的较高水平。

---

① （明）解缙、姚广孝等：《永乐大典·经世大典》（卷2607），中华书局1986年版。

② （元）陈旅：《安雅堂集·嘉兴路总管府架阁库记》（卷9），台湾商务印书馆1986年版，第116页。

第二节　元朝文书档案管理人员

元朝各级政府机构中的一般文档人员，其名目大多沿袭前朝，如都事、主事、令史、译史、监印、知印、通事、管勾、吏目、主文、贴书、典吏、书写、书吏、舍人、照磨等多种名目的中下层文书人员。除这些名目外，还增设了一些前朝没有过的新名目，如宣使、奏差、省掾、必阇赤、照略案牍、提控案牍、典簿、主案、写发等则是元朝特有的。宣使是专门负责传宣诏谕的吏员，奏差与宣使的职掌略同，省掾一般认为是令史的别称，但比一般令史地位要高，往往从七品文官或令史中选充。必阇赤又译作“必彻彻”，蒙古语意为“书写之人”或“书史”（书记官）。照略案牍、提控案牍、典簿都是各部下属的监、司中管理文牍簿书的低级官员。

一　主管官员（首领官）

主管官员主要是各级政府机构中的首领官。首领官属于官吏中的第二等级，介于官和吏之间。[①] 元朝各级官府中的文书档案人员都由本部门的首领官负责管辖，首领官同时也是文书档案工作的主管，负责统领本衙门的所有吏员，执掌本衙署的文书收发处理和案牍的管理，高级首领官还有辅佐长官处理政务的权力。

首领官因其所在的衙门不同，名称也不相同。廉访司、六部、院、台、省、行省、行院、行台的首领官多为经历、都事、主事、知事、照磨、管勾等，任从九品至六品职不等。肃政廉访司的首领官多为提控案牍和都目。

据《元史·刑法志一·职制上》载：“诸有司案牍籍账，编次架阁。各路，提控案牍兼架阁库官与经历、知事同掌之；散府州县，知事、提控

---

① 有的学者认为元代的官吏大体可分为三个等级：第一级是官（正官）；第二级是首领官；第三级是吏（吏员）。参见白钢《中国政治制度史》（下册），天津人民出版社 1987 年版，第 708 页。

案牍、都吏目、典吏掌之。”各路的首领官主要是提控案牍兼架阁库官与经历、知事等，散府、州、县基层官衙的首领官主要是提控案牍、都吏目、吏目和典吏。提控案牍、都吏目、吏目、典吏等首领官因其不在品秩，故称为流外职。

一般而言，路府中负责文档工作的官员主要是经历、知事、典簿、照磨兼承发、照略案牍、提控案牍、架阁库官等，其中典簿为监、司等官署内管理文牍、簿书等事务的首领官，从七品，但玉内司的典簿为正七品；照略案牍为地方各级衙门中主管文书案牍等事务的官员，多由吏员升任；提控案牍为地方官衙中主管文书案牍等事务的官员，属流外职，设于路总管府和肃政廉访司内的为兼职。

州府中负责文档工作的官员主要是知事、提控案牍或都吏目、吏目、典吏，散州、上州的知事位居提控案牍之上，多由吏员升任，府、上州和中州等官衙内的提控案牍为专职，多由书吏和都目升任，下州不设。典吏作为基层司县和录事司的首领官，权力仍然很大，为“司县之幕佐也，持案牍之权与官吏相可否。其职任之系不轻”[①]。

县府内仍设有主簿，主管文书档案工作，为从八品或正九品的小官。

首领官的职责基本上包括两方面：

一是统辖本衙门的吏员。六曹是官府中具体承办各项公务的部门，各种名目的吏员就分置在六曹中做具体工作。“判官、推官、知录、司理、司法、司户，谓之六曹官”，元朝“悉罢之”，而以首领官替代六曹官统领六曹中的所有吏员。“首领”一词即是“首领吏员”或“吏员的首领”之意。

二是掌管本衙门的案牍，故首领官也有“案牍官”之称。在掌管案牍中，首领官也有分工。经历、都事、主事、知事几种首领官偏重于批阅签署案牍。衙门中的主办文书者是吏员，吏员在公事办理完毕后，写出文书，列好表册，成文后先呈送首领官，由首领官审查、核实、批改和签署。这一优先审核、签署之权，首领官本人不得推卸，他人也不得侵犯。首领官审核的目的是避免衙门公务出现迟滞和差错。首领官“统辖吏员”与“处理案牍”二者是紧密相连的，因而必须熟谙吏业，通晓吏道中的

---

① （元）王礼：《四库全书·麟原集·录事司典吏谢宏用美解序》（卷5），上海古籍出版社1987年版，第405页。

文墨案牍，即所谓“其居是职，必昔之尝有事于珥笔，以事上官者”①。

首领官由于其职责的规定，常被称为“幕宾”、“参佐官”等。“幕僚分掌事务，商榷可否，长官提其纲而处决之”。② 首领官对衙门长官的参佐辅助，正是通过掌管案牍和管辖吏员来实现的。“国朝故事，以蒙古、色目不谙政事，必以汉人佐之。官府色目居长，次设判署正官，谓其识治体、练时务也。”③ 即任用汉人为吏员，辅佐正官理政，这正是元朝首领官制度最为完备的根本原因，也是蒙古族作为文化落后的少数民族，依靠强悍的武力征服中原文化比较发达的汉族等多数民族后，为了巩固其统治政权，不得不借助汉族的政治和文化方式所采取的必然措施。既要利用汉人，又不致让汉人掌握政权，于是就采取首领官的办法，既利用汉人的政治手段和办事能力，又不威胁其统治地位的稳定。可见，首领官制度所以在元朝产生并日趋完善，有其社会、政治、文化等多方面的因素。

二 具体负责官员（管勾）

具体负责档案管理工作的官员主要是各级机关架阁库的首领官，称“管勾”，是官吏中的第二等级。④《元史·百官志一》载：“架阁库管勾二员，正八品，掌庋藏省府籍账案牍，凡备稽考之文，即掌故之任。至元三年，始置二员，其后增置员数不一。至顺初，定为二员，典吏十人。蒙古架阁库兼管勾一员，典吏二人。回回架阁库官勾一员，典吏二人。”⑤

中书省架阁库设汉人架阁库管勾 2 人，正八品，负责收藏本府的籍账案牍，以备查考之需。其俸禄为：“一锭，四十五两”，“俸二十五贯三钱三分三厘，米二石”。⑥ 蒙古架阁库兼管勾 1 人、回回架阁库管勾 1 人，

① （元）苏天爵：《元文类·送张文琰序》（卷 36），台湾商务印书馆 1986 年版，第 456 页。

② （元）王结：《文忠集·杂文·上中书宰相八事书》（卷 4），台湾商务印书馆 1986 年版，第 232 页。

③ （元）李翀：《日闻录》，台湾商务印书馆 1986 年版，第 422 页。

④ 元代的管勾有两种：一种是承发司管勾，负责官府文书的收发、启封、呈上传下之事，习惯上也简称“承发”；一种是架阁库管勾，负责架阁库案牍的入库、编号、保管利用之事，习惯上也简称“架阁”。

⑤ （明）宋濂等：《元史·百官志一》（卷 85），中华书局 1976 年版，第 2125 页。

⑥ （明）宋濂等：《元史·食货志四》（卷 96），中华书局 1976 年版，第 2453 页。

其职掌、官品和俸禄与汉人架阁库管勾相同，其下都设有典吏2人。

六部“左右部架阁库管勾二员，掌六部文卷簿籍架阁之事，后并为一员”①。

枢密院架阁库置管勾（正九品）、同管勾各1人。

御史台及江南行御史台、陕西行御史台置架阁库管勾兼承发各1人（正九品）。蒙古翰林院设承发架阁库管勾1人（正九品）。

地方行中书省不分汉人、蒙古、回回架阁库，仅置管勾1人。

路总管府不设管勾一职，由照磨兼承发架阁。元人郑玉在《送郑照磨之南安序》中称：“照磨，初名提控案牍，行省版授，后改兼照磨承发架阁，乃命于朝，列第九品。今铨曹以员多，虽正从八品皆借注为之，又兼领对同承发检举勾销，与夫图籍之所藏、案牍之所庋。”②

府、州、县的提控案牍、都吏目、典吏等首领官亦“俱系亲临簿书人员”，也要承担档案管理工作之责，“不妨本职，充架阁库官”。③

三　吏职人员

吏职人员具体从事案牍、翻译、传达政令、掌管印章等事务，是官吏中的第三等级。元朝的吏员名目繁多，数量众多，设置极广，“曰掾史、令史，曰书写、铨写，曰书吏、典吏，所设之名，未易枚举”④。吏员在首领官的管辖下，各负其责，从事文书处理和档案管理的各项具体事务。政府公务，事无巨细，先由承办吏员办理，草拟文书，编造表册，再呈首领官审核、批改，并签署，最后呈送部门主管官员（正官）审定。这些吏员长期从事文案工作，精于簿书刑名，是元朝官僚队伍的后备人才。

中书省直接承担收藏、保管档案的吏职有14人，其中汉人架阁库10人，蒙古、回回架阁库各2人。肃政廉访司及地方上的路、府、州、县、

① （清）张英、王士祯等：《渊鉴类函·设官部二十二·六部架阁》（卷82），台湾商务印书馆1986年版，第171页。

② （元）郑玉：《师山集·序·送郑照磨之南安序》（卷3），台湾商务印书馆1986年版，第23页。

③ 《元典章·吏部卷之八·典章十四·公规二·案牍》，中华书局、天津古籍出版社2011年版，第528页。

④ （明）宋濂等：《元史·选举志一》（卷81），中华书局1976年版，第2016页。

录事司衙门吏职人数较少，保管档案之事多由司吏或者书吏担任。一般而言，路府中的吏员有译史、通事、主案与写发等，州府中的吏员有主案、写发等，县府中的吏员也有主案、写发等。其中主案是地方官衙中起草公文的人员，是吏员的助手，也是吏员的来源；写发是官府中抄写文书的见习吏员，不属于正式编制。

元朝的吏员可分为以下四大类别。

（一）案牍吏员

“案牍者，纪事代言立政而已。”① 案牍是官府衙门中的公文、表册、档案等书面材料的泛称。案牍吏员就是官衙中处理公文事务的文档人员，其职责主要是管理府衙中的公文、表册、档案等材料，是官衙中居于首席地位的吏职。案牍吏员中，重要的名目有必阇赤、令史、书吏、司吏4种。

1. 必阇赤。蒙古语音译，意为“书写的人“或”笔者”。是怯薛成员和皇帝的机要文书，在蒙古大汗身边掌管文书，草拟大汗的命令。蒙古立国初期，为了便于对内外发号施令，设置必阇赤一职，掌管文书，书写命令等，地位较高。其中按地域实行分工，有一批来自汉地或熟悉汉地情况的必阇赤（如耶律楚材等）专门负责行于汉地的诏敕文书。他们的工作方式应当有两种：一是面聆蒙古大汗谕旨后直接用汉文起草诏敕，二是将用回鹘式蒙古文记录下来的原始诏敕文稿翻译为汉语。

元朝建立后，必阇赤被广泛设置在各类政府机构中，地位逐渐降低，其职责类似于令史。并且分为两种：蒙古必阇赤和回回必阇赤。蒙古必阇赤是使用蒙古文字拟写办理公文的吏职，由于蒙古族是元朝的统治民族，而蒙古必阇赤又掌握被称为“国字”的蒙古文字，所以比其他吏职的政治地位和经济待遇都要高。回回必阇赤是使用亦思替非文字（即波斯文）拟写办理公文的吏职，由色目人担任，也称为“回回令史”、“回回掾”等。中书省设蒙古必阇赤22人，左司16人，右司6人。

2. 令史。一般设在二品以上衙门中，如中书省、枢密院、御史台、行中书省、行枢密院、行御史台、六部、宣慰司、大都路总管府和上都留

---

① （元）胡祗遹：《紫山大全集·杂著·即今弊政》（卷22），台湾商务印书馆1986年版，第400页。

守司等官府中。令史是统称，在不同部门又有不同称呼，如在中书省、枢密院、御史台、行中书省、行枢密院、行御史台任职的令史一般称“掾史”，由于中书省常称“都省”或“省”，所以中书省内的令史又专称为“省掾”，定额有60人，分置在左、右两司内，左司主管吏、户、礼三部的事务，分6房31科，有省掾39人；右司主管兵、刑、工三部事务，分3房17科，有省掾21人。省掾被分配到各房各科中任职，分掌每部的案牍事务。枢密院令史又通常称为“院掾”。御史台令史则习称“台掾”。令史地位虽低，但责任重大。元人李好文在《中书左司省掾题名记》一文中说：“夫掾持文墨，论议以接于上下者也。非有簪绂之华，爵位之荣也。然宰相佐天子诏天下，进退出内，生杀予夺，缉熙庶政，以成治功者，必自掾始，责亦重矣。故令以枢密御史掾及他从一品史才行挺出者为之，流官有令闻者亦选焉。”[①]

3. 书吏。设于中书省、行中书省的检校所、御史台的察院、提刑按察司（至元二十八年改为肃政廉访司）诸衙门中。中书省是元朝中枢机构，“机务万变不齐”。中书省检校所“掌检校左右司、六部公事程期、文牍稽失之事”[②]，即专门检查、核对中书省和行省的案牍是否迟滞和错失，因此检校官有“诸曹御史”之称。检校所设书吏6人。察院是御史台和行御史台的直属机构，“司耳目之寄，任刺举之事”，御史台察院有书吏28人，负责审核文书。提刑按察司（肃政廉访司）“纠弹官吏非违，刷磨诸司文案”[③]，署路府之右，责任至重，号称外台。因此提刑按察司（肃政廉访司）书吏颇为重要，一般每道设16名。“宪司，朝廷之耳目，而书吏，又宪司之耳目也。”[④]“凡训农励学，纠官慝、求民瘼与钩正违迟于簿书，皆其职也。”[⑤] 具体说，书吏就是掌宪牍，即负责对路以下各衙

① （元）李好文：《中书左司省掾题名记》，见（元）熊梦祥著，北京图书馆善本组辑《析津志辑佚》，北京古籍出版社1983年版，第15页。

② （明）宋濂等：《元史·百官志一》（卷85），中华书局1976年版，第2125页。

③ 《元典章·吏部卷之六·典章十二·书吏·试选书吏条目》，中华书局、天津古籍出版社2011年版，第456页。

④ （元）王礼：《四库全书·麟原集·送王录判补宪掾序》（卷5），上海古籍出版社1987年版，第403页。

⑤ （元）王沂：《四库全书·伊滨集·送冯翊序》（卷15），上海古籍出版社1987年版，第519页。

门公文公事“按行照刷，审理推问”[①]。所以，书吏与令史相似，都是负责衙门文书档案事务的案牍吏员，只不过令史设在行政衙门，书吏设在监察部门，可以说书吏是肩负衙门事务性监察使命的吏职。

4. 司吏。设置比较广泛，在中央部分院、台、寺、监，地方各路总管府、府、州、县和录事司等基层官衙中均有设置。“路、府、州、县司吏，职役虽微，所系甚重。事无大小，无不由之。设使判署官、首领官尽通案牍，簿书繁冗，岂暇一一亲行检视?”[②]“吏人之职，专主簿书案牍之首尾。”[③] 显然司吏是主管案牍的吏员。但由于地方衙门直接接触民事，公事琐碎，头绪纷繁，而配备的司吏数量有限，不可能像上级官府那样分工细密，因而与令史相比，司吏的职责要宽泛得多，承担的事务也繁杂得多，尤其是司、县中的司吏，除了从事文书和日常事务外，还要轮流执掌衙门的印信等。

（二）翻译吏员

蒙古汗国时期，为了从北方草原向外扩张，在中原等异族地区开展政治、军事活动，必须设置翻译人员。元朝建立后，蒙古、色目贵族和汉族官员之间也必须通过翻译才能交流。元人胡行简在《兵部译史房题名记》中说：“今幅员既广，诸国人仕乎中外者，言语不通，国各有字，俗既不同，难以相一。凡官府必设译史，以通语言、辨文字。”[④] 元朝是少数民族统治多数民族，这一政权的特殊性决定了元朝的翻译数量众多、地位重要、作用较大。因此，元代的翻译吏员不像唐、宋那样主要用于外交事务，而主要用于处理内政，这是元朝文书工作的一大特点。

翻译吏员主要有译史和通事两种。

1. 译史。书面文字翻译人员，有蒙古译史和回回译史之分。蒙古译

---

① （元）许有壬：《四库全书·至正集·风宪十事（冗食妨政）》（卷 74），上海古籍出版社 1987 年版，第 526 页。

② 《元典章·吏部卷之六·典章十二·司吏·迁转人吏》，中华书局、天津古籍出版社 2011 年版，第 477 页。

③ （元）胡祗遹：《紫山大全集·杂著·民间疾苦状》（卷 23），台湾商务印书馆 1986 年版，第 421 页。

④ （元）胡行简：《四库全书·樗隐集·兵部译史房题名记》（卷 2），上海古籍出版社 1987 年版，第 119 页。

史是用蒙古文字进行书面翻译的吏员，其职责是将皇帝和中央下达的皇命文书或朝廷公文，或朝廷百司和地方向中央呈报的各种公文、奏章、表册等翻译成蒙古文字，以供皇帝审阅或蒙古官员执行，具有较高的机密性；回回译史又称西域译史，为色目官员服务，负责将各种上呈下达的公文、表册等译写成波斯文字，供色目官员审阅或照办。

2. 通事。蒙古语音译作“克埒穆尔齐”。王逢在《陆县尹时俊席上赠郭府判》中称：“克埒穆尔齐者，汉言‘通事’也。”① 周密在《癸辛杂识后集·译者》中说：“北方曰‘译’。译，陈也。陈说内外之言，皆立此传语之人，以通其志，今北方谓之‘通事’，南蕃海舶谓之‘唐帕’，西方蛮徭谓之‘蒲义’，皆译之名也。”② 通事是口头翻译吏员，常年在蒙古、色目官员身边做口头翻译，被视作亲信，地位较高。由于通晓蒙古语言，还常被派作官府的代表去办理公事，如云南行省派通事率宣使等人赴京都向中央呈送正旦表书笺。

（三）传达吏员

传达吏员是元朝官府中承担上传下达职责的吏职，从基本职责来看，两者无多大区别。这类吏员有宣使和奏差两种。

1. 宣使。一般设在中书省、御史台、枢密院及行省、行台、行院等一二品衙门中，其主要职掌是宣读诏书或官府命令，传达本衙门主官指令，催促各项政务的办理和押运货物。如行省宣使“日惟吏直宰相从。出入承意，指及递守，公署有事辄趋报宰相”③。“凡所部上供诸物必因水陆之运而督致于京师”④。

2. 奏差。设在宣慰司、六部、肃政廉访司等三品衙门中，其主要职掌是“往来传达，实为行人”⑤。如宣慰司的奏差传达主官的命令，肃政

① （元）王逢：《四库全书·梧溪集·陆县尹时俊席上赠郭府判》（卷5），上海古籍出版社1987年版，第768页。

② （宋）周密：《四库全书·癸辛杂识后集·译者》，上海古籍出版社1987年版，第51页。

③ （元）杨翮：《四库全书·佩玉斋类稿·宣使房壁记》（卷1），上海古籍出版社1987年版，第54页。

④ 同上。

⑤ （元）许有壬：《四库全书·至正集·风宪十事（冗食妨政）》（卷74），上海古籍出版社1987年版，第526页。

廉访司的奏差负责本司重要公文的传送。“盖奏差，古行人之职也。凡部使者有事于行御史府及中台，或四方各道，奏差悉主之。非明宪度、习文法、娴辞令、饬威仪者不足以堪此任。”①

宣使和奏差都直接听命于长官，宣达政令，汇报要事，参与机密，起着上通下达的作用。由于他们经常与中书省或行省的主官（宰相）接触，地位也较高，仅次于本衙门的案牍吏员和翻译吏员，所以二者都是元朝官府中的重要吏职。

（四）文书收发、钤印吏员

主要有知印、典吏等。

1. 知印。设在部以上中央官府及行省、行台、行院等衙门中，负责掌管衙门印章、印信，其地位与案牍吏员相同，属高级吏职。中书省内设知印4人，如有中书令（皇太子兼任）时，又增设监印2人，以监视省印的使用。基层衙门如路、府、州、县不设专职知印，而由值日司吏等吏员轮流掌印。

2. 典吏。从中书省、枢密院、六部等中央机构到地方行省、宣慰司乃至司、县衙门中都有设置，是一种设置面最广而地位最低的文书吏职，负责衙门公文、档案、表册等的收发、启缄、保管等项事务，相当于今天的档案保管员。中书省有典吏20人，左司15人，右司5人。枢密院是全国最高军事机关，典吏多达17人。镇江路有典吏13人。

第三节 元朝吏员出职和选用制度

蒙古族依靠武力夺取政权，因而对武将给予厚遇，元朝立国，建立各级政权机构后，武将纷纷被任用为各级各类官府的主要长官。这些武将大多是蒙古、色目人，他们的文化素质普遍很差，甚至目不识丁，面对纷繁复杂的国家行政事务，如刑狱、诉讼、铨选、造作、差发、征兵、赏罚、陟黜、赋税、户籍等，他们基本上无力应付，只得依靠有文化的汉人来处

① （元）陈基：《四库全书·夷白斋稿·送韦道宁诗序》（卷19），上海古籍出版社1987年版，第283页。

理，因而设置了一大批识文断字的文士辅助，使文档人员的作用得到充分发挥，但大量低级吏员参与到国家高层事务中，也使国家大事尽付吏员之手。这样一来，元朝统治者开始认识到吏员“名分虽轻，所系甚重”。为了调动底层吏员的积极性，提高其地位和改善待遇，元朝参照金朝管理吏员的经验，制定了从低级吏员中选拔官员的制度，于是便有了元朝独特的吏员出职制度。为此，元朝政府颁布了相当烦琐而多变的规定，形成了一套完整而系统的吏员出职制度。

一　吏员出职制度

元朝实行的吏员出职制度，使中下层官僚大部分来源于掾史、书吏。他们的晋升途径，首先是从县吏经州吏、府吏做到路吏，然后被选入廉访司，经御史台或行台书吏再升为省部院掾史，遂出职为从六品或正七品官。也有从儒人中直接举荐进入廉访司为吏而逐渐晋升者。据元人自己估计，由吏入仕者占元朝官员总数的十分之八以上。元末叶子奇总结元朝仕途说：“仕途自木华黎王等四怯薛大根脚出身分任省台外，其余多是吏员。至于科目取士，止是万分之一耳，殆不过粉藻太平之具。”① “故由吏升而为公卿者，不可一二数。”② 可见由吏入官是元朝的主要入仕之途，是元朝吏制的核心内容。

（一）吏员出职的特点

1. 上级衙门的吏员往往从下级衙门中选拔。如中书省的省掾从枢密院的院掾、御史台的台掾中选拔，枢密院的院掾、御史台的台掾从六部的令史中选拔，六部的令史则从诸路岁贡中选拔。在地方衙门中，行中书省吏员出职与台、院大体相同。路府、州、司、县司吏同样是依次递升。“各路司吏有缺，于所辖请俸州司吏内选取。府、州司吏有缺，于县司吏内选取。”③ 吏员出职正是根据上述情况，规定有详细的出职方法。具体

① （明）叶子奇：《草木子·杂俎篇》（卷之四下），中华书局 1959 年版，第 82 页。

② （元）许谦：《四库全书·白云集·代人上书补儒吏》（卷 3），上海古籍出版社 1987 年版，第 589 页。

③ 《元典章·吏部卷之六·典章十二·司吏·选取司吏》，中华书局、天津古籍出版社 2011 年版，第 476 页。

做法如下：

县、录事司和中、下州司吏出职任典吏。

散府、上州司吏出职都吏目或典吏。

路总管府吏员中可直接出职任官的有司吏、译史、通事。其中司吏出职可分两个阶段：前一阶段是世祖、成宗和武宗时期，其出职升任都目、吏目。从仁宗开始，为革除吏弊，普遍降低吏员出职的官品，路司吏出职进入第二阶段，出职降为司、县典吏。世祖时期，路译史、通事的出职与司吏基本相同。成宗初年，规定“各路译史如系翰林院选发人员，九十个［月］考满，除蒙古人依准所拟外，其余色目、汉人，先历务使一界，升提领一界，于巡检内迁用”[①]。通事出职与路译史相同。

肃政廉访司书吏“以九十月为满，于正九品叙用”[②]。廉访司通事、译史则须考满后，先“历巡检一任，转（升）从九（品）”。[③] 奏差考满出职为都目。

宣慰司令史出职为正八品，奏差出职巡检。

六部令史、译史、通事、知印“三考注从七品”[④]，出职从七品；奏差“三考从八品”[⑤]，出职从八品，典吏出职为吏目。

枢密院、御史台令史、译史、通事、知印“三考正七品”[⑥]，出职正七品，宣使“三考正八品”[⑦]，出职正八品，典吏出职为都目，御史台蒙古必阇赤、怯里马赤出职担任行御史台监察御史。

行御史台、行枢密院令史、译史、通事、知印出职正七品，行台、行院的同名吏员出职从七品；台、院宣使出职正八品，行台、行院宣使出职从八品。

---

① 《元典章·吏部卷之六·典章十二·司吏·选取司吏》，中华书局、天津古籍出版社2011年版，第470页。

② 同上书，第464页。

③ （明）宋濂等：《元史·选举志四》（卷84），中华书局1976年版，第2113页。

④ 同上书，第2100页。

⑤ （明）宋濂等：《元史·选举志三》（卷83），中华书局1976年版，第2069页。

⑥ （明）宋濂等：《元史·选举志四》（卷84），中华书局1976年版，第2097页。

⑦ 《元典章·吏部卷之二·典章八·选格·循行选法体例》，中华书局、天津古籍出版社2011年版，第239页。

中书省掾史、译史、通事、知印等“一考从七，两考正七，三考从六”[①]，出职从六品，中统四年后，改为出职七品。宣使“三考从七品”。蒙古必阇赤出职正六品或从六品。

由于中书省是元朝最高行政机构，省掾等吏职是元朝最高等级吏职，因而省掾等吏职的出职品秩亦最高。“省掾考满，出而临民，入而事上，资品既高，责任亦重。”[②] 由省掾出职往往比从九品官员依常例迁转至七品更快，所以元代有许多人宁可已官而复掾。[③]

2. 吏员出职所任官职大小，取决于所在衙门品级的高低、任吏时间的长短和吏职本身的地位。路、府、州、县基层衙门的出职者主要是司吏，司吏出职主要任都目、吏目和典吏，肃政廉访司的通事、译史、奏差出职，多任都目和提控案牍。这些官职因其不入品秩，故为流外官职，仍称“吏员”，且规定必须考满；而六部以上中央各级衙门中的令史等，即使不考满，也可以依据执役时间的长短，出任不同职位。而考满者，则直接补六品、七品官，称“有出身吏员”。六部令史、台和院掾史以及行省、行台、行院令史，都依照所在衙门品级的高下依次由低到高递补。次要的吏职可以转升主要的吏职，下级官府的低等吏职可以升入上级官府的高等吏职。

3. 同类吏员中，蒙古族吏员要比汉族吏员出职快，且品秩高。至元二十七年（1290 年）规定：“中书省蒙古必阇赤俱系正从五品迁除，今蒙古字教授拟比儒学教授例高一等，其必阇赤拟高省掾一等，内外诸衙门蒙古译史，一体升等迁叙。”[④] 在蒙古必阇赤中，管宣敕者待遇最优：“八月算十月迁转正六品”[⑤]。八个月当作十个月计算，缩短了任吏时间，实际上提高了出职品级。“管宣敕者”即负责起草、书写官员任命书，参与官员人事任命的蒙古必阇赤。享受同样优待的还有翰林院写圣旨必阇赤、中

---

① 《元典章・吏部卷之二・典章八・选格・循行选法体例》，中华书局、天津古籍出版社 2011 年版，第 239 页。

② 《元典章・吏部卷之六・典章十二・儒吏》，中华书局，天津古籍出版社 2011 年版，第 424 页。

③ 韩儒林、陈得芝、邱树森、姚大力：《元史》，中国大百科全书出版社 2011 年版，第 75—76 页。

④ （明）宋濂等：《元史・选举志四》（卷 84），中华书局 1976 年版，第 2097 页。

⑤ （明）宋濂等：《元史・选举志三》（卷 83），中华书局 1976 年版，第 2069 页。

政院写懿旨必阇赤，管奏章、选法、承办刑名文字的必阇赤。这种对蒙古族吏员的优待政策是元朝民族歧视政策在吏员出职制度上的反映。

4. 蒙古、色目吏员比汉人吏员升迁速度快得多。凡是按照正常步骤由中书省吏部考核迁转的，称为“常选”。此外，还有所谓的“别里哥选”。别里哥为蒙古语“belge”的音译，意为“符验”。“别里哥选”指皇帝以特旨直接委任官员，主要是为蒙古、色目人而设的。因“别里哥选”得官的，主要是怯薛人员，以及权臣们的亲信，他们无须经过考核迁转，通常直接担任高官。蒙古、色目吏员迁转，可以不依“常例”。两种途径，形成了很大的反差。

5. 中央和地方机构的吏员升迁的速度不一样。朝廷中的吏员，“自部典吏转为省典吏，又转而部令史，部升之院，院升之省，通理俸月，不十年已受六品之官”。而地方的吏员，“各处州县以吏进者，年二十即从仕，十年得补路吏，又十年得吏目，又十年可得从九，中间往复给由待缺，四十余年才登仕版，计其年已逾六十矣。或有病患事故旷废月日，七十之翁未可得一官也。以儒进者，自县教谕升为路学录，又升为学正，为山长，非二十年不得到部。既入部选，陷在选坑之中，又非二十余年不得铨注，往往待选至于老死不获一命者有之。幸而不死，得除一教授，耄且及之矣，望为少年相、黑头公必不可得也。”① 可见地方上的吏员，要想进入官的行列，是很艰难的。真正由吏而为官的，主要是中央各级衙门中的吏员。

6. 吏员出职还与吏员升迁制度有关。由于吏员升迁制度不同，使部分衙门中的吏员出职形成两种情况：一是中书省派出的吏员出职后担任的官职高于派出机构“自行踏逐”的吏员一等。二是在基层衙门，若是按照“县、司→州→府→路”这条线依次升迁的吏员，其出职也高。若是不属于这类情况，无论是衙门长官自行选用者，还是来自其他非序列衙门者，出职均降低一等或几等。

7. 元朝各级行政、监察衙门的主要吏职包括县司吏在内，都可以出职任官。这种吏员出职的普遍性，使元代吏员成为官员的主要候补者，从而形成元代的官员多来自吏员的局面。从这个意义上说，元代

① （明）杨士奇、黄淮等：《历代名臣奏议·治道》（卷67），台湾商务印书馆1986年版，第839—840页。

的吏制也是官制，它是中国古代政治制度史上的一项特殊内容。

（二）吏员出职的条件

1. 考满期限。考满是吏员出职的重要前提。所谓考满，从官方来讲，是指政府对吏员出职任官之前必须执役的时间规定；从吏员方面来讲，是指吏员无过错地任满吏职的法定时间。当然，这种规定并不限于某一吏职任内，而是按吏员充任各种吏职的时间累积起来计算的。元朝规定吏员出职皆以执役时间为标准："理考通以三十月为则"[①]，30个月为一考，90个月为三考，三考即为考满。以上规定适用于内外一切衙门，"吏员须以九十个月方得出职，由职官转补者同职官例"[②]。考满期的规定，是要求吏员必须有相当的工作经历和实际经验方能出职。

2. 年龄限制。一般说来，年龄较大者可以担任较高一级官员，反之，则担任比较小的官职。"中下州、司、县吏年四十五以上、勾当年深、名排在上者，亦听依例选充典史。""今后典史有缺，拟合于各路总管府、散府、上州司吏贡举不尽，年四十五以上，所历请俸月日不及叙仕都吏目者，从本处依例选充典史。"[③] 元成宗大德五年（1301年）规定："如司吏请俸二十月之上及一考者，选充一界，满日年四十五之上与吏目，年未及者于院务使内任用。如四十月之上、六十月之下，选充一界，满日年四十五之上与都目，年未及者院务提领内任用。七十月之上至九十月，选充一界，满日年四十五之上与提控案牍，四十五之下于巡检内任用。"[④] 从以上这些规定可以看出，吏员出职，一般要在45岁以上。同等经历，45岁以上的，可出职比较高的官职，不满45岁者，则出职比较低级的官职。对吏员出职年龄的规定，似乎与注重吏员的工作经历和经验有关，因为中国古代就认识到人的年龄大小与经验积累之间的关系，所谓"三十而立，

---

① （明）宋濂等：《元史·选举志三》（卷83），中华书局1976年版，第2069页。

② 《元典章·吏部卷之二·典章八·选格·至元新格》，中华书局、天津古籍出版社2011年版，第247页。

③ 《元典章·吏部卷之六·典章十二·典史·选择典史通事》，中华书局、天津古籍出版社2011年版，第494页。

④ 《元典章·吏部卷之六·典章十二·司吏·路吏运司吏出身》，中华书局、天津古籍出版社2011年版，第482页。

四十而不惑，五十而知天命”。年龄越大，阅历越广泛，经验相对也要丰富。

3. 业务能力。对吏员的业务能力也作了规定。如对县、司和中下州司吏的业务能力要求：“各处司、县见设典史，拟令本路分拣。如委系府、州、司、县司吏转充典史，勾当年深、通晓刑名、练达官事、廉干无过之人，准令依旧勾当。”① 选用吏员，要求首论行止，次取吏能，又计月日多者为优。其中对吏员的个人经历、文化水平、工作能力和道德品质等多方面提出了具体要求。

4. 最高秩限。由于吏员都是各级官府衙门的低级办事人员，且大都是汉人，元朝统治者既离不开这些人的支持，又不可能让吏员出职太高，最终威胁其统治政权，因此对吏员出职的秩限也有规定：“定吏员出身者，秩止四品”②，吏员出职最高只能升到四品官，但在仁宗、英宗两朝约10年的时间里，秩限较严，延祐元年（1314年）定为“吏人转官，止从七品”。③ 这样做的目的，是既要利用汉族吏员为蒙古族统治阶级服务，又要限制其政治地位的提高。

二 吏员选用制度

在制定吏员出职制度的同时，元朝政府也建立了一系列吏员选用制度，以保障各种吏员的来源和整个吏员队伍的稳定。吏员选用制度与吏员出职制度一样，也是元朝吏制的重要内容。

（一）由“白身”补司、县吏

元初，元朝政府发布过一个关于从民间直接选用司、县司吏的政令：“司、县司吏，听本处耆老、上户人等，于概管户内询众推举性行循良、廉慎无过、儒通吏事、吏晓儒书者补充。无得将不谙儒、吏不应之人保

① 《元典章·吏部卷之六·典章十二·典史·选择典史通事》，中华书局、天津古籍出版社2011年版，第494页。

② （明）宋濂等：《元史·泰定帝一》（卷29），中华书局1976年版，第642页。

③ （明）宋濂等：《元史·仁宗纪二》（卷25），中华书局1976年版，第566页。

充。”[①] 即由有声望的老者和上户人家采纳众议，推举概管户内德（性行循良、廉慎无过）、才（儒通吏业、吏晓儒书）兼备的“白身”（无官无职的平民）直接充任司、县司吏。在元初的世祖和成宗两朝，基本上施行这种从“白身”中选取司、县司吏的制度。但这种选取办法实行的时间不长。

（二）由见习吏员补吏

元代从中央到地方的各级官府衙门中，有一批在数量上远远超过吏员的见习吏员队伍。这批人平时做吏员的辅助工作，是吏员的助手，并成为元朝官方机构中不可缺少的人员，同时又是元代某些吏员的主要来源。这些人通常称为见习吏员，包括贴书、写发和主案。“前代取吏之法，条目甚严……今府、州、司、县一切应用胥吏，自贴书中来。”[②] “路、府、州、县司吏，多是士人，自贴书而为县吏，升至府、州、路吏，一百二十个月为满。”[③] 即贴书、写发来自当地士人，先充县司吏，然后升至高级衙门的吏员，不仅县衙门有贴书、写发，县以上高级官府也使用贴书、写发。

由于贴书、写发是元代吏员的重要来源，所以元朝政府对贴书、写发的选用和设置有明确的规定：“所在大小衙门，每额设吏员一名，止许依例保选年三十以下二十以上、慎行止不作过犯贴书人二名，勾当六十个月无过错者，量加区用。”[④] 这里对贴书的限额、年龄和品行条件及充役时间都有明确的规定。虽没有讲到写发，但其要求、标准应是相同的。

充当贴书、写发的人，大致有三类：一是民家子弟。元朝以吏为官，科举不兴，所以许多少年幼年入学，但十几岁即废弃学业，遁入吏门中书

---

① 《元典章·吏部卷之六·典章十二·司吏·试补司吏》，中华书局、天津古籍出版社2011年版，第479页。

② （元）王恽：《四库全书·秋涧集·上世祖皇帝论政事书》（卷35），上海古籍出版社1987年版，第443页。

③ 《元典章·吏部卷之六·典章十二·司吏·迁转人吏》，中华书局、天津古籍出版社2011年版，第477页。

④ 《元典章·吏部卷之六·典章十二·司吏·革去滥设贴书》，中华书局、天津古籍出版社2011年版，第490页。

写文字，充当见习吏员。“司、县贴书，民家子弟才及十四五岁，托吏投充，影占门户。”① 然后辍学挤进官府，充当贴书，既能逃避徭役，又能由此踏入仕途。这些“民家子弟”多半是富贵人家的子弟。二是由吏员的子弟充任。许多官衙吏员“内而把持官府，捏合簿书。本身为吏，兄弟子侄亲戚人等置于府、州、司、县写发。上下交通，表里为奸，起灭词讼。”② 即吏员利用职权，将自己的子侄亲戚召入地方衙门任写发这一见习吏职。三是由被开除的吏员充任。一些因贪赃枉法而受惩罚被开除的吏员，或市井中游手好闲、不在户籍之徒，因升迁或出人头地希望渺茫，于是利用关系，再入衙门，充当贴书、写发之类的见习吏员。这些人“久占衙门，年老无耻”，为奸作弊，“一二十年久占衙门而不知退”，“至有五六十岁尚充写发而不知耻”。③ 上述三种人中，第一、二种数量最多，年龄较小，是见习吏员的主体；第三种人数较少，年龄较大。可见，当时的贴书、写发多半由老少两种人组成。

贴书、写发的选取起初曾用命题考试的方法。然而由于官场腐败，考官舞弊，事先往往受贿泄题，或考生营私作弊，出钱托人代考，使考试徒有虚名，挑选出来者往往有名无实，素质较差。元朝前期能干的官员胡祇遹提出过一个简单的选拔办法：“一日不能书写一万者，不补贴书。”④ 也就是一天不能写完一万字者不能任贴书、写发。比较完整的选取法是大德十一年（1307 年）中书省批转地方报告时下达的批示：“习吏之辈，须令社长、耆老人等入状，保举行止可观、通晓是何经书，当该首领官面试相应，方许入案写发。”⑤ 这里提出了选取贴书的条件和步骤。步骤有二：一是“保举”，由社长和有声望的老者写出书面的保举书，证明他品行兼优，并通晓一门经书；二是“面试”，由首领官当面考试，合格者录用。然而，由于官场腐败，这种考选方法在实际执行中仍不严格。

① 《元典章·吏部卷之六·典章十二·司吏·迁转人吏》，中华书局、天津古籍出版社 2011 年版，第 477 页。

② 同上书，第 476 页。

③ 《元典章·吏部卷之六·典章十二·司吏·革去滥设贴书》，中华书局、天津古籍出版社 2011 年版，第 490 页。

④ （元）胡祇遹：《紫山大全集·杂著·民间疾苦状》（卷 23），台湾商务印书馆 1986 年版，第 422 页。

⑤ 《元典章·吏部卷之六·典章十二·司吏·试补司吏》，中华书局、天津古籍出版社 2011 年版，第 480 页。

贴书的“书”即写，“贴”即副或辅助，贴书又称佐书。其职责是直接辅助吏员书写文字，听从吏员指挥，从事文书工作，如抄写、记录、起草等，习学吏业，在实际工作中逐渐熟悉吏业和官场作风。元朝规定，每位吏员允许有两名贴书。能否成为贴书，取决于吏，而一旦成为贴书，就依附于吏员，与吏员结成隶属关系。正式吏员虽是公文案牍的拟写者，但只是负责起头和结尾，“吏人之职，专主簿书案牍之首尾”①。即吏人只负责拟写文书的开头和结尾，具体起草抄写等工作都由贴书完成。贴书任满60个月（5年），无过错，就可“转正”成为一名请俸在额的县、司吏员，步入其正式的仕途生涯。

主案也属于见习吏员。主案即主持案牍之意，负责起草本该由司吏拟制的事务性文案。贴书、写发多是干抄写、记录等事，而主案的地位和水平相对要高一些。元人张之翰在《议科举》一文中说：“窃见比年老师宿儒凋落殆尽。后生子弟无所见闻，稍稍聪明者，不为贴书，必学主案。今年一主案贴书，明年一州胥府吏。今年一州胥府吏，明年一部掾省杂。不数年之间，内而省、部、台、院，外而府、州、司、县，出身一官人矣。习以成风，莫之能革。”②

（三）由儒人充任吏职

元朝的由吏升官制度几乎取代了科举取士之制。于是，元代的儒士不得不改弦更张，通过各种途径进入吏职行列。以儒充吏，有多种途径。

1. “岁贡儒吏”

元行贡吏之法，所谓“岁贡”，是指地方路总管府每年须按规定向中央政府的官署推举儒士和现役路吏，充任案牍吏员。“儒有岁贡之名，吏有补用之法”③，成为元朝一代的制度。

儒士原是金朝遗民和战乱中自学成才者，后来元朝设各级学府培养人才，扩大了儒士的范围，被推举的包括科场落第举人、国子学及府州学府的学生、教官。

---

① （元）胡祗遹：《紫山大全集·杂著·民间疾苦状》（卷23），台湾商务印书馆1986年版，第421页。

② （元）张之翰：《四库全书·西岩集·议科举》（卷13），上海古籍出版社1987年版，第7页。

③ （明）宋濂等：《元史·选举志一》（卷81），中华书局1976年版，第2016页。

至元六年（1269 年）十月，中书省首次发布了“岁贡儒吏”的政令：“各部所掌铨选、户差、刑名等事，尤为繁剧，各得实材以办其事。今拟上都等处周岁额保令史二名：秀才一名，司吏一名。北京等处周岁额保一名：或儒或吏科一名。其所保秀才，务要洞达经史，通晓吏事，其吏员通明法律，熟闲吏业。各选四十五以下、廉慎行止为众推服者，开具姓名、脚色，直言所长，就便行移按察司体究相同，然后保结申部呈省，勾换赴部相验相应，遇各部令史有［阙］收补。”① 这里提出的岁贡儒人标准有三：一是洞达经史，即读过经书；二是通晓吏业，即具备基本的工作能力，如口才、算数、字画端正等；三是廉慎行止，即具备封建社会提倡的道德准则，如廉洁、谦让、勤勉、笃实、历史清白等。至元二十六年（1289 年）九月，江南行御史台出台了一个关于察院和各行道按察司书吏的《试选书吏条目》，其中也有三条：行止、吏能、月日。对行止的要求是：“事父母孝，友于兄弟，勤谨、廉洁、谦让、循良、笃实、慎默。自来不曾犯赃私罪经断。”② 对吏能的要求是：“行遣熟闲，语言辩利，通习条法，晓解儒书，算数精明，字画端正。”③ 对月日的要求是：“通理系历请俸实役月日多者为优，浅短为劣。”④ 这体现了元朝选取吏员的基本原则：“当面试验，首论行止，次取吏能，又次计月日多者为优。”⑤

岁贡儒人的基本程序是：“管民正官选保，廉访司官人每体覆”，⑥ 然后录用。即先由路总管府根据要求和规定的程序、数量，每年向提刑按察司（后改为肃政廉访司）推举优秀的儒士，再由廉访司审核，并考试录用。从元成宗元贞三年（1297 年）江西行省公布的《儒吏考试程式》来看，考试的内容是由县、州、路总管府转到廉访司的一个刑事案件卷宗，包括原、被告的状词、供词，验伤验尸情况，各级官府处理意见和廉访司复查结果，以及各级官府官吏有无徇情受贿等问题。被试吏员需对以上各

---

① 《元典章·吏部卷之六·典章十二·儒吏·随路岁贡儒吏》，中华书局、天津古籍出版社 2011 年版，第 423—424 页。

② 《元典章·吏部卷之六·典章十二·书吏·试选书吏条目》，中华书局、天津古籍出版社 2011 年版，第 456 页。

③ 同上。

④ 同上。

⑤ 同上。

⑥ 《元典章·吏部卷之六·典章十二·职官吏员·保举官员书吏》，中华书局、天津古籍出版社 2011 年版，第 449 页。

项内容一一勘察清楚，依例分析，填写符合格式的书面材料，上报刑部。如儒吏考试合格，可被录用为廉访司书吏或六部令史。

被录用的儒士任书吏后，身居宪府，可以补六部令史的要职，被视为美差荣职，一时成为儒士竞相争求的目标。后来，政府又将充任六部令史的儒士改任按察司书吏，此举的目的是让儒士在按察司这个中央监察机构内任书吏，从纠弹违法乱纪官吏中了解为政之道，熟悉、掌握吏务，经受锻炼，提高素质，再从中选拔优秀者充任六部令史。

从至元十九年（1282 年）岁贡儒人制度开始在全国推行，到至正七年（1347 年）正式结束，随着科举制度的复兴，岁贡儒人制度逐渐废弃。但这一制度在元代施行了 60 余年，几贯元代始终。从地方衙门来看，吏员的起点是县司吏，它主要靠见习吏员补充。从中央官府来看，吏职的起点是六部令史，它主要靠岁贡儒人来补充。

能够被贡举充书吏，对儒士来说，固为幸事。但被贡举数目与整个社会的儒士数相比，不过是九牛一毛。且“场屋既闭，岁贡士二人，非富者、少者、有力者不得”①。因此，儒士通过岁贡而踏入仕途是极为有限的。

2. 诸生充吏

元朝政府除建立传统的儒学外，还设有蒙古字学、回回字学等。除国字学外，在大都还有路学，亦称京学，地方上路府州县都有学，这些学校均为官办。各地还有属于民办的书院。“自京学及州县学以及书院，凡生徒之肄业于是者，守令举荐之，台宪考覆之，或用为教官，或取为吏属。”② 元朝之所以有大批儒生充吏，正是由元朝的这种政策决定的。“国初，定令儒生愿试吏郡县者优庸之。”③ 当科举之道被阻而吏途之门敞开后，儒生不得不选择这条出路，充任各种吏职。

由于元朝政府要求兼通“儒、吏”者才可任吏，“儒书吏牍，博习兼济”。因此元代的儒生都不同程度地掌握一定的吏术，包括书算、法律等。与此相适应，元朝产生了相当数量的从事吏业教育的吏师和业余吏

① （元）赵文：《青山集·序·送尹寿翁序》（卷 1），台湾商务印书馆 1986 年版，第 12 页。

② （明）宋濂等.《元史·选举志　》（卷 81），中华书局 1976 年版，第 2033 页。

③ （元）傅若金：《四库全书·傅与砺集·送刁文质赴辟富州吏序》（卷 5），上海古籍出版社 1987 年版，第 331 页。

师，也出现了像《习吏幼学指南》、《折狱比事》等一类吏学、吏业辅导材料，以及《事林广记》、《新编事文类要启札青钱》等含有大量吏业知识的读本，为吏业考试提供了学习条件，从而促使大批有文化者进入吏职。兄弟任吏、父子为吏、祖父孙三代同时充吏，甚至全家满门及亲戚都任吏职者，并不少见。

仁宗即位后，决定开科取士。从中央到地方，为儒人大开入吏之门。在儒士中，儒学学生被列于首位。学生出路一是教官，二是吏，而教官也可以担任吏职。元代虽然没有一所专门的“吏学”，但几乎每所学校都在培养吏，而且主要培养吏，实际上已变成不是吏学的吏学。

（四）由职官充任吏职

职官充任吏职是从七品以下的流官中选择中央官衙的吏员。从至元七年（1270 年）开始，元朝政府陆续颁布了有关职官充吏的种种政策，逐渐形成一套系统的职官充吏制度。大德十一年（1307 年）五月武宗即位后，又出台了新政策，其要点有三：一是增加职官充任吏员的名目及衙门数；二是增大职官吏员在吏员中的比例并固定化；三是提高充吏职官的选取标准。武宗以后，历朝都继续施行这一政策。

职官担任吏员的做法，概括起来有以下几点：

第一，职官补充的吏职，如令史、宣使、奏差等，均为“有出身”的高级吏。

第二，职官吏员一般均从本衙门自行选用，挑选职官吏员的权力归接收衙门所有。

第三，职官充吏没有次数限制，一生中可以数次以职官的身份充任吏职。

第四，选择的原则一是根据官衙品级的高低，二是根据职官品级的大小。如中书省是正一品官府，其省掾从正、从七品官中选取；院、台、行省、行台、行院是从一品衙门，上都留守司是正二品衙门，其令史从正、从八品官中选取；宣慰司、六部分别是从二品和正三品衙门，其令史从正、从九品官中选取。又如宣使的地位低于令史，所以选取职官的品级相应比令史递降一等。由此可见，职官吏员的选择标准有二：一是衙门品级；二是吏职地位。

第五，职官任吏也包含教官任吏。元朝儒学教官有教授、学正、山长、学录、教谕。凡师儒之命于朝者，曰教授，路府上中州置之。命于礼部及行省及宣慰司者，曰学正、山长、学录、教谕，路州县及书院置之。路设教授、学正、学录各一员。散府上中州设教授一员。下州设学正一员。县设教谕一员。书院设山长一员。教官充任吏职的选取办法有两种，一种是采取考试的办法选拔六部令史，另一种是采用推荐的办法选拔廉访司书吏。“今之为教官者，其途有二：科举、茂才而已”①。“茂才”即指充任吏员。任吏是入仕的途径，所以儒生往往不愿意担任教官而直接走仕途，教官也往往以能被选补任吏职为荣幸。

综上所述，元朝的吏员基本上由职官、儒生和见习吏员三部分构成。职官主要补充廉访司以上官府的主要吏职，如书吏、令史、通事、译史、宣使、奏差、知印等；见习吏员补充以录事司、县司吏为主的基层衙门司吏；儒生包括终场下第举人、郡府学生、教官等多种人，故补吏的面较宽，六部以下官府吏职都有儒生补充；白身士人则补充基层衙门较低级的吏员。

三　元朝吏制的弊端

元朝吏员的选拔制度是比较健全的，它不但要求吏员具备良好的品行与学识，还着重要求有一定的工作年限，具有实践经验和业务能力，并建立起逐级升补的办法。但由于元朝吏治腐败，这些措施未能严格地执行，尤其对吏员品行的要求，更未能按规定审查，以致元朝吏员品行、学识、素质欠佳，舞弊现象比比皆是，成为官场黑暗的一大因素。

（一）学校教育的落后导致文档官吏队伍素质降低

元朝统治者崇尚吏能，吏能主要指法律和书算知识以及文字水平等。学生入学，仅仅是为了学习吏业，以便踏入仕途。这固然有利于吏能的提高，但从根本上讲，文化知识是一切专门知识的基础，没有扎实深厚的文化功底，吏术的提高自然受到限制。何况元朝始终没有建立吏学，虽重视吏能，但又不采取多种措施系统地培养吏员的知识和能力，而更多的是让

① （元）舒頔：《贞素斋集·序·送戴山长之清忠书院序》（卷2），台湾商务印书馆1986年版，第566页。

吏员在实际工作中“以吏为师”，其“不识文墨、不通案牍”① 的现象就不可避免，据刘敏中在《奉使宣抚回奏疏》一文中记载：“即今所历府州司县首领官吏，往往不识字。上司所下文檄，有不会句读旨意而错施行者。”② 首领官尚且如此，其属下吏员、见习吏员的文化水平就可想而知了。文化素质的降低，必然影响其业务素质的提高。

（二）执役时间和年龄限制导致文档官员队伍普遍老化

吏员出职以月日为优的标准使元朝吏员执役时间长，出职年龄大，这直接导致了元朝文档官员队伍的普遍老化，而吏员出职的论资排辈也直接间接地降低了吏员队伍的素质。尤其是基层官府的吏员，一般要有60个月的见习吏员任期，然后再累计任吏90个月甚至120个月才得出职，且基层官府还限制年龄在45岁以上方能出职。吏途岁月漫长，极大地遏制了文档官员队伍的年轻化，不利于人才的成长和选拔任用。

（三）吏员地位提高和权力扩大导致吏弊恶性膨胀

在整个封建社会，元代的情况比较特殊。主要表现在以下几个方面：

一是官员不谙政事，处处依赖吏员行使其统治权。元朝官员“任职者多非才”、“正官多不识字”③，“今司县或三员或四员，而又俱不识一字者。一县之政，欲求不出于胥吏之手亦难矣”④。“事至物来，是非缓急，闭口不能裁断，袖手不能指画，颠倒错缪，莫知其非。”⑤ 他们多数不识文墨，不通案牍，只得将处理政务的大权拱手让给吏人。正如元人许有壬在《文案稽迟》一文中说：官员们“高坐堂上，大小事务一切付之于吏，可否施行，漫不省录。事权之重，欲不归之于吏，不可得也。为吏

① （元）胡祗遹：《紫山大全集·杂著·精选县令》（卷23），台湾商务印书馆1986年版，第413页。

② （元）刘敏中：《中庵集·奏议·奉使宣抚回奏疏》（卷7），台湾商务印书馆1986年版，第59页。

③ （元）李翀：《日闻录》，台湾商务印书馆1986年版，第422页。

④ （元）胡祗遹：《紫山大全集·杂著·铨词》（卷21），台湾商务印书馆1986年版，第378页。

⑤ （元）胡祗遹：《紫山大全集·杂著·精选县令》（卷22），台湾商务印书馆1986年版，第413页。

者虽欲避之，亦不可得也”。[①] 加之处理政务又多以旧案为凭，这就为胥吏利用档案营私舞弊、贪赃枉法提供了便利。

二是官员腐败无能，吏人主政，导致吏弊恶性膨胀。元代吏员权力扩大，在处理事务时掌握着实际的决策权、决定权、处置权。从中央政府来看，“中书省、枢密院、御史台、三府掾吏，虽职掌文书，亦日佐大臣决理政务”。[②] 在地方官府，“前代千里之生杀予夺系乎守。守据案操笔，吏常离立不敢视，百里亦然。故择官而郡县治。今则官与吏参决，择官不择吏不可。官少而吏繁，虽慎择欲其尽才且良，难哉!”[③] 许多“公府掌文牍者”在掌握实权后，把持文档，操纵政务，“权侔上官”[④] 的现象十分突出。

三是官与吏既无贵贱之别，也无严格的区分和界限。元代吏员掌文书、理案牍，暗操权柄，与官员共同决定政事，由此形成官吏共治、官吏相通、官吏交流的现象。这种在传统的汉族封建社会中是不可想象的事情，却是元代普遍施行的“由吏入官”制度下的产物。吴澄《吴文正公集》卷二十四《赠何仲德序》云：“曰官曰吏，靡有轻贱贵重之殊，今之官即昔之吏，今之吏即后之官。官之与吏情若兄弟，每以字呼，不以势分相临也。”[⑤] 但与官不同的是，元代的书吏“俸给极薄”，甚至“不得不行诈徇私，以为生计”，以致那些稍通文墨者，往往以其一技之长作为垄断档案的资本，“为善不足而为恶有余”。

四是在各级衙门的公务活动中，普遍存在着公文长期积压，公事累年不决，文件错误百出的现状。元朝政府多次重申：“自行中书省以下诸司

---

① （元）许有壬：《至正集·公移·风宪十事（文案稽迟）》（卷74），台湾商务印书馆1986年版，第523页。

② （元）马祖常：《石田集·章疏·建白一十五事》（卷7），台湾商务印书馆1986年版，第565页。

③ （元）徐明善：《芳谷集·序·送董仲缜序》（卷上），台湾商务印书馆1986年版，第567页。

④ （明）徐一夔：《四库全书·始丰稿·周处士小传》（卷6），上海古籍出版社1987年版，第232页。

⑤ （元）吴澄：《吴文正集·序·赠何仲德序》（卷24），台湾商务印书馆1986年版，第256页。

官府应行公事，今后小事限七日，中事限十五日，大事限三十日。”① 但实际上只是一纸空文。最高官府中书省，“庶务多为吏胥迟留”。② 肃政廉访司追查所管官府的一份材料，“八个月余，未曾发下”。③ 江浙行省的“吏牍积糅丛杂，首尾衔络，（他人）摇手莫敢问（吏）”。④ “使在下官府承文束手，莫知适从，以致案牍愈繁，事多壅滞，日就月将，不胜其弊”。⑤

五是文牍主义、官僚主义盛行，成为各级官府中的突出现象。监察部门执掌弹劾内外百官奸邪非违，刷磨诸司案牍，而吏员则采用各种手法以逃避刷磨。更有甚者，吏员公然私刻印章，扰乱政事。如青田县尹叶治中到任后，“一日间得伪县印一十有八，税务印一十有二”。⑥

---

① 《元典章·台纲卷之一·典章五·行台·行台体察等例》，中华书局、天津古籍出版社2011年版，第154页。

② （明）宋濂等：《元史·达识帖睦迩传》（卷140），中华书局1976年版，第3375页。

③ 《元典章·台纲卷之二·典章六·照刷·追照文卷三日发还》，中华书局、天津古籍出版社2011年版，第181页。

④ （元）袁桷：《四库全书·清容居士集·萧御史家传》（卷34），上海古籍出版社1987年版，第457页。

⑤ 《元典章·朝纲卷之一·典章四·政纪·减繁新例》，中华书局、天津古籍出版社2011年版，第138页。

⑥ （明）宋濂：《四库全书·宋文宪公集·叶治中历官记》（卷43），上海古籍出版社1987年版，第297页。

第四章

元朝文书档案管理制度

第一节　元朝文书管理制度

元代建立了一套比较完备的文书管理制度，这些文书管理制度，既继承了前代的某些做法，也加入了自己的创新，有的方面比前代要完善许多，如形成完备的照刷、磨勘文卷制度，对明清文书工作制度产生了重大影响。元代文书管理制度大致包括文书避讳制度、文书缮写制度、文卷登记和勾销制度、行移公事程限和催办制度、圆佥文书制度、文书押署制度、印章制作保管和使用制度、照刷磨勘文卷制度、文书立卷制度、文书保密制度、公文驿传制度等。这些制度对文书档案的书写和用印、成文后的移交和管理、利用中的登记和注销，以及公文的保密和传递等方面都制定了具体的方法和规范，使文书的拟写、整理、归档、利用和传递都有具体的实施办法可循，使文书档案管理工作更加规范化、制度化。

一　文书避讳制度

元代的文书避讳制度与其他朝代相比有些不同。由于蒙古人、色目人习俗俚陋，礼制观念淡薄，文书避讳不严格，仅仅限于全用御名、庙讳。而元朝诸帝王御名全都是蒙古文的音译，译成汉文后字数较多，所以不容易犯讳。虽然对凶恶字样的避讳很严格，但也考虑避讳字的实际应用而有所减少。元世祖至元二年（1266 年），礼部制有《表章回避字样》，文武大臣的上奏表章中不准使用的字有 160 余字，对表章的书写造成了很大的不便。仁宗延祐元年（1314 年）十一月减少了表章文书中的避讳字数："拟作称贺表章，元禁字样太繁，今拟除全用御名庙讳不考外，显然凶恶字样，理宜回避。至于休、祥、吉、化等字，不须回避。"① 两年后的延祐三年（1316 年）八月，御使台又与中书省一起讨论，翰林国史院也参加了意见，他们向皇帝建议："表章格式，除御名庙讳必合回避，其余字样，似难定拟。"② 表章文书中的避讳字数又有所减少。

二 文书缮写制度

由于元代的公文一般以蒙文、回回文、契丹文、汉文多种文字拟制和颁发，即先用一种文字拟写并由专人翻译成其他文字，再予以缮写。这样就使文书多了一道翻译手续，增加了出现译错、抄错的可能性，所以统治者特别注意文书的誊抄缮写工作，"对公文中的时间、错字、数字和官员署名都有明确的要求与规定"③，以提高公文的准确性。比如"凡申并行移文字，须明白开写某年月日承准是何上司，某年月日令史某人承行文书，仍于年月日下，当该司吏系书名字，勿得以前朦胧申覆"④。行移月日字样，须明白开写，数目字不可用小写，不得书"去年"、"今年"、"前月"、"今月"、"当月"、"此月"等。"凡行文字，须要真谨书填，首领官、令史用心照勘，对读无差，亲笔标写讫姓名，随即发放，毋致中间刮补添改、涂注卜、乙字样。"⑤ 行移文书不得随意刮补、涂改，衙门有连衔申禀的文书，各官要自行书名，有事故的官员，首领官代书，并且在其名下要注明缘故，不许曹吏代书其名。这一制度保证了公文表达的准确性。

---

① 《元典章·礼部卷之一·典章二十八·进表·表章回避字样》，中华书局、天津古籍出版社 2011 年版，第 1007 页。

② 同上书，第 1008 页。

③ 裴燕生、何庄、李祚明、杨若荷：《历史文书》，中国人民大学出版社 2003 年版，第 56—59 页。

④ 《元典章·吏部卷之八·典章十四·公规二·案牍》，中华书局、天津古籍出版社 2011 年版，第 522 页。

⑤ 同上书，第 528 页。

三　文卷登记和勾销制度

为了防止公文稽迟违误等事故的发生，也为了方便照磨，各衙门官府收进的文书都要逐件登记、编号，书写发遣时刻。至元二十一年（1284年）三月规定："中书省以下在内大小诸衙门，并各处行中书省以下在外大小诸衙门，各置朱销文簿，将应行大小公事尽行标附，依程期检举勾销。"① 从中央到地方各级官署普遍设置"朱销文簿"，凡应处理的公文均按时间先后逐日逐项抄录登记在文簿上，处理完一件，就用朱笔勾销一件，以督促公文及时得到处理，防止公文处理稽迟、拖延积压，同时也便于监督检查。

经过登记、编号的公文，又常有忘记勾销而耽误照刷磨勘。于是大德二年二月规定："临刷各路诸衙门文卷，多有旋写朱销文簿，耽误刷磨，为此参详：朝廷立法，以诸司所行公事置簿排日，随时朱出墨入，逐件销附，日稽月考，以革稽［迟］之弊。"② 办理完毕的公文朱销后，还要经过各部门监察官员照刷，照刷后的朱销文簿要附文卷送交架阁库保存，以备日后照刷磨勘。"廉访司官照刷各处文卷了毕，拟合将各房元置朱销文簿分付合属首领官收管，明附文簿入架，以备照勘。申乞照验。"③

四　行移公事程限和催办制度

元朝官员虽多，但政府办事效率低下，公文旅行，辗转不决。为此，至元八年（1271年）二月颁发了《行移公事程限》，依据公事的大小，对使臣办事程限作出规定：大事5天办完，小事3天办完。官府处理公文程限规定为："小事限七日，中事十五日，大事三十日。"④ 即小事7天办

① 《元典章·吏部卷之七·典章十三·公规一·公事》，中华书局、天津古籍出版社2011年版，第510—511页。

② 同上书，第511页。

③ 《元典章·吏部卷之八·典章十四·公规二·案牍》，中华书局、天津古籍出版社2011年版，第532页。

④ 《元典章·吏部卷之七·典章十三·公规一·公事》，中华书局、天津古籍出版社2011年版，第508页。

完，中事15天办完，大事30天办完。根据上述程限和公文传递路途远近，详细制定了公文定期催办制度："在都诸司局，十日催，五日再催。外路至都，五百里内，十五日催，再十日催；五百里外，三十日催，再二十日催；一千里外，四十日催，再三十日催；二千里外，五十日催，再四十日催；三千里外，七十日催，再六十日催。常事各加事速，限五日，第一、第二次皆备细缘由，随即应报官司，皆符牒到日为始。"①

"诸官司所受之事，各用日印，于当日付绝。事关急速，随至即付。常事五日程（谓不须检覆者），中事七日程（谓须检覆者），大事十日程（谓须计算簿账或咨询者），并要限内发遣了事。"② 紧急公文必须随到随办，不得稽迟。"应据行下随处文字，量公事大小，途程远近，依例三催不报者，当该违慢人吏，本部量情就便断遣。"③ 办公逾限，一次催限，再次催限，依例三次催限仍不上报者就要以罪论之。

五 圆佥文书制度

圆佥文书制度是蒙古族原始军事民主制度衍生出来的一种产物，元朝建立之后，仍旧保留了这种文书处理制度，要求"诸官府凡有保明官吏，推问刑狱，科征差税，应支钱谷，必须圆佥文字（有故者非）"④。至元十四年（1277年）规定："京府州县官员，每日早聚圆坐，参议词讼，理会公事，除合给假日外，毋得废务。仍每日一次署押公座文簿，若有公出者，于上标附。"⑤ 凡京府州县的官员，每天早晨必须聚在一起圆坐署事，对公事进行讨论和处理。除了合法假日以外，不得荒废，有因公事出差的，要进行登记。每日圆佥，即使公事已讨论和处理完毕，也不得过早或提前散会，以防有突发的紧急事务得不到及时处理。"随路大小官员，除假日废务、急速公事［不］在此限外，每日必须早聚，虽事毕，亦防不

① 《元典章·吏部卷之七·典章十三·公规一·公事》，中华书局、天津古籍出版社2011年版，第507页。

② 同上书，第509页。

③ 同上书，第512页。

④ 《元典章·吏部卷之七·典章十三·公规一·署押》，中华书局、天津古籍出版社2011年版，第502页。

⑤ 同上书。

测紧急事务，拟至未时方散。”[1] 而且一切应行文书、大小公务，官员除因差故不能参加以外，自上而下都要圆书圆押。“应有大小公事，官员别无差故，自上至下，须要圆书圆押。”[2]

六　文书押署制度

凡公文，不论事由重大还是一般，主管官员检查后，必须自上而下圆书圆押。由于蒙古、色目官员大多不通文墨，不能执笔画押，于是就改用“刻名印”代替画押。陶宗仪《南村辍耕录》卷二记：“今蒙古、色目人之为官者，多不能执笔花押，例以象牙或木刻而印之。宰辅及近侍官至一品者，得旨，则用玉图书押字，非特赐不敢用。”[3] 这种使用印章署押文书的方法为后世所效仿。从现存元朝文书来看，也有一部分是使用书写佥押的，并非只用刻印，可见刻印与书写画押两种方法并用。元上都博物馆现存有一枚元代画押印，印文为九叠篆文“印”字，长 4 厘米，宽 2 厘米，高 0.6 厘米。[4]

七　印章的制作、保管与使用制度

元朝用于文书的印章有两种：一种是官印，一种是刻名印。由于元朝各级官府主管多为蒙古人、色目人，大多数不识字，连自己的名字也不会写，在公文上签押时只能以“刻名印”代替，所以元朝对印章的制作、保管、使用都特别重视。中央政府内设有专门的印玺管理机构，铸印局掌管刻制和销毁各级官衙的印章；符宝局掌管皇帝宝玺、金银符牌等，后改称典瑞监。从中央到地方各级官衙中都设有专掌官印的知印官，多由长官的亲信属吏担任。此外，在中央的省、院和地方的路总管府等重要官衙或

---

① 《元典章·吏部卷之七·典章十三·公规一·署押》，中华书局、天津古籍出版社 2011 年版，第 504 页。

② 同上书，第 503 页。

③ （元）陶宗仪：《南村辍耕录·刻名印条》（卷 2），武克忠、尹贵友校点，齐鲁书社 2007 年版，第 28 页。

④ 孛儿只斤·苏和、孛儿只斤·苏日娜、娜仁高娃：《蒙古三人部》，内蒙古人民出版社 2012 年版，第 338 页。

拥有重权的官衙中，还设有监印官，负责监视、守护、使用印章，与知印官相互制约，防止滥用、冒用印章。①

八 照刷磨勘文卷制度

“照刷”、“磨勘”文卷，是元朝首创的一种监督公文处理过程的方法，“明察曰照，寻究曰刷，复核曰磨，检点曰勘”。元朝设照磨官，专门负责对政府文卷的定期检查和审核，看有无稽迟、失措、遗漏、规避、埋没、违枉等情弊发生，叫作“照刷”；照刷之后，再对文书作一次全面复查，看其中的错误是否已经限期改正，叫作“磨勘”。

至元二十五年（1288 年）三月《察司合察事理》强调：“诸官府文卷，上下半年照刷，但有违错，依理决罚。凡干碍动支钱粮并除户免差事理，虽文卷完备，数目不差，仍须加意体察，有诈冒不实者，随事究治。”② 照刷、磨勘由各级监察机构具体执行。中央由御史台负责，地方由行御史台和提刑按察司、肃政廉访司负责施行（但枢密院、行省文卷，有关军事及边关军情机密者不在照刷之列）。一般是定期举行，最初每季一次，后改为“上下半年通行照刷”③，即每半年一次。每次照刷新卷，都要对上次照刷未被通过的文卷进行磨勘。审核对象、内容、方法及相应的处罚措施都有详细的规定。

照刷案牍一般在按察司或廉访司出巡按部之际一并实施。按察司阶段，出巡分上、下半年两次，照刷案牍也如此。至元二十八年（1291 年）廉访司分司，总司制确立后，分司官负责的照刷案牍也是在八月至次年四月之际进行。廉访司所在路总管府等的案牍照刷，则由总司官兼管。宪司对转运司等钱谷官的案牍照刷，允许在年终实施。大德初，因“金谷事繁，稽照难尽”，又将其照刷期限延至次年。

照刷文卷的事项很多，但主要是稽迟和违错。稽迟指不能按朝廷规定的大、中、小公事办理期限内及时办理的。稽迟包括“六日之下；七日

① 钟小安、楼淑君：《中国秘书简史》，重庆大学出版社 2010 年版，第 93 页。

② 《元典章·台纲卷之二·典章六·体察·察司合察事理》，中华书局、天津古籍出版社 2011 年版，第 161 页。

③ 《元典章·台纲卷之一·典章五·内台·监察合行事件》，中华书局、天津古籍出版社 2011 年版，第 148 页。

之上，半月之下；半月之上，一月之下；一月之上，两月之中；罪止，两月之上；罪止，一年之上；重事者临时裁断”[①]。违错既包括“卷宗数少者，卷宗数多者”[②]，又包括“改抹日月，文义差错。辨验印押，涂注字样，补勘文字并倒题月日。虚调行移，磨算钱粮。杂泛差役，验是何分数科差。和籴、和买已未支价，照时合算体覆”，还包括“已断词讼有无［偏］屈。人命事理”有无冤枉等过错。[③]

文卷经过监察御史详细照刷后，根据检查情况，分别注明照刷结论：“稽迟”、“违错”、“已绝”、“未绝”等字样。对那些逾期未结，超过规定办文程限的文卷，要“于刷尾（纸）上标写‘稽迟’二字”；检查出差错的文卷，要“于刷尾（纸）上标写‘违错’二字”[④]；没有任何差错的文卷，则“于刷尾纸上标‘照过’二字”[⑤]；“照刷尾上‘已绝’、‘未绝’二字，须要标写，先照后刷”[⑥]，在照刷无误的文卷照刷尾上标明“已绝”字样，在稽迟、违错的文卷照刷尾上标明“未绝”字样。最后，负责照刷的官员要“于刷尾缝上使墨印‘刷讫’字一半，上使司印，勿漏系书”[⑦]，即在文卷上加盖“刷讫”字样的墨印和宪司官印，以示负责，并将照刷结果报请上级按例对主管官员进行奖惩。

在照刷案牍中，若发现违错案件需要改正，廉访司还可“指卷照刷”。“如今合免的文卷不照刷，人命的、钱粮的勾当，争田产、婚姻、驱良的勾当，错了的、合改正的勾当，用着的文卷，指卷照刷呵，怎生?”[⑧]

朝廷还规定，廉访司“追索”有司文卷，“限三日照勘了毕，即便发

---

① 《元典章·台纲卷之二·典章六·照刷·稽迟》，中华书局、天津古籍出版社 2011 年版，第 176 页。

② 《元典章·台纲卷之二·典章六·照刷·违错》，中华书局、天津古籍出版社 2011 年版，第 176 页。

③ 《元典章·台纲卷之二·典章六·照刷·照刷抹子》，中华书局、天津古籍出版社 2011 年版，第 177 页。

④ 同上。

⑤ 同上。

⑥ 同上。

⑦ 同上。

⑧ 同上书，第 184—185 页。

还施行"[①]，拖延不还的，承办者典吏、书吏等要由宪司治罪。

在案牍照刷中，发现"有诈冒不实者"，廉访司有权"随事究治"。处罚包括笞责和罚俸等方式。通常稽迟六日以下可免罚，七日至一年以上，分别笞五下、七下、十七下、二十七下、三十七下，"重事者临时裁断"。罚俸多是先由廉访司提出罚俸意见，"就行各处官司照会，申呈合干上司施行"。[②] 武宗时，针对"追问照刷之际，往往一概责罚，人多玩视轻犯，甚非惩戒之意"的弊病，朝廷应江东建康道廉访司申请，改行"若事轻的，交罚俸钱，事重的，依着在先圣旨体例里要罪过呵，怎生?"[③] 显然，对照刷案牍中稽违等处罚有所加重。

元代官署衙门的文卷多有连年不决之事，在文卷中造假的事也时有发生，"考照文卷，若非始末详察，不能具见违错"[④]。为了防止"失贴漏报"，使每次照刷都能做到"始末详察"，成宗大德十年（1306 年）五月制定了《刷卷首尾相见体式》，内容包括"总计若干宗；已经照刷若干宗，已绝若干宗，月分若干宗，未绝若干宗，月分若干宗；未经照刷若干宗，已绝若干宗，月分若干宗，未绝若干宗，月分若干宗"[⑤]。刷卷须见首尾，"刷卷须当勒令经手人吏，粘类首尾相见，通前照刷"[⑥]。即刷尾最后一宗文卷要写明起止日期，是何文字，计纸张数。并由被照刷衙署的首领官与经手人员依式甘结。待下次照刷时，监察官员据此了解前次照刷的情况。

不难看出，各级监察机关对官府文卷的照刷和磨勘，乃是元王朝督察政务、考核官吏、加强统治的一种政治性措施，并不是文书档案部门的工

---

① 《元典章·台纲卷之二·典章六·照刷·追照文卷三日发还》，中华书局、天津古籍出版社 2011 年版，第 181 页。

② 《元典章·台纲卷之二·典章六·照刷·稽迟罚俸不须问审》，中华书局、天津古籍出版社 2011 年版，第 183 页。

③ 《元典章·台纲卷之二·典章六·照刷·违错轻的罚俸重要罪过》，中华书局、天津古籍出版社 2011 年版，第 184 页。

④ 《元典章·台纲卷之二·典章六·照刷·刷卷须见首尾》，中华书局、天津古籍出版社 2011 年版，第 178 页。

⑤ 《元典章·台纲卷之二·典章六·照刷·刷卷首尾相见体式》，中华书局、天津古籍出版社 2011 年版，第 179—180 页。

⑥ 《元典章·台纲卷之二·典章六·照刷·刷卷须见首尾》，中华书局、天津古籍出版社 2011 年版，第 178 页。

作制度。但是，通过监察部门对各级官府文卷的审核，并标明各种标记，对于防止、纠正文书处理部门工作中的疏忽、错失，提高公文处理的速度和质量，防止文书丢失、涂改、损毁，保持其完整性，揭发和纠正各级政府官员在处理政务中产生的弊端无疑是起了积极作用的，同时对档案管理工作也产生了积极的影响，是一项改善吏治、提高政府办事效率的重要措施，并为明、清两朝所承袭。

九　文书立卷制度

文书立卷按照“一案一卷”制度，分为“生事”与“熟事”两类存放。“生事”是指新的事务案卷，“熟事”是指以往已经处理、尚未结案的案卷。“应受生、熟之事，须要经由承发司，各另明白附簿，须用日印发放，当行人吏亲笔画字交领，每日结转。除有设差管勾承司外，其余衙门文簿各于首领官处呈押。首领官无印信，或无首领官者，正官署押，用印关防。其当该人吏承到文字，除熟事行遣发放了毕，粘入本宗前卷外，生事另立卷宗，所置签贴，须与承发司簿内标题事目相同。”[①] 即“生事”与“熟事”要经由承发司明白附簿，盖上注明时间的“日历印”当天发送，并由承办人员签字盖印，或交由首领官画押，如果是“熟事”（旧案），一定要与本案前面的文卷粘贴在一起立卷，如果是“生事”（新案）则重新立定新卷，卷宗上的贴签必须与收文登记簿上标题、事目一致。要求“行省以下诸衙门将在前刷过绝卷依例编号架阁，见行未绝，并已绝未经照刷文卷分朗置簿，开附印押，以备照勘呈报”[②]。已办结的文书必须经过监察官的审核照刷之后，才可以编号架阁，归档管理。

十　文书保密制度

元代对公文的保密工作十分重视。《元史·刑法志二》规定：“诸中

---

① 《元典章·吏部卷之八·典章十四·公规二·案牍》，中华书局、天津古籍出版社2011年版，第530页。

② 同上。

书机务，有泄其议者，量所泄事，闻奏论罪。”[①]

有的官员为了不立案验，贪图方便省事，就只以口传言语的方式传述公文，致使公文内容泄露，失去保密性质，有时因为口传的不准确，使公文内容失真，无从查考，于是至元三十年（1293 年）十一月规定公文要“明立案验，不得口传言语”[②]。“有司官吏人等，为不立案验，只以言语省会施行，其间差误无凭考究”[③]。于是规定“廉访司但有公事，与有司必须公文往来，不得似前言语省会，庶得诸事成就”[④]。

元代对公文传递的保密也有严格的规定，据《元史·刑法志二》载：“辄开所递实封文书，妄入无名文字者，笞五十七。”[⑤]

第二节　元朝公文邮驿制度

元朝疆域辽阔，公文传递任务之重前所未有。元朝承袭了宋、金创立的急递铺制度并发扬光大，对一般性公文的驿传运输也建立了完善的制度，使之真正成为庞大元帝国的血脉交通。

元强化了邮驿制度，在总结前朝经验的基础上，完善了公文的传递制度。元朝邮驿开始于蒙古国创始人成吉思汗时期。在世祖忽必烈之前，察合台汗已修好从山丹州起，经过河西走廊、畏兀儿境直到他的驻幕地阿力麻里附近之虎牙思的驿道。大规模的邮驿设置则开始于忽必烈时期。1264 年忽必烈迁都燕京（今北京），1271 年设燕京为大都，建国号为元。同时，在耶律楚材的主政下，颁布《站赤条画》，改革汉站，并以此为依据，统一蒙古站赤及汉地邮驿制度；适应统治中心的转移，规划以大都为中心的邮驿系统；建立以马匹递送为主体的驿站网路和以步行递送为主体

① （明）宋濂等：《元史·刑法志一·职制上》（卷 102），中华书局 1976 年版，第 2616 页。

② 《元典章·吏部卷之八·典章十四·公规二·案牍》，中华书局、天津古籍出版社 2011 年版，第 525 页。

③ 同上。

④ 同上。

⑤ （明）宋濂等：《元史·刑法志二·职制下》（卷 102），中华书局 1976 年版，第 2629 页。

的急递铺网路。从而形成规模宏大、沟通中外、称雄一时的元朝邮驿，加强了中央和地方及地方之间的联系。

一 公文邮驿管理机构和官员

管理邮驿的中央机构，元初由兵部兼管公文邮驿事务，至元十三年（1276 年）在中央政府内特设中央通政院，管辖全国的驿站。通政院又分为大都、上都两院，设大都院使和上都院使分管。虽然兵部和通政院都管邮驿，但是管理范围有所不同。“兵部主要是制定邮驿方面的条例、制度、程限和标准等，侧重于典章制度的管理；通政院则侧重于驿站事务的管理，如管理站户、交通工具、驿站开支等。”①

元代地方行政机构设省、路、州（府）、县，“路、州、县各立长官，曰达鲁花赤，掌印信，以总一府一县之治”。“达鲁花赤”意为“掌印办事之长官”，路的达鲁花赤管辖站赤。

管理驿站的人员，“其官有驿令，有提领，又置脱脱禾孙于关会之地，以司辨诘，皆总之于通政院及中书兵部”②。大的驿站设驿令，小的驿站设提领，掌管站务。交通枢纽上的重要驿站还设有驿丞、百官、脱脱禾孙（检查官）等职官，专司检查过往乘驿人员有否违反传递规则或假冒。

二 驿站与急递铺

（一）驿站

元代以前的驿传组织曰“驿”，曰“站”，元时合称“驿站”，蒙古语称“站赤”。“站赤”是蒙古语 jamuci 的音译，意为“司驿者”，即管理驿站的人，也常泛指驿传制度。元朝为了“通达边情，布宣号令”，在全国范围内建立了周密的站赤系统。

《元史·兵志四·站赤条》载：“元制站赤者，驿传之译名也。盖以通达边情，布宣号令，古人所谓置邮而传命，未有重于此者焉。凡站，陆

---

① 刘广生、赵梅庄：《中国古代邮驿史》，人民邮电出版社 1999 年版，第 377 页。

② （明）宋濂等：《元史·兵志四·站赤》（卷 101），中华书局 1976 年版，第 2583 页。

则以马以牛，或以驴，或以车，而水则以舟。其给驿传玺书，谓之铺马圣旨。遇军务之急，则又以金字圆符为信，银字者次之；内则掌之天府，外则国人之为长官者主之。其官有驿令，有提领，又置脱脱禾孙于关会之地，以司辨诘，皆总之于通政院及中书兵部。而站户阙之逃亡，则又以时签补，且加赈恤焉。于是四方往来之使，止则有馆舍，顿则有供帐，饥渴则有饮食，而梯航毕达，海宇会同。元之天下，视前代所以为极盛也。"①

《永乐大典》站赤条下引《经世大典·政典》站赤类文字，其《小叙》说："站赤者，国朝驿传之名也。……我国家疆理之大，东渐西被，暨于朔南，凡在属国，皆置驿传，星罗棋布，脉络通达，朝令夕至，声闻毕达，此又总纲挈维之大机也。"

元朝在全国遍设水站、陆站、水陆相兼站以及汉人站、蒙古站（亦称达达站、海青站、海站）等各类驿站，驿传站点星罗棋布，脉络相通，朝令夕至，遍设于帝国辽阔的疆域之内。据《元史·兵志四》载：元时全国有驿站1519处，陆驿有马4.5万匹，站赤有车3900辆，水驿有船5921只。

普通驿站每隔15里设一站，每隔60里设一馆舍，驿站除了为信差提供马匹、食宿外，还要接待和运送外国使臣及政府官员，平时也兼运送贡品、行李等少量货物，战时还承担军需给养的运输任务。驿站系统于交通枢纽处还设有车站，专门运输金银、宝物、贡品等贵重急需的物资。

政府还签发部分人户专门承担驿站劳役，称为"站户"。因站有水、陆之分，水道用船，陆道以马、牛、狗等作交通工具，故又有船站户、马站户、牛站户、狗站户等名称。每站户数从百余户至上千户不等。据统计，元时全国站户约达30余万户。站户承担的站役主要包括：陆站站户负责养马、牛、狗等，水站站户备船，马站出马夫，水站出船夫。部分站户需向过往人员提供祗应（饮食份例）。站户可免纳科差和部分税粮。

（二）急递铺

除驿站外，元朝还于中统元年（1260年）专门设立了急递铺，负责递送官方文书。"元制，设急递铺，以达四方文书之往来，其所系至重，

① （明）宋濂等：《元史·兵志四·站赤》（卷101），中华书局1976年版，第2583页。

其立法盖可考焉。”[①]“世祖时，自燕京至开平府，复自开平府至京兆，始验地里远近，人数多寡，立急递站铺。每十里或十五里、二十五里，则设一铺，于各州县所管民户及漏籍户内，签起铺兵。”[②] 急递铺按地理远近、人数多寡，每 10 里或 15 里、25 里设置一铺，以铺司 1 人为头目，配有铺丁 4 人（一说有 5 至 15、16 人不等），以贫户及漏籍户充役，免除其差发，每 10 铺设一邮长。元代急递铺归兵部主管，最高管理机构是总急递铺提领所，主管全国急递铺。至元三十一年（1294 年），“大都设置总急递铺提领所，降九品铜印，设提领三员”[③]，各路设有急递总铺，由提领掌理，文书传递由铺丁承担。

中统元年（1260 年）“诏：随处官司，设传递铺驿”[④]，并规定县衙门设递铺到临境，并通到路，又由路通到省，一铺接一铺，形成以大都总铺提领所为中心，联系各路、府、州、县的全国递铺网络。

至元八年（1271 年）二月八日，尚书省制定急递铺条例，包括视察制度、文书封发制度、程限、递铺及铺兵等方面，这是元代关于递铺组织的重要条例。

1. 巡查制度

元代对急递铺专门设有“提调官”，定期检查急递铺的工作。中统二年（1261 年）四月，“准各路所设急递铺，令宣抚司提调”，随后又在各路设“总行提调官”，府（州）、县设“亲临提调官”，“各路总管府委有俸正官一员，每季亲行提点。州县亦委有俸末职正官，上下半月照刷”。[⑤]“总行提调官”由各路总管府正官一员充当，每季率司吏一名、随从一名，到其管辖州县巡查。若发现下级提调官不按时检查递铺，或有隐瞒不报等违法现象，上报兵部处理；“亲临提调官”由州县末职正官担任，每月上、下半月亲临其管辖的递铺，对照簿历，检查递送文书有无稽延、拆封、短少、摩擦、损失、沉匿等情况，即检查“有没有稽迟损坏文书”、递铺设备有无短缺等情况，如发现问题，则根据情节轻重，对铺司、铺兵

---

① （明）宋濂等：《元史·兵志四·急递铺兵》（卷 101），中华书局 1976 年版，第 2596 页。

② 同上。

③ 同上书，第 2598 页。

④ 同上书，第 2596 页。

⑤ 同上书，第 2597 页。

给予惩处。

政府的明文规定是："如有稽迟、磨擦、损坏、沉匿文字，即将当该铺司、铺兵验事轻重断罪。"① 处罚规定是："如有怠慢，初犯事轻者笞四十，赎铜，再犯罚俸一月，三犯者决。总管府提点官比总管减一等，仍科三十，初犯赎铜，再犯罚俸半月，三犯者决。"② 各级提调官如有失职或骚扰递铺、索取财物者，依法治罪。

2. 铺兵、铺司和邮长

急递铺每10里或15里设一铺，每铺置提领、铺司、铺兵（铺丁、铺卒）数员。

急递铺传递公文之人虽称"铺兵"，但非士兵，而是从各州县所管民户及漏籍户内征取，由"细户下民"的贫苦居民充当。"初立急递铺时，取不能当差贫户，除其差发充铺兵。又不敷者，于漏籍户内贴补。"③

铺兵须装束停当，腰系铜铃，乘轻骑快马，疾驰传送至下一铺。下一铺接到公文后，下铺的铺兵要立即出发传递，不得延迟，不分昼夜，十分辛苦。据《元史·急递铺兵》记载："凡铺卒皆腰革带，悬铃，持枪，挟雨衣，赍文书以行。夜则持炬火，道狭则车马者，负荷者，闻铃避诸旁，夜亦以惊虎狼也。响及所之铺，则铺人出以俟其至。囊板以护文书不破碎、不襞积，折小漆绢以御雨雪，不使濡湿之。及各铺得之，则又辗转递去。"④《马可波罗行记》也有记载："此一驿与彼一驿之间，无论在何道上，大汗皆命在每三哩地置一小铺，铺周围得有房屋四十所，递送大汗文书之步卒居焉。每人腰系一宽大腰带，全悬小铃，俾其行时铃声远闻。彼等竭力奔走一切道路，止于相距三哩之别铺，别铺闻铃声，立命别一铺卒系铃以待。奔者抵铺，接替者接取其所赍之物，暨铺书记所给之小文书一件，立从此铺奔至下三哩之铺。下铺亦有一接替之铺卒，辗转递送，由是

---

① 《元典章·兵部卷之四·典章三十七·递铺·整点》，中华书局、天津古籍出版社 2011 年版，第 1307 页。

② （明）宋濂等：《元史·兵志四·急递铺兵》（卷 101），中华书局 1976 年版，第 2597 页。

③ （明）解缙、姚广孝等：《永乐大典·急递铺》（卷 14575），中华书局 1986 年版，第 6467 页。

④ （明）宋濂等：《元史·兵志四·急递铺兵》（卷 101），中华书局 1976 年版，第 2598 页。

每三哩一易铺卒，所以大汗有无数铺卒，日夜递送十日路程之文书消息。缘铺卒递送，日夜皆然，脱有必要时，百日路程之文书消息，十日夜可以递至，此诚伟举也。复次此种铺卒递送果实及其他异物于大汗，于一日间奔走十日程途之地。”①

中统二年（1261 年），因传递文字多损坏遗弃，令每铺设铺司一人，要求有文化，“须能附写文历，辨定时刻”者担任。② 铺司是急递铺的文书人员，兼管铺内的日常事务。具体职责是“发有文字到，铺司随即分明附籍……速令当该铺兵走递”③，即负责对到达急递铺的公文进行检查验收。铺兵递送公文时要“赍回历一本，作急递到前铺交割”④。小回历是公文交接的凭证，由铺兵带到下铺进行交割。公文交接时，铺司要清点件数是否短少，是否有延缓、拆封、损失或乱批字样等问题，检查无误后，在小回历上注明公文到达的日期和时间，并在铺历上登记公文事目、收到时刻及所辖转递人姓名等，书名画押作为回执。然后交给本铺的铺兵，再继续往下一铺传递。《马可波罗游记》记载：“在每隔约五公里远的驿站上，都有一个书记官，将一个信差到达和另一个信差出发的日期和时间记录下来，全国的各驿站都是这样做的。”⑤ 这里的驿站即指急递铺，书记官即为铺司。

至治三年（1323 年），因“铺司率皆村野愚民，不知厉害，不通文理”⑥，又在各急递铺加设邮长一人。“英宗至治三年，各处急递铺，每十铺设一邮长，于州县籍记司吏内差充，使之专督其事。一岁之内，能尽职者，从优补用；不能者，提调官量轻重罪之。”⑦ 邮长的职责是“时常于

① ［意］马可·波罗：《马可波罗行记》，［法］沙海昂注，冯承钧译，中华书局 2012 年版，第 224 页。

② （明）解缙、姚广孝等：《永乐大典·急递铺》（卷 14575），中华书局 1986 年版，第 6467 页。

③ 同上书，第 6463 页。

④ 《元典章·兵部卷之四·典章三十七·递铺·整点》，中华书局、天津古籍出版社 2011 年版，第 1304 页。

⑤ ［意］马可·波罗口述，鲁恩梯谦笔录，曼纽尔·科姆罗夫英译，陈开俊、戴树英、刘贞琼、林键合译：《马可波罗游记》，福建科学技术出版社 1981 年版，第 120 页。

⑥ （明）解缙、姚广孝等：《永乐大典·急递铺》（卷 14575），中华书局 1986 年版，第 6466 页。

⑦ （明）宋濂等：《元史·兵志四·急递铺兵》（卷 101），中华书局 1976 年版，第 2598 页。

所管铺分往来巡视，务要修置停舍，什物完备，附写铺历明白，照依元立程式走递。但有老幼铺兵，随即申复补换”。

3. 急递铺的职责

元代设置急递铺的目的，是专门传递紧急重要公文。最初递送公文的范围很小，并且仅限于中央和地方衙门的重要、紧急公文。中统三年（1262 年）圣旨云：“遇有省里发的文字，教转递者。其余官府文字，并不得急递铺转送。各路总管府文字并总管军官文字直申省者，急递铺转送。若不系申省文字，休转递者。”中统五年（1264 年）圣旨又云：“急递铺，专一转递中书省、领左右部、宣慰司、转运司文字，沿边军情公事，差使臣往来勾当。”① 这两道圣旨明确规定了中书省发下的文书交急递铺递送，其余官府的文书不许交急递铺递送。各路总管府的文书和总管军事的文书，只有直接申报中书省的可以交急递铺转送，其余文字不得转递。但后来随着中央和地方衙门的事务日益浩繁，入递公文数量增多，并非紧急的一般公文也大量涌向急递铺，使其不堪重负，甚至无法传递，而本应急递的文书也随之迟缓下来，达不到急递的目的。因此，元朝中央政府不得不屡次进行整顿。至元二十八年（1291 年）对应入递文字衙门与不应入递衙门做了规定，同时还规定急递铺只递公文，10 斤以上文册及其他物品不得入递。“如违，悉送所在官司究问”。

4. 急递铺的程限与速度

元代急递铺的程限，不同时期有不同规定。

中统元年（1260 年）五月规定：“如遇传递文字，须一时辰内传递三铺，计行三十里。”一昼夜应为 360 里。“铺兵一昼夜行四百里”。②

至元二十二年（1285 年）三月二十九日定：拟令急速文字一昼夜须行 500 里；其余文字一昼夜行 400 里。

至元二十八年（1291 年）十月九日中书省规定：“转递匣子内文字，一昼夜须行四百里。其余文字，发遣既无繁文，转递亦多省力，一昼夜拟

---

① 《元典章·兵部卷之四·典章三十七·递铺·入递文字》，中华书局、天津古籍出版社 2011 年版，第 1309 页。

② （明）宋濂等：《元史·兵志四·急递铺兵》（卷 101），中华书局 1976 年版，第 2597 页。

行四百里。"①

由于担任铺兵的多是"年老幼小、不堪应役之人，或雇人顶替"，严重影响了急递铺传递文书的效率，元代政府虽做过多次调整，但"一昼夜行四百里"的程限并未完全达到。《元典章·入递》卷三七说："亡宋收附以来，诸国悉平，比中统、至元之初，公事浩繁，入递文字，何啻百倍，铺兵人数曾不加多。若必以昼夜四百里责之，窃恐往返频数，疲劳不能送办。拟合照依元奉圣旨事意，除边远军情紧速等事差委使臣勾当外，据应合入递文字，责令总铺依例类缄发遣，限一昼夜行三百里。渡涉江河，风浪险阻，不拘此限。"②

文书等级不同，传递的速度也不一样。

凡是入递文书，一般紧急公文按投送地区类为一缄，每日发遣一次，步行传递，昼夜兼行。特殊紧急公文，则别置匣子发遣，由铺丁骑驿站的驿马投递，每昼夜须行 400 公里。《马可波罗游记》记载："如果遇某处发生骚乱，或某个首领造反，或者其他重大事件，需要火速传递消息的话，那么，驿卒们一日飞驰三百二十公里，有时甚至是四百公里。"③ 但由于入递文书与日俱增，铺兵人数却没有增加。所以从至元二十八年（1291 年）开始，不属于边远军情或紧急的事情，就改为一昼夜行 300 公里。

元代急递铺与驿站相辅而行。急递铺虽是"依以前体制"建立起来的，但与前朝的急递铺还是有些不同。它是一种全国性、普遍性、专门性的公文传递机构，只承担公文的传送，不承担其他物质的运输和官员的接送。《元史·兵志四》载："元制，设急递铺，以达四方文书之往来"；"急递铺专送朝廷各方面及郡邑文书往来"；"随路置急递铺，专递内外衙门一切文字"；"铺司所传文字，多系边关紧急，或课程、差发、造作、刑名等事"。元政府曾规定，除准予入递的公文外，其余文字不准入递，也不得私自夹带物件。沿边军情公文，可以差使臣往来传

---

① 《元典章·兵部卷之四·典章三十七·递铺·整点》，中华书局、天津古籍出版社 2011 年版，第 1303 页。

② 《元典章·兵部卷之四·典章三十七·递铺·入递》，中华书局、天津古籍出版社 2011 年版，第 1310 页。

③ ［意］马可·波罗口述，鲁思梯谦笔录，曼纽尔·科姆罗夫英译，陈开俊、戴树英、刘贞琼、林键合译：《马可波罗游记》，福建科学技术出版社 1981 年版，第 121 页。

递，在没有设立急递铺的蒙古军站，官方文书可以托使臣捎带。

三 公文入递、封发与走递

（一）公文入递

元初对公文入递有严格的限制。但随着急递铺的日益腐败，很多不该从急递铺传送的衙门文件也由急递铺来承担，无疑加重了铺兵的负担。正如成宗大德五年（1301 年）五月一位监察御史呈："盖提调官不为用心拘挨，亦有夹杂诸衙门不该走递文字。数内，除省、台、军民、钱谷、造作各各衙门外，千户所、僧录司、蒙古教授、官医提领所、马站等一应司存。详此微末司属，不关治政闲慢去所，若此之类，不胜其繁，岂不妨夺正合转递重大衙门文字。若不整治，切恐因循废弛不便。"① 中书省也呼吁："今年衙门众多，文字繁冗，急递之法大不如初。"为了控制入递文书，元政府采取了以下措施：

1. 明确入递与不入递的部门。至元二十八年（1291 年）规定，应入递文字衙门有 79 个，不应入递文字衙门有 20 个。

2. 明确入递的范围。至元八年（1271 年）三月规定铺兵不转诸物，"急递铺止合递传各衙门应有文字"。②

3. 明确无印文书不许传递。至元三十一年（1294 年）四月规定"无印文字不入递"。③

4. 明确入递重量。大德五年（1301 年）十一月规定"账册十斤以上不入递"。"不得将（文册）十斤以上及一切诸物入递"。④

（二）公文封发

《元史·兵志四》载："二十八年，中书省定议：'近年入递文字，封

① 《元典章·兵部卷之四·典章三十七·递铺·入递》，中华书局、天津古籍出版社 2011 年版，第 1309 页。

② （明）解缙、姚广孝等：《永乐大典·急递铺》（卷 14575），中华书局 1986 年版，第 6466 页。

③ 《元典章·兵部卷之四·典章三十七·递铺·不入递》，中华书局、天津古籍出版社 2011 年版，第 1312 页。

④ 同上书，第 1313 页。

缄杂乱，发遣无时，今后省部并诸衙门，凡入递文字，其常事皆付承发司，随所投下去处，类为一缄，日一发遣。如往江淮行省者，凡江淮行省不以是何文字，通为一缄。其他官府同。省部台院，凡有急速之事，别置匣子发遣，其匣子入递，随到即行。铺司须能附写文历，辨定时刻；铺兵须壮健善走者，不堪之人，随即易换。'"①

元朝官方文书的封发一般交付承发司（各衙门的收发文机构）办理，按文书要送达的处所分类。同一类为一缄，装封后交急递铺递送。一般紧急公文，内用软布或软绢包袱包封，再用油绢或绸绢包裹，起初为了便于区别，规定急速文字用油罩羊皮面布裹青色包裹包封，其他一般文书用油罩羊皮面布裹白色包裹包封，后来又改为绢面布裹。外用夹板束系，挂绿漆黄字牌。若是边关紧急公文，则用"匣子"封锁，挂黑漆赤字牌，并写明"某处文字发遣时刻"，以凭证照勘。凡入递公文的牌与匣，均须用千字文编号、登记，注明发收官署、时间等项。

送递公文，均要装袋封记，挂不同颜色的木牌，作为缓急的标志。"有黄漆青字牌、黑漆白字牌、黑漆赤字牌……之分。指定专人递送，会给递送者发牌符。如为军务公文而受遣者，则发给贺牌，又称贺符，分金、银字两种，持金字牌者为朝廷所遣，持银字牌者为蒙古诸王或军政长官所遣。"②

"诸朝廷军情大事，奉旨遣使者，佩以金字圆符给驿，其余小事，止用御宝圣旨。诸王公主驸马亦为军情急务遣使者，佩以银字圆符给驿，其余止用御宝圣旨。"③

元代的公文封发还有以下几种方式：

1. "双封入递"。指各道按察司送递中央御史台的文书，要求双层重封入递。至元八年（1271 年）二月八日兵部规定，今后发往御史台文书，必须"先用净检纸封里，于上更用厚夹纸（盖）印信封皮"，目的是"恐

---

① （明）宋濂等：《元史·兵志四·急递铺兵》（卷 101），中华书局 1976 年版，第 2598 页。

② 丁忱：《元代文书驿传制度述略史》，《文教资料》2000 年第 2 期。

③ （明）宋濂等：《元史·刑法志二·职制下》（卷 102），中华书局 1976 年版，第 2629—2630 页。

致泄露，事关利害”。①

2. “木匣入递”。省部台院发的急速公文，另置木匣入递，随到随行。匣子上面用黑漆涂后红字书写号。匣子上面带有锁，先将一付钥匙交各衙门收管。每次封发公文时，在锁上封钤，然后用印封纸浑封匣面入递。②

3. “绢袋封发”。凡发往一行省的普通文书，无论是何文书，都汇封在一起，交急递铺传递。

4. “长引隔眼”。《元典章》载：延祐五年（1318年）十一月定，凡入递文字，从始发官司，酌量地理远近，印贴“长引隔眼”于公文上，明白标写件数、发引日时，至各个邮长去处，标写发放转递。每上、下半月，开具递过文件及各个日时，申复提调官，依期亲历刷勘整点。《元典章新集》也载：“今置长引眼隔，仰各处铺司如遇承接文书到铺，毋得停滞，即便于隔眼上填写时刻，责付递传铺兵书名画字，照依元定程限，依例递转一铺，依上施行，以凭稽考。”③

“长引隔眼”的创立，是公文传递制度上的一个大变革。它把铺兵的个人责任扩展到传递中的各个环节中去，便于从全程全网中检查考核，较为科学。“中间但有稽违，举目便见。如此关防，甚为长便”。起初要求逐铺标写，但是“相隔数千里去处，亦难每铺标写”。后来每10铺设一邮长，改为只标写邮长所在处，这样就较为便捷了。

（三）公文走递

公文走递由铺兵步行或骑轻便快捷之骏马，采用“接力赛”的办法昼夜不停地传递。“其法如下：其人于所在之驿站取轻捷之良马，疾驰至于马力将竭，别驿之人闻铃声亦备良马铺卒以待；来骑抵站，接递者即接取其所赍之文书或他物，疾驰至于下站；下站亦有预备之良马铺卒接递；于是辗转接递，其行之速，竟至不可思议。”④

---

① （明）解缙、姚广孝等：《永乐大典·急递铺》（卷14575），中华书局1986年版，第6466页。

② 同上。

③ 《元典章新集·工部·递铺·急递》，中华书局、天津古籍出版社2011年版，第2260页。

④ ［意］马可·波罗：《马可·波罗行记》，［法］沙海昂注，冯承钧译，中华书局2012年版，第224—225页。

公文走递按缓急程度大体可分为三种情况：

1. 平常公文传递

平常公文由铺兵步行传递。《马可波罗游记》记载："在各个驿站之间，每隔约五公里的地方，就有小村落，大约有四十户人家。这里住着步行信差，也同样替皇帝陛下服役。他们身缠腰带，并系上数个小铃，以便当他们还在很远的地方时，听见铃响，人们就知道驿卒将来了。因为他们只跑约五公里，也就是说，从一个步行信差站到另一站，响铃声报知了他们的到来，因此使另一站的信差有所准备，人一到站，便接过他的邮包，立即出发。这样，一站站地依次传递下去，效率极为神速。所以，只消两天两夜，皇帝陛下便能接到远方的信息，若用普通的方法递送，则十天之内是收不到的。"①

2. 紧急公文传递

特殊紧急公文由铺兵骑驿马传递。"设有急须传递某州之消息，或某藩主背叛事，或其他急事于大汗者，其人于日间奔走二百五十至三百哩之远，夜间亦然。"② "在这种时刻，他们身带一块画有隼的牌子，作为紧急和疾驰的标志。如果是两个驿卒一同前往，他们便在同一地点乘快马同时启程。他们束紧衣服，缠上头巾，挥鞭策马以最快的速度前进。他们马不停蹄，直至前面约四十公里远的又一个驿站为止。随即换上两匹已准备好服役的健马，毫不歇息，又拍马前进。他们就这样一站一站地换马连续前进，直至日落为止，他们就走完了四百二十五公里的路程。"③

3. 最要公文传递

最紧要公文由铺兵骑快马昼夜兼程传递。"在万分紧急关头，他们夜间也策马赶路。如果没有月光，他们就由徒步者持灯，一路小跑，在前头

---

① ［意］马可·波罗口述，鲁恩梯谦笔录，曼纽尔·科姆罗夫英译，陈开俊、戴树英、刘贞琼、林键合译：《马可波罗游记》，福建科学技术出版社1981年版，第120页。

② ［意］马可·波罗：《马可·波罗行记》，［法］沙海昂注，冯承钧译，中华书局2012年版，第224页。

③ ［意］马可·波罗口述，鲁恩梯谦笔录，曼纽尔·科姆罗夫英译，陈开俊、戴树英、刘贞琼、林键合译：《马可波罗游记》，福建科学技术出版社1981年版，第121页。

开路。他们当然不能象白天走的那样快，因为，提灯徒步者的速度是有限的。”①

四 元代公文邮驿律

现存《永乐大典》卷一九四二五“驿站”条，在《成宪纲要》内有标明“通制”的文书19条，当为录自《通制条格》“站赤”部分。

《元史·刑法志》中，涉及邮驿的律文共25条，散见各有关篇章内。现将有关的律文摘录如下，从中可以看出元代邮驿律的一个大概。

（一）关于稽迟、损毁、私拆公文的处罚规定

《元典章》载：“若各铺稽迟、损坏文字，或附写不明不实，本管邮长就便治罪，其别管铺分，亦须互相举呈，所属上司行移究治。若邮长不能尽职致有稽延者，提调官量事轻重议罪。三犯者替罢，仍出去州县籍记姓名。其于一岁之内可尽乃役略无稽迟者，即需从优先行补用。若提调官吏不行依期用心刷勘整治者，廉访司严加究治。”

急递铺所在地方检察官署，要定期派员对所传递的公文有无延缓、拆封、短少、损失等情况进行检查，如发现问题，即由主管官署御史台予以处罚。

“诸急递铺，辄开所递实封文书，妄入无名文字者，笞五十七。”②

“诸急递铺，每上下半月，府州判官县主簿亲临检视，所递文字但有稽违、磨擦、沉匿，铺司、铺兵即验事重轻论罪。各路正官一员总之，廉访司察之。其有弗职，亲临官初犯笞一十七，再犯加一等，三犯呈省别议，总提调官减亲临官一等。每季具申上司，有无稽违，仍于各官任满日，解由开写，而黜陟之。”③

“委自各路正官一员每季总行提调，州县亦令有俸末职正官上下半月亲临提调，往来照刷。如有稽迟、磨擦、损坏、沉匿文字，即将当该铺

① ［意］马可·波罗口述，鲁恩梯谦笔录，曼纽尔·科姆罗夫英译，陈开俊、戴树英、刘贞琼、林键合译：《马可波罗游记》，福建科学技术出版社1981年版，第121—122页。

② （明）宋濂等：《元史·刑法志二·职制下》（卷102），中华书局1976年版，第2629页。

③ 同上。

司、铺兵验事轻重断罪。仍令各道廉访司常切厘勒当该正官，照勘整点。如但有不依所责，亲临提调官初犯笞一十七下，再犯二十七下，三犯呈省别议，总行提调，比亲临减一等科断。每季具境内有无稽迟文字，开申合干上司，任满于解由内通行开写，以凭黜降。"①

（二）关于公文传送工具的规定

马匹是公文传送中使用的主要工具，元代律令严禁损害、剽夺驿马。

诸职官辄借骑所部内驿马者，笞三十七，降先职一等叙，记过。

诸使臣行囊过重，压损驿马，而脱脱禾孙与使臣交赠为好，不以法称盘者，笞二十七，记过。

诸使臣则骑怀驹马者，取与各笞五十七，及以车易马者，俱坐之。

诸使臣在城，辄骑占驿马者禁之，违者罪之。

诸驿使在道，夺回马易所乘马，驰至死者，偿其直。若以私事故选良马驰至死者，笞二十七，仍偿其直。

诸白昼剽夺驿马，为首者处死，为从减一等流远。

诸驿使诈改公牒，多起马者，杖八十七；其部押官马，辄夹带私马，多取草料者，并没入其私马。②

（三）枉道驰驿及借故稽留、延误程期的处罚规定

使还人员，除军情急务外，日不过三驿，驿官仍于关文标写起止程期，违者各笞二十七，再犯罢役。

诸乘驿使臣，或枉道营私，横索祗待，或访旧逸游，饿损马乘，并申闻断治。

诸使臣枉道驰驿者，笞五十七；脱脱禾孙擅依随给驿者，依例科罚。③

诸进表使臣，五日外部还职，托故稽留，他有营者，止所给驿，籍其

① 《元典章·兵部卷之四·典章三十七·递铺·整点》，中华书局、天津古籍出版社2011年版，第1307页。

② （明）宋濂等.《元史·刑法志二·职制下》（卷102），中华书局1976年版，第2629页。

③ 同上。

姓名，罢黜之。①

转递匣子内文字，一昼夜须行百里。其余文字，发遣既无繁文，转递亦多省力，一昼夜拟行四百里。违者，提点急递铺官依例断罪。②

从以上各条可以看出，元代“邮驿律”在量刑上较唐、明、清各朝为轻。另外对脱脱禾孙制度、马匹管理制度以及对驰驿使臣的约束等，都列入律文重点，作了明确的规定。既说明元朝统治者对公文邮驿制度的重视，也表明元代邮驿秩序相当紊乱，以致不得不把一些特殊的现象和琐碎的事务载入法律。

第三节　元朝档案管理制度

元王朝建立后，为了适应统治上的需要，在加强文书工作的同时，也重视对档案的管理，并在文书工作制度的基础上制定了一系列的档案管理制度。具体包括架阁管理制度、区别文字分别架阁制度、当面交卷制度、周年交案制度、不得私藏官府文卷制度、档案曝晒制度、档案利用制度等。这些制度分别对档案的归档、保管、移交、曝晒和利用制定了相应的规则。例如规定已绝并照刷过的文卷才能编类收入架阁库，不同文字的档案要分开架阁保存，新旧人吏交接必须要当面交卷，案卷要一年一交，避免长年积累，延误公事。还制定了文卷的晾晒制度，防止档案资料虫蛀霉烂等。这些制度不仅使元代的档案管理工作更加规范化，而且对以后明、清两朝的档案管理制度也有承前启后的作用和深远的影响。

一　架阁管理制度

元代经常出现官员将现行的文书交割完毕，进行移牒勾当时发现，有些文书未经结绝甚至不了了之，或者不发文逗留很多年，以致耽误了各种

① （明）解缙、姚广孝等：《永乐大典·急递铺》（卷14575），中华书局1986年版，第6464—6465页。

② 《元典章·兵部卷之四·典章三十七·递铺·整点》，中华书局、天津古籍出版社2011年版，第1303页。

重要事件的情况。于是在至元二十一年（1284 年）十月规定已绝的文卷要编类入架。“至元二十一年已前应行文卷簿籍，责任经历司尽数合陈照勘完备，将已绝文卷编类入架，未绝卷宗依例催举。已后结绝，依例编类入架。”[①] 只有按规定处理完毕，经过照磨没有差错的文卷，才能标明“已绝”字样，送交架阁库编类收存；未绝的文书要依例催办，待结绝时，再收入库内。

《至元新格》规定：“诸已绝经刷文卷，每季一择，各具事目首尾张数，皆以年月编次注籍。仍须当该检勾人员躬亲照过，别无合行不尽事理，依例送库，立号封题，如法架阁。后遇照用，判付检取，了则随即发还勾销。”[②] 从这项规定中，可以了解到元代架阁管理制度的基本内容。即官府文卷经过照磨官照刷后，已绝、经刷文卷由各衙门首领官每个季度选择整理一次，在每卷文书的卷首列具事目、首尾张数，卷内文书按时间先后顺序排列、编号、注册登记，再经检勾人员亲自复查审核，确认无误并符合质量要求后，才能在规定时间内移交架阁库归档。架阁库管勾清点以后，要重新登记和编立字号，并写明封题（在档案封面上题写名称、内容），按照一定的方法上架存贮。案卷入库后，不得随意取出。“后遇照用，判付检取，了则随即发还勾销。”之后遇到官府征发赋役和处理政务需要查阅文卷的，要进行登记，用完后必须尽快归还，架阁库予以勾销。

从内蒙古额济纳旗黑城出土的元代文书来看也印证了这一制度，“架阁库将各种文卷分类存入架阁时，在每一种文卷上贴一长条形纸签，楷书该卷文书名称两行，折成两面，只粘贴上端，使纸签下垂，便于上下检阅。其中有的只写文卷名称，有的还加有年月，如 F111：W68，两面相同文字为‘为提调只应钱粮事，大德二年八月’等字”[③]。该城内出土文书中有一些成卷的公文，其中最少的公文是由 4 张公文黏接而成的，最多的由 27 张公文接成。

---

① 《元典章·吏部卷之八·典章十四·公规二·案牍》，中华书局、天津古籍出版社 2011 年版，第 527 页。

② 同上。

③ 李逸友：《元代文书档案制度举隅——记内蒙古额济纳旗黑城出土元代文书》，《档案学研究》1991 年第 4 期。

二 区别文字分别架阁制度

元帝国横跨欧亚大陆，民族众多，各民族使用着不同语言和文字，包括畏兀儿文、八思巴文、汉文、西夏文、契丹文、藏文、波斯文等。但在政府文移中主要使用畏兀儿文、八思巴文和汉文三种文字。至元六年(1269年)二月十三日，元世祖颁“行蒙古字诏”，要求“自今已往，凡有玺书颁降，并用蒙古新字”[①]；“回回字，殆兄弟也”[②]；而“行于汉人、契丹、女真诸国者，只用汉字”[③]。这样就产生了汉文档案、蒙古文档案和回回文档案，“为此，元代在中书省分别设置了架阁库、蒙古架阁库、回回架阁库，区别文字，分别架阁。并设有汉人、蒙古、回回架阁库管勾专管。这既有利于对汉人、南人的防范，适应其‘四等’民族的歧视政策，也方便了档案的管理和利用”[④]。

三 当面交卷制度

元朝机构重叠，官制紊乱，案牍繁多，文卷多有丢失。积年案牍，检寻不见，多因新旧文书档案官吏更替交接时，交付不明所致。元统治者也意识到“官府去失文卷，多因新旧人吏交付不明”，官吏相互推诿，责任不清，“追索元行，皆称前届司吏不曾明白交割，中间实无去失埋没”。[⑤]为避免此类事件的发生，至元二十五年（1288年）二月，制定了“人吏交代当面交卷”制度，规定凡新旧档案官吏更替时，双方必须当面将文书案牍移交清楚，即人吏交代，责令当面对卷。“今后遇有人吏交代，责令当面对卷，牵照完备，明立案验，依例交割，若有遗失，随即追究。不

① 《元典章·诏令卷之一·典章一·行蒙古字［诏］》，中华书局、天津古籍出版社2011年版，第7页。

② （宋）彭大雅著，王国维笺证：《黑鞑事略笺证》，见《王国维遗书》（第8册），上海古籍出版社1983年版，第211页。

③ 黄才庚：《元朝档案及其档案工作》，《辽宁档案》1993年第Z1期。

④ 周雪恒：《中国档案事业史》，中国人民大学出版社1994年版，第235—236页。

⑤ 《元典章·吏部卷之八·典章十四·公规二·案牍》，中华书局，天津古籍出版社2011年版，第528页。

惟易为检寻，亦免日后递相推指。其交割之后，复有不肯尽心、去失文卷者，合将检勾案牍人员治罪，庶得割去沉匿文字之弊。”① 人吏交接时，文卷要当面检查，登记立案，再发生文卷遗失的事件，就有据可寻，避免相互推卸责任。交割之后还有丢失文卷的，将检勾案牍的人员治罪。

还规定文卷要与应代的官吏交点清楚。接收的一方要仔细核对检查，如发现错失要当面查询，丢失的要让现在的管理人员立即寻找，否则依法处治。“［诸］吏员差除事故，其元管簿籍文卷，须与应代之人一一交点无差，连署呈报本属官司照验。后有失落，止着见管之人追寻。”② 这一制度督促双方交接时必须认真查对公文数量，不使其遗漏、缺少，有利于保证公文的完整性。

四　周年交案制度

元代省、部以下诸衙门和各级官员的文卷多有积压、累年未毕的现象，以致延迟公事，不能结绝，而且这些公文常年掌握在吏员手中，容易玩忽职守、营私舞弊。“若是久年人吏掌管，中间恐有情弊。如是频频交换，实有埋没。”③ 因此，元朝规定，公文不论办完与否，每年年终必须向有司移交文书，这就是所谓的“人吏周年交案”制度，“周年交案，或有差占、事故，明立案验，相沿交割，不唯照刷，亦是关防去失”。④ 又《至元新格》规定：“卷宗所置签贴，须与承发司簿内标题事目相同，非至年终，不得交案。”⑤ 交案时，公文上的签贴和收文登记簿上的标题、事目必须完全一致，不得有误。一年一交案，不到年终不得交案，避免了文卷长期掌管在官吏手中可能出现的徇私舞弊，也避免了频繁交换案卷可能导致的文卷丢失、埋没现象。

① 《元典章·吏部卷之八·典章十四·公规二·案牍》，中华书局、天津古籍出版社 2011 年版，第 529 页。

② 同上书，第 530 页。

③ 同上书，第 523 页。

④ 同上。

⑤ 同上书，第 530 页。

五 不得私藏官府文卷制度

至元十七年（1280 年）五月制定了“禁治私放文卷”制度，规定“凡官司文卷，官吏并不得私家收放。如违，严行究治施行”[①]。凡是官司衙门的各种文书档案，官吏们不准私自收藏或存放在自己家中。如果违反规定，必定从重处罚。除规定一些制度性的条款外，在法律上还制定了一些惩罚性的措施，如“盗官府文卷作故纸变卖者，杖七十七，同窃盗，封字；买卷人笞四十七”[②]，擅自改动案牍年月字迹者要“笞五十七”，等等。[③] 发现有盗窃文书者，或擅自改动文书年月字迹者，要受杖刑或笞刑。

六 档案曝晒制度

为了防止档案资料的虫蛀霉烂，元朝建立了定期曝晒制度。元至元十五年（1278 年），秘书监明文规定：“本监应有书画图籍等物，须要依时正官监视，仔细点检暴晒，不致虫伤浥变损坏。外据回回文书就便北台内［令］兀都蛮一同检觑曝晒。”“如遇阴雨，点视疏漏，常例舒展曝晒。”延祐五年（1318 年）三月监官圆坐议得：“秘书库所藏御览图籍、禁秘天文、历代法书名画，谅为不轻。近年以来，凡遇出纳秘书郎等自行开封”，不仅不利于保密安全，而且容易造成档案资料丢失，“倘蒙上位不测取索书画失误未便”更是难以交代。故秘书监特此规定：“今后移请监官一员，不妨本职，逐月轮流提调。……及出纳书画不测之事，直日秘书郎等计会提调府亲诣府库，用心监视，一同开封，毋致似前违错。”[④] 这种监官轮流负责提调，遇调阅重要档案资料，实行两人到场同时开封的制

---

① 《元典章·吏部卷之八·典章十四·公规二·案牍》，中华书局、天津古籍出版社 2011 年版，第 523 页。

② 仇壮丽：《中国档案保护史论》，湘潭大学出版社 2007 年版，第 220 页。

③ 邹家炜、董俭、周雪恒：《中国档案事业简史》，中国人民大学出版社 1985 年版，第 72 页。

④ （元）王士点、商企翁：《秘书监志》，高盛荣点校本，浙江古籍出版社 1992 年版，第 109 页。

度，对于档案的安全与保密功不可没，值得我们今天借鉴。

七　档案利用制度

由于元统治者缺乏统治幅员广袤的大国的经验，各级官员在处理政务时，往往借助于旧档案，对旧档案的利用率很高。他们依据宋、金的档案，建立起各项立国制度。但是，元统治者在利用档案的工作中也执行落后的民族歧视政策，凡机密档案，如兵籍、实录等，规定只准蒙古官吏查阅，严禁汉族官吏接触。如前面提到文宗时，“奎章阁以纂修《经世大典》，请从翰林国史院取《脱卜赤颜》一书以纪太祖以来事迹，诏以命翰林学士承旨押不花、塔失海牙。押不花言：‘《脱卜赤颜》事关秘禁，非可令外人传写，臣等不敢奉诏。’从之。”①

元代也设有实录院、国史院等机构，利用档案编修实录、国史。元代的统治者对于本朝史实的记录不是十分重视，记录都比较粗略简单。以前有些学者认为元朝没有日历和起居注，只设立了一个时政科，负责记录帝王的言行，然后将记录交给史馆，据此编修实录。其主要依据就是徐一夔《始丰稿》卷六《与王待制书》中的一段话：“不置日历，不置起居注，独中书置时政科，以一文学掾掌之，以事付史馆。及一帝崩，则国史院据所付修实录而已。其于史事，固甚疏略。”② 这种观点显然缺乏说服力。

元代初期，文史方面的书籍很是匮乏，于是在至元元年（1264 年）二月，元世祖颁下诏令，要求“敕选儒士，编修国史”③，译写经书，加紧总结历史经验，以求立国之道。至元四年（1267 年），元世祖将经籍所由平阳迁至京师，改名宏文院，抓紧纂集经、史书籍。在编史期间，当然离不开对档案的大量利用，但元朝在档案利用方面大多是遵循宋代的旧制。

元代分别修撰了辽史、金史、宋史，这三个朝代独立成史，依照年号顺序编纂。三史成书如此迅速，皆因档案史料丰富之故。

---

① （明）宋濂等：《元史·文宗纪四》（卷 35），中华书局 1976 年版，第 784 页。

② （清）张廷玉等：《明史·徐一夔传》（卷 285），中华书局 1974 年版，第 7322—7323 页。

③ （明）宋濂等：《元史·世祖纪二》（卷 5），中华书局 1976 年版，第 95—96 页。

元代尤其重视对典章格例等政书的编纂，却始终没有制定出一部正式的法典，仅仅是不定期地分类编纂各种条例条令，颁发给各级政府衙门，以备参考。比如元世祖时的《至元新格》，顺帝时的《至正条格》，英宗时的《大元通志》和《元典章》等。其中最有价值的是《元典章》，它汇集了元初至英宗时有关政治、经济、军事、法律等各方面的典章制度，提供元朝统治者施政参考的性质尤为明显。法典、政书和诏令奏议等行政档案文献不仅在编纂的当时，对现实的机关行政活动具有重要的参考作用，而且为日后国史编纂、史学研究提供了价值珍贵的原始文献史料。

但总的来看，由于元代统治集团的文化水平较低，加上采取民族歧视政策等原因，在利用档案修史方面不如宋朝兴盛。

第四节　元朝文书档案工作的特点

蒙古第五代可汗忽必烈于至元八年（1271 年）建立元朝后，逐渐推行汉法，统一官制。但出于巩固政权的需要，在任官科考诸方面推行强烈的民族歧视政策，仍然保持着游牧旧习，使国家机关的设置颇具特色，其文书档案工作也与前朝迥然不同。

一　档案工作游牧特征明显

蒙元时期不仅少数民族文书档案的数量增多，而且在档案管理工作中明显地融入了少数民族档案文化因素。如成吉思汗时，文书档案数量开始增多，就用骆驼皮和牛皮制作档案包，里面还放入一些冰片和香料。① 蒙古族在统一中国前，档案文件大多装在用骆驼皮或牛皮制成的箱子里，这样档案可以逐水草而居、随战事而带，不易丢失。这种做法具有明显的游牧民族特征。元代统治者视档案为神物，他们用专门制作的毡包把档案包装起来后放置在蒙古包内的神位上供奉。成吉思汗八白室之一的“尚盖·额日隔·查干斡尔朵”，就是专门收藏档案文件的蒙古包。

① 周雪恒：《中国档案事业史》，中国人民大学出版社 1994 年版，第 235 页。

二　全国文书的总汇机关只设中书一省

元朝疆域辽阔、地广人众、民族众多，实行唐宋的三省制不便于迅速处理政务。因此，元初的中央机关不因袭唐宋三省之制，只设中书一省作为中央行政中枢，而中央政府的秘书中枢也在中书省内。这时的中书省已不再是唐宋时期的草拟诏令机关，而是内领六部之政，外统行省之务，“大事奏闻，小事便宜行之”①。“近侍人员、内外大小衙门，除所掌事外，凡选法、钱粮、刑名、造作、军站、民匠、户口一切公事，并经由中书省可否施行，毋得隔越闻奏，违者究治。”② 中书省成为全国文书的总汇机关。

三　宰相仅是皇帝的秘书

唐宋时的宰相是封建国家机构中的最高官职，位居“一人之下，万人之上”，地位仅次于皇帝，其职责是辅佐皇帝，综理全国政务。而元朝在中央设置的内八府宰相与唐宋宰相大不相同，仅是皇帝的秘书人员。“内八府宰相，掌诸王朝觐傧介之事，遇有诏令，则与蒙古翰林院官同译写而润色之，以其职责近似古之侍中，故宠以宰相之名，然无授受宣命，品秩则视二品。”③ 即负责安排诸王觐见皇帝的事务，遇有诏令，则与蒙古翰林院官员共同译写、润色。陶宗仪《南村辍耕录》卷一“内八府宰相”条记：“内八府宰相八员，视二品秩，而不降授宣命，特中书照会之任而已。寄位于翰林之埽邻。埽邻，宫门外院官会集处也。所职视草制，若诏赦之文，则非其掌也。至于院之公事，亦不得与焉。例以国戚与勋贵之子弟充之。”④ 可见，内八府宰相虽名为“宰相”，但实际上并无传宣诏

---

① （民国）柯劭忞：《新元史·世祖本纪》，中国书店 1988 年版。

② 《元典章·圣政卷之一·典章二·振朝纲》，中华书局、天津古籍出版社 2011 年版，第 32 页。

③ （明）宋濂等：《元史·百官志三·蒙古翰林院》（卷 87），中华书局 1976 年版，第 2191 页。

④ （元）陶宗仪：《南村辍耕录·内八府宰相条》（卷 1），武克忠、尹贵友校点，齐鲁书社 2007 年版，第 17 页。

命的权力，官阶视为二品。内八府宰相以礼赞文墨之事辅弼天子，这是元朝特有的一种制度。

四 吏员出职制度在我国封建社会档案史上绝无仅有

元朝不重视科举，且重吏而轻儒，在任官制度上也与唐宋时期的科举铨选制度大不相同。吏员出职制度是指吏员任职期满，无过错，就可以脱离吏职升为官员，即由吏升官的制度。这种制度为元朝培养了大批能簿书、通刑名的事务官，对蒙古、色目贵族不通文墨、不谙政事却身居要职的种种弊政，不失为一种有效的补救措施。同时也从政治上给予汉人和南人知识分子一条出路，使其抱有踏入仕途的希望，从而甘愿受蒙古、色目贵族的驱使，而充任吏员也成为汉人和南人入仕的必由之路。由于吏员出职的普遍推行，吏员的社会地位大大提高，尤其是从事文书档案工作的案牍吏员，更为国人所倾慕，“朝廷以吏术治天下，中土之才积功簿书，有致位宰执者。时人翕然尚吏，虽门第之高华，儒流之英雅，皆乐趋焉”。[①] 这是我国封建社会档案工作史上绝无仅有的现象。

五 公文驿传制度在规模、数量和管理水平上都超过前代

元代疆域辽阔，横跨欧亚大陆，为了保证中央政府与地方机构的有效联系，迅速掌握全国各地的信息，统治者非常重视公文的传递工作和邮驿制度。元代的驿传组织从性质上可分成三类：一是传递一般官府文书的驿站；二是传递朝廷与各省衙门往来的重要文书的急递铺；三是专门传递军事文书的海青站。元代驿站的数量最多，规模及驿传管理水平也最高，形成了一个以上都、大都（今北京）为中心，辐射全国的驿站网络，这无疑是这一时代文书档案管理工作的民族特点。驿站的职责是负责转送使臣、信差，为他们提供食宿、乘马、舟车。据《元史》记载，元代在全国遍设陆站、狗站、水站、汉人站、蒙古站、海青站等各种驿站。陆站以马、牛、车或驴传送。在辽东地区还设有狗站 15 个，

① （明）陶安：《陶学士集·送马师鲁引》（卷 15），台湾商务印书馆 1986 年版，第 757 页。

以狗驾小车，载使者、信差滑行于冰雪上。水站以船传送。海青站只在战时或紧急军事行动期间设立和使用，专门负责传递紧急军事情报，是一种非常设的军事驿站。这些驿站东连高丽，东北通努儿干（今辽东地区），北达吉利吉斯，西通伊利汗国和钦察汗国，西南抵乌思藏，南接安南、缅国。驿站设驿令或提领，掌管站务，又设站户若干，承担驿站劳役。全国驿站由通政院主管。除驿站外，元代另设有急递铺，专门负责传递中书省、六部、宣慰司及边境军事文书。世祖中统元年（1260年）首先开辟了从燕京（今北京）至开平（今内蒙古正蓝旗东）和从开平至京兆两条线路，每10里或15里、25里设一急递铺，每铺置铺丁5—15人不等，由铺司1人负责，每10铺设一邮长。各路设有急递总铺，置提领掌理，最高主管部门是总急递铺提领所。

元代的这一套公文传递制度习称为驿传制，是历代最为发达的公文传递制度，它大大提高了公文传递的速度，畅通了中央与地方的信息沟通渠道，因而也为明、清所沿袭。

六　文书立卷方法上有所创新

元朝文书立卷也有创新，主要体现在文书立卷和文书承办衔接紧密，文书立卷工作由文书承办部门（人员）完成。文书立卷后，再经各级监察机关照刷通过，对“已绝”（办理完毕）的文卷依例分门别类编号、立卷，才能送交架阁库上架贮存；现行“未绝”（未办理完毕）、逾期未绝以及已绝而未经照刷的文卷，要分别登记在文簿上，标明“稽迟”、“违错”等字样，并署名盖印，以示负责。以后再收到文案时，要分别“生熟之事”。“生事”是指新的事务案卷，“熟事”是指还未结案的案卷，“除熟事行遣发放了毕，粘入本宗前卷外，生事另立案宗”。[①] 这种区别新案与旧案的立卷方法，保持了一宗文件的历史联系，使整宗文卷的关联更加完整有序，是一种按照问题或事件特征立卷的方法。

---

① 《元典章·吏部卷之八·典章十四·公规二·案牍》，中华书局、天津古籍出版社2011年版，第530页。

七 文书档案机构不健全

元朝中央文书机构的设置，从总体上来说，显然不如唐宋时期系统，出于文书处理程式简便的需要，以及受游牧习俗的影响，从中央到地方的各级官府内部很少设置专门的文书机构，一般仅设有承发司负责机关文书的收发、启封、上呈下达，或者设置经历司“职掌案牍，照领一切公事，务要不致迟错”。[①] 此外，在中央机关和行省、行台都设有照磨所，掌照刷磨勘钱粮文卷、账簿、审计及文牍之事，是文书档案工作的监察机构。

八 文书工作与档案工作混合

元朝的文书工作与档案工作交叉混杂在一起，没有明确的区分，两者的界限不明显。其档案管理制度也与文书工作密切相关。各衙门的首领官“系亲临簿书人员”，他们“经画教令，历阅简书”，既担负处理文案工作，同时也兼管档案事务。

九 文档管理权限下移

元朝中央政府的机构虽比唐宋时代要精简得多，但工作效率却差别不大，一个重要原因在于元朝各级官府中的中下层文档官吏人数众多、分工细致而周密，从整体上表现出一种权力下移的趋势。这种趋势对元明清各朝，亦即中国古代社会的后期产生了不可估量的影响。这种影响既有正面的，也有负面的。

十 文档管理制度不完善

由于没有完善的制度约束，有的档案管理人员不认真履行职责，有的衙门交接手续不严格。至元二十一年（1284 年）的一份文书中就提到

① 《元典章·吏部卷之七·典章十三·公规一·公事》，中华书局、天津古籍出版社 2011 年版，第 509 页。

“总府、州、司、县，将国朝收附以来抄数民籍、地亩卷册不肯用心收掌”，导致“脱漏户籍、地亩卷册”之事多有发生。[①] 还有一些衙门没有存储档案的库房，文书账册到处散落堆放，有些档案长期掌握在官吏手中，造成案牍的散失和混乱。元朝档案清理、注销制度也不健全，案卷数量随着时间的推移越积越多，管理和保存的难度不断加大。档案管理制度的缺失，直接导致各级官府在处理政务时缺乏依据，不按规定办事。元人胡祗遹在谈到省部台院弊政时指出：“即今每事皆无簿籍文册，自开国至累朝条例亦无纂集备细，每遇一事，如户口、铨选、军站、工匠、钱谷、地土、城邑等事，反取问于司县，不惟取天下讥笑，侮玩仓卒，率多误事。”[②]

十一　重视档案的收集和安全保护

元王朝在统一中国的征战中，十分注重档案史料的收集，把收集前朝的文献史迹当作一件十分重要的事情来做。

早在蒙古汗国建立之初，开国勋臣耶律楚材在征战中就曾注意对档案典籍的收集。苏天爵《元朝名臣事略》卷五《中书耶律文正王传》载：“丙戌冬十一月，灵武下，诸将争掠子女财币，公独取书数部、大黄两驼而已。”[③] 1226 年，西夏灵武城破，元朝将官们争先恐后地掠取女色、财帛，唯独耶律楚材只专心于两样事物的搜集，一样是西夏典籍，一样是药材大黄。[④] 耶律楚材搜求亡国之遗书的做法同西汉丞相萧何收集秦朝中央档案有异曲同工之妙。作为不同时代的政治家，耶律楚材也从搜集的西夏典籍中分析西夏亡国的历史，并将其经验教训上奏元朝皇帝，力求让自己的建议对元朝统治者实施统治产生重要影响，至少可以让他们吸取西夏亡国的教训。

---

① 《元典章・吏部卷之八・典章十四・公规二・案牍》，中华书局、天津古籍出版社 2011 年版，第 527—528 页。

② （元）胡祗遹：《紫山大全集・杂著・即今弊政》（卷 22），台湾商务印书馆 1986 年版，第 400 页。

③ （元）苏天爵：《四库全书・元名臣事略・中书耶律文正王》（卷 5），商务印书馆 1986 年版，第 546 页。

④ （明）宋濂等：《元史・耶律楚材传》（卷 146），中华书局 1976 年版，第 3456 页。

元朝建立之后，特别是在元军攻灭金朝和南宋时，元统治者更加重视对档案典籍的收集。如《元史》卷一四七《张柔传》载：元将张柔攻陷金朝都城汴京（今开封），“柔于金帛一无所取，独入史馆，取《金实录》并秘府图书；访求耆德及燕赵故族十余家，卫送北归”。[①] 至元十三年（1276 年），元军渡江南下，包围并攻破南宋都城临安，南宋朝廷投降，元世祖忽必烈“诏谕临安新附府州司县官吏士民军卒人等曰：秘书省图书，太常寺祭器、乐器、法服、乐工、卤簿、仪卫，宗正谱牒，天文地理图册，凡典故文字，并户口版籍，尽仰收拾”。命人将宋朝秘书省、国子监、国史院、学士院的书籍，从海道运至大都。《元史》卷九《世祖纪六》载：丞相“伯颜就遣宋内侍王埜入宫，收宋国衮冕、圭璧、符玺及宫中图籍、宝玩、车辂、辇乘、卤簿、麾仗等物”。伯颜入临安后，又“遣郎中孟祺籍宋太庙四祖殿，景灵宫礼乐器、册宝暨郊天仪仗，及秘书省、国子监、国史院、学士院、太常寺图书祭器乐器等物”，都送入元都，备修史之用。[②] 伯颜还“命焦友直括宋秘书省禁书图籍”[③]。焦友直是秘书监中的从三品官，他从宋秘书省搜括来的秘籍图书，当年六月全部解京，“俱系秘书监合行收掌”。并奉旨“教于大都万亿库内分拣到秘书监合收经籍图画等物，可用站车一十辆般运，赴监收贮”。又至元十四年（1277 年）正月二十二日，张左丞奏曰：“先奉圣旨，教张平章俺两个分间江南起将来底文书去来。据经史子集、典故文字、阴阳禁书、书画宋神容，俱系秘书监合行收掌。如别衙门遇有合捡阅书籍，立收附于秘书监关取，用毕却行还监呵，怎生?”[④] 从这份灭南宋第二年形成的文件可以看出，在南宋沦陷区域收集来的宋朝档案秘籍，内容是极其丰富的，并且其中的珍贵、精华部分都收藏在秘书监了。《元史·董文炳传》亦载：元灭南宋时，“伯颜命文炳入城（临安），罢宋官府，散其诸军，封库藏，收礼乐器及诸图籍。文炳取宋主诸玺符上于伯颜。伯颜以宋主入觐，有诏留事一委文炳”。“时翰林学士李槃奉（元世祖）诏招宋士至临安，文炳谓之曰：‘国可灭，史不可没。宋十六主，有天下三百余年，其太史所记具

① （明）宋濂等：《元史·张柔传》（卷 147），中华书局 1976 年版，第 3474 页。

② （明）宋濂等：《元史·世祖纪六》（卷 9），中华书局 1976 年版，第 179、180 页。

③ 同上书，第 179 页。

④ （元）王士点、商企翁：《秘书监志》，高盛荣点校本，浙江古籍出版社 1992 年版，第 109 页。

在史馆，宜悉收以备典礼。’乃得《宋史》及诸注记五千余册，归之国史院。”董文炳不仅是元朝平宋的功臣，也是保护宋朝档案文献的功臣。《宋史》卷四八《瀛国公纪》也载：德祐二年（1276年）二月辛丑，“大元使者入临安府，封府库，收使馆、礼寺图书及百司符印、诰敕，罢官府及侍卫军”。

忽必烈还接受许衡的建议，将杭州的官书籍版以及江西各郡书板运到大都，立兴文署掌管。《元史·王构传》言：“宋亡，构与李槃同被旨，至杭取三馆图籍、太常天章礼器仪仗，归于京师。”这些举措从一个侧面反映了元代统治者对历代档案典籍的重视，在从中吸取统治经验的同时，客观上也为促进学术文化的继承与发展创造了良好的条件。

仁宗、英宗时的翰林国史院编修官袁桷，撰有《修辽金宋史搜访遗书条例事状》，专门奏请搜求辽、金、宋史料，以为编修三史之用。他说：“辽、金旧事，鲜所知闻，中原诸老，家有其书，必能搜罗会萃，以成信史”；“宋朝名臣文集及杂书纪载悉皆遗缺，亦当著具书目，以备采择”。他主张三史的文献搜访事宜一要设立官局，专司其事；二要开列各类书目，以便访求遗书。按照这一想法，他以宋史为例，列举了宋代实录、名臣文集、地志以及野史、杂记、碑传等书目达168种之多。[①] 袁桷网罗文献的方法，不仅为元修三史所用，直到清代编修《明史》时仍为人取法，当时的编修官朱彝尊说：“昔者，元修宋辽金史，袁桷列状请搜访遗书，自实录、正史而外，杂编野纪可资证援参考者，一一分疏其目，具有条理。”[②]

元代不但关注前代档案史料的搜求，也注意当朝档案史料的收集。活跃于文宗朝的虞集就注意到元初以来故老凋零、旧文散落对史实求征的威胁，他说：“故老既无存焉者而遗文野史之略无足征，故常以为意，遇有见闻，必谨识之。”[③] 他利用在史馆任职的机会，“历观国家贵戚、勋臣世

---

① （元）袁桷：《清容居士集·议状附·修辽金宋史搜访遗书条例事状》（卷41），台湾商务印书馆1986年版，第550—554页。

② （清）朱彝尊：《曝书亭集·史馆上总裁第二书》（卷32），台湾商务印书馆1986年版，第12页。

③ （元）虞集：《道园学古录·孟同知墓志铭跋》（卷11），商务印书馆1937年版，第208页。

系”，“得从故家遗老闻祖宗时创业之艰难”[①]，收集到许多世家功臣的事迹材料，编写了大批人物碑铭行状，对于补正《元史》有较高的史料价值。

元朝十分重视档案的安全保护，形成一套较为完整的制度和方法。主要表现在：一是军队利用武装力量，确保档案的完整与安全。如在《秘书监志》卷第三中有“守兵”一节，详述利用武装力量保卫档案安全的过程。据载：秘书监初设时并无守兵，随着收藏档案的增多，才把武装守卫一事提上议事日程。大德元年（1297 年），秘书监呈文中书省：“自至元十年设立秘书监，置库收掌应有禁书阴阳文字，为无处军著守，恐致疏虞。拟拨守护处军三名。”四月二十五日“蒙拨到处军二名，常川守护”。[②] 大德五年（1301 年），秘书监出于裱褙档案资料需要，多请了几名工匠，元政府为加强内部防范，即增派处军。大德五年（1301 年）六月十四日钦奉圣旨：“秘书监裱褙佛像书画等差，委坏义将引军一十名著守，供作勾当。”[③] 元政府对档案安全之重视，由此可见一斑。二是注意馆库设置。如元政府对秘书监的馆址选择极为重视，除了考虑保管的安全外，还要考虑皇帝的利用，即方便“御览”。秘书监初设在“宫城南之东壁”的尚书省内，后尚书省废，“故秘书恒与兵礼二部易地而治”。至元二十年（1283 年），元政府新筑的都城建好，称为大都。都城规模宏大，宫殿壮丽，人口繁庶，商业发达。当时，元政府的各主要机关都迁往大都，唯秘书监“未曾摽拨”。于是秘书监呈文：“如今皇帝圣旨里教秘书监编修地里文书者么道。秘书监里勾当里行的人都在大都里住有。秘书监在旧城里头有，来往生受有，勾当也误了有。”至元二十四年（1287 年），秘书监于旧礼部置监。至治二年（1322 年），奉都堂钧旨：“秘书监移将更鼓楼后宗仁卫衙门里去者。那里头见安下的使臣兑那与正斤盛顿御览禁书者。”[④] 秘书监搬至大都内，既保证了档案秘籍的安全，又方便了皇家

---

① （元）虞集：《道园类稿·跋曾氏世谱》（卷 34），《元人文集珍本丛刊》本，新文丰出版公司 1985 年版。

② （元）王士点、商企翁：《秘书监志》，高盛荣点校本，浙江古籍出版社 1992 年版，第 66 页。

③ “坏义”是指完颜坏义，时任武卫亲军百户。

④ （元）王士点、商企翁：《秘书监志》，高盛荣点校本，浙江古籍出版社 1992 年版，第 55—56 页。

利用。三是应用传统裱糊等手段，加强档案资料的保护。如秘书监至元十四年（1277年）奉圣旨："秘书监里有损坏了底文书书画，都摒掠底好者。"[①]开始进行裱糊抢救工作。大德五年（1301年），裱糊工作规模扩大，"差官前到杭州取发芝并匠人陆德祥等共五名，驰驿前来秘书监裱褙书画勾当。总计五名：知书画支分裱褙一名：王芝，裱褙匠三名：陆德祥、冯斌、尤诚，接手从人一名：陈德"。[②]秘书监开展的裱糊工作都是雇请全国最著名的优秀工匠，用料考究，技艺精湛。就裱糊用料来讲，仅面糊一项，就极其复杂。不同的档案材料，要用不同的配方。例如：裱纸张用黄蜡、明胶、白矾、白芨、藜蒌、皂角、茅香、藿香调面糊，而裱绫绢只用黄蜡、白矾、藜蒌、茅香调面糊，所用调料相差一半。[③]即使同一调料，在调不同面糊时，用量也不完全相同，技艺之精，无以复加。

十二　重视档案的检索和开发利用

以秘书监为例，元代重视文书档案的开发利用工作主要有以下三大特点：

首先，表现为重视对档案资料检索工具的编制，方便查询。秘书监在建立初期，只注重对档案资料的收集，但检索工具较为落后，"库无定所，题目简秩，宁无紊乱"。至正二年（1342年）五月，秘书监王监丞深感整理编目之重要，遂呈文曰："切谓古之书库，亦各有目，图画亦各看题，所以谨贮藏而便披玩也。伏睹本监所藏，俱系金宋流传及四方购纳古书名画，不为少矣，专以只备御览也。"而检索工具如此落后，若不"随时分科，品类成号，倘时奉旨，庶乎供奉有伦，因得尽其职也"。[④]经批准，王监丞组织秘书库人员，把库藏所有档案资料"编类成号，置簿缮写"，从而使库藏档案资料都能做到有目可查，方便管理和利用。

其次，根据馆藏特点和优势，通过设立分监等方式，积极主动地做好利用服务工作。秘书监服务的主要对象是皇帝，除了供皇帝御览、决策查

---

① （元）王士点、商企翁：《秘书监志》，高盛荣点校本，浙江古籍出版社1992年版，第104页。

② 同上书，第67页。

③ 同上书，第105—106页。

④ 同上书，第109页。

考外，还要供皇帝及皇室成员学习教育和其他利用。由于元统治者每年都要到上京避暑[①]，“丞相率百官各奉职分司扈从”，秘书监为做好服务工作，“亦佩分监印，辇图籍在行间，所以供考文、备御览者”，秘书监人员都“视它职为华要”。[②] 秘书监这种通过设立分监做好利用服务工作的做法，不愧为元代利用工作的一大特色。由于设立了分监，既方便了皇家利用，又可以及时了解利用情况，根据需要，随时从大都秘书监调配各种档案资料，以满足利用需求。《秘书监志》卷三“分监”一节，详细记载了上都历次调阅资料的情况，在此不一一列举。

再次，重视编研工作，通过档案文献编纂，开发档案信息资源。秘书监的编研工作，最突出的就是前文所述纂修《大元大一统志》：“至元乙酉，欲实著作之职，乃命大集万方图志而一之，以表皇元疆理，无外之大，诏大臣近侍提其纲，聘鸿生硕士立局置属庀其事，凡九年而成书。续得云南、辽阳等书，又纂修九年而始就。”[③]

该书包括的内容上至禹贡，下至元代，大至路州，小至坊郭乡镇，自然、社会、人物无所不写，无所不包，涉及范围之广，利用文书档案之多，编纂难度之大，由此可见一斑。这也充分证明，当时的秘书监若不是拥有一大批全国最优秀的档案编研人才，藏有极其丰富的档案文献资料，掌握熟练的编研方法和技术，要想编出如此一部巨著是难以想象的。

---

① 上京即上都。忽必烈 1256 年建城郭宫室于滦水北，1260 年即帝位于此，称开平府。1263 年加号上都。

② （元）王士点、商企翁：《秘书监志》，高盛荣点校本，浙江古籍出版社 1992 年版，第 56 页。

③ 同上书，第 72 页。

第五章

元朝档案文献编纂

第一节　档案文献编纂机构和人员

在中国古代，每一个北方民族政权的统治者要纂修本民族（或其他民族）的历史，首要的便是根据修纂不同门类历史的需要，建立不同的修史机构，并设置史官，令其具体负责纂修史书。当然，也有一些民族因种种原因，没有建立专门的修史机构和设置专职史官，他们的修史属民间性质，即私人修史，修史门类亦无明确区分。纵观中国古代北方民族之史学，其修史机构之建立，史官之设置，修史门类之划分，既有学习、仿效中原汉族政权修史之处，同时也有他们富于民族特色的内容。元朝实录、国史的修纂机构是翰林兼国史院。翰林兼国史院的建立，是蒙元王朝对唐宋官修史书制度的继承和发展。元代的修史机构规模宏大，具有逐步完备的趋势，为编史修志作出了重大贡献。

一　翰林兼国史院

（一）翰林兼国史院的建立

蒙古汗国时期，在蒙古大汗的怯薛人员中，有一类名为必阇赤，《元史》卷九九《兵志二》称为“为天子主文史者”。这是用畏兀儿蒙古文修史者，但没有固定机构。《元史》卷二《太宗纪》载窝阔台汗八年（1236年）六月，元太宗从耶律楚材之请，“立编修所于燕京，经籍所于平阳，编集经史，召儒士梁陟充长官，以王万庆、赵著副之”。

1260年，忽必烈在上都称汗，建元中统。为了征服南宋、入主中原，他采取了符合中原地主阶级利益的措施，任用了一批汉族士大夫担任军政要职，官制“遵用汉法”。元中统初，“首授翰林学士承旨，制诰典章，皆所裁定。至元元年，加资善大夫”，但还没有正式设立官署。1261 年，原金末状元、金国翰林供奉王鹗向世祖上奏曰：“自古帝王得失兴废可考者，以有史在也。我国家以神武定四方，天戈所临，无不臣服者，皆出太祖皇帝庙谟雄断所致。若不乘时纪录，窃恐久而遗亡，宜置局纂修《实录》，附修辽、金二史。”又言：“唐太宗始定天下，置弘文馆学士十八人，宋太宗承太祖开创之后，设内外学士院，史册灿烂，号称文治。堂堂国朝，岂无英才如唐、宋者乎！”[①] 世祖“皆从之。始立翰林国史院”[②]。王鹗作为中原儒士，对中原传统的史学制度是十分熟悉的。他的这番建言，实际上是向忽必烈宣传新帝为先帝纂修实录、新朝为旧朝修史的中原传统，宣传自唐宋以来由国家设馆官修史书的制度。其时，忽必烈与汉地士人接触较多，所以很快就采纳了这些意见。据《资治通鉴后编》卷一四六《理宗纪》载：“景定……五年……九月壬申朔，蒙古立翰林国史院。”景定五年即至元元年，可知翰林国史院是世祖至元元年（1264 年）正式设立的。翰林国史院的史臣以翰林学士兼任。据《续文献通考》卷五十四《职官考》曰：“元国史院以翰林兼之。中统三年，敕王鹗集廷臣商榷史事。至元元年，敕选儒士编修国史，起馆舍，给俸以赡之。”[③] 王鹗议立翰林国史院后，“遂荐李冶、李昶、王磐、徐世隆、高鸣为学士”[④]。

翰林兼国史院建立后，职掌制诰文字，并正式将修史职掌并入翰林兼国史院。[⑤] 因此也可以说，元朝翰林兼国史院与前代的翰林学士院在性质上已有所不同，它不再是比较单纯的中枢秘书机构，而成为一个主管范围更为广泛的国家高级文化职能机构。同时设立了蒙古翰林院及其所属的蒙古国子监，至元二十年（1283 年），又曾一度把职掌提调学校、征求隐逸、召集贤良的集贤院与翰林兼国史院合并称为“翰林国史集贤院”，为

① （明）宋濂等：《元史·王鹗传》（卷 160），中华书局 1976 年版，第 3757 页。

② 同上。

③ （清）嵇璜、曹仁虎等：《续文献通考·职官考·御史台》（卷 54），台湾商务印书馆 1986 年版，第 509—510 页。

④ （明）宋濂等：《元史·王鹗传》（卷 160），中华书局 1976 年版，第 3757 页。

⑤ 张帆：《翰林学士院何时兼修史之任》，《史学史研究》1990 年第 3 期。

翰林院的演变和发展注入了新的内容。可以说，元朝翰林兼国史院是翰林院作为内廷机构的一个最辉煌的时期。

（二）翰林兼国史院的编制

元代的翰林兼国史院，其建立完善经历了一个从中统年间筹划，到至元年间完成，再到皇庆年间定制的过程。

《元史》卷八十七《百官志三》载：

> 翰林兼国史院，秩正二品。中统初，以王鹗为翰林学士［承旨］，未立官署。至元元年始置，秩正三品。六年，置承旨三员、学士二员、侍读学士二员、侍讲学士二员、直学士二员。八年，升从二品。十四年，增承旨一员。十六年，增侍读学士一员。十七年，增承旨二员。二十年，省并集贤院为翰林国史集贤院。二十一年，增学士二员。二十二年，复分立集贤院。二十三年，增侍讲学士一员。二十六年，置官吏五员，掌管教习亦思替非文字。二十七年，增承旨一员。大德九年，升正二品，改典簿为司直，置都事一员。至大元年，置承旨九员。皇庆元年，升从一品，改司直为经历。延祐元年，别置回回国子监学，以掌亦思替非官属归之。五年，置承旨八员。后定置承旨六员，从一品；学士二员，正二品；侍读学士二员，从二品；侍讲学士二员，从二品；直学士二员，从三品。属官：待制五员，正五品；修撰三员，从六品；应奉翰林文字五员，从七品；编修官十员，正八品；检阅四员，正八品；典籍二员，正八品；经历一员，从五品；都事一员，从七品；掾史四人，译史、通事、知印各二人，蒙古书写五人，书写十人，接手书写十人，典吏三人，典书二人。①

这段记载将元代翰林国史院的编制情况基本上讲清楚了。即中统初年筹建，有官无署。至元元年（1264 年）九月正式建立，主官名承旨，级别为正三品。至元六年（1269 年）定编，设承旨三员、学士二员、侍读学士二员、侍讲学士二员、直学士二员。至元八年（1271 年），承旨升为从二品。至元十四年（1277 年），增承旨一员。至元十六年（1279 年），

① （明）宋濂等：《元史·百官志三》（卷 87），中华书局 1976 年版，第 2189—2190 页。

增侍读学士一员。至元十七年（1280 年），增承旨二员。至元二十年（1283 年），集贤院一度并入翰林兼国史院后称“翰林国史集贤院”。至元二十二年（1285 年）集贤院分出，复旧名。到成宗大德九年（1305 年），承旨升为正二品。武宗至大元年（1308 年），承旨定为九员。仁宗皇庆元年（1312 年），承旨升为从一品。皇庆五年，置承旨八员。后定置为承旨六员，从一品；学士二员，正二品；侍读学士二员，从二品；侍讲学士二员，从二品；直学士二员，从三品。属官有：待制五员，正五品；修撰三员，从六品；应奉翰林文字五员，从七品；编修官十员，正八品；检阅四员，正八品；典籍二员，正八品；经历一员，从五品；都事一员，从七品；掾史四人，译史、通事、知印各二人，蒙古书写五人，书写十人，接手书写十人，典吏三人，典书二人。

至此，翰林兼国史院已经成为一个组织系统十分完备的中央机构了。而且其主官品秩较前代提高，员额亦较前代增多。由于皇帝的重视，翰林兼国史院的地位空前升高，掌院官员为从一品，达到了国史院历史上的顶峰。翰林兼国史院机构庞大，属官完备，也是翰林院发展史上的顶峰。

（三）翰林兼国史院的分合

元代在翰林兼国史院的建立过程中，出现了翰林院、国史院和集贤院三院的分合问题，有必要在此讨论一下。

蒙元以前诸朝，翰林、国史、集贤三院的职掌是明确的，不相交混。但元初开始便是翰林院与国史院一体，而后又有集贤院并入之举（一说“国初，集贤与翰林兼国史院同一官署”）。这反映出当时蒙古族统治者对前代中原王朝的翰林、国史、集贤衙署的职能认识是模糊的，分得不太清楚。这是因为在蒙古国时期，官制机构简单，职能分工不明确。正如《元史·百官志一》所言：“元太祖起自朔土，统有其众，部落野处，非有城郭之制，国俗淳厚，非有庶事之繁，惟以万户统军旅，以断事官治政刑，任用者不过一二亲贵重臣耳。……草创之初，固未暇为经久之规矣。”① 对中原传统的文职衙署系统的职能区分不甚了解，故而将制诰的起草、史书的修纂、图书档案的管理等文职事务统统归入翰林兼国史院一个机构之中。

---

① （明）宋濂等：《元史·百官志一》（卷 85），中华书局 1976 年版，第 2119 页。

但时隔不久，便觉得这样做有些不妥，并逐步改进。至元十二年(1275年)三月“庚子，从王磐、窦默等请，分置翰林院，专掌蒙古文字，以翰林学士承旨撒的迷底里主之。其翰林兼国史院，仍旧纂修国史、典制诰、备顾问，以翰林学士承旨兼修起居注和礼霍孙主之”[①]。从这段记载来看，当时的一些汉族知识分子觉得一是将翰林院与国史院定为一个机构，不合传统；二是业务上分工不明确，做起事来不太方便，提出要将翰林院分出去。元廷采纳了他们的意见，分置翰林院，专掌蒙古文字，称蒙古翰林院，而蒙古翰林院分出之后，翰林兼国史院仍用其旧名，这当与其职掌中仍有“典制诰，备顾问”有关。蒙古翰林院的职掌是“译写一切文字，及颁降玺书，并用蒙古新字，仍各以其国字副之”[②]。到皇庆元年(1312年)后，已发展成为一个与同翰林兼国史院并驾齐驱的中央文职机构。

集贤院，“秩从二品。掌提调学校、征求隐逸、召集贤良。凡国子监、玄门道教、阴阳祭祀、占卜祭遁之事，悉隶焉”[③]。《元史·百官志三》集贤院条下作“国初，集贤与翰林兼国史院同一官署。至元二十二年，分置两院”。与翰林兼国史院条下载“二十年，省并集贤院为翰林国史集贤院”有异。但集贤院曾并于翰林兼国史院这一点是一致的。集贤院与翰林兼国史院分家后，亦发展成一个与翰林兼国史院、蒙古翰林院平级的中央文职机构。

从以上情况可以推断，元初，朝廷的文职事务主要由翰林兼国史院主管，其后才不断细化，逐步分出蒙古翰林院、集贤院，翰林兼国史院才渐次突出了它的修史职能。

(四) 翰林兼国史院的职能

史料显示，元朝翰林兼国史院的业务范围广泛而复杂。作为王朝的高级文化机构，在履行其修史著史、编纂档案文献的基本职能之外，负责朝廷文书的起草和参与国家意识形态建设也是其职能的重要方面。就档案文献编纂来说，主要是收集与集中当朝和前代的事迹，录付史馆，积累修史

---

① (明)宋濂等:《元史·世祖纪五》(卷8)，中华书局1976年版，第165页。

② (明)宋濂等:《元史·百官志二》(卷87)，中华书局1976年版，第2190页。

③ 同上书，第2192页。

资料，以备修纂实录、后妃功臣传以及前朝史之用。这类业务当是大量的。而采集本朝的史事资料又是日常工作的重点。日常起居注的纂著收藏、行政档案文献的积累，则是翰林兼国史院经常性的工作。这一点与中原王朝的史馆没有大的区别。

中统四年（1263年）夏四月筹建史馆之时，第一件事就是“王鹗请延访太祖事迹付史馆”。至元十年（1273年）闰六月辛未，“以翰林院纂修国史，敕采录累朝事实以备编集”[①]。“成宗立，首命采访先朝圣政，以备史官之纪述。陕西省使（李）孟讨论编次，乘驿以进。”[②] 元朝设起居注，以备修史之用。起居注官由翰林兼国史院的官员担任，翰林承旨和礼霍孙也担任过起居注。至元十年（1273年）十一月癸未，元世祖“命布只儿修《起居注》”[③]。此外太史院呈上的重要文献如《授时历经》、《历仪》等都敕藏于翰林兼国史院[④]。还有日常对重臣们的封赠赐谥，都要会集史馆，供修史之用。元朝还撰有时政记，为日常政务的大事记，亦要付于史馆，以备纂录。[⑤] 一些重大史事的资料，史馆都要收集，以备修史。如，倒剌沙为泰定帝朝权臣，专权自肆，干了许多坏事，终致败亡。天历二年（1329年）“十一月乙卯，翰林兼国史院臣言：‘纂修《英宗实录》，请具倒剌沙款伏付史馆。’从之”[⑥]。史官们有时还著述一些自己觉得重要有益的材料，进呈皇帝御览。《元史·耶律希亮传》载：“至大二年（1309年），武宗访求先朝旧臣，特除翰林学士承旨、资善大夫，寻改授翰林学士承旨、知制诰兼修国史。希亮以职在史官，乃类次世祖嘉言善行以进，英宗取其书，置禁中。”[⑦] 国家发生的灾异、祥瑞等事，史馆亦负责记录，以备修史之用。“泰定三年（1326年）九月，湖州长兴州民王俊家，牛生一兽，鳞身牛尾，口目皆赤，堕地即大鸣，母不乳之。具图以上，不知何兽，或曰‘此瑞也，宜俾史臣纪录’。”[⑧] 翰林兼国史院还经常

---

① （明）宋濂等：《元史·世祖纪五》（卷8），中华书局1976年版，第150页。
② （明）宋濂等：《元史·李孟传》（卷175），中华书局1976年版，第4084页。
③ （明）宋濂等：《元史·世祖纪五》（卷8），中华书局1976年版，第152页。
④ （明）宋濂等：《元史·世祖纪十一》（卷14），中华书局1976年版，第287页。
⑤ （明）宋濂等：《元史·王约传》（卷178），中华书局1976年版，第4138页。
⑥ （明）宋濂等：《元史·文宗纪二》（卷33），中华书局1976年版，第745页。
⑦ （明）宋濂等：《元史·耶律希亮传》（卷180），中华书局1976年版，第4162页。
⑧ （明）宋濂等：《元史·五行志一》（卷50），中华书局1976年版，第1082页。

向知事大臣咨询，收集史料。《元史·董文用传》载："文用自先帝时，每侍燕，与蒙古大臣同列……是年，诏修先帝实录，升资德大夫、知制诰兼修国史。文用于祖宗世系功德、近戚将相家世勋绩，皆记忆贯穿，史馆有所考究质问，文用应之无遗失。"[①]《元史·察罕传》载：仁宗即位，察罕拜中书参知政事，暮年，居德安白云山别墅，以白云自号。元仁宗"命译《脱必赤颜》，名曰《圣武开天纪》，及《纪年纂要》、《太宗平金始末》等书，俱付史馆"[②]。

元朝翰林国史院的职能复杂多样，究其原因有二：首先，从机构沿革方面看，当与元初的三院合一有关系。当初翰林国史院几乎是一个综合性的朝廷文职、文化机构，所辖事务多而杂，后来虽然陆续分出了蒙古翰林院、集贤院，但有些职能却没有分得很清。其次，从翰林国史院与蒙古翰林院的关系看，蒙古翰林院冠有"蒙古"二字，职能很明确，即"译写一切文字，及颁降玺书，并用蒙古新字，仍各以其国字副之"。就是说，它是一个以蒙古文制诰、文书的拟写、翻译、处理为主要职能的机构。这对于一个蒙古族建立的政权来说，无疑是十分必要而重要的。但在元朝统治下的臣民中，汉族毕竟占绝大多数，涉及汉文化的事务是相当多的，这类事务对蒙古翰林院来说，有的是无暇顾及，有的是力所不及，故只能把这类事务分给翰林国史院去做。就翰林国史院来说，修史著史的档案资料，用蒙古文书写的需要翻译为汉文，实录、后妃功臣列传等都是先用汉文写成，再译为蒙古文本进呈皇帝御览，因此翰林国史院与蒙古翰林院也有密不可分的关系。这样看来，元代国史院称翰林兼国史院，也是有其深刻内涵的，是其自具特色之处。[③]

二　翰林兼国史院编纂人员

元朝皇帝对翰林兼国史院非常重视。据《元史》卷二十四《仁宗纪一》载：皇庆元年"壬戌，升翰林国史院秩从一品"。元仁宗谕省臣

---

① （明）宋濂等：《元史·董文用传》（卷148），中华书局1976年版，第3500、3501页。

② （明）宋濂等：《元史·察罕传》（卷137），中华书局1976年版，第3311页。

③ 王雄：《从元朝的设馆修史看蒙古族史学》，见瞿林东《中国少数民族史学研究》，北京图书馆出版社2008年版，第246—247页。

曰："翰林、集贤儒臣，朕自选用，汝等毋辄拟进。人言御史台任重，朕谓国史院尤重。御史台是一时公论，国史院实万世公论。"[①] 翰林国史院之主官是从一品，由蒙古官员充任。至元十二年（1275 年）蒙古翰林院分出时，蒙古翰林院和原来的翰林兼国史院的主官一为撒的迷底里，一为和礼霍孙，都是蒙古人。而和礼霍孙在元朝是十分著名的大臣。同时元朝又吸纳了中原王朝宰相监修国史的制度，在翰林兼国史院承旨之上又由更高级的官员兼领，称监修国史。至元年间，监修国史有平章军国重事、中书左丞相耶律铸，至大年间，监修国史有左丞相塔思不花、太尉尚书右丞相脱虎脱。延祐年间，监修国史有中书右丞相合散、录军国重事铁木迭儿。[②] 至顺年间，监修国史有燕铁木民。顺帝时监修国史有太师、中书右丞相伯撒里、帖里帖木儿，还有伯颜、朵儿只、贺惟一等。顺帝时，修辽、金、宋三史，这是当时最大的修史工程，朝廷的许多高级官员都参与其事，以中书右丞相脱脱为都总裁官，中书平章政事铁木儿塔识、中书右丞太平、御史中丞张起岩、翰林学士欧阳玄、侍御史吕思诚、翰林侍讲学士揭傒斯为总裁官。与中原历代王朝宰相监修国史的制度无异。

元朝对史官的拣选也是比较严格的。前面已经提到，英宗说翰林、集贤儒臣要由皇帝自己选用。《元史·选举志三》载：凡翰林院、国子学官，大德七年（1303 年）议："文翰师儒难同常调，翰林院宜选通经史、能文辞者，国子学宜选年高德劭、能文辞者，须求资格相应之人，不得预保。布衣之士，若果才德素著，必合不次超擢者，别行具闻。"十五年，部拟："翰林兼国史院令史同台令史一体出身，于各部令史内选取。"《元史·选举志三》对史官的入选条件、资格有明确的要求，其中正直不阿、立身恭谨，有才、识、德是最重要的。李之绍原来是一名乡村教授，颇有声名，至元三十一年（1294 年）纂修《世祖实录》，授将仕佐郎、翰林国史院编修官，直学士姚燧亲自考查其才干，"凡翰林应酬之文，积十余事，并以付之。之绍援笔立成，并以稿进。燧惊喜

① （明）宋濂等：《元史·仁宗纪一》（卷 24），中华书局 1976 年版，第 549 页。

② （明）宋濂等：《元史·仁宗纪二》（卷 25），中华书局 1976 年版，第 563、564、565 页。

曰：‘可谓名下无虚士也’”。[①] 又有李泂，“生有异质，始从学，即颖悟强记。作为文辞，如宿习者”。姚燧“一见其文，深叹异之，力荐于朝，授翰林兼国史院编修官。……拜住为丞相，闻泂名，擢监修国史长史”[②]。

元朝的翰林兼国史院确实汇聚了不少文史人才。这些人也不全是专司一职，一般都兼有朝廷的其他高级文衔，如翰林供奉文字、知制诰、知经筵事、国子监教职等。其出身成分，有蒙古人、色目人，也有汉人、南人。汉人如王鹗、窦默、欧阳玄等，蒙古、色目如不忽木、爱薛、扎篑、伯帖木儿、奕赫抵雅尔丁、月鲁帖木儿、廉惠山海牙、达识帖睦迩、普达失理等。总体上说，汉族知识分子居多，而蒙古、色目史官中也不乏博雅淹通之士。这些人无论在品格还是在才学上，都是很优秀的。如元初的翰林窦默、王鹗、姚枢、许衡等，能当着忽必烈的面，指斥忽必烈的亲信大臣王文统，说“此人学术不正，必祸天下，不可处以相位”。忽必烈虽然“不怿”，但还是考虑了他们的意见。[③]

窦默曾与刘秉忠、姚枢、刘肃、商挺随侍忽必烈，对朝中唯王之可否为可否的不正常现象进行了尖锐的批评，说：“君有过举，臣当直言，都俞吁咈，古之所尚。今则不然，君曰可，臣亦以为可，君曰否，臣亦以为否，非善政也。”忽必烈很受启发。“明日，复侍帝于幄殿。猎者失一鹘，帝怒，侍臣或从旁大声谓宜加罪。帝恶其迎合，命杖之，释猎者不问。既退，秉忠等贺默曰‘非公诚结主知，安得感悟至此’。”[④]

再如不忽木，任翰林学士承旨、知制诰兼修国史。忽必烈问其桑哥罪状，不忽木具实以对。忽必烈欲用不忽木为丞相，不忽木固辞曰：“朝廷勋旧，齿爵居臣右者尚多，今不次用臣，无以服众。”[⑤] 表现出他高洁的品格。

揭傒斯任宋、辽、金三史总裁，提出史官“有学问文章而不知史事者，不可与；有学问文章知史事而心术不正者，不可与。用人之道，又当

① （明）宋濂等：《元史·李之绍传》（卷164），中华书局1976年版，第3862页。
② （明）宋濂等：《元史·李泂传》（卷183），中华书局1976年版，第4223页。
③ （明）宋濂等：《元史·王文统传》（卷206），中华书局1976年版，第4595页。
④ （明）宋濂等：《元史·窦默传》（卷158），中华书局1976年版，第3732页。
⑤ （明）宋濂等：《元史·不忽木传》（卷130），中华书局1976年版，第3168页。

以心术为本也”[①]。这一见解，是他对传统史官要具备史才、史识、史德理论的高度发挥。以心术论史德，对史官的史德从精神境界的深度提出了更高要求。

魏初，“好读书，尤长于《春秋》，为文简而有法……授国史院编修官”。一次，“帝宴群臣于上都行宫，有不能釂大卮者，免其冠服”。魏初随即上疏说：“臣闻君犹天也，臣犹地也，尊卑之礼，不可不肃。方今内有太常、有史官、有起居注，以议典礼、记言动；外有高丽、安南使者入贡，以观中国之仪。昨闻锡宴大臣，威仪弗谨，非所以尊朝廷、正上下也。”疏入，帝欣纳之，仍谕侍臣今毋复为此举。[②]

铁木儿塔识，史言其“天性忠亮，学术正大，伊、洛诸儒之书，深所研究”，帝称：“王文统奇才也，朕恨不得如斯人者用之。”铁木儿塔识对曰：“世祖有尧、舜之资，文统不以王道告君，而乃尚霸术，要近利，世祖之罪人也。使今有文统，正当远之，又何足取乎！”[③] 他还抵制伯颜议罢科举、征用处士待以不次之擢等，都显示了他的灼见。

其他如：达识帖睦迩，幼“入国学为诸生，读经史，悉能通大义，尤好学书，初以世胄补官……除枢密院同知，升中书右丞、翰林承旨，迁大司农”[④]。月鲁帖木儿，“拜翰林学士承旨、知经筵事，进读之际，引援经史，一本于王道，帝嘉纳焉”[⑤]。廉惠山海牙，是元朝自己培养的进士，“召入史馆，预修英宗、仁宗实录”，内外莅事，多著政绩[⑥]。

可以看出，元朝的翰林兼国史院不仅是一个修史著史的机构，同时也是一个网罗、蓄养、造就人才的地方。这无疑是蒙古统治者重视史职、重视人才的结果。

---

① （明）宋濂等：《元史·揭傒斯传》（卷181），中华书局1976年版，第4186页。

② （明）宋濂等：《元史·魏初传》（卷164），中华书局1976年版，第3858页。

③ （明）宋濂等：《元史·铁木儿塔识传》（卷140），中华书局1976年版，第3374页。

④ （明）宋濂等：《元史·达识帖睦迩传》（卷140），中华书局1976年版，第3375页。

⑤ （明）宋濂等：《元史·月鲁帖木儿传》（卷144），中华书局1976年版，第3435页。

⑥ （明）宋濂等：《元史·廉惠山海牙传》（卷145），中华书局1976年版，第3447页。

第二节　起居注、时政记、日历的编纂

一　起居注的编纂

元代起居注的萌芽，可以上溯到蒙古汗国时期。波斯人拉施特记载当时的蒙古君主“所说的每一句话都要逐日记载下来”[①]，这项工作有专人负责。多桑提到一个名叫“镇海”的“畏吾儿人”，“窝阔台在位时为丞相，兼记录皇帝之逐日言行”，并分析认为“此中国君主之起居注职，其起源甚古也”。[②]《史集》所载成吉思汗训言和窝阔台在位时逸事甚详，波斯人志费尼著《世界征服者史》一书亦有记载，其最初的材料来源很可能就是上面提到的蒙古君主言行记录。

元朝承前代之制，设起居注制度，以备修史之用。《元史》卷八八《百官志四》载：“给事中，秩正四品。至元六年（按据本纪当作五年），始置起居注、左右补阙，掌随朝省、台、院、诸司凡奏闻之事，悉纪录之，如古左右史。十五年（按据本纪当作十六年），改升给事中兼修起居注，左右补阙改为左右侍仪奉御兼修起居注。皇庆元年，升正三品。延祐七年，仍正四品。后定置给事中兼修起居注二员，右侍仪奉御同修起居注一员，左侍仪奉御同修起居注一员，令史一人，译史四人，通事兼知印一人。”

元代起居注的正式设立，则是在至元五年（1268 年）。《元史》卷六《世祖纪三》载：至元五年（1268 年）十月乙未“中书省臣言：‘前代朝廷必有起居注，故善政嘉谟不致遗失。’即以和礼霍孙，独胡剌充翰林待制兼起居注”。这时的起居注官，不是由给事中兼任，而是由翰林官兼任。元初人王恽曾上言“宜令学士院修起居注，逐旋进读。复置起居舍人、郎官等官，使分掌其事”[③]，此举抑或同他的建议有关。至于给事中

---

① ［波斯］拉施特：《史集》（第二卷第三分册），余大钧、周建奇译，商务印书馆 2009 年版。

② ［瑞典］多桑：《多桑蒙古史》（上册），冯承钧译，商务印书馆 2013 年版，第 280 页。

③ （元）王恽：《四库全书·秋涧集·论修起居注事状》（卷 86），上海古籍出版社 1987 年版，第 247 页。

一职，至元七年（1270年）始仿前代三省属官制而设，至元九年（1272年）正月即罢。[①] 姚燧《牧庵集》卷十九《贾居贞神道碑》载：至元七年“立尚书省，授公中书给事中，丞相惟署制敕而已。随同两丞相史公、耶律公润色国史翰林”[②]。可见当时的给事中虽未兼掌起居注，但也曾兼管一些史事。到至元十六年（1279年），这一职务才重新设立，并正式兼掌起居注。至于左右侍仪奉御，原是礼部属下侍仪司的官属。至元八年（1271年）春二月，立侍仪司，掌朝仪，“以忽都于思、也先乃为左右侍仪奉御”。[③] 后来左右侍仪奉御兼掌起居注，逐步脱离侍仪司，与给事中一起构成了一个专门负责纂修起居注的机构。[④]

元代起居注的特点，是以记载百司奏事为主，而帝王言动则退居次要地位。这也许是受到了宋代的某些影响。[⑤] 《元史》卷十《世祖纪七》载：至元十五年（1278年）六月“乙亥，敕省、院、台诸司应闻奏事，必由起居注”。至元十六年（1279年）四月“癸巳，以给事中兼起居注，掌随朝诸司奏闻事”。《元史》卷一七三《崔彧传》载：至元二十年（1283年），崔彧上言云“今起居注所书，不过奏事检目而已”。《元史》卷二八《英宗纪二》又载：至治二年（1322年）十一月丙午，御史李端言：“朝廷虽设起居注，所录皆臣下闻奏事目。上之言动，宜悉书之，以付史馆。世祖以来所定制度，宜著为令，使吏不得为奸，治狱者有所遵守。”意思是说，起居注除了记录臣下的奏事外，还要记录皇帝的言行，史馆除了收贮起居注之外，还要汇集“世祖以来所定制度”，即政令文献，以供各级官员遵守，同时成为修史的资料。然而李端所奏是否得到贯彻执行尚有疑问，因为史籍中很难找到其他旁证材料。事实上，元朝前期的起居注确实记有一些帝王言行的内容，如魏初《青崖集》卷四载魏初于至元八年（1271年）四月二十四日所上奏议，称“方今内有太常、有

---

① （元）欧阳玄：《中书省左司题名记》，（元）熊梦祥著，北京图书馆善本组辑：《析津志辑佚》，北京古籍出版社1983年版，第12页。

② （元）姚燧：《牧庵集·神道碑·参知政事贾公神道碑》（卷19），台湾商务印书馆1986年版，第600页。

③ （明）宋濂等：《元史·礼乐志一》（卷67），中华书局1976年版，第1665页。

④ 参见《元史》卷85《百官志一》所述侍仪司沿革，卷96《食货志四》所述百官俸秩，另外卷84《选举志四》专门载有“给事中兼修起居注人吏”的迁转办法。

⑤ 宋代起居注所记大大超出帝王言动范围。参见《宋会要辑稿》职官二之十载政和“修起居注式”的内容。

国史、有修起居注，以议典礼，纪言动”。[①] 另外的例子如《元史》卷一二五《铁哥传》载：“从猎百杳儿之地，猎人亦不刺金射兔，误中名驼，驼死。帝怒，命诛之。铁哥曰：‘杀人偿畜，刑太重。’帝惊曰：‘误耶，史官必书。’亟释之。”《元史》卷一七三《马绍传》亦载：“桑哥集诸路总管三十人，导之入见，欲以趣办财赋之多寡为殿最。帝曰：‘财赋办集，非民力困竭必不能。然朕之府军，岂少此哉！’绍退至省，追录圣训，付太史书之。”

上引两条材料中提到的“帝”，皆指元世祖。“史官”、“太史”，估计皆指起居注官。《元文类》卷十五收录了李元礼于元成宗元贞二年（1296 年）五月所上《谏幸五台疏》，其中还有“凡上举动，必书简册”之语。[②] 又据《元文类》卷十六收录的几份《进实录表》载：《世祖皇帝实录》中有“圣训”六卷，以后诸朝就改称“制诰录”了。[③] 这似乎表明自成宗以下，起居注记帝王言行的职掌才日趋泯灭。

元代后期，主要是顺帝时，起居注一度名存实废。权衡《庚申外史》甲申（至正四年条）载：“脱脱奏曰：‘给事中、殿中（疑指殿中侍御史）所记录陛下即位以来事迹，亦宜渐加修撰，收入金縢。’上曰：‘朕行事，只在给事中、殿中处之。待朕他日归天去，令吾儿为之可也。’仍以御图书封藏金縢，自今不许有所入。然不知给事中、殿中，迩来皆公卿膏粱子弟为之，其实懵然，全无所书也。故庚申以来三十六年史事皆废。”

按《元史》卷一八五《李稷传》载：李稷于至正初上言“殿中侍御史、给事中、起居注，须任端人直士，书百司奏请，及帝所可否，月达省台，付史馆，以备纂修之实”。[④]《元史》卷四一《顺帝纪四》载：至正七年（1347 年）三月“甲辰，中书省臣言：‘世祖之朝，省、台、院奏事，给事中专掌之，以授国史纂修。近年废弛，恐万世之后，一代成功无

---

① （元）魏初：《青崖集·奏议》（卷 4），台湾商务印书馆 1986 年版，第 748 页。

② （元）李元礼：《谏幸五台疏》，见苏天爵编《元文类·奏议》（卷 15），台湾商务印书馆 1986 年版，第 187 页。

③ 苏天爵编《元文类》卷 16 中收录了王恽《进实录表》、程钜夫《进三朝实录表》、袁桷《进实录表》、谢瑞《进实录表》。

④ （明）宋濂等：《元史·李稷传》（卷 185），中华书局 1976 年版，第 4257 页。

从稽考，乞复旧制。'从之"。[1] 均可与上引《庚申外史》的材料相参证。明初人屡言"顺帝之时史官职废，皆无实录可征"，"若自元统以后，则其载籍靡存"[2]，看来终顺帝一朝，起居注制度一直没有恢复起来。

有关元代起居注官的人选问题，材料虽不多，却很值得注意。翻检《元史》，仅得九例（给事中、左右侍仪奉御初设时尚未兼管起居注，故其时的人选不计在内），都是蒙古、色目贵族，无汉人。[3] 这一情况恐非偶然。

起居注官当时俗称"御前实录官"，应当是与皇帝比较接近的。英宗时新济公（星吉）迁右侍仪同修起居注，"每侍侧，中外利害乘间进取无虚时"[4]。这样的官员多半要从怯薛人员中选任（例如星吉本人就是一名怯薛歹），汉族文人自然较难插足其间。当然，也不是说绝对没有汉人参与其事。至元二十年（1283 年）崔彧上奏提出起居注官"宜择蒙古人之有声望、汉人之重厚者"[5]。但能任其职的汉人相当少，这一点应该是没有疑问的。

二 时政记的编纂

唐宋的时政记主要记述皇帝与宰相商议军国大政的情况。这一类材料元代也曾有过。《元史》卷一七八《王约传》载王约于至元三十一年（1294 年）成宗即位后奏请"付时政记于史馆以备纂录"。苏天爵《元文类》卷十六收王恽《进（世祖）实录表》亦有"采摭于时政之编，参取于起居之注"一语。《元史》卷八十五《百官志一》称中书省"左司所掌：吏礼房之科有九……六曰时政记……"元末明初人徐一夔云"中书

① （明）宋濂等：《元史·顺帝纪四》（卷 41），中华书局 1976 年版，第 877 页。

② （明）李善长：《〈元史〉附录·进元史表》，中华书局 1976 年版，第 4674 页。

③ 《元史》所见的起居注官人选有：世祖时有和礼霍孙、独胡剌（卷 6《世祖纪三》）、阿鲁浑萨理（卷 130 本传）、坚童（卷 134 本传）、虎都铁木禄（卷 122 本传），仁宗时有月鲁帖木儿（卷 144 本传），英宗时有星吉（卷 144 本传），顺帝时有野仙溥化（卷 139 乃蛮台传附传）、维山（卷 143 巎巎传附传）。

④ （明）宋濂：《四库全书·宋文宪公集·星吉神道碑铭》（卷 18），上海古籍出版社 1987 年版，第 114 页。

⑤ （明）宋濂等：《元史·崔彧传》（卷 173），中华书局 1976 年版，第 4040 页。

置时政科”，所指当为一回事。惜材料罔略，无由详考。但大体上可以肯定：时政记与起居注一样，都是元代实录编纂的一个重要材料来源。

三　日历的编纂

元朝官修当代史中没有日历这一体裁。话虽如此，却有以下两点值得一提：

第一，元朝起居注在一定程度上取代了日历的作用。按过去传统的制度：“史官修史在内，天子动静则有起居注，百司政事则具于日历，合而修之曰实录。”① 元代起居注恰好以记录百司奏事为主，因此可以说：元代虽不专设日历，而日历的职掌并未全废。

第二，元代翰林国史院并不仅仅编纂前朝皇帝的实录，也从事一些当朝历史的编纂工作，可能大体上接近于日历。《元史》卷一九〇《郑陶孙传》：“（至元末）授翰林国史院编修官，会纂修国史，至宋德祐末年事，陶孙曰：‘臣尝仕宋，宋是年亡，义不忍书。书之，非义矣。’终不书，世祖嘉之。”这里所提的“国史”，显然是指世祖朝的当代史。② 宋濂《文宪集》卷十八《危素新墓碑铭》：“（至正末）其承旨翰林也，翰林修史有司日奉餐钱方为之，否则敛手而坐。公谓同列曰：‘吾等以史为职，且禄已厚矣，奚俟餐钱而后为邪？’因次第修之。”③ 这里没有明言“次第修之”所修为何物，但可以断定绝非实录，因为当时顺帝以前的诸朝实录列传都早已纂修完毕。推测起来，大体是属于日历性质的一类东西。因此，元代的日历很可能是有其实无其名。

由上可知，元代的起居注、时政记、日历等国史档案文献的编纂，都直接继承自宋代。其中起居注虽然产生于唐以前，日历产生于唐代，但到了宋代，这些档案文献编纂体裁已达到完备和成熟的程度，编纂制度也较

① （元）苏天爵：《滋溪文稿·三史质疑》（卷25），台湾商务印书馆1986年版，第297页。

② 日本学者小林高四郎曾提出：元代蒙古文宫廷秘史“脱卜赤颜”在汉籍中常用“国史”一词指代（见小林氏《元朝秘史の研究》，昭和二十九年日本学术振兴会刊，第76页），其言甚确。但也并非当时的记载中凡提到“国史”全是指“脱卜赤颜”。此处引文，即为例外。

③ （明）宋濂：《文宪集·危素新墓碑铭》（卷18），台湾商务印书馆1986年版，第132页。

健全。

元末明初人徐一夔《始丰稿》卷六《与王待制书》云："仆自有知，颇识元朝制度，文为务从简便，且闻史事尤甚疏略。不置日历，不置起居注，独中书置时政科，以一文学掾掌之，以事付史馆。及一帝崩，则国史院据所付修实录而已。"① 《明史》卷二八五《徐一夔传》，《四库全书总目提要》卷四六《史部·正史类二·元史》都曾转录这一段话，从而大大扩展了它的影响。直到今天的一些史学史著作，如李宗侗、张孟伦二先生各自所著的《中国史学史》，都还沿袭这种说法。实际上，如果认真考察史料，就可以知道这种说法并不正确，至少也是不全面的。金毓黻先生指出："据此所说，元代无起居注及日历，然考《元史·百官志》，以给事中兼修起居注，左右侍仪奉御，兼同修起居注，又秘书监置著作郎、佐郎，如宋、辽、金制，前代著作郎，即掌修日历。元英宗时，御史孛端，曾有朝廷设起居注，所录皆臣下闻奏事目之语，王恽修《世祖实录》，亦尝参取起居注，而徐氏谓元代无起居注及日历者，岂以元之末世虚置其官而不事其事之谓欤。"② 他的推测是有道理的。

第三节 实录的编纂

一 历朝实录纂修概况

实录作为杂取编年纪传之法，是专记某一皇帝统治时期国家事务的官修史料长编。元代实录的编纂制度和体制，基本上继承唐、宋两代，在修纂体制上也遵循由起居注或日历，再到实录的编纂过程，同时在一定程度上保留了自身特点。

元朝的翰林国史院继承了从唐朝开创的官修史书制度，每一位皇帝死后，新帝便组织史官编修先帝在位期间的实录，其主要依据是中书省下设的时政科所保存的档案文献。为了广采材料，朝廷下令"内

① （明）徐一夔：《始丰稿·书·与王待制书》（卷6），台湾商务印书馆1986年版，第227页。

② 金毓黻：《中国史学史》，上海古籍出版社2013年版，第131页。

外三品以上官，在皇庆、延祐时除拜、罢免、赏赉、责罚，悉录送史馆”。

早在忽必烈至元元年（1264 年），王鹗就奏请纂修成吉思汗的实录。此后至元末，陆续修纂了从蒙古建国元太祖成吉思汗到元朝宁宗共十三朝的实录，计有：《太祖（铁穆真）实录》、《太宗（窝阔台）实录》、《定宗（贵由）实录》、《宪宗（蒙哥）实录》、《世祖（忽必烈）实录》、《成宗（铁穆耳）实录》、《武宗（蒙海山）实录》、《仁宗（爱育黎拔力八达）实录》、《英宗（硕德八剌）实录》、《泰定帝（也孙铁木耳）实录》、《文宗（图帖睦耳）实录》、《明宗（和世㻋）实录》、《宁宗（懿璘质班）实录》。这是按中原汉地传统，以正式即帝位的皇帝实录统计的。史料显示，在元朝，具备修纂实录资格并纂有实录的不止此数。见于《元史》记载的还有《睿宗（拖雷）实录》、《顺宗（答剌麻八剌）实录》、《显宗（甘麻剌）实录》。

睿宗名拖雷，是成吉思汗的四子。他有两个儿子登上蒙古大汗和元朝皇帝的宝座，一个是长子蒙哥汗，即元宪宗；一个是四子忽必烈，即元世祖。顺宗名答剌麻八剌，他是元世祖次子太子真金（庙号裕宗）的次子，成宗铁木耳的哥哥，生武宗和仁宗。显宗名甘麻剌，是太子真金的长子，生泰定帝。元朝有定制，“皇帝嗣登宝座，诏追尊皇考为皇帝”。故而拖雷、真金、甘麻剌和答剌麻八剌虽然没有正式做皇帝，但因他们有儿子做过皇帝，所以也被追尊为皇帝。皇帝有实录，他们也应有实录，故而《元史》中记载了纂修睿宗、顺宗、显宗实录的事。但《元史》中没有提到给裕宗真金修实录，可能是漏载。

元朝实录的修纂概况

皇帝	卷数	修纂者	附考
太祖（铁木真）		翰林国史院	《元史・王利用传》：“升直学士，与耶律铸同修《（太祖累朝）实录》。”
太宗（窝阔台）		翰林国史院	撒里蛮、兀鲁带、兀都带等进译本。耶律铸、王利用等同修太祖以下五朝实录。
定宗（贵由）		翰林国史院	撒里蛮、兀鲁带进译本。耶律铸、王利用等同修太祖以下五朝实录。

续表

皇帝	卷数	修纂者	附考
睿宗（拖雷）		翰林国史院	睿宗不为帝，出于追谥。世祖时王利用曾与耶律铸同修太祖以下五朝实录。
宪宗（蒙哥）		翰林国史院	兀都带等进译本。耶律铸、王利用一度与修。
世祖（忽必烈）	210	董文用等	附事目54卷，圣训6卷。鄂勒哲监修，同修者有王恽、赵孟頫、姚燧、高道凝、王构、张升、李之绍、李术鲁翀、申屠致远、兀鲁带、撒里蛮等。张九思一度领修。
裕宗（真金）		张九思等	成宗追奉其父真金为帝，以张九思领修实录。但未见修成的记录。
顺宗（答剌麻八剌）	1	程钜夫等	世祖太子真金追谥为顺宗。玉连赤不花等进呈，元明善同修。
成宗（铁穆耳）	56	程钜夫等	附事目10卷，制诰录7卷。玉连赤不花等进呈，同修者有程钜夫、邓文原、元明善、畅师文、贡奎等。
武宗（海山）	50	程钜夫等	附事目7卷，制诰录3卷。玉连赤不花等进呈。元明善、杨载同修，苏天爵后修。
仁宗（爱育黎拔力八达）	60	元明善等	附有事目17卷，制诰录13卷。拜住监修，袁桷、曹元用、廉惠山海牙等同修。
英宗（硕德八剌）	40	吴澄等	事目8卷，制诰录2卷。曹元用、马祖常、谢端、廉和斯哈雅（一作廉惠山海牙）等同修。
泰定帝（也孙铁木耳）		王结等	伯颜监修，欧阳玄、成遵、张起岩、周伯琦同修。
文宗（图帖睦耳）		欧阳玄等	王结、张起岩、成遵、谢端、苏天爵同修。
明宗（和世琜）		欧阳玄等	张起岩、成遵、谢端同修。
宁宗（懿璘质班）		欧阳玄等	欧阳玄、谢端等同修。
显宗（甘麻剌）		缺	

“实录之书，介乎记注、撰述之间”。“然编纂实录，取材至繁，诏令章奏，悉得入录”①，专供日后编纂本朝国史之用，为其提供最基本的原始文献资料。元朝诸帝的实录主要由实录、事目、圣训（制诰录）三部分构成。修纂工作的程序是先由史官撰成汉文文稿，后经监修大臣听读、审查，再进呈皇帝审读。因元朝皇帝汉文水平有限，审阅困难，故而要将汉文译为蒙古文本，奏读审定，而后定稿。至元二十三年（1286 年）十二月戊午，“翰林承旨撒里蛮言：‘国史院纂修《太祖累朝实录》，请以畏吾字翻绎，俟奏读然后纂定。’从之”。② 当指此事。

实录的修纂是一项十分严肃的工作，纂成之后，要举行隆重的进呈典礼。《元史·礼乐志》载有“国史院进先朝实录仪”条，言：

> 是日大昕，诸司官具公服，立于光天门外，侍仪使引《实录》案以入，监修国史以下奉随，至光天殿前，分班立，皇帝升御座。宣赞唱曰“拜”，通赞赞曰“鞠躬”，曰拜，曰“兴”，曰“拜”，曰“兴”，曰“平身”。待制四人奉《实录》，升自午阶，监修国史以下奉随，至御前香案南立，众官降，复位。应奉翰林文字升，至《实录》前，跪读表，读毕，俯伏兴，复位。翰林学士承旨升，至御前，分班立，俟御览毕，降复位。宣赞唱曰“监修国史以下皆再拜”，通赞赞曰“鞠躬”，曰“拜”，曰“兴”，曰“拜”，曰“兴”，曰“平身”。待制升，取《实录》，降自午阶，置于案，由光天门以出，音乐仪从前导，还国史院，置于堂上。通赞赞曰“鞠躬”，曰“拜”，曰“兴”，曰“拜”，曰“兴”，曰“平身”，曰“搢笏”，曰“上香”，曰“二上香”，曰“三上香”，曰“出笏”，曰“就拜”，曰“兴”，曰“拜”，曰“兴”，曰“拜”，曰“兴”，曰“平立”。百僚趋退。

上述礼仪既隆重又庄严，略如朝廷大典。“拜”、“兴”之间，体现了元廷对实录的尊崇之意。

实录是皇家的重要典籍，历代皇帝对实录的完成都十分重视，但元朝

① 金毓黻：《中国史学史》，上海古籍出版社 2013 年版，第 117 页。
② （明）宋濂等：《元史·世祖纪十一》（卷 14），中华书局 1976 年版，第 294 页。

对此似乎典礼特盛。唐至辽、金，仪式较简，实录撰成进呈后，一般都是对史官进行物质奖励和加官晋级，未见有隆重的仪式举行。宋朝是一个文官主政的王朝，仪节颇繁。但就进实录仪式而言，元朝似有过之而无不及。这似乎与蒙古族的意识有关。蒙古族崇拜长生天，崇拜祖先，而天是虚的，祖先却是实的。对实录的尊崇，也就是对先帝文治武功的尊崇，对先人历史的尊重与肯定。

元朝的实录被视为秘典。实录修成后，连帝王也不可轻易观阅。《元史·吕思诚传》载：擢翰林兼国史院检阅官，俄升编修。文宗在奎章阁，有旨取国史阅之，左右舁匮以往，院长贰无敢言。思诚在末僚，独跪阁下争曰："国史纪当代人君善恶，自古天子无观阅之者。"事遂寝。《元史·虞集传》载：在修《经世大典》时，"以累朝故事有未备者，请以翰林兼国史院修祖宗实录时百司所具事迹参订。翰林院臣言于帝曰：'实录，法不得传于外，则事迹亦不当示人'"。又请以国书《脱卜赤颜》增修太祖以来事迹，承旨塔失海牙曰："《脱卜赤颜》非可令外人传者。"遂皆已。看来元朝的诸帝实录机密程度极高，私人不可见，公务亦不可用。唐太宗欲观起居注，魏征不许，意在帝王不可干预史官之记事。而实录作为王朝的史事汇编，私人不可随意观览，但行政参考、修史利用还是可以的。而元朝之实录、脱卜赤颜连史官也不得使用，情况较为特殊。

二 《元十三朝实录》

以进呈时间为标准，可把《元十三朝实录》划分为以下七个部分。

（一）五朝实录

忽必烈称汗之时，蒙古已历五代大汗，即太祖铁木真、太宗窝阔台、定宗贵由、睿宗拖雷、宪宗蒙哥。这五位蒙古国首领，由于当时的历史条件所限，此前都未有实录，故元朝的实录修纂最先是从补修这五帝的实录开始的，当时被称为《祖宗实录》或《太祖累朝实录》。中统年间筹建翰林国史院，王鹗等请"以先朝事迹录付史馆"，这先朝事迹当指上述五位蒙古大汗（后都追封为帝）的事迹。这应是元朝纂修诸帝实录的开端。

五朝实录初修于元世祖忽必烈中统、至元年间（1260—1294年）。中统年间，左丞相耶律铸与翰林直学士王利用曾“同修《实录》”[①]。此后随纂随进，请旨后再纂，不断充实完善。《元史·世祖纪十二》载：至元二十五年（1288年）二月庚申，“司徒撒里蛮等进读《祖宗实录》，帝曰：‘太宗事则然，睿宗少有可易者，定宗固日不暇给，宪宗汝独不能忆之耶？犹当询诸知者。’”[②]《元史·世祖纪十三》载：至元二十七年（1290年）六月丁酉，“大司徒撒里蛮、翰林学士承旨兀鲁带进《定宗实录》”[③]。《元史·世祖纪十三》载：至元二十七年十一月壬戌，“大司徒撒里蛮、翰林学士承旨兀鲁带进《太宗实录》”[④]。可见，世祖时就不断有五朝实录成稿进读，忽必烈也多有指示。至成宗元贞二年（1296年），《太祖累朝实录》曾被翻译成畏兀儿语后进呈，成宗也提过修改意见。据《元史》卷一九《成宗纪二》载：（元贞二年）十一月“己巳，兀都带等进所译《太宗》、《宪宗》、《世祖实录》，帝曰：‘忽都鲁迷失非昭睿顺圣太后所生，何为亦曰公主？顺圣太后崩时，裕宗已还自军中，所计月日先后差错。又别马里思丹炮手亦思马因、泉府司，皆小事，何足书耶？’”[⑤]说明到成宗时，五朝实录仍在进读。直到成宗大德七年（1303年）才全部修完进呈。据《元史》卷二一《成宗纪四》载：大德七年冬十月“庚戌，翰林国史院进太祖、太宗、定宗、睿宗、宪宗五朝《实录》”。[⑥]

五朝实录所记，主要是蒙古汗国时期的历史。因事隔久远，原始材料留存不多，加之《脱卜赤颜》又属宫廷秘史，不准外传，因此补纂工作相当困难。《元史》卷一五《世祖纪十二》载：至元二十五年二月“庚申，司徒撒里蛮等进读《祖宗实录》。帝曰：‘太宗事则然，睿宗少有可易者，定宗固日不暇给，宪宗汝独不能忆之耶？犹当询诸知者。’”可知询访知情人、采集口述史料是五朝实录的重要材料来源之一。又据元初人王恽所称：“自中统二年立（翰林）国史院，令学士安藏收访其事（野史），数年以来所得无几。”“近又闻国史院于亡金实录内采择肇造事迹，岂非虑有遗忘欤。然当其间，从征诸人所在尚有，旁求备访，所获必富。

① （明）宋濂等：《元史·王利用传》（卷170），中华书局1976年版，第3994页。
② （明）宋濂等：《元史·世祖纪十二》（卷15），中华书局1976年版，第308—309页。
③ （明）宋濂等：《元史·世祖纪十三》（卷16），中华书局1976年版，第338页。
④ 同上书，第341—342页。
⑤ （明）宋濂等：《元史·成宗纪二》（卷19），中华书局1976年版，第407页。
⑥ （明）宋濂等：《元史·成宗纪四》（卷20），中华书局1976年版，第455页。

不然此辈且老，将何所闻？”王恽请求“榜示中外，不以诸色等人，曾扈从征进，凡有记忆事实，许所在条件，或口为陈说，及转相传闻，事无巨细，可以投献者，官给赏有差”。[①] 五朝实录材料来源之缺乏，可见一斑。明初修《元史》，据五朝实录所撰的元代前四朝本纪，被称为“颠倒重复，仅据传闻”。修五朝实录“大约道听途说，十不存一，故太祖四朝纪大率疏舛，无可征信”。

（二）《世祖实录》

《世祖实录》是在忽必烈孙成宗铁穆耳即位后，于至元三十一年（1294 年）六月诏修的。“甲辰，诏翰林国史院修《世祖实录》，以完泽监修国史。”[②] 实际参加者有董文用、王恽、赵孟頫、姚燧、王构、张升、李之绍、张九思、孛术鲁翀等人。

《世祖实录》在材料来源上较之五朝实录要丰富得多，因为世祖时留下了远多于前朝的大量文献记载。尤其重要的是建立了修起居注制度，使以后编纂实录有了固定的材料来源。值得注意的是，当时还在地方上广泛征集材料。黄溍《文献集》卷三《李孟行状》载：至元“三十一年，成宗皇帝临御，首命询访先朝圣政，以备史臣之记述。公过关中，陕西行省因俾公与诸儒讨论，汇次成编，驰乘传以进”。同恕《榘庵集》卷十五附录富珠哩翀（孛术鲁翀）撰的《同恕神道碑铭并序》载：至元“三十有一年，国史修世祖帝纪，采事四方。陕西行省平章政事咸宁王屈先生为省史，典编录”。张伯淳《养蒙文集》卷四《陈义高墓志铭》载：“元贞初，史馆纂修《世祖皇帝实录》，下郡国访求事迹。（晋）王邸异师文学嘉名，以其事属，得编摩体。”《世祖实录》修成后，领衔署名者成了姚燧，原来是“元贞元年，以翰林学士召修《世祖实录》。初置检阅官，究核故事，燧与侍读高道凝总裁之，书成”。[③]

关于《世祖实录》的进呈时间，有不同记载。《元史》卷一八《成宗纪一》载：元贞元年（1295 年）六月“甲寅，翰林承旨董文用等进《世

---

① （元）王恽：《秋涧集·乌台笔补·论收访野史事状》（卷 84），台湾商务印书馆 1986 年版，第 223 页。

② （明）宋濂等：《元史·成宗纪一》（卷 18），中华书局 1976 年版，第 385 页。

③ （明）宋濂等：《元史·姚燧传》（卷 174），中华书局 1976 年版，第 4058 页。

祖实录》”。《元史》卷二一《成宗纪四》又载：大德八年（1304年）二月“甲辰，翰林学士承旨撒里蛮进金书《世祖实录节文》一册、汉字《实录》八十册”。按苏天爵《元文类》卷一六载王恽《进（世祖）实录表》（王恽《秋涧集》卷一七所载略同）云：“今具所修成《世祖皇帝实录》二百一十卷，事目五十四卷，圣训六卷，凡二百七十卷，谨缮写为二百七十帙。”王恽于大德五年致仕，那么此表显然并非进于大德八年，而多半进于元贞元年。另外，程文海《雪楼集》卷十七《张伯淳墓志铭》载：“今上（指成宗）龙飞。诏命多出其手，进阶奉训大夫，仍先职，知制诏同修国史。史成，既进。……大德四年，即家拜翰林侍讲学士。”①所指可能也是元贞元年进呈。元贞元年进呈之后，又曾再次修改。大德八年所进，当为最后定稿。

关于是否修纂过《裕宗实录》的问题，虞集《道园学古录》卷十七《张九思神道碑》载：至元三十年（1293年）“十一月，进资德大夫、中书右丞，国史院修世祖、裕皇实录，公以旧臣在中书，习各典故，欲其比事之司焉”。《元史》卷一六九《张九思传》略同：“十一月，进资德大夫、中书右丞。会修世祖、裕宗《实录》，命九思兼领史事。”盖出同一史源。据此可知成宗铁木耳曾为其父裕宗真金修纂过实录，但在史籍中找不到其他能证明此事的材料。以理度之，元代几位被追封的皇帝中，睿宗、顺宗、显宗均曾修纂过实录，唯独漏掉了裕宗，似乎不合情理。不妨认为：裕宗实录的编纂为方便起见，并入了世祖实录。当然，这仅是一种猜测。

（三）《成宗实录》

《成宗实录》于武宗至大元年（1308年）三月己卯始修，同时敕令纂修的还有《顺宗实录》。“命翰林国史院纂修顺宗、成宗《实录》”②。畅师文时为翰林侍读学士、知制诰同修国史，“至大元年，修《成宗实录》”③。故《千顷堂书目》卷四《国史类》径称“《成宗实录》，畅师文

① （元）程文海：《雪楼集·碑铭·张伯淳墓志铭》（卷17），台湾商务印书馆1986年版，第230页。

② （明）宋濂等：《元史·武宗纪一》（卷22），中华书局1976年版，第497页。

③ （明）宋濂等：《元史·畅师文传》（卷170），中华书局1976年版，第3996页。

修”[①]，但与修者还有程钜夫、邓文原、元明善、贡奎。程钜夫“复留为翰林学士。至大元年，修《成宗实录》”[②]；邓文原“（大德）九年，升修撰”，“至大元年，复为（翰林国史院）修撰，预修《成宗实录》”[③]；元明善“改翰林待制。与修成宗、顺宗《实录》，升翰林直学士”[④]；贡奎“迁应奉翰林文字，纂修《成宗实录》”[⑤]。武宗海山在位时间较短，其间成宗、顺宗实录未能纂成，直到仁宗继位后，才于皇庆元年（1312 年）十月戊子修毕，由翰林学士承旨玉连赤不花等“进《顺宗》、《成宗》、《武宗实录》”[⑥]。可知《武宗实录》是与顺宗、成宗实录一起纂修，同时纂成的。清人钱大昕在《补元史艺文志》卷二中指出：“《成宗实录》五十六卷，《事目》十卷，《制诏录》七卷。皇庆元年，翰林学士程钜夫、修撰邓文原、待制元明善进。”

（四）《武宗实录》

《武宗实录》是仁宗登位的当年诏修的。至大四年（1311 年）五月丙子，“命翰林国史院纂修先帝《实录》及累朝皇后、功臣列传，俾百司悉上事迹”。[⑦] 参纂人员有程钜夫、元明善、杨载等人。程钜夫以翰林学士承旨身份主修《武宗实录》。元明善则以翰林直学士身份参与修纂，并因此升任翰林侍讲学士。杨载 40 岁前一直家居不仕，后因户部贾国英屡荐于朝，才以布衣召为翰林国史院编修官，参与修《武宗实录》。历时一年零五个月修纂完毕。仁宗庆皇元年（1312 年）十月戊子，由翰林学士承旨玉连赤不花等进呈。据程钜夫撰写的《进三朝实录表》可知，《武宗实录》计 50 卷，附《事目》7 卷、《制诏录》3 卷，总计 134 卷。[⑧] 由于《武宗实录》修纂过于简略，文宗至顺年间，诏令重修。苏天爵参与了预

---

① （清）黄虞稷：《千顷堂书目·国史类》（卷 4），台湾商务印书馆 1986 年版，第 107 页。

② （明）宋濂等：《元史·程钜夫传》（卷 172），中华书局 1976 年版，第 4017 页。

③ （明）宋濂等：《元史·邓文原传》（卷 172），中华书局 1976 年版，第 4023 页。

④ （明）宋濂等：《元史·元明善传》（卷 181），中华书局 1976 年版，第 4172 页。

⑤ （清）黄之隽等：《江南通志·人物志·文苑三》（卷 167），台湾商务印书馆 1986 年版，第 812 页。

⑥ （明）宋濂等：《元史·仁宗纪一》（卷 24），中华书局 1976 年版，第 554 页。

⑦ 同上书，第 542 页。

⑧ （元）程钜夫：《进三朝实录表》，见苏天爵编《元文类》（卷 16），台湾商务印书馆 1986 年版，第 200 页。

修。《元史》卷一百八十三《苏天爵传》称其“泰定元年，改翰林国史院典籍官，升应奉翰林文字。至顺元年，预修《武宗实录》”。① 此次重修结果，包括卷帙情况等已不可考。

（五）《仁宗实录》

《仁宗实录》是在英宗继位当年，即延祐七年（1320 年）十一月甲申诏修的。是日，“敕翰林国史院纂修《仁宗实录》”。至治元年（1321 年）三月甲申，又“敕纂修《仁宗实录》、《后妃》、《功臣传》”。参与修纂的史官有元明善、袁桷、曹元用、廉惠山海牙等人。至治三年（1323 年）二月丙寅修毕。进呈前，中书右丞相、监修国史拜住前往国史院听读检查，提出了一些修改意见。至治“三年春二月，将进《仁宗实录》，先一日，诣翰林国史院听读。首卷书大德十一年事，不书左丞相哈剌哈孙定策功，惟书越王秃剌勇决从容。谓史官曰：‘无左丞相，虽百越王何益？录鹰犬之劳，而略发踪指示之人，可乎？’立命书之。其他笔削未尽善者，一一正之，人皆服其识见”②。从这段记载可以看出，元朝的监修国史不只是具名而已，而是真正管事的。经过赶修后，正式进呈皇帝。“丙寅，翰林国史院进《仁宗实录》”③。宣读的《进实录表》是由袁桷撰写的，表中称“编成《仁宗皇帝实录》六十卷，《事目》一十七卷，《制诰录》一十三卷，总计九十卷”④。

（六）《英宗实录》

泰定元年（1324 年）十二月丙寅，“命翰林国史院修纂英宗、显宗《实录》”⑤。此次修纂《英宗实录》，除了吴澄、谢端、曹元用和马祖常外，还有廉和斯哈雅（一作廉惠山海牙）。《续通志》卷四九九本传称

① 据姚景安考证：至顺元年苏天爵确实预修过实录，但不是《武宗实录》，而是《英宗实录》。（参见（元）苏天爵《元朝名臣事略·前言》，姚景安点校，中华书局 1996 年版，第 6 页。）

② （明）宋濂等：《元史·拜住传》（卷 136），中华书局 1976 年版，第 3305 页。

③ （明）宋濂等：《元史·英宗纪二》（卷 28），中华书局 1976 年版，第 628 页。

④ （元）袁桷：《进实录表》，见苏天爵编《元文类》（卷 16），台湾商务印书馆 1986 年版，第 201 页。

⑤ （明）宋濂等：《元史·泰定帝纪》（卷 29），中华书局 1976 年版，第 652 页。

"召入史馆，预修英宗、显宗《实录》"。显宗是泰定帝为其父甘麻剌追尊的庙号。修纂《英宗实录》不能不牵扯推翻英宗的谋逆之人，因此有大臣建言应对弑逆之人明示其罪，宣付史馆。泰定二年九月丁丑，礼部员外郎元永贞言："特克实弑逆，皆由特们德尔始祸。请明其罪，仍录付史馆，以为人臣之戒。"[①] 但泰定帝究竟怎么处置，史未记载。修纂的主要人员翰林学士吴澄萌生去意，十月癸未提出辞职，"先是澄庙议不行，已有去志。会修《英宗实录》，命总其事。居数月，实录成，未上，即移疾不出"。[②] 泰定三年，实录还在修纂中，当时曹元用"拜翰林侍讲学士兼经筵官，预修仁宗、英宗两朝《实录》"[③]。文宗继位后，还在下令修纂《英宗实录》。天历二年（1329 年）十一月"乙卯，翰林国史院臣言：'纂修《英宗实录》，请具倒剌沙款状付史馆。'从之"。[④] 至顺元年（1330 年）五月丁卯，"翰林国史院修《英宗实录》成"[⑤]。进呈时，宣读由谢端撰写的《进实录表》，表称"编成《英宗皇帝实录》四十卷，《事目》八卷，《制诰录》二卷，总计五十卷"[⑥]。

泰定帝死后，蒙古统治集团内部爆发了争夺皇位的战争，武宗一系战胜了泰定帝一系。当时泰定帝的继位被认为不合法，故而文宗时并未编纂他的实录。显宗实录也被废弃，只有《英宗实录》又做了一些加工整理工作。天历二年（1329 年）十一月"已卯，翰林国史院臣言：'纂修《英宗实录》，请具倒剌沙款状付史馆。'从之"。倒剌沙是泰定朝宰相，可见当时曾把泰定朝的一些事迹直接加进了《英宗实录》。至顺元年（1330 年）五月，《英宗实录》最后修毕进呈，计实录 40 卷、事目 8 卷、制诰录 2 卷，共 50 卷。此次纂修，从延祐七年（1320 年）十一月甲申始，至治三年（1323 年）十月丙寅成，共历 4 年有余。

---

① （清）徐乾学：《资治通鉴后编·元泰定帝纪》（卷 168），台湾商务印书馆 1986 年版，第 326 页。

② 同上。

③ （清）嵇璜：《续通志·曹元用传》（卷 485），台湾商务印书馆 1986 年版，第 656 页。

④ （明）宋濂等：《元史·文宗纪二》（卷 33），中华书局 1976 年版，第 745 页。

⑤ （明）宋濂等：《元史·文宗纪三》（卷 34），中华书局 1976 年版，第 757 页。

⑥ （元）谢瑞：《进实录表》，见苏天爵编《元文类》（卷 16），台湾商务印书馆 1986 年版，第 202 页。

（七）四朝实录

泰定帝也孙铁木耳去世后，相继即位的有天顺帝阿速吉八、文宗图帖木儿、明宗和世瓎、宁宗懿璘质班，四帝在位总共只有四年多一点。帝位的频繁更迭，诸帝实录的纂修也受到影响，所以《泰定帝实录》、《文宗实录》、《明宗实录》、《宁宗实录》直到顺帝元统元年（1334 年）才开始纂修。与修者有王结、张起岩、欧阳玄、成遵、谢端、苏天爵等。清人钱大昕在《补元史艺文志》卷二《正史类》中著录《文宗实录》时，径将欧阳玄放在第一位，其下依次是谢端、侍讲学士张起岩、翰林学士王结、待诏苏天爵、编修成遵。据《元史》卷一八二《欧阳玄传》载："元统元年，改佥太常礼仪院事，拜翰林直学士，编修四朝《实录》。"《元史》卷一八二《张起岩传》载："迁翰林侍讲学士、知制诰兼修国史，修三朝实录。"①《元史》卷一七八《王结传》载："元统元年……召拜翰林学士、资善大夫、知制诰同修国史，与张起岩、欧阳玄修泰定、天历两朝《实录》。"② 这里记载元统元年预修两朝实录的人员中，未见成遵和苏天爵的名字是符合实际的，因为他们两人是次年才加入修纂队伍的。《元史》卷一八六《成尊传》载："元统改元，中进士第，授将仕郎、翰林国史院编修官。明年，预修泰定、明宗、文宗三朝《实录》。"③ 既谓明年，则表明是元统二年，成遵和苏天爵才成为修纂官员。《元史》卷一八二《谢端传》载："预修文宗、明宗、宁宗三朝《实录》，及《累朝功臣列传》，时称其有史才。"④《元史》卷一八三《苏天爵传》载："元统元年，复拜监察御史……明年，预修《文宗实录》。"⑤ 可以看出，这四朝实录是同时纂修的，但直至顺帝元统元年（1333 年）才有修纂的记载。

上述四朝实录何时成书，史无明载。但笔者以为"三朝《实录》"或"四朝《实录》"可能就是后来被称为"累朝《实录》"的那些《实录》。若所论不虚的话，那么直到至元元年（1335 年），这些《实录》仍在修纂中。据《元史》卷三八《顺帝纪一》载：至元元年四月"己

① （明）宋濂等：《元史·张起岩传》（卷 182），中华书局 1976 年版，第 4194 页。
② （明）宋濂等：《元史·王结传》（卷 178），中华书局 1976 年版，第 4145 页。
③ （明）宋濂等：《元史·成遵传》（卷 186），中华书局 1976 年版，第 4279 页。
④ （明）宋濂等：《元史·谢端传》（卷 182），中华书局 1976 年版，第 4207 页。
⑤ （明）宋濂等：《元史·苏天爵传》（卷 183），中华书局 1976 年版，第 4225 页。

卯，诏翰林国史院纂修累朝《实录》及《后妃》、《功臣列传》”。《元史·谢端传》载其预修文宗、明宗、宁宗三朝《实录》及《累朝功臣列传》，由此推测，《累朝功臣列传》既然是至元元年所修《后妃、功臣列传》的功臣部分，那么，至元元年所修的“累朝《实录》”，应当是谢端所修的文宗、明宗、宁宗三朝《实录》。可见，三朝实录直到至元元年尚未修完。随着元顺帝在中原的统治被朱元璋推翻，《元实录》的修纂便悄然落幕了。

另外，元代还为三位被追尊为皇帝的人修有实录，分别是成宗之父真金的《裕宗实录》、武宗之父答剌麻八剌的《顺宗实录》以及泰定帝之父甘麻剌的《显宗实录》。由于并非严格意义上的皇帝实录，故兹从略。

明朝代元，这些实录被从史库中“辇而出之”，基本没有遗缺，从而成为明初修《元史》的主要资料来源。另外，实录是官修史书，曲笔之处自不能免。这种情况，也影响到明初所修《元史》的质量。

三 后妃、功臣列传的编纂

实录是帝王当政时期的大事记，而一朝施政都是由各级臣僚具体去执行的，因而累朝重要人物的传记也是国史不可或缺的组成部分，撰写人物传记自然也是翰林国史院的一项经常性的工作。元朝人物传的对象，一为后妃，二为功臣。《元史·仁宗纪一》载：“至大四年（1311 年）五月丙子，命翰林兼国史院纂修先帝实录及累朝皇后、功臣列传，俾百司悉上事迹。”《元史·英宗纪一》载：至治元年（1321 年）三月，“甲申，敕纂修《仁宗实录》，后妃、功臣传”。《元史·顺帝纪一》载：顺帝至元元年（1335 年）夏四月己卯，“诏翰林兼国史院纂修累朝实录及后妃、功臣列传”。《元史·顺帝纪四》亦载：至正八年（1348 年）春正月丁未，“诏翰林兼国史院纂修后妃、功臣列传，学士承旨张起岩、学士杨宗瑞、侍讲学士黄溍为总裁官，左丞相太平、左丞吕思诚领其事”。《元史·太平传》言：“明年（至正八年）正月，诏修后妃、功臣传，特命太平同监修国史，盖异数也。”从这些记载可以看出，后妃、功臣列传与实录的纂修是同等重要的。其做法是：平时有关部门将该人物的事迹报至史馆，积累材料，死后稽其生平行事，撰为传记。延祐初年揭傒斯任翰林兼国史院编修官时，纂修功臣列传，受到了监修国史、平章李孟的高度赞赏，说：“是方可名史笔，若他人，直誊吏牍尔。”[1] 太平、吕思诚曾任后妃、功臣传的总裁，贡师泰、周伯琦都曾预修后妃、功臣列传。但国史院编纂后妃、功臣传的成绩似乎不佳，即如后妃传，《元史·后妃表序》言：“累朝尝诏有司修后妃传，而未见成书。”

第四节　政书（典章格例）的编纂

一　元朝法律文书的汇编

1206年成吉思汗建立大蒙古国后，把蒙古族长期形成的社会习惯和行为规范加以整理并记录下来，称为“大札撒”。窝阔台汗即位后，重新颁布“大札撒”，使之成为蒙古世代遵守的法律。大札撒是蒙古早期草原游牧经济的产物，不适用于高度发达的汉族农业社会。窝阔台汗灭金后，不得不在中原地区沿用当时通行的金朝《泰和律》。《泰和律》编于金章宗泰和元年（1201年），它是以唐律为基础增删而成的，包括律义（律）、律令（令）、敕条和六部格式四部分，共83卷。元至元八年（1271年）以前，蒙古统治集团凡断理北方汉人、女真人、契丹人的刑名狱讼，大体参用《泰和律》定罪，再按一定的折代关系量刑。《元史·刑法志一》载：“元兴，其初未有法守，百司断理狱讼，循用金律，颇伤严刻。”[2] 但蒙古使用《泰和律》仅仅是权宜之计，在当时中原动荡情况下，蒙古汗廷来不及也不可能制定新的法律制度。这种状况到元世祖忽必烈前期才得到改变。

中统元年（1260年）忽必烈即位后，尊用汉法，改革蒙古旧制。大臣姚枢、史天泽、刘秉忠、刘肃、耶律铸等人陆续议定一些适合实际情况的法律条格，并颁布施行。至元八年（1271年），忽必烈在建“大元”国号后下诏：“泰和律令不用，休依着那者。”[3] 禁止使用《泰和律》，颁布当时尚书省奏定的条画。但尚书省条画只是收集一些以往发布过的诏敕

---

① （明）宋濂等：《元史·揭傒斯传》（卷181），中华书局1976年版，第4184页。

② （明）宋濂等：《元史·刑法志一》（卷102），中华书局1976年版，第2603页。

③ 《元典章·户部卷之四·典章十八·婚姻·官民婚·牧民官娶部民》，中华书局、天津古籍出版社2011年版，第639页。

以及临时发布的条格，还不能算作新律。

至元二十八年（1291年）六月，中书右丞何荣祖奉命将以往颁布的诏敕、条格加以整理，删繁就简，编成《至元新格》颁行天下。《元史·世祖纪十三》载：至元二十八年五月丁巳，“何荣祖以公规、治民、御盗、理财等十事辑为一书，名曰《至元新格》，命刻版颁行，使百事遵守”。[①] 内容包括《公规》、《选格》、《治民》、《理财》、《赋役》、《课程》、《仓库》、《造作》、《防盗》、《察狱》十篇。“公规”主要讲“官府常守之制”，如文件的签发与保管、官员的座次、公事处理的方式与期限、官员出差的办法等；“选格”主要讲官吏的选拔、考核与奖惩；“治民”以下主要讲各类行政机关的职责范围、工作方式以及奖惩办法等。《至元新格》原书虽已散佚不存，但经各国学者的不懈努力，现已辑出至少96条内容[②]。以前有学者把《至元新格》看作是元朝第一部法典，这种观点缺乏说服力。从篇目及已辑出的内容来看，《至元新格》应是一部主要规范官吏（包括职役）行为的行政法规，即使就行政法而言，《至元新格》的条文也显得过于单薄，仅限于一些原则性规定，无具体奖惩内容，充其量是一部“不过数千言”的“宏纲大法”而已[③]。它的颁行并没有从根本上解决法律问题，相反，在许多情况下犹如无法一样。

元成宗时在总结以往司法经验的基础上，颁布了一些调整具体法律对象的单行法规，其中尤以大德五年（1301年）十二月颁布的《强窃盗贼通例》、大德七年（1303年）三月颁布的《赃罪十二章》最具代表性。前者在成宗以后又经多次修改补充，后者则一直沿用到元末[④]。这两部法规后来被广泛运用到案件审理中，成为相关领域最基本的法律文献。

与此同时，司法实践与立法活动的逐步积累，使编定新法典的条件到成宗时代也日渐成熟。大德三年（1299年）三月，已升任平章政事的

---

① （明）宋濂等：《元史·世祖纪十三》（卷16），中华书局1976年版，第348页。

② ［日］植松正：《彙集〈至元新格〉並びに解説》，《東洋史研究》1972年第30卷，第4号，Paul Heng-chan Chen, *Chinese Legal Tradition under the Mongols: the Code of* 1291 *as Reconstructed*. Princeton University Press, 1979。黄时鉴：《至元新格辑存》，见《元代法律资料辑存》，浙江古籍出版社1988年版。

③ （元）苏天爵：《滋溪文稿·〈至元新格〉序》（卷6），陈高华、孟繁清点校，中华书局1997年版，第85页。

④ 前者见《元典章·刑部卷之十一·典章四十九·诸盗一·强切盗·强切盗贼通例》；后者见《元典章·刑部卷之八·典章四十六·诸赃一·取受·赃罪条例》。

"何荣祖奉旨定《大德律令》"，择取往昔诏敕、条格380条编成，"书成已久，诏元老大臣聚听之"[①]，因"讹舛甚多"而招致异议，最终未能颁行。武宗时继续这项工作，但到仁宗末年仍未完成。元仁宗时，"又以格例条画有关于风纪者，类集成书，号曰《风宪宏纲》"。[②]《风宪宏纲》是一部关于纲纪、吏治的法典，亦未能颁行。

英宗即位后，继续增删条文，至治三年（1323年）告竣，遂以《大元通制》为名颁行全国。《大元通制》规模较大，全书分四部分：诏制94条，条格1151条，断例717条，别类577条，共2539条。在内容编排上大体参照金《泰和律》，其中条格相当于律令，断例相当于律义，诏制相当于敕条，别类是否与六部格式相当尚不清楚。但条格、断例的法律文书在格式、体裁上很不统一，实际上只是法典性质的政书和法律文书汇编。大致在《大元通制》颁布的同时，元朝还编纂了《大元圣政国朝典章》（简称《元典章》）。这是仿照《唐六典》编纂的制度法令大全，不是专门的法典，但其中包含了许多法典的内容。文宗至顺二年（1331年），元廷又编成《经世大典》一书，共880卷。这是一部"会粹国朝故实"的大政书。它将各部门档案文书收集起来，分类编次，并从文字上加以修饰润色。其中的《宪典》也汇集了许多法令和法规的内容。

《大元通制》颁布二十余年后，顺帝至正五年（1345年）又修成《至正条格》一书，并于次年颁行。《至正条格》性质与《大元通制》相同，全书一共有2909条，包括诏制、条格、断例三部分，条文比《大元通制》增多，但只是对该书进行修订和补充而已。所以，元代法典的编纂到《大元通制》书成时，就已经定型了。

从元代法典的编纂来看，《大元通制》、《至正条格》等均为经过整理的法令文献汇编，有元一代，始终没有编成一部完备的法典。正因如此，朝廷不断以诏制、条格、格例或条画形式颁布一些临时性的单行法令、法规，作为各级官员处理政务、审断案件的依据。明朝人称为"元制取所行一时之例为条格而已"（《明史·周桢传》）。据《元史·武宗纪》载，自成吉思汗到武宗初年，朝廷颁行的法令、法规就多达九千余条。与此同时，断案的成例（断例）与一般性法规一样，也具有普遍的法律效力，

① （明）宋濂等：《元史·何荣祖传》（卷168），中华书局1976年版，第3956页。

② （明）宋濂等：《元史·刑法志一》（卷102），中华书局1976年版，第2603页。

遇到类似的公事，可以据以比拟，参照施行。由于没有明确的律文可循，内自省部，外至州县，各级官府都抄写条格、断例多至几十册，称为“格例簿”。遇事便检寻旧例，照例科刑，无例才来拟议。这种情况，当时人称作“有例可援，无法可守”。随着时间的推移，颁降的格例、断例的数量不断增加，日积月累，新旧并存，难免前后抵牾，不相一致，往往出现繁杂重出、罪同罚异、不论轻重的情况，这就为各级司法官吏舞文弄法、因缘为奸、任情挟私、各取所需、高下其手开了方便之门。元代几次汇编格例，正是出于这一原因，但并未从根本上改变“无法可守”的状况。

（一）《大元通制》

《大元通制》是元代修订的第一部完整的施行了的法典，也是一部有关国家政治法程各部类单行法的汇集。英宗即位后，下令以《风宪宏纲》为基础，将历朝颁发的有关法令文书斟酌损益、类集折中，汇辑成书。后经英宗朝增删审核，于至治三年（1323 年）颁行，定名为《大元通制》。

《大元通制》共 88 卷，2539 条。《元史·刑法志一》载：“其书之大纲有三：一曰诏制，二曰条格，三曰断例。凡制诏为条九十有四，条格为条一千一百五十有一，断例为条七百十有七，大概纂集世祖以来法制事例而已。”[①]《元史·英宗纪二》亦载：“格例成定，凡二千五百三十九条，内断例七百一十七、条格千一百五十一、诏赦九十四、令类（别类）五百七十七，名曰《大元通制》，颁行天下。”[②] 其内容由四部分组成，“诏制”（或作“诏赦”）94 条，“条格”1151 条，“断例”717 条，“别类”（或作“令类”）577 条。

《大元通制》的编纂目的，据元人富珠哩翀（孛术鲁翀）撰《〈大元通制〉序》称：“皇元圣圣相继，百有余年。宸断之所予夺，庙谟之所可否，禁顽戢暴，仁恤黎元，绰有成宪；然简书所载，岁益月增，散在有司，既积既繁，莫知所统。挟情之吏，用谲行私，民惘政蠹。台宪屡言之，鼎轴大臣恒患之。”而“惟圣人之治天下，其为道也，动与天准；其为法也，粲如列星，使民畏罪迁善，而吏不敢舞智御人。鞭笞斧钺，礼乐

① （明）宋濂等：《元史·刑法志一》（卷 102），中华书局 1976 年版，第 2603—2604 页。

② （明）宋濂等：《元史·英宗纪二》（卷 28），中华书局 1976 年版，第 629 页。

教化，相为表里。及其至也，民协于中，刑措不用，二帝三王之盛，尽于此矣”。[①] 简言之，就是为了使法令统一，欲臣民有所遵循，以避免污吏之营私舞弊，以达巩固其政治统治之目的。

《大元通制》的编纂过程，据《〈大元通制〉序》称：元仁宗皇帝御极之初，令中书右丞伯杭、平章政事商议中书刘正等，将元世祖“开创以来政制法程可著为令者，类集折衷，以示所司，其宏纲有三：曰诏制，曰条格，曰断例。经纬乎格例之间，非外远职守所急，亦汇辑之，名曰‘别类’。延祐三年（1316 年）夏五月书成，敕枢密、御史、翰林、国史、集贤之臣相与正是，凡经八年，事未克果”。英宗至治三年（1323 年），“以枢密副使完颜纳丹、侍御史曹伯启、判宗正府布延（普颜）、集贤学士奇徹（钦察）、翰林直学士曹元用，以二月朔奉旨，会集中书平章政事张珪暨议政元老，率其属众，共审定……题其书曰《大元通制》，命（孛术鲁）翀序之。”

关于《大元通制》的性质，目前学界似乎无统一看法。有的学者认为《大元通制》应是中国法律编纂史上一部完整的法典，有的学者则认为《大元通制》仅是一部法律文献汇编，虽然它在当时起到了替代法典的作用。也有的学者认为，《大元通制》在对长期司法实践中形成积累的法律文件、判例等加以删繁就简、整理汇编时，并非简单地抄录删节，有时还可能根据情势变迁等原因，适当加以修改。这显然使《大元通制》不仅仅具有法律汇编的性质，而是含有新的立法内容。虽然这种创制新法的内容在《大元通制》中比重很小，但却不容我们忽视。[②]

关于《大元通制》文书的归类调整。吴澄《〈大元通制条例纲目〉后序》指出：“制诏、条格，犹昔之敕令格式也，断例之目曰卫禁、曰职制、曰户婚、曰厩库、曰擅兴、曰贼盗、曰斗讼、曰诈伪、曰杂律、曰捕亡、曰断狱，一循古律篇题之次第而类辑，古律之必当从，虽欲违之而莫能违也。”[③] 在他看来，“制诏”相当于“敕”，“条格”相当于“令格

① （元）孛术鲁翀：《大元通制序》，见苏天爵编《元文类》（卷 36），台湾商务印书馆 1986 年版，第 448—449 页。

② 刘晓：《〈大元通制〉到〈至正条格〉：论元代的法典编纂体系》，《文史哲》2012 年第 1 期。

③ （元）吴澄：《吴文正集·序·大元通制条例纲目后序》（卷 19），台湾商务印书馆 1986 年版，第 210—211 页。

式”，“断例”则相当于“律”，这大概也是元朝法典编纂者采用制诏、条格、断例“三分法”的初衷。

《大元通制》这三类内容，又以相当于令格式的条格与相当于律的断例为重中之重。不过，元朝政府历年颁布的法律文书，多以具体的法律调整对象为内容，往往是条格与断例的综合体，因此在编纂过程中，从立法技术角度将这些文书按条格、断例重新加以调整分割，以适应条格、断例的分类就显得非常重要。不过，在相当多的情况下，这种立法技术的可操作性值得怀疑。元朝颁布的各类法律文件，就律令的功效角度，即惩罚性与规定性而言，常常是二者兼具。《大元通制》的编纂，则主要是在保留这些法律文件相对原始性的前提下，依据律令的篇目分类，对其进行删繁就简、重新归类。这本身实际上是一个两难选择：因为如果拆分这些法律文件，将其内容分门别类地划入条格、断例，往往会造成原始文件完整意义的缺失。相反，如果硬要保留这些文件原貌，又会使其中许多文件在归类时无所适从。这种进退两难、难以取舍的矛盾，造成了今天我们所见到的《大元通制》，不论是其断例部分，还是条格部分，都只能是一种相对划分，而无严格的界限。①

总之，元朝编纂的《大元通制》，是在试图保留法律文件相对原始性的前提下，采取生硬套用前代法典分类体系的方法，来整合现有法律文献。这种做法显然不太可取，它最终造成的是断例与条格归类的严重混乱。

（二）《通制条格》

《通制条格》是《大元通制》的“条格”部分，英宗至治二年（1322年）颁行。因《大元通制》元刻本早已散佚失传，现仅存该书中的“条格”部分，故名《通制条格》（或称《大元通制条格》）。计有1151条，原为30卷，现存22卷，653条，尚不足原来条格数量的57%，仅占全书条目的四分之一左右。

1930年，北平图书馆影印了内阁大库明初墨格写本《通制条格》残存的22卷，缺卷一、卷十至十二、卷二十三至二十六。即使缺了八卷，

① 刘晓：《〈大元通制〉到〈至正条格〉：论元代的法典编纂体系》，《文史哲》2012年第1期。

《通制条格》的面貌已可以概见：卷二至卷九是户令、学令、选举、军防、仪制、衣服；卷十三到二十二是禄令、仓库、厩牧、田令、赋役、关市、捕亡、赏令、医药、假宁；卷二十七至三十是杂令、僧道、营缮。

据元人沈仲纬《刑统赋疏》记通制条格，共分《祭祀》、《户令》、《学令》、《选举》、《宫卫》、《军房（防）》、《仪制》、《衣服》、《公式》、《禄令》、《仓库》、《厩牧》、《关市》、《捕亡》、《赏令》、《医药》、《田令》、《赋役》、《假宁》、《狱官》、《杂令》、《僧道》、《营缮》、《河防》、《服制》、《站赤》、《榷货》27 篇。不过，目前所见的《通制条格》残卷 19 篇，分别为《户令》、《学令》、《选举》、《军防》、《仪制》、《衣服》、《禄令》、《仓库》、《厩牧》、《田令》、《赋役》、《关市》、《捕亡》、《赏令》、《医药》、《假宁》、《杂令》、《僧道》、《营缮》，篇名顺序与沈仲纬所记不尽相同。其中，《刑统赋疏》中的《田令》、《赋役》二篇在《关市》、《捕亡》、《赏令》、《医药》四篇之后，而《通制条格》残卷《田令》、《赋役》二篇在《关市》、《捕亡》、《赏令》、《医药》四篇之前，缺少《祭祀》、《宫卫》、《公式》、《河防》、《服制》、《站赤》、《榷货》七篇。

《通制条格》的体例、内容、性质均与《元典章》相近，为朝廷法令文书的汇集。所收材料主要是各种法律条文和形形色色的条例。如《通制条格》卷四《户令·嫁娶》条下，先载诏令："至元八年二月，钦奉圣旨：中书省奏定民间婚姻聘财等事。"续载条格：（1）为婚已定，若女十五以上，无故五年不成，夫逃亡五年不还，并听离，不还聘财。（2）有妻更娶者，虽会赦，犹离之。（3）蒙古人不在此限。下载案例：至元十年正月，中书省御史台呈：陕西按察司申，先奉条格定到民间婚姻聘财内一款："有妻更娶妻者，虽会赦，犹离之。钦此。照得州县人民有年及四十五无子，欲图继嗣，再取妻室，虽合听离，或已有所生，自愿者，合无断罪，听改为妾。户部议得：有妻更娶，委自愿者，听改为妾。"还有针对"指腹为亲"、"招养老女婿"等事的条格和案例。这诸多刑事、民事等条格、案例，为研究元代社会生活、制度、风俗等方面提供了丰富的第一手资料，具有较高史料价值。

（三）《至正条格》

《至正条格》是继《大元通制》后，元朝颁布的第二部具有法典性质的法律文件汇编。元顺帝后至元四年（1338 年）三月，权臣伯颜当政时期，顺帝始命“中书专官典治其事，遴选枢府、宪台、大宗正、翰林、集贤等官，遍阅新旧条格，参酌增损”①。至元六年（1340 年）七月，伯颜倒台后不久，顺帝又改“命翰林学士承旨腆哈、奎章阁学士巎巎等删修《大元通制》”②。至正五年（1345 年）十一月，在历经七年编纂后，书始成，赐名为《至正条格》。至正六年（1346 年）四月，正式颁布全国。③

据《四库全书总目》载：“元初平宋，简除繁苛，始定新律。至元二十一年，中书省咨各衙门，将原降圣旨条律，颁之有司，号曰《至元新格》。仁宗时，又以格例条画，类集成书，号曰《风宪宏纲》。英宗时复加损益，书成，号曰《大元通制》。其书之大纲有三：一曰《诏制》，二曰《条格》，三曰《断制》。自仁宗以后，率遵用之，而不及此书。据欧阳元序，则此书乃顺帝至元四年中书省言：《大元通制》纂集於延祐乙卯，颁行于至治之癸亥，距今二十余年。朝廷续降诏条，法司续议格例，简牍滋繁，因革靡常。前后衡决，有司无所质正。往复稽留，吏或舞文。前择老成耆旧、文学法理之臣，重新删定。上乃敕中书专官，典治其事。遴选枢府、宪台、大宗正、翰林、集贤等官，遍阅新旧条格，参酌增损。书成，为制诏百有五十，条格千有七百，断例千五十有九。至正五年书成，丞相阿鲁图等人奏请，赐名曰《至正条格》。其编纂始末，厘然可考。《元史》遗之，亦疏漏之一证矣。原本卷数不可考，今载于《永乐大典》者，凡二十三卷。”④

《至正条格》的命名，“至正”来自元朝颁布时的年号，“条格”则来自当时对法规的习惯性称谓。据《元史·朵尔直班传》：“时纂集《至正条格》，朵尔直班以谓是书上有祖宗制诰，安得独称今日年号；又律中条格乃其一门耳，安可独以为书名。时相不能从，唯除制诰而已。”⑤《至

① 《四库全书总目卷八十四·史部四十·政书类存目二·至正条格二十三卷》，台湾商务印书馆 1986 年版，第 753 页。

② （明）宋濂等：《元史·顺帝纪三》（卷 40），中华书局 1976 年版，第 858 页。

③ （明）宋濂等：《元史·顺帝纪四》（卷 41），中华书局 1976 年版，第 874 页。

④ 《四库全书总目卷八十四·史部四十·政书类存目二·至正条格二十三卷》，台湾商务印书馆 1986 年版，第 753 页。

⑤ （明）宋濂等：《元史·朵尔直班传》（卷 139），中华书局 1976 年版，第 3358 页。

正条格》共2909条，其中“诏制”150条，“条格”1700条，“断例”1059条。就条目总量而言，比《大元通制》多出14.6%的内容，但因《至正条格》没有别类（令类）一项，具体到制诏、条格、断例，同《大元通制》相比，则增幅约达一半。

《至正条格》的条格部分，据《四库全书总目》卷八十四《史部四十·政书类存目二·至正条格》载，也分27篇，分别为《祭祀》、《户令》、《学令》、《选举》、《宫卫》、《军防》、《仪制》、《衣服》、《公式》、《禄令》、《仓库》、《厩牧》、《田令》、《赋役》、《关市》、《捕亡》、《赏令》、《医药》、《假宁》、《狱官》、《杂令》、《僧道》、《营缮》、《河防》、《服制》、《站赤》、《榷货》，篇名顺序不仅与新发现的《至正条格》残卷相同，而且与《通制条格》残卷19篇也完全符合。

《四库全书总目》所载《至正条格》的篇名顺序，应当更接近其本来面目。《刑统赋疏》所载《通制条格》篇名顺序，很有可能是沈仲纬的误记。《大元通制》与《至正条格》条格部分的篇名与顺序应完全一致。唯一剩下的疑问，就是《宫卫》篇的位置，虽然《刑统赋疏》与《四库全书总目》的记载完全一致，即《宫卫》篇在《选举》篇之后，《军防》篇之前，但目前所见《通制条格》残卷卷六为《选举》篇，紧接着卷七为《军防》篇，中间并无《宫卫》篇的位置。具体原因为何，目前还无法得到较合理的解释。

《至正条格》除了内容增删外，还对文书的归类作了相当多的调整。既有条格与断例之间文书的互调，也有条格、断例下不同篇目之间文书的互调，以及原始文书的拆割等。《至正条格》整理者之一的金文京教授已敏锐地注意到这一问题。他曾举例说明一份原始文书在《至正条格》中是如何拆割的：《至正条格》条格卷二十三《仓库·关防行用库》与断例卷九《厩库·检闸昏钞》同为至顺元年（1330年）正月中书省刑部、户部拟定事理的一部分，但后来却分别划入《至正条格》的条格与断例部分。[①] 划入断例的部分属于“处罚性”内容，而划入条格的部分则属“规定性”内容，这也与前人对律令的区分大致相当。这方面法律文件的拆割，还可以至大四年（1311年）三月十八日《仁宗皇帝登宝位诏》为例

① 金文京：《有关庆州发现元刊本〈至正条格〉的若干问题》，《〈至正条格〉校注本》，韩国中央研究院，2007年，第477页。

加以说明。目前所见这份诏书后所附条画，据日本学者植松正先生的搜集整理，共有 27 条（实际应有 28 条）[①]。在《至正条格》残卷中可见者有 6 条，其中有 4 条被归入条格，2 条被纳入断例。再如《通制条格》卷二十八《杂令·分间怯薛》，为大德七年（1303 年）二月中书省奏准严格分拣怯薛人员，不许无关人员投充怯薛、冒请钱粮的规定，但无违反此项规定的处罚措施。《至正条格》断例卷一《职制·分拣怯薛歹》，则系至顺元年（1330 年）闰七月中书省奏准颁行的类似规定，而且有了具体处罚内容："各怯薛、各枝儿里，将无体例的汉人、蛮子并高丽人等的奴婢夹带着行呵，将各怯薛官、各枝儿头目每，打伍拾柒下。孛可温、亦里哈温夹带行的人每，打柒拾柒下。将不应的人，看觑面情，不分拣教出去，却将合行的分拣扰害呵，将各怯薛官、各枝儿头目每，并孛可温、亦里哈温，只依这例，要罪过。"因此，这一规定也从以前的条格改为断例。[②]

由于《大元通制》与《至正条格》所收文书的截止时间前后相差二十多年，以前有些在《大元通制》中尚未作出处罚规定的条格内容，后来因出台了明确的处罚规定，在《至正条格》中又被划入断例。这种情况，可以说是《至正条格》内容调整最为合理的一部分。但从《至正条格》的编纂情况来看，虽然在抽象性文字表述方面，《至正条格》比《大元通制》有所改进，但断例与条格界限混乱这一矛盾，最终也未能得到妥善解决。[③]

《至正条格》是元代后期编写的官方各种法规文件的汇编，内容完整，篇幅约有 16 万字之多，其中包含大量重要史料，如有关盐业、灾害、交通、官制、语言的材料，有些材料可与黑水城出土元代文书以及《元典章》、《通制条格》等元代前、中期法律文献相互补充印证，构成一幅相对完整的元代法制图景。[④]

① ［日］植松正：《〈元代条画考〉七》，香川大学教育学部研究报告，1981 年，第 1—51 页。

② 刘晓：《〈大元通制〉到〈至正条格〉：论元代的法典编纂体系》，《文史哲》2012 年第 1 期。

③ 同上。

④ 同上。

二　以档案材料为主的典章制度史

（一）《元典章》的编纂

《元典章》全名《大元圣政国朝典章》，分前、新两集。前集 60 卷，新集不分卷，是英宗至治二年（1322 年）官纂的一部元代前、中期司法制度、法令文书档案的分类汇编。其资料来源直接取自皇帝圣旨条画、诏令诰敕、律令格式和司法判例等，大多是元朝的原始文牍，未加删润。但因文字杂芜，清《四库全书》未收，流传于世的数量极少。

《元典章》前集收录文书的年代自元宪宗七年（1257 年）始，至元仁宗延祐七年（1320 年）止。分诏令（一卷）、圣政（二卷）、朝纲（一卷）、台纲（二卷）、吏部（八卷）、户部（十三卷）、礼部（六卷）、兵部（五卷）、刑部（十九卷）、工部（三卷）十大类，共十门 372 目，目下又分若干条格事例。新集全称《新集至治条例》，文书下限延至英宗至治二年（1323 年）止。新集不分卷的原因是预备"陆续增编"。"至治二年以后新例，候有颁降，随类编入梓行，不以刻板已成而靳于附益也。"①新集体例与前集不尽相同，因随时续增，随事立名，所以具体纲目略有差异，分国典、朝纲、吏部、户部、礼部、兵部、刑部、工部八门，门下分目，每目又分若干条格事例。新集之后，还附"都省通例"一条。

该书不署撰人，一般认为它应当是元代中期地方官府吏胥与民间书坊商贾合作编纂的产物，是为当时地方各级政府官吏处理政事时，"官吏有所持循，政令不至废弛"的目的而编纂，因此它的现实行政参考价值和作用更为明显。元朝因长期没有颁行法典，官府日常行政和司法工作主要使用历年积累下来的单行法规、条令和案例。随着时间的推移，需要对这些单行条文进行汇集、筛选、分类，编辑成书，以方便使用。其作用，在吏胥可存以备检，满足工作之便，在书商则因这类书有市场需求，可借以销售牟利。它最早的版本大约在成宗大德（1297—1307 年）后期即已问世，以后重印时又一再增补修订，直至形成我们今天所见的本子。书中所收文件，字数多少不一，发布机构高低不等，涵盖内容也有显著的广、狭之分。大到诏书、条画一类"布告全国，咸使闻知"的普效性文件，小

---

① 《元典章新集至治条例纲目》，中华书局、天津古籍出版社 2011 年版，第 2448 页。

到某项具体行政指令或民事、刑事案件裁判文书，皆分门别类，荟萃一编。由于元代缺乏一部系统记载国家机构设置和运行机制的政书，现存各种汇辑当时法令条文的“公文书”就成为研究元代制度的首要参考资料。在这些“公文书”中，论及篇幅之大、内容之丰富、资料之原始，皆无出《元典章》之右。①

《元典章》仿照《唐六典》编纂，但又突破了《唐六典》生搬硬套《周官》六典的做法，为后世纂修《会典》开创了新体例。在中国法制史上，唐以前历代王朝虽有行政性质的立法，但没有汇集成书，唐玄宗修《唐六典》乃是编纂行政法典的开端，据《新唐书·艺文志》记载，当时有许多知名学者奉旨参加《唐六典》的纂修工作，但用功艰难，绵历数载，其原因是玄宗规定的理、教、礼、政、刑、事六典体例，使编者经“历年措思，不知所从”。后来又以职官为基础，按《周礼》的六官，分为治职、教职、礼职、政职、刑职、事职，但当时唐朝的官制又与周官不大相同，这样就使许多内容不能尽收于六官之下，不得已才以类相从，勉强纳入，这种编纂方法，造成了《唐六典》的体例不尽完善。而《元典章》按行政机关编排的体例，不但使法典具有法律大全的性质，而且也比较科学实用，自此开创了纂修《会典》的新体例，被明、清《会典》所承袭。

《元典章》所辑材料相当芜杂，既有行政法规文书，又有刑事法律条文；既有章则条规，又有格式案例，可谓是元代法典的杂编。《四库全书总目》编者称：“考《元史》以八月成书，诸志皆潦草殊甚，不足徵一代之法制。而元《经世大典》又久已散佚，其散见《永乐大典》者，颠倒割裂，不可重编。遂使百年掌故无成书之可考。此书于当年法令分门胪载，采掇颇详，故宜存备一朝之故事。”②

《元典章》以前从未进行过全面整理，因此关于全书收录的公文数量，历来不得其详。据最新的点校统计，前集共包括文书2409条，其中诏令35条、圣政266条、朝纲9条、台纲43条、吏部331条、户部

① 陈高华、张帆、刘晓、党宝海点校：《元典章·前言》，中华书局、天津古籍出版社2011年版，第1—2页。

② 《四库全书总目提要卷八十三·史部三十九·政书类存目·元典章前集六十卷附新集》，中华书局1965年版，第713—714页。

514 条、礼部 159 条、兵部 216 条、刑部 752 条、工部 84 条。新集包括文书 227 条。前集、新集合計，再加上书末所附“都省通例”1 条，共有文书 2637 条。上述统计涵盖了《元典章》中出现的文书“互见”情况，即同一条文书可能在书中两个不同的地方均有收录，一处录有全文，一处仅存标题而附注全文另见某处，这样的情况应视为两条文书。①

《元典章》中还载有多幅表格。它们是编纂者为便于读者观览检阅，将某些重要的制度和规定加以汇总、简化而制成的，通常置于卷首或门目之首。其中有些内容与正文重复，有些则溢出正文之外。据统计，前集含表格（或图表）47 幅，新集含表格 6 幅，共有表格（含图表）53 幅。②

《元典章》抄引的大量圣旨条画、律令格例以及中书省、御史台文件，都是照录原文，未加增删修饰，客观地保留了原始文件的原貌，保存了元朝最高统治集团议决政务的记录，从中可以看出元朝政府决定和处理政务的准则、方法和过程。户部各卷集中了大量社会经济史料，是研究元代经济极为宝贵的资料。有关土地买卖、租佃关系、差发科敛、课税制度、农村副业、手工业生产、商业贸易、元代币制、货币流通、高利贷盘剥以及农业政策和村社制度等经济状况，书中都有详细的记载与生动的描述。吏部各卷对元朝各类官吏的官职、品级、职责、任免、升转、考核，各种公规，乃至文牍程式等都有记载。刑部各卷提供了元代司法制度的详细资料，对研究元代法制史和社会史极有价值。总之，《元典章》记载的政治、宗教、教育等情形，军役、军器、驿站等制度，以及阶级关系、经济文化、社会生活等情况，为后人提供了具体生动而内容丰富的第一手资料，史料价值甚高。但清修《四库全书》时，编者因其“所载皆案牍之文，兼杂方言俗语，浮词妨要者十之七八。又体例瞀乱，漫无端绪”，竟被讥为“乃吏胥钞记之条格，不足以资考证”③，仅列于“存目”中。清末学者魏源也因此书出于胥吏之手，而对清末学者邵远平的《元史类编》

① 陈高华、张帆、刘晓、党宝海点校：《元典章·前言》，中华书局、天津古籍出版社 2011 年版，第 8—9 页。

② 同上书，第 8 页。

③ 《四库全书总目提要卷八十三·史部三十九·政书类存目·元典章前集六十卷附新集》，中华书局 1965 年版，第 714 页。

（42卷）多取《元典章》以补正史的做法不以为然。[①] 实际上，“吏牍之文”好就好在其内容很少经过文人学士的修改润饰，更能保留事物的本来面目，因此四库馆臣和魏源的看法不免有些短视。1957年，古籍出版社印行清光绪戊申校刊本时，有“前纪”云：“是书材料，比类编次，多为《元史》所未备者，王朝典章可谓详悉矣。”这个评价是较为恰当的。

今天来看《元典章》的史料价值，主要表现在以下四个方面：

首先，《元典章》基本上属于研究元代前、中期历史的第一手资料，大体保留了当时公文的原貌。

其次，《元典章》有较多反映元代社会基层情况的内容，尤其是书中所载大量的诏令、条格和形形色色的民事、刑事诉讼案例，对了解元代下层社会状况极为珍贵，可以补正史、文集等传统史料的不足。

再次，《元典章》选录的是层层传递的政府公文，大多都标明文书的形成、传递过程，记载了各级发文政府处理各种政务的经过、处理的原则和处理的决定，从公文的传递顺序可以明显看出各级政府的权限范围，有助于理解元代各机构的职掌、彼此之间的关系以及政务处理、行政运作的具体环节和详细流程。

最后，《元典章》在圣旨、令旨和省、台文书中保留了元代汉语文中的许多俗语、俗字，对研究汉语和汉字发展的历史有重要参考价值。特别是其中包含大量源于蒙古语的口语直译（或称硬译）公牍文件，其语法特征与汉语的遣词造句习惯迥异，即使是与蒙古语无关的纯粹汉文内容，也大都属于比较特殊的吏牍体文字，其句型结构、语句节奏与一般的汉语文言文或白话文均有差异，具有鲜明的元代特色，折射出当时蒙、汉文化互相交融的一个有趣侧面。

总之，对于元史研究以及中国古代法制史、汉语史研究领域来说，《元典章》都是必读的重要史籍。

今天见到的《元典章》元刻本刊印于元英宗朝，但它此前可能有过不止一个早期版本。《永乐大典》残卷中存有《大德典章》若干条，应当就出自这样一个早期版本。另外还有一些题为《元国朝典章》或

① 魏源在《元史新编·凡例》中说：“尚有《元典章□卷》，亦当代官书，染皆钞集案牍，出于胥吏之手，不经馆阁，故四库全书目已钞而复不收。邵氏《元史类编》乃多取《元典章》以补正史，殊不足道也。”

《元朝典章》的文书，其中有的不见于今本《元典章》，应当也是某种早期版本的遗存。《永乐大典》卷七三八五所引《大德典章》尚包括《新降本族五服之图》等图表6幅，内容皆系服制，与今本《元典章》卷三十《礼部三・礼制三・丧礼》所载《本宗五服之图》等图表雷同。还有个别清抄本中不见于元刻本的条文，据台湾学者昌彼得先生分析，这些条文是古时《元典章》读者随手补录的资料，其来源不明，或与《元典章》无关。

《元典章》传世的版本系统比较简单。现存年代最早的版本为元英宗时建阳坊刻本，明末常熟毛氏汲古阁旧藏，清代归于内廷。1925年，此本由民国清室善后委员会在故宫发现，后被运往台湾，1976年由台湾"国立故宫博物院"影印出版。清代藏书家著录有《元典章》抄本若干种，或全或残，其中大部分至今尚存，分散于海内外各地。据学者研究，这些抄本基本上皆自元刻本辗转抄出，属于同一版本系统。清光绪三十四年（1908年），北京法律学堂"修订法律馆"将董康从日本抄回的《元典章》稿本（所抄系清代杭州丁氏八千卷楼藏书）刊行于北京，由著名法学家沈家本作跋，世称沈刻本。沈刻本讹误丛生，又有大段脱漏，质量不佳。1931年，著名史学家陈垣用在故宫发现不久的元刻本对沈刻本进行校勘，并参校其他数种旧抄本，校出沈刻本各种错误一万二千余条，写成《沈刻〈元典章〉校补》十卷，包括札记六卷、阙文三卷、表格一卷。另将沈刻本的错误分门别类，归纳其错误性质与致误原因，成《〈元典章〉校补释例》六卷（后改名为《校勘学释例》）。陈氏所校，用功甚巨，然限于条件，仅以元刻本校沈刻本，并未对元刻本进行校勘，不无遗憾。

尽管元刻本是今天所见《元典章》时间最早、内容最为可靠的版本，但它存在的问题仍然不小。主要问题，就是成书于吏胥和坊贾之手，抄录、编纂、刊刻几个环节都做得比较粗糙，文字脱、衍、乙、误俯拾可见。

《元典章》编纂者在抄录公文并加以编辑、刊刻时十分粗心，时常抄错、刻错；同时为求省力，大多数时候并未将原始公文完整抄、刻，而是进行了较为随意的剪裁、删节，时常脱漏关键字汇或语句，致使文义不明或产生歧义。

《元典章》内容丰富，卷帙繁重，其中文书彼此转引、前后重见的情况不在少数。这种情况既出现于前集、新集之间，也出现于表格、正文之间，还出现于不同部类之间、不同门目之间，乃至同一门目前后条文之间。

《元典章》元刻本在用字方面很不规范，使用了很多俗字（包括简体字），但这种使用是比较随意的，往往对某字忽而用俗字，忽而用正字，没有规律可循。与此相近，还使用了很多通假字、异体字，也大都是与正字混用。另外，底本中还有许多明显的版刻错字，盖因字形相近，以致误写，诸如“大”与“太”淆乱、“己”与“已”混同之类。[①]

（二）《经世大典》的编纂

《经世大典》全名为《皇朝经世大典》，是元文宗在位期间编纂的一部元初至文宗朝章典制度的总汇，也是元朝官修规模最大的一部会要体政书。

《经世大典》的编纂始于元文宗天历二年（1329 年）九月戊辰，“敕翰林国史院官同奎章阁学士采辑本朝典故，准唐、宋会要，著为《经世大典》”[②]。因编纂进度缓慢，文宗下令由奎章阁学士院专司其责，“至顺元年，诏世延与虞集等纂修《皇朝经世大典》”[③]。至顺元年（1330 年）以奎章阁大学士赵世延、奎章阁侍书学士虞集任总裁，并依修国史例，以中书右丞相燕铁木儿任监修，翰林学士承旨阿邻帖木儿等五人为提调，参修人员甚多。《元史·虞集传》载：“有旨采辑本朝典故，仿唐、宋会要，修《经世大典》，命集与中书平章政事赵世延，同任总裁。集言：‘礼部尚书马祖常，多闻旧章，国子司业杨宗瑞，素有历象地理记问度数之学，可共领典；翰林修撰谢端、应奉苏天爵、太常李好文、国子助教陈旅、前詹事院照磨宋褧、通事舍人王士点，俱有见闻，可助撰录。庶几是书早成。’帝以尝命修辽、金、宋三史，未见成绩，《大典》令阁学士专率其属为之。”[④] 可见《经世大典》的纂修者都是当时最有名的学者。“世延

① 陈高华、张帆、刘晓、党宝海点校：《元典章·前言》，中华书局、天津古籍出版社 2011 年版，第 8 页。

② （明）宋濂等：《元史·文宗纪二》（卷 33），中华书局 1976 年版，第 740—741 页。

③ （明）宋濂等：《元史·赵世延传》（卷 180），中华书局 1976 年版，第 4166 页。

④ （明）宋濂等：《元史·虞集传》（卷 181），中华书局 1976 年版，第 4178—4179 页。

(因年事已高) 屡奏:'臣衰老,乞解中书政务,专意纂修。'"[①] 揭傒斯"与修《经世大典》,文宗取其所撰《宪典》读之,顾谓近臣曰:'此岂非《唐律》乎!'"[②] 王守诚亦与著《经世大典》。

《经世大典》的编纂于至顺元年(1330年)四月正式开局,次年五月完成,至顺三年(1332年)三月进呈。《元文类》卷四十赵世延等撰《经世大典序录》称:"天历二年冬,有旨命奎章阁学士院与翰林国史院参酌唐、宋《会要》之体,会粹国朝故实之文,作为成书。赐名《皇朝经世大典》……是年四月十六日开局……以至顺二年五月一日草具成书,缮写呈上。"[③] 至顺二年(1331年)五月乙未,"奎章阁学士院纂修《皇朝经世大典》成"。因是"草具成书",又经修订润色,装潢成帙,于至顺三年三月进上。至顺三年三月欧阳玄《进〈经世大典〉表》称:"谨缮写《皇朝经世大典》八百八十卷、《目录》十二卷、《公牍》一卷、《纂修通议》一卷,装潢成帙,随表以闻。"[④] 全书合计894卷,共781册。

《经世大典》正文共有10篇,首以君事,包括帝号、帝训、帝制、帝系4篇;次以臣事,以中书省所辖六部职司划分,但名称有所变通,包括治典、赋典、礼典、政典、宪典、工典6篇。各篇之下又分若干小类,目有总叙,类有小叙。举凡职官、赋役、礼仪、宗教、军事、刑法、造作等各方面的典章制度均包括在内。具体来说,"君事"部分收集了皇帝形成的档案资料,是历代皇帝的口谕和圣旨、诏书的汇编。"臣事"部分的具体类别如下:

1. 治典载官制。分制官、三公、宰臣年表、各行省、入官、补吏、儒学教官、军官、钱谷官、投下、封赠、承荫、臣事等类。

2. 赋典载农桑赋役、版籍户口、钞法海运、矿冶市舶等事。分版籍、都邑、经理、农桑、赋税、钞法、海运、矿冶、盐法、茶法、酒课、商税、市舶、宗亲岁赐、俸秩、公用钱、常平义仓、惠民药局、市籴粮草、蠲免、赈贷等类。

---

① (明)宋濂等:《元史·赵世延传》(卷180),中华书局1976年版,第4166页。

② (明)宋濂等:《元史·揭傒斯传》(卷181),中华书局1976年版,第4185页。

③ (元)赵世延等:《经世大典序录》,见苏天爵《元文类》(卷40),台湾商务印书馆1986年版,第490—491页。

④ (元)欧阳玄:《进〈经世大典〉表》,见苏天爵编《元文类》(卷16),台湾商务印书馆1986年版,第203页。

3. 礼典载朝会、宴饗、舆服、学校等制度。分上、中、下3篇，上篇有朝会、宴饗、行幸、符宝、舆服、乐、历、进讲、御书、学校、艺文、贡举、举遗逸、求言、进书、遣使、朝贡、瑞异；中篇有郊祀、宗庙、社稷、岳镇海渎、三皇、先农、宣圣庙、诸神祀典、功臣祠庙、谥、赐碑、旌表；下篇有释、道。

4. 政典载军制及征伐国内外的若干次战争，对日本、安南、缅甸、高丽、占城等来朝贡之事都有记载，并叙及海外诸藩与国内少数民族等情形以及屯田、驿传等制度。分征伐（平宋、高丽、日本、安南、云南、建都、缅、占城、海外诸蕃、爪哇、平都尔苏）、招捕、军制、军器、教习、整点、功赏、责罚、宿卫、屯戍、工役、存恤、兵杂录、马政、屯田、驿传、弓手、急递铺、祗从、鹰房捕猎，共20类，123帙。

5. 宪典以刑法法规居多。计有名例、卫禁、职制、祭令、学规、军事、户婚、食货、大恶、奸非、盗贼、诈伪、诉讼、斗殴、杀伤、禁令、杂犯、捕亡、恤刑、平反、赦宥、狱空22篇。

6. 工典载宫苑城郭、桥梁河渠、工匠等事。分宫苑、官府、仓库、城郭、桥梁、河渠、郊庙、僧寺、道宫、庐帐、兵器、卤簿、玉工、金工、木工、搏埴之工、石工、丝缫之工、皮工、氈罽、画塑、诸匠，共22个工种，与建筑有关者占半数以上。

《经世大典》的体例虽仿唐、宋会要之体，但也有其独到之处，比如臣事各篇名目效仿“则《周礼》之六典”，还吸取了西汉刘向的叙录之体，在每篇、每目之前，皆有叙录，往往介绍内容梗概，勾勒演变原委，起到画龙点睛的作用。当时的主观意图是为了便于“皇览”，但客观上却发挥了创新体例、提纲挈领的作用。

《经世大典》辑录的材料，主要来源于元中期以前各种司法文件和各衙署文书档案中有关典章制度的摘要。据《经世大典序录》说：“其书悉取诸有司之掌故而修饰润色之，通国语于尔雅，去吏牍之繁辞，上送者无不备书，遗亡者不敢擅补。”① 由于全部是摘抄各级官府的档案文件，所以成书甚速。纂修中有人提出应当参用实录和国史（《脱卜赤颜》），遭到

① （元）赵世延等：《经世大典序录》，见苏天爵《元文类》（卷40），台湾商务印书馆1986年版，第491页。

反对，遂皆已。可以看出，《经世大典》在内容上与国史、实录有别，大抵只是记述元代各种规章制度及其沿革损益，涉及元王朝的其他政事不多。

是书在编辑选材上又根据“质为本、文为辅”的原则，具有较高的史料价值。据《明史》的《赵埙传》和《徐一夔传》，皆谓修《元史》曾据《经世大典》诸书。《元史》职官、兵、刑、食货诸志，多取之《经世大典》，已无可置疑。可惜原大典正文今已基本散佚，目前保存下来的只有苏天爵《元文类》卷四十至卷四十二中收录的《经世大典序录一、二、三》，从这篇序文可以大致窥见《经世大典》的内容梗概和元代典制的因革大势。《经世大典序录》辑集了《经世大典》各类子目中的序录部分。特别是《政典》的若干类子目除序录外，还收录了一部分子目中的内容，其中以“征伐”和“招捕”两类收录得较多，内容涉及元朝的统一、民族关系、对外关系和元代农民起义以及少数民族起义等方面。此外，在现存的《永乐大典》残本中，也征引了《政典·驿传》中的“站赤”、《赋典·海运》中的“漕运”、《宪典·仓库》中的“仓库”等内容。

值得注意的是，《经世大典》中相当于《秋官》刑部即法制篇的《宪典》内容十分特殊，其编纂体裁不仅与《经世大典》其他篇目不同，同前代会要体相比也显得风格迥异。具体说来，就是《宪典》不是以大事记的方式按年代顺序记录元代法制的发展历程，而是将含有律令性质的法律内容，统括于以法律调整对象为核心的篇目之下，采取一种近似“事类体”的法典编纂体例。即汇集了从各级官府案牍中抄录出的数量不等的判例、法规等，每个篇目内的判例与法规，并非以时间先后为顺序排列，而是又进一步分门别类加以排比。而且所收判例与法规的前面，都有一段简明扼要的总结性文字，这类文字多以“诸”字开头，表达形式类似于法条，这是《经世大典》其他篇目所没有的现象，很可能是借鉴了何荣祖《大德律令》的编纂方式。①

《经世大典》全文用汉文纂成，其间如果用到蒙古或其他文字的档案材料，便找人先译为汉语，然后再编辑利用。如至顺元年（1330 年）二

---

① 刘晓：《〈大元通制〉到〈至正条格〉：论元代的法典编纂体系》，《文史哲》2012 年第 1 期。

月庚寅，元文宗“以修《经世大典》久无成功，专命奎章阁阿邻帖木儿、忽都鲁都儿迷失等译国言所纪典章为汉语，纂修则赵世延、虞集等，而燕铁木儿如国史例监修”。①

三 其他官修政书

有元一代官修的政书为数颇多，但流传下来的，除了《通制条格》外，只有《宪台通纪》、《宪台通纪续集》、《南台备要》、《秘书监志》等几种。

（一）《宪台通纪》、《宪台通纪续集》和《南台备要》

《宪台通纪》是元代有关御史台（监察机构）行政法规和典章制度的文书档案的汇编。编于元顺帝至元二年（1336年）。内容包括元世祖至元五年到元顺帝至元二年御史台的建官定制、司属沿革、员额损益、累朝诏诰训词等文书。为研究元朝监察制度和监察机构的情况提供了重要材料，但原书早已亡佚，现在只能在《永乐大典》卷二六〇八中见到。

《宪台通纪续集》是元代有关御史台（监察机构）行政法规和各项活动的文书档案的汇编。编于至正二年（1352年），内容包括元至元二年到至正十三年御史台的典章制度、累朝掌故等文书。为研究元朝监察制度和监察部门的情况提供了重要材料，但原书早已亡佚，现在只能在《永乐大典》卷二六〇九中见到。

《南台备要》是元代江南行御史台行政法规和各项活动的文书档案的汇编，刘孟琛等撰，成书在《宪台通纪续集》之后。书中保存了一些元朝政府策划镇压农民起义的档案资料。但原刊本早已散佚，现存于《永乐大典》卷二六一〇至卷二六一一中。

（二）《秘书监志》

《秘书监志》11卷，元顺帝至正二年（1352年）王士点、商企翁编。是当代人修的当代专业志书。秘书监是掌管天文、谶纬、版籍、图书的机构，该书分职制、禄秩、印章、廨宇、公移、分监、什物、纸札、食本、

① （明）宋濂等：《元史·文宗纪三》（卷34），中华书局1976年版，第751页。

公使、守兵、工匠、杂录、纂修、秘书库、司天监、兴文署、进贺和题名等19门，汇集了有关这个机构的大量官文书，记载了秘书监及其所属各机构的建置沿革、组织规模、典章故事，官吏、工匠的题名待遇，天文阴阳人员的考试程式以及编修《大元一统志》的经过等，还登录了北司天台译写域外天文资料的名称，对于研究元代科学文化有很高的价值。书中多数卷篇引录了不少有关的诏令和奏议，其中不少是从蒙古文译成汉文的，因硬译成分较多，大多采用蒙古语法，用词和句子词序均较特殊，不易通读。

第六章

元朝档案的利用

第一节　编修国史

《元朝秘史》是蒙古族最早的一部用本民族语文畏兀儿体蒙古文写成的官修历史著作，作者佚名，元太宗十二年（1240年）成书。书的末尾注明："此书大聚会着，鼠儿年七月，于客鲁涟河阔帖额阿拉勒地面处下史，写毕了"。可知此书是1240年（或说1264年）在客鲁涟河阔帖额阿拉勒的朵罗孛勒答兀地方（意为七个小山丘），由一个不知名的人写成的。这部书用编年体例从蒙古起源的原始传说写起，一直写到窝阔台汗统治时期，前后凡500年，由正集10卷、续集2卷组成，全书共282节，内容丰富，是研究蒙古古代史的第一手珍贵史料。

《元朝秘史》以恢宏的气魄，丰富多彩的草原生活，富于变幻的表现手法，开蒙古历史著作的先河。此书在叙述历史时用传记文学的手法，语言生动优美，韵文与散文相合，具有巨大的艺术魅力，充满草原生活特有的清新气息。现今保存下来的《元朝秘史》，其文体结构、叙事方式等都和汉文史记有很大不同，尤其是将史事与诗歌相结合，这在中国古代史籍中是极为罕见的。书中不仅保留了大量古代蒙语的语言、语法修辞，还保留了一些口头传说、民间故事和诗歌，不仅蕴含蒙古历史、语音和文学发展的多方面珍贵史料，而且其成书和传世还有不平凡的经历，被誉为蒙古族的百科全书，1989年联合国教科文组织将此书列入世界名著。

200余年来，这部奇书闻名遐迩，在日、德、法、英、美、匈、捷、蒙、芬、波、土、澳大利亚和苏联等国家，吸引了许多蒙古史学家、语言学家、文献学家和藏书家的注意。国内外有关它的研究论文和专著汗牛充栋。目前，在世界范围内已形成专门的学科——“秘史学”，它是蒙古学的重要分支学科。

一　《元朝秘史》的成书经过

《元朝秘史》最初起源于蒙古汗国时期蒙古宫廷修纂的“脱卜赤颜”。13 世纪初，蒙古族崛起于漠北。灭乃蛮部后，成吉思汗培养了一批起草诏令、敕书，记载重要事件的文职官员，称“必阇赤”（Bichikchi，书记官），由蒙古、色目人担任。随着蒙古汗国征战的不断胜利，大汉开始责令“必阇赤”用畏兀体蒙古文编写历史，形成以记述蒙古统治者活动为主要内容的史书，称为“脱卜赤颜”（即“蒙古皇室的秘史”，汉译为“国史”）。“脱卜赤颜”类似中原皇朝的实录体史书，增补和修订工作应该是经常进行的，所以直到元文宗时，仍见续修的记载。《元史·文宗纪五》载：文宗至顺三年（1332 年）五月甲戌，“撒迪请备录皇上登极以来固让大凡、往复奏答，其余训敕、辞命及燕铁木儿等宣力效忠之迹，命朵来续为《蒙古脱卜赤颜》一书，置之奎章阁，从之”。[①] 可知元朝宫中，历代帝王均修“脱卜赤颜”。

“脱卜赤颜”是蒙古大汗的皇家秘笈，书藏石室金匮达百余年，外人不得观看，就是宫廷内部人员，非奉皇帝诏令也难以目睹。对保藏有极严格的规定：臣下盗视者有罪；即使皇帝本人也不得观阅自己本朝的国史。可知“脱卜赤颜”是极其秘密的史料。

元仁宗时察罕曾奉诏从“脱卜赤颜”中编译《圣武开天记》，遗憾的是该书已亡佚。元代文献中很少透露“脱卜赤颜”及其历代编纂情况，所以它的面貌已成历史之谜。但可以推测，“脱卜赤颜”经百余年的增修补订，其数量应该相当可观。

既然《元朝秘史》如此成书，那么对其第 282 节后的书后语“此书大聚会着……于客鲁涟河阔帖额阿拉勒地面处下时，写毕了”又如何解释呢？“脱卜赤颜”是陆续修纂的，在早期修纂国史中可能有这种情况：“必阇赤”们把老臣耆宿讲述的古老传说、成吉思汗族人及勋旧口述回忆该家族的重要历史事件以及可汗宫廷中的档案材料加以系统整理，在忽里

① （明）宋濂等：《元史·文宗纪五》（卷 36），中华书局 1976 年版，第 803 页。

勒台由该家族主要人物认可后，署上时间、地点，作为这部“脱卜赤颜”的书后语。

从《元朝秘史》的结构上分析，它应该包括两个不同时期修成的“脱卜赤颜”。一部分是正集（第1—268节），较完整。它的书后语当是第282节。另一部分是续集（第269—281节），收入了“脱卜赤颜”中关于窝阔台汗的前半部分，没有书后语，成为现在的结构。对此，虽不能找到直接证据，但可举出一个旁证。镇海《神道碑》载：“世有恒言，饮水黑河，最为勋旧。公实与。阅史曰：脱卜赤颜，至秘也，非有功不纪，公名在焉。”据此可知“脱卜赤颜”记有镇海之名，但在《元朝秘史》中却遍寻不见，原因在于“脱卜赤颜”记有镇海事迹的那部分内容未编入《元朝秘史》。

“脱卜赤颜”在元、明递嬗之际落入明人之手。元朝灭亡后，明洪武十五年（1382年）朱元璋命翰林侍讲火源洁、马沙亦黑二人将“脱卜赤颜”用汉语音译，在各个字的音旁标出字义，称为旁译，每一小节进行节译，称为总译，并附有汉文译写的汉字音本。因明朝在与北元的频繁交往中，需要一些精通蒙古语言、历史和习俗的人才，故从“脱卜赤颜”中选出有关前朝史的重要部分，将其音写、汉译，编成蒙文教材，取名《元朝秘史》，蒙古语音写作“Monggol - un Nihuca Tobciyan”，汉文译写为“忙豁伦·纽察·脱卜察安”[①]。蒙古文原稿久已失佚，音写、汉译的《元朝秘史》明洪武年刻本（底本）分为正集10卷和续集2卷，共计12卷，分为6册。永乐年间又将明洪武年刻本（现仅存41张残叶）抄入《永乐大典》，分为15卷，摹写本按8册，抄出本按6册装订。此后就以手抄本和翻刻本的形式，按12卷本和15卷本两个版本流传。两个本子的内容相同，均为282节。

与“脱卜赤颜”类似的国史还有《金册》，蒙古语的书名为《阿勒坦脱必赤颜》，用回鹘式蒙古文书写，藏在蒙古汗室的金库中，但未流传下来。波斯人拉施特在编写《史集》时曾经见过并利用过它。他还亲眼目睹了密藏在伊利汗国宫廷中的大量档案资料，并在《史集》中提道：“［蒙古人和突厥人之］信史，逐代均曾用蒙语、蒙文加以记录，唯未经

① “忙豁伦”即“蒙古的”，“纽察”意为“秘密的”，“脱卜察安”是“脱卜赤颜”的异译。

汇集整理，以零散篇章形式［保存于汗的］金库中。它们被秘藏起来，不让外人甚至［不让他们自己的］优秀人士阅读；不信托任何人，深恐有人获悉［其中所载各事件］。……整理一切有关蒙古起源的史籍、与蒙古有亲属关系的突厥诸部的世系，以及有关他们的零散事迹和记述，这一切有在荣盛［国］库中者，也有托管于陛下的大臣、近侍者，直到最近，还无人敢于着手汇集到一起，无人获得整理它们的荣幸……"①

由此可以看出，蒙古汗国的统治者对自己辉煌的过去是多么珍视，收集、记录已往的历史是多么经心，可惜随着时光的流逝，这些收藏于深宫秘库的档案文献也都灰飞烟灭了。这些早期的回鹘式蒙古文档案典籍是何种形式，采用何种材质，是桦树皮还是木片，或是皮革、纸张？书写工具是什么？这一系列疑问也成了永远的猜想。

二　《元朝秘史》的内容和写作手法

（一）内容

《元朝秘史》共282节（学术分节），可分为上篇（成吉思汗族祖篇）、中篇（成吉思汗篇）和下篇（窝阔台汗篇）三部分。

上篇第1—58节，述说黄金家族的世系。即从孛儿帖赤那（苍狼）、豁埃马阑勒（白鹿）到也速该的传说和史实，包括蒙古族起源、蒙古各分支氏族的祖先及成吉思汗22世远祖的世系。在成吉思汗祖先中，涌现出许多颇有建树的人物，如孛端察儿、海都、屯必乃薛禅、合不勒罕、俺巴孩、忽图剌罕、把儿坛把阿秃儿、也速该把阿秃儿等。通过这些记载可以看到社会组织、社会文化和有关部族间的关系等。

中篇第59—268节是成吉思汗的事迹。从数量和内容上看，都是全书的重心部分。其中，第69—201节，记述了成吉思汗前半生。从他的诞生写起，包括婚姻、丧父后的艰辛经历、投奔王罕、与札木合结盟、登合罕之位、与札木合破裂、十三翼之战、蒙古高原两大集团的形成、阔亦田大战、与王罕决裂，直至征服克烈、乃蛮等部，统一蒙古高原，栩栩如生地描绘了一代天骄在纷乱血腥的蒙古高原上成长的历程。这里既有施展种种

① ［波斯］拉施特：《史集》（第一卷第一分册），余大钧、周建奇译，商务印书馆2009年版，第115—116页。

计谋和智慧、互相角逐的游牧领袖的风采，又有金戈铁马、群雄逐鹿的壮烈战争场景；既有登高一呼、众望所归的代表人物，也有众叛亲离、穷途末路的失意豪杰。第 202—268 节记述成吉思汗后半生的活动。从 1206 年斡难河即大汗之位写起，较详细地记载了蒙古汗国的政治制度和社会制度。如扈卫军的整顿和扩大，断事官和万户的委任，千户长的任命，勋臣的封赏，宿卫和轮值制度的实行和诸子、众弟的分封等。同时，记载了成吉思汗的一系列军事行动——征金、伐西夏和侵略花剌子模等。还有一些对周邻地区小规模的军事行动。其间穿插成吉思汗指定窝阔台为继承人，任命牙剌哇赤父子管理某些城市，最后，记载成吉思汗的病逝。

下篇第 269—282 节，叙述窝阔台汗时期的政治历史。从他继大汗位写起，其中有拔都西征，汗国对金和高丽的军事行动，重申怯薛制度，实行赋税、驿站、仓储和掘井等措施，还有窝阔台汗总结自己的四功四过。末尾记明写作的时间、地点。

《元朝秘史》的思想内容主要有以下三个方面：

第一，反映了蒙古族从奴隶社会进入封建社会的历史进程。在这个过程中，封建主义不断取得胜利，并最终建立起统一的多民族封建国家，蒙古民族共同体得到空前的巩固和发展。从中可以看出蒙古高原各部落联合成统一国家的历史必然性和规律性。

第二，反映了统治阶级的价值取向、伦理道德观念和带有草原特色、日益成熟的封建主义意识形态。这种意识形态，通过宣扬蒙古大汗一统国家的合法性，臣民对主子和那颜的忠心，附庸对领主的忠诚而一再表现出来。

第三，旧的萨满教天道观（“腾格里”的至高无上）与汗权斗争日益激烈。这两种意识较量的结果，使萨满教的天道观被改造成从意识形态方面维护大汗政权的工具。

（二）写作手法

《元朝秘史》对历史人物和历史事件的叙述是以时间先后为序，故依据其基本的叙事方法可称为编年史。但尽管采用了编年体的体裁，却明显地保留了采访录的特征。在纂辑采访材料，按年代顺序进行编排时注重保留原始风貌，而在一定程度上忽略了史著的编纂规则。

从叙事模式的角度看，《元朝秘史》存在的问题可归纳为以下三种：

1. 补充叙述。补充叙述常见于文学，尤其是民间口头文学，而绝非编年史的叙述方法。然而在该著中不时出现民间口头文学特有的解释性或补叙的语句。

2. 叙事主体的人称变化。《元朝秘史》尽管在总体上采用了以第三人称叙述史实的方法，但在个别情况下，也有改变叙事主体的身份，采用第一人称的事例。历史载记通常采用第三人称，从客观的角度来叙述人物和事件，而交替使用第三人称和第一人称，变换叙述主体的做法不适合于历史载记，特别是编年体史著。

3. 叙事次序的颠倒。《元朝秘史》在叙述历史人物和事件时存在许多混淆或颠倒时间顺序的舛误。从纵向进行历史叙述时颠倒时间顺序则显然是在纂辑史料过程中出现的舛误。

三　《元朝秘史》的价值和局限性

《元朝秘史》是古代蒙古族创造的宝贵精神财富。它写出了成吉思汗的英雄本色，并使其升华为该民族的崇拜偶像、精神领袖，成为该民族的一面旗帜。在古代，《元朝秘史》对蒙古民族精神凝聚力的形成起过不可估量的作用。

（一）《元朝秘史》的价值

《元朝秘史》不仅是描述早期蒙古草原社会生活风貌的一部英雄史诗，也是最能反映当时蒙古人思维方式和社会生活状况的原始资料，因此也是我们借以了解早期蒙古社会的最可靠的材料。在反映游牧经济的生产活动、生产方式、氏族部落制度、社会心理、婚姻家庭形态、宗教形态、部落民族的道德观念、价值观念、风俗习惯和生活方式等方面，《元朝秘史》提供了最原始的、具体而准确的资料。应当说，它是古代蒙古社会史的资料宝库。其中许多资料非常宝贵，堪称绝无仅有。例如，婚姻关系、伦理道德，其他史书远不如此书具体、细致。征乃蛮的战争场面，可作为游牧民族战例的典型。关于安答制和那可儿制的记载，使后人知道了这些带有草原特色的组织方式，进而了解这种传统形式对游牧军事集团内聚力形成的影响。《元朝秘史》中保存的大量部落、氏族、人物、地点、动物等名称和衔号，为复原当时的蒙古及周邻地区的历史、地理、自然图景提供了参照。

《元朝秘史》产生于典型的游牧生活的环境中，从而形成一系列史学传统：一是文史结合。在《元朝秘史》中，美丽的神话、离奇的传说与历史事实紧密结合在一起。全书的语言既有简洁生动的散文体，也有大量诗歌和韵文，表现手法相当高超。二是以王统史为核心，故被英雄史观紧紧制约。它所确立的蒙古编年史传统，既不同于中原的编年史，也不同于伊斯兰世界的编年史。

还应指出的是，《元朝秘史》在中国历史上的重要地位不容忽视。中国史书种类齐全，浩如烟海，但95%以上都是用汉文写成，执笔者几乎都是汉人和汉化甚深的少数民族，然而《元朝秘史》突破了这一格局。它是我国少数民族从自身角度，用自己的民族文字纂修的一部历史著作，直接报道我国北方游牧民族的各种生活，有具体亲切、客观真实之感。不仅可补《元史》的不足，还可以利用《元朝秘史》的资料，与二十四史等典籍中有关游牧生活的资料进行对比研究，互相印证，相得益彰。

（二）《元朝秘史》的局限性

《元朝秘史》作为一部历史文献，不可避免地存在着欠缺。突出表现在两个方面：

其一，年代混乱，部分年代和史实挂不上钩。如1205—1209年，成吉思汗三次征西夏，但却当作一件事情记载在第240节中。原因在于草原史家“必阇赤”们没有受过严格的修史训练，对纷繁复杂的史实难以驾驭，只好采取简单的办法，把同类史实归拢在一起叙述。另外还与《元朝秘史》的材料来源和编修方法有关。构成《元朝秘史》的材料，除部分来自汗廷中保存的谕旨、敕令、大札撒等的文字记录外，还有相当一部分是当事人提供的口头素材，而修纂“脱卜赤颜”又绝非一人，故出现史实误植的现象在所难免。再加上不断地续修和增订，从而加重了这种差错。

其二，倾向性的描述非常明显，在突出成吉思汗一系的同时，某些重要历史人物的描写过于简单乃至失真。如对王罕、札木合的记述，颇欠笔墨，几乎看不出他们曾是称雄一时的霸主形象。这也难怪，因为《元朝秘史》毕竟是为蒙古黄金家族树碑立传的，在这种写作原则的指导下，王罕和札木合等人物的陪衬命运也就难以改变了。

总之，《元朝秘史》的编写是蒙古文化史上划时代的大事。这部国史尽管有这样或那样的不足和缺陷，但在蒙古史学、文学、语言学乃至民俗学、军事学、思想史的研究等方面，都拥有巨大的、不可替代的价值。

第二节　编修辽、金、宋三史

一　辽、金、宋三史的编修经过

元朝后期利用档案编史的最大成就是修成《辽史》、《金史》、《宋史》三部纪传体正史。三史的编修是为了资鉴于当世，以利安邦治国。通过修史，以古鉴今，以求改善当时的统治。因而，三史中的历史借鉴思想是非常明显的。在《辽史・修三史诏》中，元顺帝明确诏示："这三国为圣朝所取制度、典章、治乱、兴亡之由，恐因岁久散失，合遴选文臣，分史置局，纂修成书，以见祖宗盛德得天下辽、金、宋三国之由，垂鉴后世，做一代盛典。"[①] 三史修成后，顺帝又对阿鲁图等史官说："史书所系甚重，非儒士泛作文字也。彼一国人君行善则国兴，朕为君者宜取以为法；彼一朝行恶则国废，朕当取以为戒。然岂止儆劝人君，其间亦有为宰相事，善则卿等宜仿效，恶则宜监戒。朕与卿等皆当取前代善恶为勉。"[②] 顺帝的这番话，表明了当时君臣修史取鉴、以史劝诫的明确意图。

元朝为前朝修史的动议和设想，早在忽必烈即位之前就已提出。元太宗六年（1234 年）灭金后，汉族谋臣刘秉忠就向还在潜邸的忽必烈建言："国灭史存，古之常道，宜撰修《金史》，令一代君臣事业不坠于后世，甚有励也。"[③] 由于忽必烈当时还未即位，所以没有采纳。中统二年（1261 年）同为金朝旧臣的汉儒王鹗又奏请忽必烈诏修辽、金二史，但因忽必烈正忙于对付争夺王位的兄弟阿里不哥，无暇顾及此事。至元元年（1264 年）翰林学士承旨王鹗再次向世祖提出修史建议："自古帝王得失兴废，班班可考者，以有史在。我国家以威武定四方，天戈所临，罔不臣属，皆太祖庙谟雄断所致。若不乘时记录，窃恐岁久渐至遗忘。金《实

---

① （元）脱脱等：《辽史・附录・修三史诏》，中华书局 1974 年版，第 1554 页。

② （明）宋濂等：《元史・阿鲁图传》（卷 139），中华书局 1976 年版，第 3361—3362 页。

③ （明）宋濂等：《元史・刘秉忠传》（卷 157），中华书局 1976 年版，第 3691 页。

录》尚存，善政颇多；辽史散逸，尤为未备。宁可亡人之国，不可亡人之史。”[①] 并提到“若史馆不立，后世亦不知有今日”的话，[②] 其含义就是要通过修史为本朝正名和立位。显然是年长的老翰林承旨王鹗的说服打动了忽必烈，元世祖“甚重其言，命修国史，附修辽、金二史”[③]，并有至元元年（1264年）二月“敕选儒士编修国史”和“始立翰林国史院”之举。[④] 至元元年入拜参知政事的商挺也“建议史事，附修辽、金二史，宜令王鹗、李冶、徐世隆、高鸣、胡祇祗遹、周砥等为之，甚合帝意”[⑤]。但翰林国史院成立后只开展了《太祖实录》的修纂工作，而“附修辽、金二史”则没有启动。至元十三年（1276年）灭宋后，又命“词臣”通修辽、金、宋三史。忽必烈之后，仁宗、英宗、文宗三朝又先后诏令编修三史，英宗至治年间，曾让袁桷主修三史，但袁桷的工作后因英宗被弑而停顿，其他编修三史的动议也因体例未定而未果。可见在元末纂成三史以前，元朝至少有六七次议及三史的修纂，但直到顺帝至正三年（1343年）才真正启动，前后共拖了80余年之久。之所以拖了这么长时间，除了资料、人员、经费等问题无法落实外，主要是对辽、宋、金三个政权的地位、统绪，即以何为“正统”的问题各持已见、争论不休、意见不一，无法确定三史的编写体例，影响了修史工作的进行。当时主要有三种意见相持不下，一派主张“以宋为世纪，辽、金为载记”，即以宋为“正统”，仿《晋书》体例，将辽、金列入《宋史》之“载记”；另一派则坚持“以辽、金为北史，宋太祖至靖康为宋史，建炎以后为南宋史”。[⑥] 认为应南北各立统绪，效《南史》、《北史》之法，以北宋为《宋史》，南宋为《南宋史》，辽、金为《北史》；还有的折中其事，认为“三史之不得成，盖互以分合论正统，莫克有定。今当三家各为书，各尽其言而核实之，使其事不废可也，乃若议论则以俟来者”[⑦]。三种意见争执不下，使“三史”

① （元）苏天爵：《元朝名臣事略·内翰王文康公》（卷12），中华书局1996年版，第239页。

② 同上。

③ 同上。

④ （明）宋濂等：《元史·世祖纪二》（卷5），中华书局1976年版，第96页。

⑤ （明）宋濂等：《元史·商挺传》（卷159），中华书局1976年版，第3740页。

⑥ （清）赵翼：《廿二史札记·宋辽金三史》（卷23），曹光甫点校本，上海古籍出版社2011年版，第436页。

⑦ 刘浦江：《德运之争与辽金王朝的正统性问题》，《中国社会科学》2004年第2期。

的修纂难于落笔。

为确保三史编修工程按照统治阶级的意志顺利实施，元顺帝于至正三年（1343 年）三月十四日、二十八日连发两道圣旨，对三史的修纂作出了具体部署。

三月十四日的第一道圣旨言："辽、金、宋三国史书不曾纂修来，历代行来的事迹合纂修成书有俺商量来。如今选人将这三国行来的事迹交纂修成史，不交迟滞。但凡合举行事理，俺定拟了呵。怎生奏呵，奉圣旨那般者。"①

三月二十八日的第二道圣旨言："这三国为圣朝所取制度、典章、治乱、兴亡之由，恐因岁久散失，合遴选文臣，分史置局，纂修成书，以见祖宗盛德得天下辽、金、宋三国之由，垂鉴后世，做一代盛典。交翰林兼国史院分局纂修，职专其事。集贤、秘书、崇文并内外诸衙门里，著文学博雅、才德修洁，堪充的人每斟酌区用。纂修其间，予夺议论，不无公私偏正，必须交总裁官质正是非，裁决可否。遴选位望老成，长于史才，为众所推服的人交做总裁官。这三国实录、野史、传记、碑文、行实，多散在四方，交行省及各处正官提调，多方购求，许诸人呈献，量给价直，咨达省部，送付史馆，以备采择。合用纸札、笔墨，一切供需物色，于江西、湖广、江浙、河南省所辖各学院并贡士庄钱粮，除祭祀、廪膳、科举、修理存留外，都交起解将来，以备史馆用度。如今省里脱脱右丞相监修国史做都总裁。交铁睦尔达世平章、太平右丞、张中丞、欧阳学士、吕侍御、揭学士做总裁官。提调官，省里交也先帖木儿平章、吴参政，枢密院里塔失帖木儿同知、姚副枢，台里狗儿侍御、张治书、买术丁参议、长仙参议、韩参议、右司王郎中、左司王郎中、老老员外郎、孔员外郎、观音奴都事、杜都事，六部各委正官并首领官提调。其余修史的凡例、合行事理，交总裁官、修史官集议举行呵。怎生奏呵，奉圣旨那般者。"②

元顺帝《修三史诏》的主要内容有以下几点：

一是着重表达了元朝的现实状况与辽、金、宋三朝的历史联系，阐明了纂修三史与元朝统治的关系，指出：辽、金、宋三朝"为圣朝所取制

① （元）脱脱等：《辽史·修三史诏》（附录卷），中华书局 1974 年版，第 1554 页。

② （元）脱脱等：《辽史·附录·修三史诏》，中华书局 1974 年版，第 1553—1554 页。

度、典章、治乱、兴亡之由，恐因岁久散失，合遴选文臣，分史置局，纂修成书，以见祖宗盛德得天下辽、金、宋三国之由，垂鉴后世，做一代盛典”。

二是强调参与纂修的人员必须是“文学博雅、才德修洁”者。

三是任命都总裁官作其代言人，给总裁官以修纂大权。明确指出：“纂修其间，予夺议论，不无公私偏正，必须交总裁官质正是非，裁决可否。遴选位望老成，长于史才，为众所推服的人交做总裁官。”即都总裁官必须是“位望老成，长于史才，为众所推服”者，其职责是“质正是非，裁决可否”。

四是任命了总裁官和提调官，负责修史事宜和资料工作，应“多方购求，许诸人呈献，量给价直”，提调、求购辽、金、宋三朝实录、野史、传记、碑文、行实等散在四方的档案资料，纸札、笔墨等一切所需物品由江西、湖广、江浙、河南四省“所辖各学院并贡士庄钱粮”中解决。

五是要求总裁官、修史官尽快商定修史凡例。

修三史诏书显然是总结了数十年议修三史的得失，故对修纂宗旨、职责分工、文献搜求、纂述凡例几个重要方面，都作了明确的规定和要求。这是三史纂修工程得以顺利开展的政治前提和组织保证，在中国史学史上应当占有一定的地位。①

至正三年（1343 年），在皇帝的严旨下，中书右丞相、监修国史脱脱行使了圣旨赋予他的都总裁之权，“质定是非，裁决可否”，采纳了宋、辽、金各为一史，分别撰写，独自成书的主张，“三国各与正统，各系其年号”，议者遂息。② 这一决定看似武断，实际上既符合辽、金、宋三朝互不统属的历史状况，也符合中国历史上常有的多民族政权并存的客观实际。这种认识与主张，也只有受中原封建传统的历史观影响较少的蒙古族史家才有魄力作出决断，其意义不可低估。首先，三史“各与正统”的原则既表达了平等对待各民族历史的进步史观，也保证了对辽、金、宋时期各民族历史进程的记载，特别是保证了对辽、金少数民族历史的记载，为后世提供了丰富的民族史料。其次，正统问题的解决在一定程度上突破了传统观念的束缚，不仅是我国史学发展的一大贡献，也是思想上的一大

① 瞿林东：《中国史学史纲》，北京出版社 1999 年版，第 577—578 页。

② （元）权衡：《庚申外史》（卷上），任崇岳笺注本，中州古籍出版社 1991 年版。

进步。

这一次，朝廷决心很大，发动了全国相关的力量，从人力、物力、财力上予以保证，有很多朝廷大员参与其事。具体来说：

《辽史》是铁睦尔达世、贺惟一、张起岩、欧阳玄、吕思诚、揭傒斯任总裁官，纂修官有廉惠山海牙、王沂、徐昺、陈绎曾。

《金史》是由铁睦尔达世、贺惟一、张起岩、欧阳玄、揭傒斯、李好文、杨宗瑞、王沂任总裁官，纂修官为沙剌班、王理、伯颜、赵时敏、费著、商企翁。

《宋史》是由铁睦尔达世、贺惟一、张起岩、欧阳玄、李好文、杨宗瑞、王沂任总裁官，纂修官有斡玉伦徒、泰不华、杜秉彝、宋褧、王思诚、干文传、汪泽民、张瑾、麦文贵、贡师道、李齐、余阙、刘闻、贾鲁、冯福可、赵中、陈祖仁、王仪、余贞、谭慥、张翥、吴当、危素23人，其中绝大多数为汉族文人。

参与修史的除汉族学者外，还有担任三史总裁官的铁木儿塔识是康里人，担任《辽史》纂修官的廉惠山海牙是畏兀儿人，担任《金史》纂修官的沙剌班（汉名刘伯温）是畏兀儿人，伯颜是哈剌鲁人，担任《宋史》纂修官的斡玉伦徒、余阙是唐兀人，泰不华是钦察人，有如此多的少数民族史家参与编修正史，在“二十四史”编修中是绝无仅有的现象，这反映了蒙古族能对各种文化采取广收博采、兼容并蓄的心态。它不仅是元代多民族史学的新发展，也说明各民族史学家对“垂鉴后世，做一代盛典”之修史意义的共识。

《三史凡例》主要规定了以下几点：

一是帝纪：依《史记》、《西汉书》、《新唐书》例，辽、金、宋三国称号、年号依《南史》、《北史》例，即各书国号，各为正朔。

二是志表：取各史中的重要者作志表。

三是列传：分后妃、宗室、外戚、群臣、杂传诸类。人臣有大功者，虽为父子，亦各立传。其余以类相从，或数人共为一传。三国所书史事有与本朝相关涉者，当禀奏朝廷。金、宋死节之臣，皆合立传，不需避忌。其余该载不尽，从总裁官与修史官临文详议。

四是按《春秋》例，疑事传疑，信事传信。①

① （元）脱脱等：《辽史·附录·三史凡例》，中华书局1974年版，第1557页。

辽、金、宋三史纂修工程启动后，只用了三年左右的时间就全部完成了。这说明以前八十余年的时间，翰林兼国史院也没有闲着，资料准备比较充分，一批又一批各民族的史学家也成长起来了。脱脱挑选了一批汉、畏兀儿、哈剌鲁、唐兀、钦察等民族的史学家加入史馆，又落实了以江南原南宋学田钱粮为修史费用的经费来源，三史纂修便顺利展开了。在具体修纂过程中，揭傒斯、张起岩、欧阳玄等人的敬业精神令人感佩。揭傒斯不仅指示僚属言："欲求作史之法，须求作史之意。古人作史，虽小善必录，小恶必记。不然，何以示惩劝！"而且"毅然以笔削自任，凡政事得失，人材贤否，一律以是非之公。至于物论之不齐，必反覆辨论，以求归于至当而后止。四年，《辽史》成，有旨奖谕，仍督早成金、宋二史。揭傒斯留宿史馆，朝夕不敢休，因得寒疾，七日卒"①。张起岩"熟于金源典故，宋儒道学源委，尤多究心，史官有露才自是者，每立言未当，起岩据理窜定，深厚醇雅，理致自足。史成，年始六十有五，遂上疏乞骸骨以归，后四年卒。谥曰文穆"②。欧阳玄主修《辽史》，"发凡举例，俾论撰者有所据依。史官中有悻悻露才、论议不公者，玄不以口舌争，俟其呈稿，援笔窜定之，统系自正。至于论、赞、表、奏，皆玄属笔"③。

二 辽、金、宋三史的比较

《宋史》，全书共496卷，目录3卷，其中本纪47卷，志162卷，表33卷，列传255卷。记宋太祖建隆元年（960年）至宋卫王祥兴二年（1279年）共320年间的史事。篇幅的繁复，居二十四史之首。特别是二十八卷的《礼志》，其卷数相当于"二十四史"中其他各史《礼志》的总和。

《辽史》，116卷，目录1卷，正文分本纪9篇30卷，志10篇32卷，表8篇8卷，列传45卷，《国语解》1卷。记载了契丹贵族在我国北方建立的辽政权200多年的历史。

《金史》，135卷，目录2卷，正文分本纪11篇19卷，志14篇39

---

① （明）宋濂等：《元史·揭傒斯传》（卷181），中华书局1976年版，第4186页。

② （明）宋濂等：《元史·张起岩传》（卷182），中华书局1976年版，第4195页。

③ （明）宋濂等：《元史·欧阳玄传》（卷182），中华书局1976年版，第4197—4198页。

卷，表2篇4卷，列传73卷。记载了从金太祖收国元年（1115年）完颜阿骨打称帝，止于金哀宗天兴三年（1234年）蒙古灭金共120年的历史。

详而论之，三史情况各异：

一是成书时间不同。《辽史》于至正四年（1344年）三月告成，《金史》于同年十一月告成，《宋史》于至正五年（1345年）十月告成。

二是修史人员有别。《辽史》总裁官为铁睦儿达世、贺惟一、张起岩、欧阳玄、吕思成、揭傒斯6人；《金史》总裁官无吕思诚，增李好文、杨宗瑞、王沂，共8人；《宋史》总裁官因揭傒斯去世，为7人。

三是三史编修各有所据。以《辽史》为例，其史料依据主要为辽朝耶律俨的《皇朝实录》（70卷）和金朝陈大任的《辽史》等史稿。关于耶律俨的《皇朝实录》和陈大任的《辽史》，苏天爵在《三史质疑》中云："辽人之书有耶律俨《实录》，故中书耶律楚材所藏，天历间进入奎章阁……金章宗初年，即命史官修辽史……其书又经党怀英、赵沨、王庭筠诸名士之手。章宗屡尝促之，仅二十年，陈大任始克成编。"清人赵翼《廿二史札记》卷二十三云："元顺帝时命托克托（旧史名脱脱）等修辽、宋、金三史，自至正三年三月开局，至正五年十月告成。以如许卷帙，成之不及三年，其时日较明初修《元史》更为迫促，然三史实皆有旧本，非至托克托等始修也。各朝本有各朝旧史，元世祖时又已编纂成书，至托克托等已属第二、三次修辑，故易于告成耳。《辽史》在辽时已有耶律俨本，在金时又有陈大任本，此《辽史》旧本也。……故至正中阿鲁图、托克托等《进辽史表》云：'耶律俨语多避忌，陈大任辞乏精详。世祖皇帝尝敕词臣撰次三史，首及于辽。'"[①] 冯家升《辽史源流考·绪言》也说："辽史在至正间固有三种底本：一为辽人之《实录》，一为金所修之《辽史》，其他为宋人所修唯一之辽史——《契丹国志》。三者在今本《辽史》内，斑斑可考，为其当日所依据无疑。"

四是《宋史》保存史料最为丰富。元朝史臣根据旧史档案文献，"编劘分局，汇粹为书"。修纂《宋史》的主旨是："矧先儒性命之说，资圣代表章之功，先理致而后文辞，崇道德而黜功利，书法以之而矜式，彝论赖是以匡扶。"纂修中的具体做法是："辞之烦简以事，而文之今古以时，

① （清）赵翼：《廿二史札记·宋辽金三史》（卷23），曹光甫点校本，上海古籍出版社2011年版，第435页。

旧史之传述既多，杂记之搜罗又广。于是参是非而去取，权丰约以损增。”①《宋史》的特点是史料丰富，叙事详尽，保存了不少已散失的原始资料。如天文志、律历志、五行志等，保存了许多天文气象资料、科学数据以及关于地震等自然灾害的丰富史料。《宋史》的主要材料来自宋代的国史、实录、日历等史官的原始记录，这些史料现在几乎全部佚失，而《宋史》是保存宋代官方和私人史料最为系统全面的一部史书，因而史料价值甚高。《宋史》的最大缺点是比较粗糙。由于成书时间短（只用了两年零七个月），而且正值元朝濒临崩溃的前夕，因此编纂比较草率。编写中对史料缺乏认真鉴别、检校、考订，资料也没有精心剪裁、编次、修饰，内容互相矛盾，结构比较混乱，文繁多虚词。且叙事繁冗，真伪错杂，编排失当，常使人莫窥其要领。唯于长传之后，别有概括的叙述，文简事赅，足救文繁之弊，为《宋史》特有的写法。

五是《辽史》最为简陋。罗继祖先生对此有过精彩的评述：“《辽史》这部书的菁华全在《纪》和《传》，《志》和《表》都出于金元史官的编纂，由于史料太缺，他们除了以《纪》和《传》为唯一的依据外，参考了宋人部分记载，又不免于生吞活剥。既志《营卫》，又志《兵卫》；既表《属国》，又表《部族》，都不能没有重复。百官、刑法、食货诸志的素材，大半不能超出《纪》和《传》，而且下笔粗疏，错误百出。最奇的是《百官志》，于各官之下，注见某某《纪》或某某《传》，几乎和后人考订的文字一样。”② 该书《本纪》和《志》占全书一半以上，《列传》仅居全书四分之一左右，一般的传文每篇不过数十字，开国之前和灭亡阶段尤为缺略。

六是《金史》夸张隐讳。《金史》夸张隐讳之笔与其他史书无异，记事经常避重就轻，为尊者讳，甚至刻意隐瞒金国军队的败绩，片面夸大金国将领的战功。如在《金史》卷七七《宗弼传》中关于1140年宋金战争的描述中，就有很明显的体现。《金史》不提蒙古对金国的威胁，也不提刘豫的伪政权，而关于宋金两国在1140年前后发生的诸多战役的记载，更是漏洞百出、自相矛盾。

七是三史体例一遵前代正史，又有自己的特色。如《辽史》设《营

---

① （元）欧阳玄：《圭斋文集·进宋史表》（卷13），上海涵芬楼影印本，第7页。

② 罗继祖：《〈辽史〉概述》，《社会科学辑刊》1979年第1期。

卫志》、《部族表》，为他史所无。《辽史》卷四十五《百官志一》将辽国中央政府的官僚机构分为“北面官”和“南面官”双规制，反映了元朝的修史者并不只是照葫芦画瓢，而是在把握了辽王朝历史特点的基础上，凸显了辽王朝在政治制度上有别于其他王朝的特色。《金史》在体例上既仿效《魏书》又有所创新，本纪部分先立一篇《世纪》，追记阿骨打（太祖）先世，最后（第十九卷）又列《世纪补》，追叙后来追认的几个皇帝的事迹，这是《金史》首创的一种体例，为元、明史所取法。《金史》还创立了《交聘表》，以编年体表格的形式把金朝与邻国（如宋、西夏、高丽）的和战及交往关系记录下来，形式新颖，内容清晰。辽、金二史各附有《国语解》，将契丹、女真两族有关的官制、人事、物产、部族、地理、姓氏等名称加以注释，这既为时人阅读辽、金二史提供帮助，又给后人留下了研究契丹、女真文字的宝贵资料，是二史正文的必要补充。与任何一部史书一样，三史修纂中也存在种种错误与缺憾，但它们给后人留下的精神财富是无可替代的。①

八是《国语解》为《辽史》、《金史》编纂者所独创，也是二十四史中特有的。《国语解》不仅反映了《辽史》、《金史》民族史的特色，同时也体现了其编纂者自觉把握历史特点所具备的卓识。《四库全书》的编纂者虽然对《辽史》甚为不满，但对《辽史》中的《国语解》却赞扬有加：“惟《国语解》一卷，仿古人音义之意，其例甚善。”②

《辽史》、《金史》的编纂者认识到了辽、金政权不同于历史上汉族王朝的特点，他们说：“辽之初兴，与奚、室韦密迩，土俗言语大概近俚。至太祖、太宗，奄有朔方，其治虽参用汉法，而先世奇首、遥辇之制尚多存者。子孙相继，亦遵守而不易。”③ 为了反映其历史特点，他们认为应该采其民族语言即“国语”入史。“故史之所载，官制、宫卫、部族、地理，率以国语为之称号。”④ 尽量避免随意妄加文饰，华而不实，使记载

① 王雄：《从元朝的设馆修史看蒙古族史学》，见瞿林东主编《中国少数民族史学研究》，北京图书馆出版社 2008 年版，第 257 页。

② 《四库全书简明目录·史部·正史类·〈辽史〉一百十六卷》，台湾商务印书馆 1986 年版，第 85 页。

③ （元）脱脱等：《辽史·国语解》（卷 116），中华书局 1974 年版，第 1533 页。

④ 同上。

失真。“若其臣僚之小字，或以贱，或以疾，犹有古人尚质之风，不可文也。”① 《辽史》、《金史》的编纂者对辽、金历史特点的这种认识以及从实而书的修史态度，体现了他们的史识，也是他们接受刘知几采当世口语、方言修史主张的结果，这在我国史学发展史上应予肯定。

《辽史》、《金史》的编纂者不仅认识到需采“国语”入史，以体现其历史特点，而且认为应对“国语”加以解释，方便后世读者，以免时过境迁，后世之人茫然不得其解。因此，《辽史》、《金史》中不仅保存了其“国语”，而且纂有《国语解》对之进行训释。《辽史》作者阐述其作《国语解》的动机时说：“不有注释以辨之，则世何从而知，后何从而考哉。今即本史参互研究，撰次《辽国语解》以附其后，庶几读者无龃龉之患云。”② 《金史》撰者说：“今文《尚书》辞多奇涩，盖亦当世之方言也。《金史》所载本国之语，得诸重译，而可解者何可阙焉。”③ 这说明他们充分认识到了对“国语”进行解释有助于读者阅读、理解辽、金史。

《辽史·国语解》置于书末第一百一十六卷，依照本书的叙事顺序，分别解释帝纪、志、表、列传中以契丹语形式出现的姓氏、地名、职官、称谓、国名、语词、风俗、礼仪、制度、人名、物名、宫室部族等。《金史·国语解》以附录的形式附于书末，其与《辽史·国语解》的编纂方式略有区别，用以类相从的方法分官称、人事、物象、物类、姓氏五大类，解说书中出现的女真语职官、地名、人名、称谓、物名、姓氏等。

《辽史》、《金史》二史《国语解》对氏族、语言、名物、风俗的诠释简明扼要，通俗易懂，有助于加深对辽、金二代历史的认识和理解。如“夷离堇”是辽初一个重要职官，辽太祖耶律阿保机曾任此职。《辽史·国语解》解说“夷离堇”为“统军马大官。会同初，改为大王”。这样，“夷离堇”的职掌、沿革一目了然。再如“猛安、谋克”不知何意，《金史·国语解》解释“猛安，千夫长。谋克，百夫长也”，使人一看便知，通俗易懂。

《辽史·国语解》对辽国两大姓氏耶律氏、萧氏起源的说明，摒弃了无据之说。“有谓（辽）始兴之地曰‘世里’，译者以‘世里’为‘耶

① （元）脱脱等：《金史·国语解》（附录），中华书局 1975 年版，第 2891 页。
② （元）脱脱等：《辽史·国语解》（卷 116），中华书局 1974 年版，第 1533 页。
③ （元）脱脱等：《金史·国语解》（附录），中华书局 1975 年版，第 2891 页。

律’，故国族皆以耶律为姓。有谓述律皇后兄子名萧翰者，为宣武军节度使，其妹复为皇后，故后族皆以萧为姓。”欧阳修的《新五代史》、叶隆礼的《契丹国志》都持此说。《辽史・国语解》编纂者认为金史家陈大任撰《辽史》时不取此说，故不采纳。“又有言以汉字书者曰耶律、萧，以契丹字书者为移剌、石抹，则亦无可考矣”，也不予以采纳。他们认为耶律氏、萧氏二姓渊源甚古，辽建国之初就已有了。“帝纪太祖纪：耶律氏、萧氏，《本纪》首书太祖姓耶律氏，继书皇后萧氏，则有国之初，已分二姓矣。”①

继《辽史》、《金史》、《宋史》三史之后修成的《元史》，虽然保存了建立元朝的蒙古族的“国语”，但却未撰《国语解》，不免给读史者造成不便。曾对《史记》等二十四史进行过深入细致研究的清代学者赵翼对《元史》无《国语解》十分遗憾，故仿《辽史》、《金史》之例为之补作。他说：“《金史》有《国语解》一卷，译出女真语，令人易解。《元史》无之。且金官制纯用汉名，元则有仍其本俗之名者，益难识别。今就纪传所载可以注释者列之。”② 赵翼充分认识到了《国语解》对阅读少数民族史籍的重要性。

三　西夏专史编修的缺失

按照封建社会的修史惯例，亡国之史，由一统天下后的王朝来编写，以利于统治者从失败者的历史中汲取经验教训。从理论上讲，蒙元时期是编著西夏专史的最佳时期。这一时期，大批西夏图籍没入元朝府库，原西夏国的史官中仍有人替元朝从事编史工作，在这种情况下，编写一部内容丰富、史料完备的西夏专史，应该是顺理成章的事。但事实却是，自元灭夏至明灭元（1227—1368 年）的 142 年间，竟没有一部由元人编著的西夏专史单行于世。元人为后世了解西夏史做出的一点“贡献”是：《辽史》卷 115《西夏外记》、《金史》卷 134《西夏传》、《宋史》卷 485、486《夏国传》。三史《夏国传》算是元朝史家对西夏国史的总结，但这

① （元）脱脱等：《辽史・国语解》（卷 116），中华书局 1974 年版，第 1533—1534 页。

② （清）赵翼：《廿二史札记・元史・蒙古官名》（卷 29），曹光甫点校本，上海古籍出版社 2011 年版，第 597 页。

远远不能代表西夏历史的全部。没于元朝的西夏图籍，在元统治者的授意下，经过元朝史家的精心删汰，绝大部分成了不传的秘籍。这批珍贵图籍的亡佚，不独对编写西夏专史，就是对编写中华民族通史来说，都是一个无法弥补的遗憾。元朝史家何以对西夏历史讳莫如深至此？个中原因，值得我们深思。

（一）元朝史家的西夏史观

1227 年，即宋宝庆三年、金正大四年、蒙古太祖二十二年、夏乾定四年，内忧外患集于一身的西夏国终于寿终正寝。然而，就是这样一个封建政权，一个与宋、辽、金三朝并存的封建政权，一个立国时间比辽、金更久的政权，在元朝修史中竟有意无意地被忽视了。史家在述及此现象时作了种种推测，有人认为是蒙元统治者“灭其国而并灭其史”①，有人认为“西夏建国二百余年，文献无征，公私撰述，十不存一。良以元昊自制蕃书，摈汉文不用，简册流传，翻译不易，故典章制度，概从湮没”②。有人认为，这是“脱脱仍不能免正统偏安之见，未尝抱至公无我之心也。特以辽金与蒙古同类，故不欲列于《宋史》载记，以为增高己族地步。至于西夏，则视为无足轻重，与当时之高丽同类并观”③。然而此几种推测，都只涉及元人不修西夏专史原因的一个方面，各家的说法均不能成为元朝不修西夏专史原因的定论。

从史实来看，元人灭夏是实，大批典籍毁于战火也是不争的事实，但战火并没有使西夏典籍毁灭殆尽。在西夏将亡的最后两年，西夏图籍有两次是夏人被迫献上，一次是元人主动收集，如斡札箦献城，如耶律楚材收集图籍，如李仲愕等献图籍。西夏图籍没入元朝府库的方式虽有不同，但造成的客观结果都一样，即战火并未使西夏图籍散失殆尽，相当多数量的西夏图籍在西夏亡国后被元政府收存，况且入仕元朝的西夏遗臣中还有位叫多尔济的，他是西夏国史家，手中不可能没有西夏史书。

说“西夏用蕃书而不用汉文，则典章制度概从湮没者”亦论说乏力。西夏国自制的蕃书西夏文，是西夏建国初期仿汉字字形而创制出来的文

① （清）戴锡章著，罗矛昆校点：《西夏纪·序》，宁夏人民出版社 1988 年版，第 2 页。

② 同上书，第 1 页。

③ 朱希祖：《西夏史籍考》，《说文月刊》（第三卷）1943 年第 11 期。

字，它在西夏国境内与汉字并存，成为西夏人记事的主要文字。西夏灭亡后，在西夏人流散的地区仍有使用，至迟在明朝弘治十五年（1502 年），还有人使用西夏文刻经幢。有元一代，西夏文不仅西夏遗民可以识读，就是当时许多元臣如石天麟、察罕等，也很精通其书其文。面对西夏图籍，从文献解读的角度看，根本不存在太多翻译理解上的困难。

说脱脱持正统偏安之史观也难以让人信服。众所周知，10—13 世纪的中国，有两个三国鼎立时期，即北宋、辽、夏三国鼎立，南宋、金、夏三国鼎立，这一时期的中国历史，是由宋、辽、金、夏四国共同创造的。研究比较辽、金、西夏史，可以看出其惊人的相似性，辽、金、西夏同是由草原部落少数民族建立的政权，军事上，三朝都实行全民皆兵制，军队都擅长骑战；国家职官制度的建立均仿唐宋之制；儒学大量传入境内，并经过与蕃学曲折反复的斗争，儒家思想最终都被接纳为统治思想；国内兴办学校，以儒学经典为教育的主要内容；选官制度上，与中原王朝一样实行开科取士的办法来选拔官吏。这一系列的现象表明，辽、金、西夏各朝人民，虽然民族不同，服饰各异，语言不同，但都作为中华民族大家庭的一员，共同推动了中华民族的历史向前发展。就西夏而言，在对外关系上，虽然与宋、辽、金、元打打和和、和和打打，但它却从无入主中原、一统天下的野心，相反，在其国势衰微之时，还兴儒学、尊孔子，弃自己的蕃礼而不用，慕中华之礼仪以图新。而辽、金、元不但建立了本族的政权，还有吞并天下之野心，故有辽胜宋、金胜辽，最后则是元灭金的朝代更替。从修史的角度看，辽、金、夏皆是已亡之国，特别是夏、金，更直接由元消灭。修史者能修金史、辽史，却不修夏史，用正统偏安之说难以自圆其说。若论偏安，辽是偏安，金亦是偏安，都未曾统一全中国，为何独厚辽、金而薄西夏呢？看来对于元人不修西夏专史的问题，传统的看法似乎都不具有绝对的说服力。那么真实原因到底是什么呢？

1. 西夏作为辽宋金的藩属国，与封建史家的正统观念不合

从现代民族平等的观点看，元朝人给辽、金、宋“三国各与正统，各系其年号”修成三部正史，而独不给西夏修专史是带有明显的偏见和歧视，理应予以批判，但是历史唯物主义的基本观点是分析任何历史事件都应以时间、地点为转移，虽然西夏时期党项人与其他民族共同创造的西夏文化，足以与辽金文化并驾齐驱而毫不逊色，但就从唐宋以来，特别是程朱理学居于官学地位以后所盛行的所谓春秋笔法和正统观念的实际来

看，西夏不具备单独入“正史”之列的资格，也是无可厚非的。不论北宋、南宋如何视辽金为蛮夷，但辽金的帝制王朝是独立确立的，且在辽金与宋双方的交往过程中都是互称南北朝的。然而西夏则没有这样的礼遇，它始终是辽宋金的藩属国。即使是元昊倔强之日，企图依靠武力摆脱宋的约束而独立称帝，但旷日持久的陕西之战并没达到目的。庆历和议对北宋来说，固然是屈辱的，但西夏最终还是接受了“国主”的封号，故平心而论“立国二百余年，抗衡辽、金、宋三国，偭乡无常，视三国之势强弱以为异同焉”[①] 的西夏，始终是一个偏霸一隅的地方政权，与辽金的地位有所不同。

当然，脱脱等人将西夏传列为三部历史的外国，则是有欠妥当的，对此清人赵逢源在《西夏书事·序》中说：“考拓跋本党项八部，《唐书》厕诸《西域》宜也。洎仁福晋封王爵，俨然西陲一大国矣。乃欧阳氏《五代史》仿龙门例，撰十《世家》摈而不与。或以是时十国次第铲夷，而西夏方抗衡中国，尚未能要其始终，且恶其夜郎自大，不予以割符世爵故耶。然《仁福列传》犹进之刘守光、李茂贞等藩镇之列，则固未尝夷之也。厥后元人修《宋史》，则竟置西夏于外国，曾留从效，陈洪进之不若，遂与高丽、日本同科。辽金二史因之，夫岂欧阳氏进退之意哉。”[②] 显然，在看待西夏与中原王朝关系的史识上，元史臣比欧阳修退步了许多。

2. 蒙古统治者仇视倔强不顺的西夏，亡其国并亡其史

元代不给西夏修“正史”，还有一个不容忽视的重要原因，即蒙古族对西夏文化的摧残。成吉思汗建立蒙古汗国后，为了征服吐蕃和金国，首先把战争的矛头对准西夏。然而从蒙古第一次进攻西夏起，便遭到西夏军民极为顽强的抵抗。这种抵抗使不可一世的蒙古征服者付出了惨重的代价，也使蒙古人在一次次受挫之后，加深了对西夏的仇恨和敌视情绪，并以百倍的疯狂蹂躏来发泄心中的怨恨。《蒙古秘史》续集卷二载：成吉思汗每饭则言“殄灭无遗，以死之，以灭之”，因而“天兵破灭夏以西，有

① （元）脱脱等：《金史·外国上·西夏》（卷134），中华书局1975年版，第2877页。

② （清）吴广成：《西夏书事·附录》，龚世俊、胡玉冰等校正，甘肃文化出版社1995年版，第1页。

旨，戈矛所向，耆髫无遗”。[①]“破银肃二州，斩甲首万”[②]。“攻黑水城，破之蕃部死者数万”[③]。破肃州，“皆歼之，不遗齠稚”，免死者仅106户[④]，驻盐州，搜杀遗民“免者百无一二，白骨蔽野，数千里几成赤地”。[⑤]中兴府在被蒙古兵围困半年后，夏末主李晛及全城居民出降，蒙古兵执行成吉思汗屠城的遗诏密令，对城中居民大肆屠掠，宫室、陵园付之一炬，察罕谏后，蒙古军才停止屠杀，但城中人口所剩者不过十之一二。蒙古人的血腥屠杀极大地殄灭了西夏文化，所以西夏实录、谱牒之类的典籍毁于战火而无幸免，当是脱脱等人修辽、金、宋史的西夏传时没有西夏国史的根本原因。

蒙古人不仅极大地殄灭了西夏文化，而且在征服西夏后相当长的历史时期，对西夏遗民实行了极为凶残可怕的惩罚和报复政策，“历史将幸存的西夏人抛进当时社会的最底层”。西夏人“种地不纳税者死”[⑥]，蒙古人将西夏故地分封给蒙古宗王，西夏遗民既要受河西诸王的奴役和盘剥，又要向蒙古汗国交纳租税，承受着双重压迫和剥削，因而西夏遗民与蒙古统治者处于较为严重的对立状态。而忽必烈即位之初，西北地区连续发生了拥护阿里不哥的浑海都、阿蓝答儿、霍忽等人的叛乱，元朝与叛军交锋的主要战场大都在西夏故地，西夏遗民再一次遭受战争的屠戮。整个西夏地区在亡国以后的数十年中一直处于动荡不安的环境之中，故吴海言“元初得天下，惟河西累年不服”。[⑦]在这样的历史背景下，对于蒙古统治者来说，既亡其国，又亡其史，应是彻底征服西夏的最佳手段。由此便不难想象，元世祖决意修辽、金史，既而又决意修宋史时，而不提及与辽、宋、金鼎足而立的西夏的真实原因所在。

---

① （元）柳贯：《待制集·师氏先茔碑铭》（卷10），台湾商务印书馆1986年版，第351页。

② （元）元明善：《丞相东平忠宪王碑》，见苏天爵《元文类》（卷24），台湾商务印书馆1986年版，第285页。

③ （清）吴广成：《西夏书事》（卷42），龚世俊、胡玉冰等校正，甘肃文化出版社1995年版，第495页。

④ （元）姚燧：《牧庵集·李公神道碑》（卷19），台湾商务印书馆1986年版，第605页。

⑤ （清）吴广成：《西夏书事》（卷42），龚世俊、胡玉冰等校正，甘肃文化出版社1995年版，第495页。

⑥ （明）宋濂等：《元史·耶律楚材传》（卷146），中华书局1976年版，第3457页。

⑦ 汤开建：《元朝时期西夏人的社会地位》，《宋元文史研究》，广东人民出版社1988年版。

3. 西夏党项族不重修史，使得史册典籍匮乏，流布不广

从西夏文化的总体情况来看，西夏是一个不重修史的地方政权。

其一，自20世纪初以来，经过国内外学者的共同努力，经考古、钩沉、研究已揭开了西夏文化神秘的面纱，西夏灿烂的佛教文化、儒学教育、文学艺术、科学技术、风俗习惯等都已清晰地展现在世人面前，然唯独西夏的史学迄今仍然是一个空白点，最明显的例子即是史金波著《西夏文化》和张迎胜主编《西夏文化概论》均未述及西夏的史学。众所周知，中国自古以来史学与经学、文学并重，缺少了史学，一代文化就是不完整的。虽说蒙古人使西夏文献百不存一，但是既然其他门类的文化能从废墟中寻找到蛛丝马迹，进而集腋成裘，可以述其大概，唯独史学著述空憾，则不能不从一个侧面反映了西夏不重修史所造成的匮乏。

其二，西夏设官多与宋同，从《宋史·夏国传》对西夏元昊时期的职官记载，以及《番汉合时掌中珠》、《文海》、《音同》以及西夏文《杂字》、《西夏官阶封号表》等词典文献所载西夏各种官名来看，上自皇室、中书、枢密二府，下至州县地方机构均有非常细致的记载，可是翻遍这些文献，诸如起居院、起居注、勾当、楷书、起居舍人、起居郎、记注、时政记、编修官、日历、日历所、著作郎、佐郎、国史院、编修院、实录院、玉牒所等官修史制度中的各种称谓竟不见于上述文献，这种在制度上反映出的不重修史的情况，是不能用文献缺征来解释的。

其三，20世纪初俄罗斯探险队在我国西部居延海南侧黑水城（西夏城名，蒙古语称“哈拉浩特”，意为黑城）的“著名的塔”中发现了大批迄今世界上数量最多的西夏文献（达8000余号，其中80%为佛经），还有不少汉文、藏文、回鹘文、突厥文、女真文、蒙古文等书籍和文卷。然从苏联学者戈尔切娃和克恰诺夫发表的《西夏文写本和刊本》以及孟列夫《黑城出土汉文遗书叙录》所公布的资料来看，不仅没有西夏实录、国史一类的文献，而且历史著作也极少见，以致孟列夫发出“历史著作这样少，应看成是西夏人对历史不感兴趣呢，还是西夏人收藏的主要是佛教著作”[①] 这样的疑问。

---

① ［俄］孟列夫：《黑城出土汉文遗书叙录》，王克孝译，宁夏人民出版社1994年版，第18页。

其四，不仅西夏官府不重修史，而且西夏遗民亦无修史的优良传统。诚然，蒙古元初西夏遗民处于社会地位最底层，尚不具备修史的条件，但自元成宗铁穆耳以后，西夏遗民在元朝的社会地位有了明显改善，及至后期出将入相者大有人在，以至于在元顺帝一朝担任中书省、枢密院、御史台、宣政院四大中央机关高级要职的西夏遗民约占总数的一半，政治势力可谓显要。元朝中后期的西夏遗民在文化上亦取得较为突出的成就，像孟昉、余阙、斡玉伦徒、刘沙剌班、贺庸、王翰、张雄飞、甘立、昂吉、迈里古思等，都是名噪一时的文人，有的党项族上层人物如余阙、斡玉伦徒、刘沙剌班、纳麟还分别参与了辽、金、宋三史的编修工作，可是这些显宦名士竟不知为其先民留一部史书传世，其原因很令人费解，是他们甘愿做元朝的顺民，而不去触动元朝统治者的隐痛呢？还是如上所述，他们是一个不重修史民族的后裔之使然呢？还是另有其他原因，也未可知，或许正如白滨先生所言："党项上层人物在为元朝的政治、军事、经济、文化事业充分发挥自己的才智，竭尽心力的同时，也为党项族自身的灭亡创造了条件，元代党项文人斡玉伦徒，面对凉州孔庙中从祀的先祖斡道冲之画像，发出了'遗像斯在，国废人远，人鲜克知'的哀叹！移民庐州的党项上层余阙，对当时来自西夏故地的戍守士兵，深虑'其习日以异，其俗日不同'，但也不得不承认，即使在西夏故地'今亦莫不皆然'。"①

（二）三史《夏国传》的编修

西夏国，作为一个封建王朝灭亡了，被蒙元帝国灭亡了。按照封建社会的修史惯例，为西夏国修专史是元朝史官责无旁贷的。如前所述，西夏国亡，其图籍皆没于元，元人修西夏史可以说拥有得天独厚的资料优势。然而，元政府似乎并未打算给西夏国修专史，对于这个与自己一样由少数民族建立的封建政权，元政府在修史时未给以足够的重视。但西夏国的存在，毕竟是一个无法回避的事实。作为元朝的史家，面对这样一个曾与宋、辽、金三朝相抗衡的封建政权，如何在史书中给它定位呢？元人修西夏史时，手头有大量的原始资料可供选择。除了西夏人献上的典籍之外，

① 白滨：《党项史研究》，吉林教育出版社1989年版，第56页。

尚有许多奏表、实录、函诰、律令等原始档案文献一并没入元朝官府。面对如此纷繁的西夏史料，究竟如何取舍，是秉笔直书，还是曲笔回护？究竟是将西夏史附见于三史之中，还是为西夏修专史？元朝史家着实大动了一番脑筋。

首先在体例上，西夏被视为偏安一隅的封建割据势力，在史书中的位置自然不能同正统王朝的位置相提并论，于是在辽、金、宋三史中，有关西夏的史料是在讲完了封建正统王朝的本纪、列传、表、志之后，被放置在各史最后的“野蛮民族”史部分来讲述。然而，西夏又是一个不同寻常的“野蛮民族”，从11世纪到13世纪，它曾与宋、辽、金三国分庭抗礼达190年（1038—1227年）之久，若从它“虽未称国而王其土”的夏州政权算起，历时更是长达347年（约881—1227年）。在西夏全盛时期，其疆域方圆2万余里，东尽黄河，西界玉关，南有祁连，北控大漠。西夏人在特定的自然环境、历史背景和社会条件下，创造出了极富特色的区域性民族文化——西夏文化。这一切都是无法回避的，这一切也不是一般的“野蛮民族”能创造出来的。于是，在辽、金、宋三史的“野蛮民族史”部分，西夏又被放在了最先述及的位置上，而且篇幅均最长。“摆正”位置之后，就要着手编写它的历史了。古来多闻以直笔见诛，少有以曲笔获罪。元朝史官在编修西夏史时，自然便大量运用曲笔，或者以实为虚，或者以是为非，或者虚美讳饰，或者任意褒贬。纵观辽、金、宋三史的西夏传部分，其史料内容均大同小异。偶有突出之处，也是一些无关紧要的风土人情类史料，西夏历史的真相，就这样被元朝的史学家们篡改得面目皆非了。

元朝史官采取将西夏史附见于辽、金、宋三史的做法，在《辽史》、《金史》和《宋史》中分别有一卷《西夏外记》、一卷《西夏传》和两卷《夏国传》，算是对西夏历史作了总结。在作这样的总结时，元人参考了一些西夏文献，其中以汉文西夏文献为主。

修《辽史·西夏外记》未言明其史料来源，清人黄任恒撰《补辽史·艺文志·史部·载记类》著录有一种《夏国史》，这很可能是一部汉文西夏史书，辽时此书尚存，元人修《西夏外记》时不知是否参考了此书。

修《金史·西夏传》时，提及了一部重要的西夏史书《西夏世次》。《金史·夏国传赞》曰：“夏之立国旧矣，其臣罗世昌谱叙世次称，元魏衰微，居松州者因以旧姓为托跋氏。”[①]《西夏世次》（又叫《西夏国谱》）是一部西夏人编修的西夏史籍，20卷，以叙夏国帝王世次为主，很可能是一部汉文著作。清人周春《西夏书》卷三《罗世昌传》载：“罗世昌者，金承安二年、夏天庆四年（1197年）八月官宣德郎，同武节大夫折畛俊入贺天寿节。泰和八年、夏应天嘉定三年（1208年）三月，以观文殿大学士同枢密使李元吉如金奏告。正大二年、夏乾定三年（1225年）九月，金与夏国合议，定夏主称弟，各用本国年号。时世昌进官南院宣徽使，同光禄大夫、吏部尚书李仲谔、尚书省左司郎中李绍膺聘于金。世昌尝述其国之谱叙世次，盖亦当时文臣也。”清人吴广成《西夏书事》卷四十二载：“金正大二年、夏乾定三年冬十月，南院宣徽使罗世昌罢。世昌自奉使回，见金势日蹙，每言金援不足恃，劝德旺为自强计。及纳赤腊喝翔昆，力谏不听，遂乞休，三请方许之。世昌世居银州乡里，已破，流寓龙州，知国且亡，谱《夏国世次》二十卷藏之。”[②]《西夏世次》由于是西夏人所编，其史料的可靠性要远胜他史，惜其不传于今。

修《宋史·夏国传》时，明确提到的汉文西夏文献是宋人孙巽编著的《夏国枢要》。《宋史》卷四八六《夏国传》论曰：“今史所载追尊谥号、庙号、陵名，兼采《夏国枢要》等书，其与旧史有所抵牾，则阙疑以俟知者焉。”[③]《夏国枢要》内容涉及西夏国自然地理和人文地理，史料价值很高，元人引用此类文献记载的西夏史料入《夏国传》，提高了其史料的可信度。

元人修辽、金、宋三史《夏国传》，除参考当时官府所藏的汉文西夏史籍外，在袁桷的建议下，还发动所有编史人员访求散落民间的西夏史籍。袁桷，字伯长，大德初年荐授翰林国史院检阅官，后升任应奉翰林文字、同知制诰，兼国史院编修官，是辽、金、宋三史的重要编修人员之一。在《清容居士集》卷四一《修辽金宋史搜访遗书条列事状》中，袁桷开列了一个书单，书单中罗列了他访求到的九部书的书名，其中明确记载西夏事的书有两部，即《赵元昊西夏事实》和《西夏事宜》。这两部西

---

① （元）脱脱等：《金史·外国上·西夏》（卷134），中华书局1975年版，第2876页。

② （清）吴广成：《西夏书事》（卷42），龚世俊、胡玉冰等校正，甘肃文化出版社1995年版，第495页。

③ （元）脱脱等：《宋史·夏国传》（卷486），中华书局1977年版，第14030页。

夏书在历代公私目录中均未见著录，作为修史的重要参考文献，两书的内容或许已散入到三史夏国传中了。

元朝是修西夏史的最佳时期，既有史料上的保证，又有人员上的保证，然而元朝史家修西夏史给中国史学史留下的却是一个败笔，这一点值得我们后人深思。

第三节 编修地方志

一 《大元大一统志》的编修

元代的方志编修在前代基础上取得较大进展，官修的大型全国性地理总志有《大元大一统志》。此书于至元二十二年（1285 年）开始编修，在《秘书监志》卷四《纂修》中详细记录了《大元大一统志》的编修情况："至元乙酉（即至元二十二年，1285 年），欲实著作之职，乃命大集万方图志而一之，以表皇元疆理，无外之大，诏大臣近侍提其纲，聘鸿生硕士立局置属庀其事，凡九年而成书。续得云南、辽阳等书，又纂修九年而始就。今秘府所藏《大一统志》是也。因详其原委节目，为将来成盛事之法。"①

据秘书监奏称："在先汉儿田地些小有来，那地里的文字册子四五十册有来……回回图子我根底有，都总做一个图子。"② 意思是根据原有的南宋文字图册四五十册，加上西域地图编出一个全国性的地理图志。至元二十四年（1287 年）又得到湖南秀才虞应龙编成的《统同志》稿本，再加上采集到的各地图志，作了综合添改。于至元三十一年（1294 年）完成了此书的大部分，"编类天下地理志书，备载天下路府州县古今建置沿革及山川、土产、风俗、里至、宦迹、人物，赐名《大一统志》"③，凡 787 卷，483 册。但还有一些边远地区的资料未能收齐，因此只完成了进呈本，没有刊行。成宗即位后，各行省不断修纂本省的图经志书，陆续进

① （元）王士点、商企翁：《秘书监志》，高盛荣点校本，浙江古籍出版社 1992 年版，第 72 页。

② 同上书，第 74 页。

③ 同上书，第 85—86 页。

呈，“续有辽阳、云南远方报到沿革及各处州县，多有分拨陆改不同去处”，元贞二年（1296 年）三月得《云南图志》，大德二年（1298 年）二月得《甘肃图志》，大德三年（1299 年）七月得《辽阳图志》，因而又不断修改补充，于大德二年二月编成云南等处图志共计 58 册，次年又编成辽阳等处图志和《大元一统志》全部目录，共计 8 册。大德四、五两年又对首次编成的 787 卷本进行仔细校勘、添改沿革，并组织人力誊抄，直到大德七年（1303 年）五月才最终完成。经誊写总计达 600 册，1300 卷，卷帙之浩繁，在全国性总志中居于首位。除文字外，还有“彩画地理图本”。即“每路卷首必用地理小图”，由编写秀才宋应星负责绘制。进呈御览后，奉圣旨“于秘府如法收藏”①，成为秘书监的珍藏之一。

《大元大一统志》综合了唐、宋总志的体例，按中书省、行省和所辖各路当时的行政区划分编，以府、州为框架，分建置沿革、坊郭乡镇、上都大都、里至、名山大川、土产、风俗形胜、古迹、寺观祠庙、宦迹、人物诸门类，比之前代总志，设类更为齐备。其叙事广征博引，所引材料有三类：一是历代地理总志；二是宋金元方志；三是为编修《一统志》而诏修的各路府州县图志。据金毓黻考证，大致长江以南各行省，大半取材于《舆地纪胜》和宋元方志；北方各省，多取材于唐《元和郡县图志》、宋《太平寰宇记》和金、元所修其他地方志书，网罗详尽，较为可靠，故以内容丰富、体例周备而著称后世，成为一统志之范本，并为明清地理总志所承袭。

二　其他地方志的编修

除官修的《大元大一统志》外，元代私家修著的全国性总志还有虞应龙《统同志》、萧㪺《九州志》、郝衡《舆地要览》、滕宾《万邦一览集》、朱思本《九域志》、佚名《大元混一方舆胜览》等。这些总志大都效法宋代寰宇记、九域志及舆地记而成，多已散佚，仅有《大元混一方舆胜览》的元刻残本存世。

元代统治疆域辽阔，方志纂修的范围远胜于前代。由于政府的提倡和

① （元）王士点、商企翁：《秘书监志》，高盛荣点校本，浙江古籍出版社 1992 年版，第 87 页。

诏修《元大一统志》的影响，各路府州县陆续编纂了不少方志。有的是南宋遗民的怀旧之作，如《宝唐拾遗》；有的是地方长官的昭政之举，如《嘉禾志》；有的是对旧志的类纂考证，如《类编长安志》；多数地方志则沿袭了宋代修志传统，是对前代方志的增补和续作。据张国淦《中国古方志考》（中华书局1962年版）统计，元修方志约160种，以浙江最多，约40种，其次是江西、江苏和湖南、福建等省区。南方所修志书的数量明显多于北方，尤其是江南一带，尽管南人在元朝最受歧视，而文化之盛，不减前代。

从记载内容、体例和方志理论上看，元代方志都比前代有较大的进步。主要表现在：

第一，元代方志比宋代方志较少浮华的文人情调，而更注重纪实，保存了大批原始的风俗记录和经济档案，这对明清两代方志重掌故纪实的风尚有所影响。

第二，元代方志学对方志的渊源、性质、功用、编纂方法等问题，提出了不少新见解，他们在方志编纂的实践中，总结出许多宝贵的经验，如张铉《至正金陵新志·修志本末》有凡例九条，是现存最早的修志准则。

三　现存元代地方志

元代地方志多已散佚，今存全本或辑本仅有十余种，大体可分为三类。

第一类是全国性总志，有《大元一统志》和《大元混一方舆胜览》。《大元混一方舆胜览》3卷，作者佚名。主要依据前代地理著作，亦有一些当时的资料，错讹较多。据郭声波考证，此书参用了不少地方文献、个人别集，对各地地理、史事、题咏的记述也有不少为今存古籍所不载，并且不乏编纂者个人的考证成果。虽然体例上脱胎于《方舆胜览》，但内容上涉及的地理范围远较后者广阔。许多内容抄录自前代文献，当时所见版本与今日现存者不同，使该书颇具校勘价值。书前附录的一套地图是我国现存最早的非常完整的分省地图集，开启了分省地图的先例。[①] 最新版本为（元）刘应李原编、詹友谅改编、郭声波整理的《大元混一方舆胜

① 郭声波：《〈大元混一方舆胜览〉的价值与缺陷》，《中国历史地理论丛》2005年第1期。

览》，四川大学出版社2003年出版。

第二类是行省范围的方志。有李京的《云南志略》4卷并有附录。李京在《云南志略自序》中说："大德五年，奉命宣慰乌蛮，比到任，值缅事无成，诸蛮拒命，屡被省檄，措办军储事。乌蛮、六诏、金齿、百夷，二年之间奔走几遍，于是山川、地理、土产、风俗，颇得其详，始悟前人记载之失，盖道听途说。编集《云南志略》四卷。"又虞集《云南志略序》称："河间李侯景山，由枢庭宣慰乌蛮。乌蛮，云南一部也。始下车，未及有所施，会群蛮不靖，巡行调发，馈给镇抚，周履云南，悉其见闻，为《志略》四卷，因报政上之。余尝按而读之，考其生产、风气、服食之宜，人物、材力愚智勇怯，山川、形势之阨塞要害，而世祖皇帝之神威圣略，概可想见，未尝不俯伏而感叹也。"① 因李京著作此书时曾获见大理国图籍及元初有关云南政事的文书档案和典册，后世这些文献都已佚亡无存，加之当时社会生活的记录又是作者亲历目睹，故所载颇为重要。如《云南总叙》中载南诏、大理国诸王之世系名号、谥号、年号及其在位时间等史事，即甚为重要，是研究南诏、大理国史的重要资料。原书约佚于明清之际，现存的一卷只有"云南总叙"和"诸夷风俗"两部分。此书是元代建立云南行省后的第一部方志，为明代诸方志所宗。

第三类是路府州县的方志。重要的有《至元嘉禾志》、《大德昌国州图志》、《大德南海志》、《延祐四明志》、《至顺镇江志》、《齐乘》、《至正四明续志》、《至正金陵新志》、《至正昆山郡志》、《至正无锡志》、《析津志》等多种。

《至元嘉禾志》32卷，徐硕纂，记元代嘉兴路事。全书凡43门，序次甚详。"其时江南初入版图，惟沿革、城社、户口、赋税、学校、廨舍、邮置数门稍有增改，其余大率沿宋《志》之旧文耳。"

《大德昌国州图志》7卷，冯福京修，郭荐纂。原书卷首有环山、环海和普陀山三图，故称图志，今图佚志存。内容分叙州、叙赋、叙山、叙水、叙产物、叙官、叙人、叙祠8门62目。此志突出地方特色，注意反映本地特点，尤以叙事简明扼要、言简意赅著称。主修者冯福京在《昌国州图志前序》中称："摭旧载，芟其芜，黜其不实，定为传信之书。使

① （元）虞集：《〈云南志略〉序》，见苏天爵《元文类》（卷35），台湾商务印书馆1986年版，第433页。

州之阙文著于所补，以俟掌建邦之六典者采焉。”可见，去冗删杂、刊削浮词、简而有要是此书编纂的一大特色。《四库全书总目提要》评价此志：“其书简而有要，不在康海《武功志》、韩邦靖《朝邑志》之下。海书、邦靖书为作者盛推，而此书不甚称于世，殆年代稍远，钞本稀传欤！”①

《大德南海志》，陈大震、吕桂孙纂修。原书20卷，已散佚，现存元大德刻本5卷（卷6—10），其中有关元代广州的赋税、物产以及舶货等记载很有价值，特别是卷七《舶货》后附“诸番国”名，是研究当时海外交通的珍贵史料。

《延祐四明志》20卷，袁桷等撰。全书分沿革、土风、职官、人物、山川、城邑、河渠、赋役等12考，每考各系小序。本书材料丰富，考证精审，为当时所推重。

《至顺镇江志》21卷，俞希鲁纂。今传本21卷27门，出自《永乐大典》。其目录：卷首列郡县表、官制表，卷一、二地理，卷三风俗、户口，卷四土产，卷五田土，卷六赋税，卷七山水，卷八神庙，卷九僧寺，卷十道观，卷十一学校、兵防，卷十二古迹，卷十三宫室、公廨、廪禄、公役，卷十四封君，卷十五刺守、参佐，卷十六宰贰，卷十七司属、学职、将佐、寓治，卷十八、十九人材，卷二十、二十一杂录，附录。其列目颇芜杂。② 此书是元代编修最好的一部地方志，对于研究元代地方政府组织、城市经济、赋税制度、宗教活动都有重要参考价值，保存了很多珍贵史料。

《齐乘》6卷，于钦纂。全书共分沿革、分野、山川、郡邑、古迹、亭馆、风土、人物8门。此志多采用宋《太平寰宇记》，特点为援据经史，考核精审，叙事简赅。志前有苏天爵《齐乘原序》，称此志“辞约而事核”。《四库全书总目提要》对此志评价甚高：“叙述简核而淹贯，地志中之有古法者”，“然钦本齐人，援据经史，考证见闻，较他地志之但据舆图，凭空言以论断者，实为详确可信，故向来推为善本”。③

《至正四明续志》12卷，王元恭纂。内容有沿革、土风、职官、人

① 《四库全书·〈昌国州图志〉提要》，台湾商务印书馆1986年版，第267页。

② 顾宏义：《金元方志考》，上海古籍出版社2012年版，第83—84页。

③ 《四库全书·〈齐乘〉提要》，台湾商务印书馆1986年版，第685页。

物、城邑、山川、河渠、土产、赋役、学校、祠祀、释道、集古等类，其中关于“市舶物货”的记载，为研究海外贸易的重要资料。

《至正金陵新志》15卷，张铉纂。原名《金陵新志》，因成书于至正四年（1344年），一般称作《至正金陵新志》，清《四库全书》收录该志时，误将书名题作《至大金陵新志》。此志仿宋人周应合《景定建康志》体例，但又有创新。全书采用纪传体，首为山川封域图考，次通纪，次世表年表，次志（共10志：疆域、山川、官守、田赋、民俗、学校、兵防、祠祀、古迹、人物）及谱、列传、摭遗，终以论辩，表、志前都有叙，以明述作之由。此志史料广博，采摭繁富，尤详于历史沿革及户口、风俗等人文记载，但又无附会之音。其中有关元代官制、兵制等记载颇具史料价值，其余则较简略。《四库全书总目提要》评价张铉及此志称：“然其学问博雅，故荟萃损益，本末灿然，无后来地志家附会从杂之病。”①

《至正昆山郡志》22卷，残，杨譓纂。此书又称《至正昆山志》、《昆山州志》、杨譓《玉峰志》等，主要记载元昆山州（治今江苏太仓）海运和市舶方面的情况。现存6卷16门。卷一：风俗、山、坊、园亭、冢墓、古迹；卷二：名宦、封爵；卷三：进士；卷四：人物；卷五：人物、释老；卷六：土贡、土产、杂记、异事、考辨。叙事颇简。②

《至正无锡志》22卷，残，王仁辅纂。今传4卷本，实纂成于元至正中，然间有明初文字阑入，乃无锡州志，非县志。今传本已佚卷目、原序，分21目。卷一邑里：古今郡县表、风俗、户口、贡赋、州境、城关、公署、乡坊、津梁；卷二山川：总山、总水；卷三事物：《吴太伯世家》（春申君列传附）、人物、州署、学校、古迹、古墓、祠宇、灾祥；卷四辞章：咏歌、记述。③

《析津志》，元末文人熊梦祥撰。原书早已亡佚。元大都古称析津，此书为最早记述今北京市及北京地区历史的一部专门地志。书中对元大都的沿革、至到、属县以及城池街市、朝堂公宇、河闸桥梁、寺观祠庙、名胜古迹、山川风物、物产矿藏、人物名宦、岁时风尚、百官学校等都有较详细的记载，是研究元代北京及北京地区地理、历史的宝贵资料。

---

① 《四库全书·〈至大金陵新志〉提要》，台湾商务印书馆1986年版，第492页。

② 顾宏义：《金元方志考》，上海古籍出版社2012年版，第73页。

③ 同上书，第80页。

第七章

元朝档案文献编纂家及其贡献

第一节　马端临与《文献通考》

马端临（1254—1323），字贵舆，饶州乐平（今属江西省）人。宋末任右丞相兼枢密使。宋亡隐居不仕，后任柯山书院山长、台州儒学教授。其代表作为《文献通考》，编纂约始于元至元二十二年（1285 年）前后，历时 20 余年，至大德十一年（1307 年）成书，凡 24 门，计 348 卷。记事起自上古，迄于南宋宁宗嘉定五年（1212 年）。

《文献通考》的编纂目的，依马端临说"聊辑见闻，以备遗忘耳"，"庶有志于经邦稽古者，或可考焉"。前者虽是谦词，但反映了以网罗文献为己任；后者是说《文献通考》的纂修意图，即通过典章经制的研究，集著述之大成，以为振邦经世之用，并希望"有志于经邦稽古"的后学芟削繁芜，增广阙略，以为谈辨考评的有用之资。

《文献通考》博大精深，彻古通今，森罗万象，条分缕析，犁乱钩沉，"其考核精审，持论平正，上下数千年，贯穿二十五代，于制度张弛之迹，是非得失之林，固已灿然具备矣"。[①] 是继杜佑《通典》之后又一部典制体通史，是研究宋和宋以前中国历代典章制度的一部巨著，在中国档案文献编纂史上占有重要地位。

① （清）《四库全书·御制重刻文献通考序》，台湾商务印书馆 1986 年版，第 1 页。

一　《文献通考》的编纂很有新意

马端临在前人的基础上，总结出一套编纂典制体史书的行之有效的方法，即所谓文、献、注三者结合为一体的编纂方法，富有学术价值，并极具创造性。他说：

"凡叙事，则本之经史，而参之以历代会要，以及百家传记之书。信而有证者从之，乖异传疑者不录，所谓'文'也。凡论事，则先取当时臣僚之奏疏，次及近代诸儒之评论，以致名流之燕谈，稗官之纪录。凡一话一言，可以订典故之得失，证史传之是非者，则采而录之，所谓'献'也。其载诸史传之纪录而可疑，稽诸先儒之论辨而未当者，研精覃思，悠然有得，则窃著己意，附其后焉。命其书曰《文献通考》，为门二十有四，为卷三百四十有八，其每门著述之成规，考订之新意，则各以小序详之。"①

这里的所谓"文"，是指叙事，即自己对史料事实的解释。如何叙事？重在广泛收集史料，包括经史、会要以及百家传记，都是编纂典制所应收集和参阅的资料。对于收集到的资料，其去取原则是"信而有证者从之，乖异传疑者不录"，表现出编纂者的一种求实态度，由此也保证了《文献通考》史料的翔实性。

所谓"献"，是指论事，即前人对历代史事与人物的评论，有些是评论得失的，有些是掌故的考订。如何论事？前人的评论、议论，只要有可取的地方就收录下来。《文献通考》广泛收集了历代名人包括当时臣僚、近代诸儒以及名流、稗官的议论，附录在具体史事下面。当时许多学者的议论由于《文献通考》的征引，才得以流传至今。

所谓"注"或"考"，则是马端临本人的考证、议论和见解。这些议论和见解，当然都是马端临对"纪录之可疑者"和"论辨之未当者"经过自己的"研精覃思"之后的心得。在《文献通考》中，"考"是全书的《自序》、各《考》前的《小序》和各《考》中的"按"。马端临对历史的见解通过材料编排和自己的议论贯穿全书。《四库全书总目》卷八一说马端临的按语，"亦多能贯穿古今，折衷至当"，指出了"注"或

① （元）马端临：《文献通考序》，见苏天爵《元文类》（卷32），台湾商务印书馆1986年版，第402页。

"考"的特点。

马端临《文献通考》的编纂方法，基本上是将原始材料按门类排列，然后依时代顺序一条一条地记载。《文献通考》前面有《总序》（即《自序》）一篇，是全书的纲领，马端临在《总序》里提出了自己对历史发展的看法。每一门类的开头又各有小《序》，简要地阐明设立这一门类的意图，并概要综述该门类所载内容发展演变的过程。书中内容，每段都提行。为了便于区别，凡是他称为"叙事"的部分，即"本之经史，而参之以历代会要以及百家传记之书"，也就是《文献通考》中的所谓"文"，亦即属于"史"的部分，在书法上一律顶格书写。凡是他称之为"论事"的部分，即"先取当时臣僚之奏疏，次及近代诸儒之评论，以至名流之燕谈，稗官之纪录"，也就是《文献通考》中的所谓"献"，亦即历代名流学者的"议论"部分，在书法上臣僚之奏疏一律低一格书写，诸儒之议论则低两格而写。凡是他自己发的议论，即"其载诸史传之纪录而可疑，稽诸先儒之论辨而未当者，研精覃思，悠然有得，则窃著己意，附其后焉"，也就是《文献通考》中的所谓"考"，亦即马端临自己的考订评论或对史事的独立见解，一律低两格书写。每条材料前面，通常标出"某人曰"；凡引用他父亲之言，则标出"先公曰"；他自己的意见，一律用"按"字来表示。在书法上，"注"文与诸儒议论平列，但附于文尾。《文献通考》在编纂上采取的这种文、献、注三者结合为一体的方法，是一种创造性的史书编纂方法。这种编纂方法叙事灵活、自由、明了，在典制体史书的编纂方法上是一大创新。

在文献考订方面，马端临主张"信而有证者从之，乖异传疑者不录"，这一求实思想包含两方面的内容：一是收录的材料要真实可信。首先是材料来源上要可靠，如《史记索隐》中引用《春秋纬》，说上古的书籍不可胜计，首先，《春秋纬》这部书就不可相信，《春秋纬》大谈上古书籍更是没有依据，这一类的材料就不能采录。其次，不同文献的记载上有矛盾出入，当以原始文献为据。如《资治通鉴》记载唐玄宗天宝六年选举事，说当时由于李林甫的干扰，使士子全部落选，"遂无一人及第者"。马端临用《唐登科记》的材料说明司马光的记载并不可信："然考之是年进士二十三人，风雅古调科一人，不知何以言无一人及第也。"①

① （元）马端临：《文献通考·选举考二》（卷29），台湾商务印书馆1986年版，第627页。

最后，注意采录亲眼所见的事实，以补充或解释文献上的内容。

二是荒诞不经的文献不能收录。如“河水出昆仑”说，“自古言者皆失其实。《禹本记·山海经》固已迂怪诞妄，而班固所载张骞穷河源事亦为臆说。”“按古今言：禹导河始于积石，而河源出自昆仑，其说皆荒诞，惟《通典》及《舆地广记》所言辨析详明”①，因此杜佑和欧阳氏的说法大体还是可信的。《文献通考》只取《通典》与《舆地广记》中的有关内容，而荒诞的部分不宜采录。

二　《文献通考》的内容丰富可靠

《文献通考》的内容不仅采用经史，而且摘引奏疏议论，尤详于宋代典制，约占全书的一半以上，有很高的史料价值。元人编修《宋史》，其中《志》的部分，很多地方是抄录《文献通考》的。如马端临在每一门类之前立有叙述自己见解的小《序》，《宋史》有时连这个小《序》也抄进去了。《文献通考》成书虽早于《宋史》，但收录了大量《宋史》以外的资料，许多内容为《宋史》所未备。所以《文献通考》比《宋史》的资料更原始、更珍贵、更翔实。《文献通考》记宋代史事大多根据《宋会要》，而《宋会要》原本大约毁于明中叶，今天见到的《宋会要辑稿》是清嘉庆年间徐松从《永乐大典》中辑出的，未及时排比整理，稿本散失甚多，因此徐松辑本中不完备的地方，在一定程度上可以从《文献通考》中得到补正。

《文献通考》不仅广收博采，史料丰富，而且有许多别处很难见到的珍贵材料。比如《征榷考》、《市籴考》、《土贡考》等提供了许多研究经济史的具体材料，《象纬考》、《物异考》提供了许多研究自然现象的具体材料，《经籍考》提供了许多研究文化发展的具体材料，《学校考》实际就是一部系统的教育史。特别是《经籍考》的价值超过了“正史”中的《艺文志》。因为《艺文志》一般只有书目，而《经籍考》既有书目，又有解题的说明。

杜佑《通典》分9类，郑樵《通志》有20略，而《文献通考》则多至24门。《文献通考》的材料3倍于《通志》，6倍于《通典》，并且下

① （元）马端临：《文献通考·舆地考八》（卷322），台湾商务印书馆1986年版，第398页。

限续写到南宋宁宗嘉定五年（1212年）。虽然后面60多年由于时间太近，来不及搜集材料，故未再写下去，但《田赋考》却把田赋写到了南宋咸淳六年（1270年），几乎贯穿了两宋。以今天的眼光来看，历史上流传下来的旧史籍，只要材料完整些、真实些、系统些，就是较好的史书，就值得引起人们的重视和注意。《文献通考》材料丰富，分类详细，就是一部值得今天人们重视和注意的好史书。

把《通典》、《通志》和《文献通考》在结构上作一综合比较，可以对马端临的编纂学思想有进一步的认识（见下表）。

《通典》、《通志·略》与《文献通考》相关内容比较表

《通典》200卷	《通志·略》52卷	《文献通考》348卷
食货12	食货2	田赋7，钱币2，户口2，职役2，征榷6，市籴2，土贡1，国用5 计27卷
选举6	选举2	选举12，学校7 计19卷
职官22	职官7	职官7
礼100	礼4	郊社23，宗庙15，王礼22 计60卷
	谥1，器服2	
乐7	乐2	乐21
兵15		兵13
刑8	刑1	刑12
	艺文8	经籍76
	校雠1，图谱1，金石1，六书5，七音2	
		帝系10，封建18 计28卷
	氏族6	
	天文2	象纬17
	灾祥1	物异20
州郡14，边防16	地理1，都邑1	舆地9，四裔25 计34卷
	昆虫草木2	

从上表可以看出：

（1）《通典》、《文献通考》是典制体史书，《通志》是“别史”，是纪传体史书。但《通志》的《二十略》从总体上说是典制方面的内容，与前两部典制体史书可作比较。

（2）《文献通考》不仅继承了《通典》各门之间的逻辑体系，而且着重强化了《通典》以“食货为之首”的历史见识，把《食货典》析为8门，这突出反映了马端临在继承前人基础上的创新。

（3）《通志》的谥、器服等略可纳入礼略中，但谥略是专门性学问，可视为与《礼》相近。同样，校雠、图谱、金石、六书、七音等略，与《经籍》相近。

（4）《通志》的《地理略》与《通典》的州郡、边防，与《文献通考》的舆地、四裔相近。

（5）《通志》的氏族略中有一些内容与《文献通考》的帝系、封建两考相近，但两者不同。

（6）《通志》的《昆虫草木略》是有关自然方面的知识，在此前的史书中没有出现过。

（7）就典志体史书而言，《通典》以精密见称，《文献通考》以博通为长，各有独到之处，故二书同为代表性著作。而《通志》的《二十略》是纪传体史书（志）的发展和提高。

就体例而言有以下几个特点：

（1）《文献通考》的门类增加为24门，其中19门为《通典》原有，5门为《通典》所无。这5门是：《经籍》、《帝系》、《封建》、《象纬》、《物异》。

（2）《经籍考》共76卷，约占全书的22%，部帙最大，分量尤重，也最有价值，相当于文献的著录解题。

（3）《帝系考》（记帝王的家世皇族）和《封建考》（指分封）2门是以前的典章制度所没有的，是马端临的首创。

（4）《象纬考》相当于《通志》的《天文略》，《物异考》相当于《通志》的《灾祥略》和《昆虫草木略》的内容。

（5）《文献通考》把《通典》的有些门类析分为几类，如把《通典》的《食货》析为8门、《礼》析为3门，尤其是把叙述经济的《食货》一门详列为《田赋》、《钱币》、《户口》、《职役》、《征榷》、《市籴》、《土贡》、《国用》共八门，大大增加了社会经济活动方面的内容。

（6）《文献通考》有些门类的名称与《通典》、《通志》有异，如

“州郡”、“地理”改为“舆地”，“边防”、“都邑”改为“四裔”，“灾祥”改为“物异”。

就内容而言有以下几个特点：

(1)《文献通考》实为《通典》之扩充与续作，接续了自唐玄宗天宝以后至宋宁宗嘉定以前460多年典章制度的发展历史。《文献通考》所立24个“考”，对于中唐以前至上古的典制叙述，以《通典》为基础，对《通典》所叙述的典章制度作了补充，进行了扩写。对于中唐以后的历代典章制度，也是以这24个“考”来会聚文献，贯通史事。

(2)《通典》重在《礼典》，仅这一门的卷数就达100卷，占全书的一半。《文献通考》的《郊社考》等三门共为60卷，不及全书五分之一，礼的分量减少很多。

(3)《通典》的《食货典》一门共7卷，不足全书的二十分之一，而《文献通考》将“食货”扩展为八门之多，共27卷，占全书类目的三分之一，使其在经济方面的内容大为增加，这表明马端临认识到社会经济对国家统治和社会发展起着非常重要的作用。

(4)《通典》仅在《选举典》中讲到学校，正史中从未立过学校志，而《文献通考》专立《学校考》这个新门类，实际上是一部系统的教育史。

(5)《文献通考》的《兵考》详考古今兵制的沿革，纠正了《通典》的《兵典》只叙述用兵方法的偏差。

就历史地位而言，《通典》是开创，《文献通考》是模仿，自然以《通典》的地位最高。但就实际价值而言，《文献通考》则高于《通典》，它虽不如《通典》精简严谨，但比《通典》详赡完备，其所载内容范围远比《通典》来得广泛，所分类目比《通典》更加精密，保存的材料也远远胜过《通典》，尤其是中唐以后的部分，更是《通典》所无。其所载宋代制度最详，多为《宋史》各《志》所未备。所以研究宋代和宋以前的典章制度，《文献通考》是一部必不可少的重要史籍。

我们称《文献通考》是对《通典》、《通志》的发展，是指《文献通考》在《通典》、《通志》基础上，纵贯古今，博加考察，取材广博，网罗宏富，不仅内容增多，门类亦有发展。全书的编纂体例虽属模仿，但材料的取舍，门类的增减，同样体现出马端临的创造精神。所以前人评论说：马端临所著《文献通考》实属鸿篇巨制，由上古至唐宋，分门别类，原委了然，列为二十四门，“其间分合序次，实增唐杜佑《通典》之旧，兼宋郑樵《通志》之长。汲古者详校之，而得千古史学之大全”。

三　《文献通考》发展了“会通”思想

《文献通考·自序》开篇对历代史书进行了评价。认为：

1. 在纪传体史书中，司马迁的《史记》“纪、传以述理乱兴衰，八书以述典章经制，后之执笔操简牍者，卒不能易其体。然自班孟坚而后，断代为史，无会通因仍之道，读者病之”。[①] 这是借郑樵的话，批评《汉书》以后的纪传体史书没有了“会通因仍之道”。

2. 在编年体史书中，司马光的《资治通鉴》“取千三百余年之事迹，十七史之纪述，萃为一书，然后学者开卷之余，古今咸在”。但这部书“详于理乱兴衰，而略于典章经制。非公之智有所不逮也，编简浩如烟埃，著述自有体要，其势不能以两得也”[②]，这是编年体史书体裁上的局限性。

3. 在典制体史书中，“唐杜岐公始作《通典》，肇自上古，以至唐之天宝，凡历代因革之故，粲然可考”。但“杜书纲领宏大，考订该洽，固无以议为也。然时有古今，述有详略，则夫节目之间，未为明备，而去取之际，颇欠精审，不无遗憾焉”。[③]

由此看出，马端临编纂思想的高明之处，是能够实事求是地看待《史记》、《通典》、《资治通鉴》各自的优长和不足，以及编纂中的会通思想。他清楚地认识到“著述自有体要”，“时有古今，述有详略”，因而采取了“详今略远”的编纂原则。《文献通考》虽然贯通古今，而重点却是宋代，这与《文献通考》“庶有志于经邦稽古者，或有考焉”的纂述旨趣也是相吻合的。

在分析了历史编纂中“会通”的不同形式后，马端临认为“典章经制”史书最能体现“会通因仍之道”。他说：“窃尝以为理乱兴衰，不相因者也。晋之得国异乎汉，隋之丧邦殊乎唐。代各有史，自足以该一代之

① （元）马端临：《四库全书·文献通考自序》，台湾商务印书馆1986年版，第7页。

② 同上。

③ 同上。

始终，无以参稽互察为也。典章经制，实相因者也。殷因夏，周因殷，继周者之损益，百世可知。圣人盖已预言之矣。爰自秦汉，以至唐宋，礼乐兵刑之制，赋敛选举之规，以至官名之更张、地理之沿革，虽其终不能以尽同，而其初亦不能以遽异。如汉之朝仪官制，本秦规也。唐之府卫租庸，本周制也。其变通张弛之故，非融会错综，原始要终而推寻之，固未易言也。”①

马端临关于“理乱兴衰不相因”，“典章经制实相因”的看法以及他和杜佑、郑樵均以“通”为名书，表明他是继承前人“会通”观点的。他认为“如汉之朝仪官制，本秦规也。唐之府卫租庸，本周制也。其变通张弛之故，非融会错综，原始要终而推寻之，固未易言也”，说明他不仅要研究历代典制的因革更张，更要寻求历史发展的规律。

针对杜佑《通典》因“时有古今，述有详略”，存在唐天宝以后事迹缺载等问题，马端临有意“俱效《通典》之成规，自天宝以前，则增益其事迹之所未备，离析其门类之所未详；自天宝以后，至宋嘉定之末，则续而成之”。② 可见，马端临之所以要编纂《文献通考》，一是对《通典》进行续作，二是要对《通典》整齐类例，以贯通典制。那么，《文献通考》如何贯彻“会通因仍之道”呢？

第一，原始要终，贯通史事。《文献通考》起自上古时代，下迄宋宁宗嘉定末年，对几千年的各项典章制度作了系统而完整的梳理。这种“原始要终”的编纂方法，旨在体现典章制度的系统性、连贯性，从而探讨其中的“因仍之道”。当然，《文献通考》的“会通因仍之道”不仅表现在时间的跨度上，也表现在具体史事的贯通上。《文献通考》的每一“考”，都是带着一种贯通的思想去概括，重在考察每一项典章制度的因革损益及其所表现出的时代特点。如《学校考》，详细叙述了自虞舜设立上庠、下庠之教到宋代官学与书院兴盛的历代学校教育情况，其中对太学的出现、学舍的建立等一些重要教育制度予以了特别的关注，对隋唐时期的外国留学风潮也作了记述。可以说，它就是一部虽然简明却是完整的宋代及其以前的古代教育史。

第二，区定类例，会聚文献。《文献通考》的会通思想，不仅表现为

---

① （元）马端临：《四库全书·文献通考自序》，台湾商务印书馆 1986 年版，第 7 页。

② 同上书，第 8 页。

古今之“通”，而且也表现为资料之“会”。前者从时间而言，后者从空间而言。而会聚文献，首先得区定类例。《文献通考》继承了《通典》的“立分门”的思想，但也认为《通典》“节目之间，未为明备”，故在《通典》的基础上，进一步增加了典制体史书的门类。《文献通考》共设有24门，其中田赋、钱币、户口、职役、征榷、市籴、土贡、国用、选举、学校、职官、郊社、宗庙、王礼、乐、兵、刑、舆地、四裔19门是在《通典》基础上离析其门类，加以充实而成，而经籍、帝系、封建、象纬、物异5个门类则为唐杜佑的《通典》所无，是马端临新增设的。《文献通考》的区定类例较之于《通典》更加完善。

第二节　虞集与《经世大典》

一　虞集生平及著述

虞集（1272—1348）是元代中期著名的文史学家。他出身儒学世家，五世祖是南宋丞相虞允文。曾祖虞简，人称“沧江先生”，与魏了翁、范仲黼、李心传等人讲学于蜀西门外，“得程、朱氏微旨，著《易诗书论语说》，以发明其义，蜀人师尊之”。[①] 其父虞汲，原为南宋黄冈尉，宋亡，移家于江西临川崇仁（今江西崇仁县）。其母杨氏通性理之学，是虞集学术思想的启蒙老师。她能“背诵《论》、《孟》及《春秋·左传》，欧、苏文”。虞集五岁适逢宋元易代之乱，在避难途中无书可读，杨氏便口授以上诸书。于是，“九岁还长沙始得墨本，而公已悉通大义。又五年居崇仁故寓，已善属文”。[②] 虞集的幼年从家庭儒学氛围中吸取了思想营养，对程朱理学有了一定的认识。然而对他的思想形成影响最大的，还是来源于南方理学大师吴澄。吴、虞两家本来交往密切，又因虞集自小聪慧，因此在江西崇仁时，虞集便“以契家子从吴澄游”[③]，进而系统地接受程朱理学的学说。虞集晚年在为吴澄作《行状》时曾回忆说：“集之先君子长先生四岁，有交友之谊。自幼侍侧，以聆其绪余。晚仕于朝，尝从先生之

① （明）宋濂等：《元史·虞集传》（卷181），中华书局1976年版，第4174页。

② （元）欧阳玄：《圭斋文集·虞雍公神道碑》（卷9），上海涵分楼影印本，第25页。

③ （明）宋濂等：《元史·虞集传》（卷181），中华书局1976年版，第4174页。

后。”这就是说，吴澄的思想对他有长期的、重要的影响，不仅在少年时期，就是步入仕途以后，也是追随左右的。这一点可以从吴澄在国子监执教期间受人排挤，于皇庆元年（1234 年）正月投檄离去，虞集时任国子博士，随后也以病免一事①，得到证明。

虞集自成宗时被荐为大都路儒学教授，先后任国子学教授、集贤修撰、翰林待制兼国史院编修官、秘书少监、翰林直学士兼国子祭酒、奎章阁侍读学士。他为泰定帝经筵讲学，为文宗奎章阁侍读，皆“取经史中切于心德治道者”，“以祖宗明训、古昔治乱得失，日陈于前”。② 他历仕成宗、武宗、仁宗、英宗、泰定、文宗六朝，熟悉元初及所历各朝人事典故，主持修纂《经世大典》，总结一代典章史实。他供职于国子学、国史院、秘书监，对教育、文化多有贡献，对元修辽、金、宋三史提出过许多重要建议。虞集的诗文享有盛誉，被时人称为“当代之巨擘”。③ 由于他文采出众，故当时朝廷宗庙典册诏告，公卿大夫碑文行状，多出其手。④ 他的《道园学古录》和《道园类稿》中有大批传记、碑铭和序跋，史料价值极为丰富。此外，他还有《平徭集》一卷传世。

二　虞集与《经世大典》的编纂

虞集在主编《经世大典》时，曾自信地对同僚们说：“他日国史诸志表传，举此措彼耳。”⑤ 事实也确乎如此。虞集总裁《经世大典》的修纂，不仅议立篇目，网罗文献，“悉取诸有司之掌故而修饰润色之，通国语于尔雅，去吏牍之繁辞”⑥，而且在各篇的序录中总结元初以来的历史进程及典制因革，交代立目旨意，反映了他总括一代制度模式，提示原委，裁断得失，以为现实社会提供参考的经世意识。

在编修《经世大典》的过程中，虞集除了采集枢密院、御史台、六

① （明）宋濂等：《元史·虞集传》（卷 181），中华书局 1976 年版，第 4175 页。

② 同上书，第 4176、4178 版。

③ （元）欧阳玄：《圭斋文集·虞雍公神道碑》（卷 9），上海涵芬楼影印本，第 23 页。

④ （元）欧阳玄：《道园学古录·虞雍公文序》，商务印书馆 1937 年版，第 1 页。

⑤ （元）欧阳玄：《圭斋文集·虞雍公神道碑》（卷 9），上海涵芬楼影印本，第 30 页。

⑥ （元）赵世延等：《经世大典序录》，见苏天爵《元文类》（卷 40），台湾商务印书馆 1986 年版，第 491 页。

部总治中外百司之官牍及四方上报的公文，还注意通过各种查访以稽实文献。如记各地和藩属的山川形势、语言风物，则经常访问往来使者，“轩使者之问，不敢怠忽”[①]；记国家贵戚世系、勋臣功绩，则“必移文其家，按其文字石刻与简册不谬，又询其子孙，至于故老，而后谨书之”[②]。

由于《经世大典》内容多采自政府公文档案，材料真实可靠，所以明修《元史》不仅诸志多取自《经世大典》，就是人物列传也有引用《经世大典》之处。《经世大典》正文虽于明代基本散佚，但从所存篇目和残文中可以看到，《经世大典》网罗广泛，是一部内容丰富、具有鲜明时代特色的重要史书。《经世大典》所取得的成就，自然是与虞集的史才、史识密切相关的，尤其是他在各篇序录中对元朝当代历史进程的概说和提示，对典制因革利弊的指陈，均代表了元代史学总结当代典制史的成就。其独到的见解和史识，不仅在当世，对于后世也具有重要的经世致用意义。

三　虞集的历史借鉴与文献征实思想

虞集历史借鉴思想的集中体现之一，是高度重视对辽、金、宋三史的编修。他特别强调三史修纂的重要意义和紧迫性，指出三史修纂是关乎“前代之得失”传与不传，“圣朝之著述”立与不立的大事。[③] 虞集对“辽金宋史累有圣旨修纂，旷日引年，莫有当笔”的状况甚为担忧，他分析三史迟迟未能成修的原因主要有两个方面，一是文献阙佚，二是正统问题。在虞集看来，“三史文书阙略，辽金为甚”，辽事相距稍远，难以补救；而金事因“国家初入中原，政与金亡时事相关系”，仍有许多史料可供采集；宋朝国史保存较为齐备，但民间也有一些文献可以补充。他在《道园学古录》中记载了不少搜集三史文献的事例，如卷四十二《肃政廉访司事赵公神道碑》中说：“集昔承乏国史，观乎中州，当国家兴王肇基

① （元）虞集：《道园类稿·和林志序》（卷32），《元人文集珍本丛刊》本，新文丰出版公司1985年版。

② （元）虞集：《道园学古录·跋曾氏世谱后》（卷40），商务印书馆1937年版，第679页。

③ （元）虞集：《道园学古录·代中书平章事张珪辞职表》（卷12），商务印书馆1937年版，第220页。

之初，而究夫亡金丧乱之迹，以补史之阙文。”① 这篇碑文与卷十一的《孟同知墓志铭跋》反映了他在搜罗金史史料时对事状、碑铭的利用；而卷十《题孝节堂记后》一文则记录了他对宋末蜀地史料的分析。元修三史，长期为正统问题所困扰。从元世祖起，历仁宗、英宗、文宗直至元末，争论七八十年，延误了三史的编纂。以理学思想为指导的史家、学者大多主张以宋朝为正统、辽金为闰位，他们继承朱熹“正统”观中“夷夏之辨”的内容，视辽、金为边夷，人为贬低辽、金两朝多民族共同发展的历史地位，这是不符合客观实际的。当时与虞集往来密切的学者欧阳玄、揭傒斯即曾支持过这种观点，然而具有鲜明理学思想倾向的虞集却在这个问题上有着清醒的认识。他在《道园学古录》卷三十二《送墨庄刘叔熙远游序》中对三史体例表达了自己的看法：“天历、至顺之间，屡诏史馆趣为之，而予别领书局未奏，故未及承命。间与同列议三史之不得成，盖互以分合论正统，莫克有定。今当三家各为书，各尽其言而核实之，使其事不废可也。乃若议论，则以俟来者，诸公颇以为然。”② 所谓天历、至顺间“予别领书局”，当指领修《经世大典》一事。文宗屡诏修史，终因正统之辨而莫克有定。虞集虽未能参与其事，却一直在思考三史编修的问题，他以史家务实的眼光，冲破理学理想中“夷夏之防”观念的局限，率先提出辽、金、宋“三家各为书，各尽其言”的编修体例，“乃若议论，则以俟来者”。三史各为一书的体例虽看似权宜之计，但在客观上则承认了三朝并立的历史实际，表达了对宋、辽、金平等看待的原则。“三家各为书”的编修体例，实为后来脱脱裁定三史“各与正统”之先声，虞集对元修三史的贡献是值得肯定的。

历史借鉴要有坚实的文献材料为基础，因而虞集的历史借鉴观又与文献征实思想密切相连。虞集一生以博洽著称，他的史学撰述，无论是主编《经世大典》，还是独立撰写的人物碑铭行状，都以综罗文献、信而有征为前提。他的文献征实思想有以下几方面的特点和成就值得总结。

第一，博采文献资料，及时为当朝人物撰写碑传行实，以为后世著史

① （元）虞集：《道园学古录·肃政廉访司事赵公神道碑》（卷42），商务印书馆1937年版，第716页。

② （元）虞集：《道园学古录·送墨庄刘叔熙远游序》（卷32），商务印书馆1937年版，第543页。

之征。虞集生活的年代正当元代中期，面对元初以来故老凋零、旧文散落对于史实求证的严重威胁，他特别强调要网罗文献，抢救和保存各种档案史料，以资史证。他说："故老既无存焉者而遗文野史之略无足征，故常以为意，遇有见闻，必谨识之。"[①] 又说："太平日久，旧文散失，苟有可称者无巨细，执笔不敢忽也。"[②] 对于有用的史料，"事无巨细，闻见必录"，这是虞集博采文献的原则。按照这一原则，他利用在史馆任职的机会，"历观国家贵戚、勋臣世系"，"得从故家遗老闻祖宗时创业之艰难"，[③] 收集许多世家功臣的事迹材料，撰写了大批人物碑铭行状。综观虞集传世的两部文集，可以看到，在《道园学古录》中收有碑传 90 人，《道园类稿》中所收碑传除去重复又有 55 人，共达 145 人。

虞集所撰碑传以询访故老、参稽行状为基础，因而材料丰富，行实准确，具有较高的史料价值。首先，他撰写的公卿大夫碑志中，有不少在《元史》中无传，这些碑传材料可补《元史》传记之缺。比如，《道园类稿》卷三九记江西监宪沙剌班，卷四一记大学士夏希贤，卷四二记彭城郡侯完泽，卷四三记天水郡侯秦起宗、怀孟路总管崔侃、湖南宪副赵天纲，卷四六记都漕运副使张仲温等人，皆于《元史》无传。《道园学古录》所收碑铭，如卷十三所记中奉大夫赵淇、两浙运使智受益、管军中千户刘济，卷十五所记户部尚书马熙，卷十六所记高昌王月鲁哥、侍御史建都班，卷十七所记宣徽院使贾秃坚里不花，卷四十一所记江西行省平章政事伯撒里、集贤直学士张广孙，卷四十二所记肃政廉访使杨式腊唐吾台、肃政廉访司事赵思恭等，也为《元史》列传所缺。其次，有些碑铭虽所述人物在《元史》中有传，但由于虞集重史料博采的风格，也使他撰写的碑铭多有可补《元史》列传之处，这方面的价值已引起元史研究有关专家的注意。再次，虞集广求人物材料，不仅记勋旧世家、文武公卿及百官行事，而且特别注意发掘和表彰处士隐者的事迹。他说："史臣书事，惟战功、文学、治迹则易书，隐君子之为德则难言也。一世犹难言

① （元）虞集：《道园学古录·孟同知墓志铭跋》（卷 11），商务印书馆 1937 年版，第 208 页。

② （元）虞集：《道园学古录·肃政廉访司事赵公神道碑》（卷 42），商务印书馆 1937 年版，第 716 页。

③ （元）虞集：《道园类稿·跋曾氏世谱》（卷 34），《元人文集珍本丛刊》本，新文丰出版公司 1985 年版。

之，况于累世乎？”[①] 他非常赞赏《史记》的《伯夷传》和《后汉书》的《黄叔度传》，认为正因为那些有德君子埋名隐逸，事迹难寻，而史者予以表彰，方显出文献征实之功。基于这种思想，虞集在他的两部文集中收有许多隐君处士的碑传，这些人物绝大多数为《元史》未收，因而大大扩充了元朝人物事迹记载的范围。

第二，广泛涉猎各种家乘谱牒，爬梳材料，为考史资粮。虞集对家谱的发展和史料价值有清晰的认识，他认为谱学起源于三代大宗小宗之法，以使“功臣世德之家，所以传代历次至于数十百年，与其国家相为终始”；秦汉世变，宗法久废，世系泯没；“魏晋下逮隋唐，徒以百官名臣之族姓，家有谱牒，官有簿状，婚姻选举，互为考证，子孙亦有所顾赖，而世系因得不失”，谱学的发展达到高潮。虞集虽然对魏晋隋唐间婚姻选举以门阀大族谱系为据的做法略有微词，但却肯定了谱乘材料记载世系，“虽世代促迫，功烈不及于古，后之君子犹有所征”的价值。[②] 他对谱牒发展线索及其文献功能的分析是明确而中肯的。针对宋元之交战乱频仍、宗族离散、世系淆乱的情况，虞集在考证前朝人物世系的过程中，充分发挥了家谱档案的征实作用。他说：“余昔待罪国史，尝以职事求于先宋之故家遗记。”[③] 他在离职回家后，也没有停止对宋代私家谱乘的搜求和利用。从虞集的文集中可以看到，他曾广泛涉猎宋代各种家乘世谱，爬梳材料，为考史资粮。以《道园学古录》卷三十二《临川晏氏家谱序》及卷四十《跋双井黄氏家谱后》、《跋曾氏世谱后》、《跋刘墨庄世谱后》等为例，就反映出他对王安石、司马光、吕公著、韩琦、富弼、曾巩、晏殊、陈尧咨、乐史、刘敞等名门故家，以及临川李氏、双井黄氏、陆氏、罗氏、何氏等家谱世谱的搜寻和利用，考证他们在南渡及“内附”以后的世系繁衍及子孙在各地的分布。在私家谱乘材料的基础上，虞集的宋元氏族研究左右逢源，充分显示了这些材料在考证、补史方面的作用。

---

① （元）虞集：《道园学古录·跋张方先生传后》（卷40），商务印书馆1937年版，第688页。

② （元）虞集：《道园学古录·稾城董氏世谱序》（卷5），商务印书馆1937年版，第88页。

③ （元）虞集：《道园学古录·临川晏氏家谱序》（卷32），商务印书馆1937年版，第546页。

第三，重视档案文献的考辨，坚持史学的实录精神。虞集主张史家之游观“慎毋苟然”，要通过“观夫山川之形胜，封域之离合，考古人之遗迹，风气之变通，习俗之升降，文史之遗阙”而达到“因以肆其问学而资其见闻”，考辨文献的目的[①]。这种既充分利用文献，又不为文献所囿的态度，是对史学认真负责的态度。在重视文献考辨的基础上，虞集坚持史学的如实记录精神，他所作碑文甚多，“然碑板之文，未尝苟作”。南昌有富民伍氏饶于资产，富甲一方，娶诸王女为妻，并得充诸王下郡总管，死后其子托人请虞集作墓志铭，“集不许”[②]。相反，他对宋朝臣将抗金抗元，不惜以身殉节的事迹，则能不避时讳，予以表彰。如分析宋金和战得失时，他称赞岳飞“锐然以恢复自任，所向有功”，郾城之役和朱仙镇之战“恢复之业系焉”；贬秦桧卖国和议，杀岳飞父子，使“中原无复余望”[③]。尤其是记抗元宋臣事迹时，持论不讳地褒扬他们的忠烈死节，他为常州抗元儒将陈炤立传，记陈炤守城“当矢石四十余日”，城破仍坚持巷战，宁死不弃城而逃的忠烈气节。[④] 在《道园学古录》卷三十《题文丞相诗后》和《道园类稿》卷三《挽文文山丞相》两诗中，他盛赞文天祥“矢死终天更不疑”的忠心，并为文天祥或者说是南宋的悲惨结局而发一番“大不如前洒泪垂”的感慨。此外，他在《题孝节堂记后》等文中也表彰了一些南宋忠孝死节之士。虽说到了虞集生活的元中期，元朝统治已相对稳固，不再视表扬前朝忠烈为禁忌，而恰恰需要宣传这种忠君精神，但有时也会引起君臣的非议，因而虞集辨正史料，坚持实录的精神确是难能可贵的。

虞集的一生投入了大量时间和精力从事史学研究和著述。他总结典制为经世治平之用的历史意识，以及历史借鉴和文献征实思想，促进了元代史学的发展，对元修三史以及对欧阳玄、苏天爵等人的史学工作有深刻影响。其史学实践的成就为后世元史研究积累了大批材料，如明修《元史》便大量利用了《经世大典》的内容，钱大昕的《元史氏族志》则利用了

① （元）虞集：《道园学古录·送墨庄刘叔熙远游序》（卷32），商务印书馆1937年版，第544页。

② （明）宋濂等：《元史·虞集传》（卷181），中华书局1976年版，第4181页。

③ （元）虞集：《道园学古录·跋宋高宗亲札赐岳飞》（卷40），商务印书馆1937年版，第685页。

④ （元）虞集：《道园学古录·陈炤小传》（卷44），商务印书馆1937年版，第755页。

虞氏文集的碑铭志传。从这个意义上讲，虞集在元代史学中的地位值得肯定。

第三节 欧阳玄与辽、金、宋三史

一 欧阳玄生平及著述

欧阳玄（1283—1357），字原功，元世祖至元二十年（1283 年）五月生，潭州浏阳（今湖南浏阳）人。曾祖欧阳新，“以经学著称”，曾讲学于著名的长沙岳麓书院，学者称为“仲斋先生”。祖父欧阳逢泰曾在潭州州学任教职，“经术行业，师表一方，学者常数百人”。父亲欧阳龙生，于元初出任秩九品的浏阳州儒学教授和道州路儒学教授，著有《经学理窟》、《云庄讲义》及文集，其文“雄浑有体”，而“尤长于讲说义理”。①欧阳玄自幼师承其父，闻说“伊洛诸儒源委”，所受到的家庭教育和熏陶，对其一生的学行思想有深远影响。元仁宗延祐元年（1314 年），在元朝首次举行的科举考试中，31 岁的欧阳玄以治《尚书》中第。泰定二年（1325）年，欧阳玄由虞集荐举入朝中为国子博士，从此开始了“羽仪斯文、赞卫治具”的文臣生涯。元文宗即位后，对欧阳玄十分信重，亲自擢拔他任艺文少监，后又升为太监、检校书籍事。不但参与了由奎章阁学士院主持的《经世大典》之编修，而且负责增广、校理皇家图书，为以后大规模的官方纂述活动做了文献上的准备。在这期间，他还得以与同时代最杰出的文人学者共事交游，于学识上收益甚多。从泰定二年直至元顺帝至正十七年（1325—1357 年）病逝的30 余年间，欧阳玄历仕仁宗、英宗、泰定、文宗、顺宗五朝，官至翰林学士承旨，知制诏兼修国史，登上了元朝文辞之臣的最高地位。《元史·欧阳玄传》说他：“历官四十余年，在朝之日殆四之三。三任成均而两为祭酒，六入翰林而三拜承旨。修实录、大典、三史皆大制作。屡主文衡，两知贡举及读卷官，凡宗庙朝廷雄文大册、播告万方制诰，多出玄手。”他主持编修辽、金、宋三朝正史，

① （元）欧阳玄：《圭斋文集·欧阳龙生神道碑》（卷 16 附录），上海涵芬楼影印本，第 5 页。

参修《经世大典》，编纂四朝实录，撰定“国律”、“条格”，元代中后期几乎所有重大的史学工程都凝聚着他的心血。其个人著述《圭斋文集》和《至正河防记》等也有重要的史学价值。

元文宗至顺元年（1330年），欧阳玄“奉诏纂修《经世大典》”①。至顺三年（1332年）三月，欧阳玄撰《进〈经世大典〉表》，称是书编纂体例“其目则《周礼》之六典，其制则近代之会要”，所依据的材料“则今枢密院、御史台、六部总治中外百有司之事务，而其牍藏于故府者不足，则采四方之来上者，参之祖宗之成宪，功臣之阀阅”。②《经世大典》为后来编修《元史》带来了极大的方便，《元史》各志基本上是从《经世大典》的有关部分摘录下来，拼缀成章的。

《元史·欧阳玄传》载：“元统元年（1333年），（欧阳玄）改佥太常礼仪院事，拜翰林直学士，编修四朝实录。”③ 元朝对参修实录者的挑选十分严格，除蒙古贵臣外，例选位高名重的汉人士大夫担任其职，欧阳玄能四次入选，可见他在当时学术文化界的地位之高。他所参修的四部实录是《泰定实录》、《文宗实录》、《明宗实录》、《宁宗实录》，今均佚失无存。但明初两次开局修《元史》，所用时间不足一年，之所以能做到“一部全史数月成书，亦尚尾首完具”，所赖者便是以元代诸实录“抄撮成书”。④ 四朝实录书成后，欧阳玄以功升任翰林侍讲学士，复授翰林学士。

元顺帝时期，欧阳玄除了主持编纂辽、金、宋三朝正史，还参与了两次重要的法律修订工作。元代始终未能修成一部形式完备的法典，在断狱量刑时，只能以因时临事而陆续颁发的有关法律文书为依据。欧阳玄在《策》文中指出，元代法制混乱的根本原因在于：“今法书无一定……条令裒于书肆，官不遍睹，法无定科，轻重高下，逢其喜怒，出入比附，系其爱憎。”⑤ 从元顺帝后至元四年（1338年）起，元朝开始纂修《至正条格》，至正五年（1345年）成书。这是继《大元通制》后编定的一部初具法典性质的法律文件汇编。欧阳玄作《〈至正条格〉序》，叙述了这次

---

① （明）宋濂等：《元史·欧阳玄传》（卷182），中华书局1976年版，第4197页。

② （元）欧阳玄：《圭斋文集·虞雍公神道碑》（卷9），上海涵芬楼影印本，第30页。

③ （明）宋濂等：《元史·欧阳玄传》（卷182），中华书局1976年版，第4197页。

④ （清）赵翼：《廿二史札记·元史》（卷29），曹光甫点校本，上海古籍出版社2011年版，第580页。

⑤ （元）欧阳玄：《圭斋文集·策》（卷12），上海涵芬楼影印本，第7页。

重新删定法律条例的缘由、具体程序、成书的内容形式及其颁行情况。至正十年（1350 年）冬，欧阳玄“奉敕撰定国律，撰选格序”①，这次修律活动是继世祖朝、成宗朝之后又一次大规模纂修元朝的法典，并持续到至正十八年（1358 年），但最终未能修成一部集元代法律之大成的“国律”。

欧阳玄的文章结集为《圭斋文集》16 卷，《四库全书总目》说：“明宋濂序则谓原集一百余册，皆毁于兵，惟存辛卯至丁酉七年之作二十四卷”②，今录 16 卷乃劫余之存。现存的《圭斋文集》仅有至正十一年至十七年（1351—1357 年）间的作品及少量散见的金石文字，但包含有丰富的社会历史内容，多有能补史传之缺的珍贵史料：一是奉敕撰写的名臣碑传和对朝廷重大举措的记述；二是为元代文化名人如虞集、赵孟頫、贯云石等所作的碑传文字，这些作品精当深刻地总结了传主一生的学行思想；三是为当代著名文集、史著所题写的序文；四是为家乡庐陵、浏阳一带乡绅儒士所撰的碑传文字和家谱、文集序跋，以及他们之间的书信酬答，从中也钩稽出不少有关元代江南农村社会及文化发展的史实。

欧阳玄还撰有《拯荒事略》和《至正河防记》等与社会经济有关的小型史著。欧阳玄早年在芜湖任县尹时，曾辑录当地救荒故事 22 条编成《拯荒事略》一卷，今著录于《四库全书》。社会经济史方面的纂述在明代以前很少见于记载，而欧阳玄是较早致力于此的著名史家。至正十一年（1351 年）十一月，由贾鲁主持的大型治河工程基本竣工，欧阳玄不顾 68 岁的高龄，“乃从鲁访问方略，及询过客，质吏牍，作《至正河防记》”，详细记录了这次治河的全部过程及所采用的各种方法，“欲使来世罹河患者按而求之”。此文后成为《元史·河渠志》的主要部分。

二 欧阳玄对辽、金、宋三史编修的贡献

修辽、金、宋三朝正史，是元代规模最大的史学工程，其成就和影响也远在元代其他官修史书之上。三史编修的具体工作，以欧阳玄出力最多，他的作用主要表现在以下几个方面：其一，建言汇集史料、选择史

① （元）危素：《危太朴文续集·圭斋先生欧阳公行状》（卷 7），《元人文集珍本丛刊》本，新文丰出版公司 1975 年版。

② （元）欧阳玄：《〈圭斋集〉提要》，台湾商务印书馆 1986 年版，第 1 页。

官："（至正三年）庙堂问修史之要，公曰：'是犹作室，在于聚材择匠。聚材则先当购书，择匠必遴选史官。'于是用公言，遣使购书，增设史官"。其二，"立《三史凡例》，又为便宜数十条，发凡举例，俾论撰者有所据依"。其三，裁定删成全书："史官中有悻悻露才、论议不公者，玄不以口舌争，俟其呈稿，援笔窜定之，统系自正。"其四，"至于论、赞、表、奏，皆玄属笔"。[①] 可见，欧阳玄从选择史官、汇集史料到制立三史凡例，亲撰论、赞、表、奏等，无不尽心竭力，为元代史学发展和中国古代史学做出了不朽贡献，这足以使他当之无愧地跻身中国古代著名史家之列。

三史从元顺帝至正三年（1343 年）下诏修史起，仅两年半的时间便陆续告成。那么，迁延近 80 年的三史何以能一旦修成呢？究其主要原因，一是《三史凡例》的制定解决了长期争论未决的三史"义例"问题；二是三史的编修充分利用了原有的史料基础。

《三史凡例》出自欧阳玄之手，言简意赅，仅 135 字，第一条就是有关"帝纪"的体例规定："一、帝纪：三国各史书法，准《史记》、《西汉书》、《新唐书》。各国称号等事，准南、北史。"[②] 它回答了有关辽、金、宋孰为"正统"的大辩论，从而明确了三史各自为书、各系其年号的基本编修形式。这一形式不但保证了三史编修的顺利进行，而且具有不可忽视的思想意义。它所确立的平等看待三朝政权的思想原则表明，在经过长期意识形态领域的斗争后，中国历史是多民族共同发展的历史进程已逐渐成为一种历史共识，中华民族的凝聚意识在进一步成熟、加强。一般的说法认为，三史"各与正统"乃出于脱脱之"独断"。但事实上，早在元文宗时，虞集与同修《经世大典》的欧阳玄等人议论三史迁延未成之故时，就已提出了解决三史"义例"问题的正确主张："今当三家各为书，各尽其言而核实之，使其事不废可也，乃若议论，则以俟来者。"当时，包括欧阳玄在内的诸同列都"颇以为然"。[③] 可见，三史"各与正统"的决定包含了对前朝数次修史经验的总结，包含了虞集、欧阳玄等

---

① （元）危素：《危太朴文续集·圭斋先生欧阳公行状》（卷 7），《元人文集珍本丛刊》本，新文丰出版公司 1975 年版。

② （元）脱脱等：《辽史·附录·三史凡例》，中华书局 1974 年版，第 1557 页。

③ （元）虞集：《道园学古录·送墨庄刘叔熙远游序》（卷 32），商务印书馆 1937 年版，第 543 页。

汉族史家的意见。

欧阳玄在档案文献上的深厚素养保证了三史基本史料的正确选择和有效利用。在《进〈辽史〉表》中，欧阳玄自述了《辽史》编修面临的史料阙略情况，指出《辽史》基本取材于“当辽之世，国史惟此本号为完书”的耶律俨《实录》以及金章宗时“始克成编”的陈大任《金史》，并参合《五代史》、《宋史》的有关记载，“发故府之椟藏，辑遐方之匭献，搜罗剔抉，删润研磨，纪志表传，备成一代之书”。在《进〈金史〉表》中指出，《金史》所本主要是收藏于元史馆的金朝历代实录和王鹗所修的《金史》：“于时张柔归金史于其先，王鹗集金事于其后。是以纂修之事，见诸敷遗之谋。”有关宋史的著述可谓浩繁，这无疑给编修《宋史》造成了很大困难，仅诸多史事的众说纷纭就需花费大量功夫进行考订、辨析。苏天爵在《三史质疑》中向欧阳玄提出：“宋自太祖至宁宗，实录凡三千卷，国史凡六百卷，编年又千余卷，其他宗藩图谱、别集、小说不知其几，今将尽加笔削乎？止据已成国史而为之乎？”① 由于时间紧，任务重，欧阳玄决定将元初藏之“秘府”的宋代实录、国史“编劘分局，汇萃为书”。由于缺乏剪裁删正的功夫，《宋史》卷帙浩大而史事杂芜，但也因此基本保留了宋朝历代国史之原貌。

欧阳玄是元代著名的史学家，他以毕生精力从事元皇朝的历史编纂工作，而他卓越的史学、史才、史识也在其中得到了发挥和具体展现。作为元皇朝历次重大史书编修活动中的核心人物，他的史学思想和实践构成了以官方撰述为主体的元代历史编纂学的重要内容，深深影响着元代史学的发展。

第四节　苏天爵与档案文献编纂

一　苏天爵生平及著述

苏天爵，字伯修，生于元世祖至元三十一年（1294 年），卒于元顺帝

① （元）苏天爵：《滋溪文稿·三史质疑》（卷 25），台湾商务印书馆 1986 年版，第 297 页。

至正十二年（1352 年）。真定（今河北正定）人。元代真定苏氏为望族，苏天爵之曾祖名诚，“当国初自汴还真定，买别墅县之新市，作屋三楹，置书数十卷”[①]，且以“能教子”名乡里；其祖名荣祖，“幼颖悟善学”，后“家藏书数百卷，手录雠校不倦”[②]，名其藏书室为“滋溪书堂”，亦“教子甚严”。其父名志道，历官宪府史、中书掾、刑部主事，终岭北行省左右司郎中，“好读书，尤尊信《大学》及陆宣公《奏议》，未尝去左右。笃于教子，余俸辄买书遗之”。[③]“又尝因公事至江之南，获万余卷以归”[④]。苏天爵出生在书香世家，自幼受到严格、正统的儒家教育，对其一生的影响很大。23 岁时初试国子生便考中第一名，于是“释褐，授从仕郎、大都路蓟州判官”，从此步入宦途[⑤]，曾任监察御史、江浙行省参知政事等，官至从二品，仕途畅达。在他近 40 年的宦海生涯中，有在国史院供职多年的经历。泰定元年（1324 年）入翰林国史院为典籍官，升任应奉翰林文字，从此与欧阳玄共事翰苑 6 年，结下了深厚的友情。在辽、金、宋三史修纂工作正式展开时，素有修史之志的苏天爵却因出任地方行省长官而未能参与其事。于是，苏天爵以他在三史文献方面的深厚素养和史书修纂工作的经验写下长文《三史质疑》以寄欧阳玄，对三史修纂的各方面都提出了建设性意见，这些建议给了欧阳玄极大帮助，其中大部分都在修史过程中被采纳。至顺元年（1330 年）参与预修《英宗实录》、《明宗实录》；二年升修撰，并参加《经世大典》的纂修；元统二年（1334 年）又预修《文宗实录》，因迁翰林待制。在 8 年中三为史官，先后预修了四朝实录并参加《经世大典》的编纂，对元代档案文献的收集、整理、编纂作出了较大贡献。明初修《元史》，直接或间接地利用了这些著作，时至今日，人们研究元史，亦无不重视这些著作。

苏天爵一生著述宏富，是元代一位私人著述成果颇丰的史家，元代两

---

① （元）宋本：《滋溪书堂记》，见苏天爵《元文类》（卷 31），台湾商务印书馆 1986 年版，第 385 页。

② （元）虞集：《道园学古录·真定苏氏先茔碑》（卷 14），商务印书馆 1937 年版，第 253、254 页。

③ （元）虞集：《道园学古录·岭北等处行中书省左右司郎中苏公墓碑》（卷 15），商务印书馆 1937 年版，第 259 页。

④ （元）宋本：《滋溪书堂记》，见苏天爵《元文类》（卷 31），台湾商务印书馆 1986 年版，第 385 页。

⑤ （明）宋濂等：《元史·苏天爵传》（卷 183），中华书局 1976 年版，第 4224 页。

部重要的历史文献汇编《元朝名臣事略》和《元文类》都出自他手。据《元史》本传记载，有《国朝名臣事略》15卷、《元文类》70卷、《滋溪文稿》30卷、《诗稿》7卷、《松亭章疏》5卷、《春风亭笔记》2卷、《辽金纪年》和《黄河原委》未及脱稿；又曾预修《武宗实录》、《文宗实录》。清黄虞稷《千顷堂书目》著录其著作9种，内有《治世龟鉴》1卷、《两汉诏令》□卷则为本传所未著录。金门诏《补三史艺文志》又著录其预修《泰定帝实录》和《明宗实录》。钱大昕《补元史艺文志》计著录其著作12种，《读诗疑问》1卷及《卫王事迹》为上述书目所未著录。《四库全书总目》实际上著录了9种，《刘文靖公遗事》1卷则为《总目》仅录。综上各种书目的著录，其著作计13种，又预修四朝《实录》。萧启庆教授在《苏天爵和他的〈元朝名臣事略〉》一文中，又指出苏天爵曾预修《英宗实录》，参修《经世大典》，并与谢端合著《正统论》。据此，总计苏天爵著述共有14种，又预修五朝实录及参修《经世大典》。流传至今的著作只有《元朝名臣事略》、《国朝文类》、《滋溪文稿》、《治世龟鉴》和《刘文靖公遗事》五种。[①]

二 苏天爵的档案文献编纂实践

（一）《元朝名臣事略》的编纂

苏天爵纂辑的《元朝名臣事略》15卷，是元代传记体中史料价值较高的专著，此书编成于元文宗天历二年（1329年）以前，收录了元代前、中期的开国元勋、功臣、文臣、武将、学者等共47位名人的人物传记材料，在元代传记体史学著作中颇具特色。

关于《元朝名臣事略》的编纂时间，从书中的诸序、跋来看，王守诚《跋》最早，为天历二年（1329年）二月，故成书似不会晚于此时，而苏天爵为胄子是延祐四年（1317年）以前的事，则本书编辑历时十余年，经仁宗、英宗、泰定、文宗四朝，可谓用力辛勤。

《四库全书总目提要》说本书“记元代名臣事实，始木华黎，终刘因，凡四十七人。大抵据诸家文集所载墓碑、墓志、行状、家传为多，其杂书可征信者亦采掇焉。一一注其所出，以示有征”，基本上概括了此书

① （元）苏天爵：《元朝名臣事略·前言》，姚景安点校本，中华书局1996年版，第5页。

特点。在编纂体例上“盖仿朱子《名臣言行录》例，而始末较详；又兼仿杜大珪《名臣碑传琬琰集》例，但有所弃取，不尽录全篇耳”。宋人朱熹著《名臣言行录》，目的在于摘取各家的“嘉言懿行”，自成一书，实为语录摘编性质，而不顾及每个人物事迹的完整性；宋人杜大珪《名臣碑传琬琰集》，虽汇集了一些墓碑、墓志、行状、家传，却照录原文而不做加工整理。苏天爵克服了这两者的缺点，是得益于他“培学上庠，历史属久，故考之也详，择之也审”，使本书“条有征据，略而悉，丰而核”①，将此类书的编纂水平大大提高了。明朝初年纂修《元史》，从此书取材颇多，例如人物传记先蒙古、色目，后汉人、南人，即依此书体例。韩儒林教授在《影印元刊本〈国朝名臣事略〉序》中指出：“此书四十七篇事略，都是元朝前期的名臣，除前四卷所录都是蒙古人、色目人外，其余都是汉人（其中没有南人），而《元史·列传》前三十二卷都是蒙古人和色目人，三十三卷以下都是汉人和南人，可见《元史》连《列传》的编次也是仿照此书的。”② 且不说明初仍如此编排是否恰当，但本书编纂体例的影响却是不容忽视的。

该书收录了元初至延祐年间（1314—1320 年）自太师诸王以下文武大臣共 47 人入传，前 4 卷收蒙古、色目人 12 位，后 11 卷收汉人 35 位。资料按年按事选辑，即每卷一人或数人，在每人名下按时间前后将有关资料加以编排。资料分段注明出处，取详去简，删除重复及芜词，使之完整成传。每传之前皆有提要，概述传主氏族、籍贯、简历、年岁等，传主先祖事迹在正文用小字摘注；文中涉及的事件、人物有他书可补充的，也用小字注出。除编成 47 人的传记外，属于附传性质的还有速不台、兀良合台、博尔术、博尔忽、土薛、启惜礼 6 人。

全书均为各种材料的剪裁连接，取材有据、剪裁得当，比较能够反映书中人物的主要经历和活动。这些人物的事迹均辑自诸家文集中有关元朝开国元勋、文臣、武将、学者的碑铭、墓志、行状、家传以及当时的公文、私人文集、笔记等记载，都是第一手资料；全书直接采用碑传等原始

---

① （元）许有壬：《至正集·序·〈国朝名臣事略〉序》（卷 30），台湾商务印书馆 1986 年版，第 214 页。

② 韩儒林：《影印元刊本〈国朝名臣事略〉序》，见苏天爵《元朝名臣事略》（上），中华书局 1962 年影印本，第 2 页。

材料达123种，凡有所引，皆注明其出处，以示信而有征。若碑传、文集所记有异同者，则更以注文录出，以备查考。保存了许多今已不存的若干文集中的篇章。如元初著名文人王鹗、王磐、徐世隆、阎复、元明善、李谦等人的文集今已亡佚，他们的不少名篇即只见于此书。又因为此书所采皆为档案资料，真实可靠，故为《元史》列传所参考和利用，如《元史·木华黎传》就基本取自本书卷一《太师鲁国忠武王木华黎传》。《元史·姚枢传》则大部取自本书卷八的《左丞姚文献公枢传》。因而四库馆臣说："《元史》列传亦皆与是书相出入，足知其不失为信史矣。"① 足见史料价值之高。

本书叙致井然，体例划一，反映出编者著史的严谨精神。此书之功，是对有关传主资料的搜集、整理、编次。出于编者手笔的，是各篇传记前面的提要，用以交代传主的名讳、郡望、任官、卒年及享寿多寡。如《太史郭公》事略卷首提要写道：

> 公名守敬，字若思，顺德邢台人。至元二年，由提举诸路河渠迁都水少监。八年，迁都水监。十三年，都水监并入工部，遂除工部郎中。是年，改治新历。十六年，迁同知太史院事。历成，拜太史令。二十九年，修会通河，命提调通惠河漕运事。三十一年，拜昭文馆大学士，知太史院事。累请致仕不许。延祐三年，卒，年八十六。②

读了这样的提要，再读"事略"就一目了然了，也容易给人留下比较完整的印象。这是《元朝名臣事略》在编纂上的一个特点。

当然，无论是本书的收录范围，还是内容取材，也不是无懈可击的。以《国朝名臣事略》之名核诸书中收录的人，即不无可议者。许有壬《〈国朝名臣事略〉序》云："国朝真才云集，是编才四十七人，有齐民知名而未录者。"已明确指出本书收录人物的局限性。再分析一下收录的47人，除木华黎、耶律楚材、杨惟中、汪世显、严实、杨奂六人为元宪宗朝

① （元）苏天爵：《元朝名臣事略·附录·四库全书总目提要》，姚景安点校本，中华书局1996年版，第306页。

② （元）苏天爵：《元朝名臣事略·太史郭公》（卷9），姚景安点校本，中华书局1996年版，第185页。

以前人物外，其余 41 人均为元世祖忽必烈时代的人物，亦即元朝开国之臣，以元初一朝之四十余人为主体却冠以“国朝”之名，似乎欠妥。苏天爵在《四先生画像记》中曾说：“好观前言往行，是以窃取国初名公行事识之，以为师法。”① 为何将名实相副的“国初”改为“国朝”，其原因则不得而知。

（二）《元文类》的编纂

苏天爵除了完成《元朝名臣事略》（原题《国朝名臣史略》）的纂辑，还以个人之力，于顺帝元统二年（1334 年）完成了堪称元代文献渊薮的诗文总集《元文类》（原题《国朝文类》）70 卷的编纂工作，与姚铉《唐文粹》、吕祖谦《宋文鉴》堪称三足鼎立。《元文类》收录元太祖朝至元仁宗延祐时期的名家诗文 800 余篇，按文体分为 43 类，保存了大批颇具史料价值的文献。由于《元朝名臣事略》和《元文类》二书文史价值颇高，“遂大行于时”，时人赵汸说：“山林晚近得窥国朝文献之盛者，赖此二书而已。”② 时至今日，这两部书依然是元史研究者必读的基本文献。

元人陈旅在《〈国朝文类〉序》一文中说，苏天爵以为“秦汉魏晋之文则收于文选，唐宋之文则载于文粹文鉴。国朝文章之盛不采而汇之，将遂散佚沉泯，赫然休光，弗耀于将来，非当务之大缺者欤？乃蒐摭国初至今名人所作，若歌诗、赋颂、铭赞、序记、奏议、杂著、书说、议论、铭志、碑传，皆类而聚之，积二十年，凡得若干首，为七十卷，名曰《国朝文类》。百年文物之英，尽在是矣”。③ 由于此书重在留存史事，“去取多关于政治”，“然所取者，必其有系于政治，有补于世教，或取其雅制之足以范俗，或取其论述之足以辅翼史氏，凡非此者，虽好弗取也”。④ 故诏制、奏议、碑传、行状之文，多达 230 余篇。使元代的许多重要文献得以保存下来。如仅存于此书的《经世大典序录》使我们得以窥见《经世大典》的整体结构，又如元代著名政治家耶律楚材的神道碑《中书令

① （元）苏天爵：《滋溪文稿》（卷 2），台湾商务印书馆 1986 年版，第 31 页。

② （元）赵汸：《东山存稿·书苏参政所藏虞先生手帖后》（卷 5），台湾商务印书馆 1986 年版，第 293—294 页。

③ （元）陈旅：《安雅堂集·〈国朝文类〉序》，台湾商务印书馆 1986 年版，第 46 页。

④ 同上。

耶律公神道碑》和伟大科学家郭守敬的行状《知太史院事郭公行状》，也仅见于此书，因而是研究元代史事必不可少的参考文献。

（三）《滋溪文稿》的编纂

苏天爵还编纂了个人文集《滋溪文稿》30卷，也是研究元史的重要文献。四库馆臣称其长于记事，“其序事之作，详明典核，尤有法度，集中碑版几至百有余篇，于元代制度人物史传阙略者，多可藉以考见”。[①]其中有大量关于元代经济、政治方面的原始材料，如《郭明德碑》中关于边境屯田和军粮运输的议论，《李守中墓志铭》中有关河东、两浙盐政的记述，李羽、和洽两人墓碑中有关民间饲养官府驼马的记载，《赵秉温行状》中记叙大都建设和议立朝仪的经过，《赵伯成碑》中关于元初江南人民起义的记录，等等，都是重要的经世文篇，具有很高的史料价值。

三 苏天爵的档案文献编纂思想

（一）广收博取，刊布遗文

苏天爵早年在国子监就学时，便深受其老师虞集的影响，开始了文献收录工作，欧阳玄在《〈国朝名臣事略〉序》中记述：“应奉翰林文字赵郡苏伯修，年弱冠，即有志著书。初为胄子时，科目未行，馆下士群言词章讲诵，既有余暇，且笔札又富，君独博取中朝钜公文集而日录之，凡有元臣世卿墓表家传，往往见诸编帙中。及夫闲居，纪录师友诵说，于国初以来文献有足征者，汇而辑之，始疏其人若干，属以其事，中更校雠，栉去而导存，抉隐而蒐逸，久而成书，命曰《国朝名臣事略》。”[②] 这就是说，从20岁左右起，苏天爵实际上已着手进行《元朝名臣事略》的资料准备工作了。入仕以后，他更加感到自蒙元初创以来，“功臣列传独无片简只字之纪，诚为阙典”，简册散落的情况日益严重。他以史官的强烈责任感，意识到广收篇籍、及早抢救的迫切性，因此上奏疏要求尽快征集资料，编修功臣列传。他在《修功臣列传》中说：“实录大抵类乎编年，又

① 《四库全书总目·〈滋溪文稿〉提要》，台湾商务印书馆1986年版，第1页。

② （元）欧阳玄：《圭斋文集·〈国朝名臣事略〉序》（卷7），台湾商务印书馆1986年版，第56页。

于诸臣薨卒之下，复为传以系之，所以备二者之体也。我国家至元间初撰‘祖宗实录’，于时诸臣多在。及元贞初诏修《世祖实录》，命中外百司大小臣僚各具事迹录送史馆，更欲纪述一代之事，寓修诸臣列传。然以进史日期太迫，诸臣事实不完，迁延至今，竟不果作。向修《经世大典》，臣事之见于简册者十居二三。矧今翰林职专笔削，若复旷日引年，不复纪载，将见勋旧盛烈，泯没无闻，为史官者无所逃其责矣。”① 他呼吁如果能在编写各朝实录时，也将诸臣事迹编为列传，便可“备二者之体”，使“君臣善恶得失，以为监戒者也”。他赞扬司马迁撰写《史记》时，“网罗天下放失旧闻，遗文古事，靡不毕集”，认为《史记》能达到其文直、其事核，不虚美、不隐恶，故谓之“实录”的崇高境界，基础在“贵于网罗”，因此首要之务是收集文献。他批评史馆存在疏于搜罗的问题，并对广收博采文献资料提出了一系列具体措施。他说：“今史馆修书，不过行之有司，俾之采录。或功臣子孙衰替，而无人供报，或有司惮烦，而不尽施行。事之卒不能具者，此也。今史官先当取国初以来，至于某年中间功臣当立传者若干人，各具姓名，或即其子孙宗族，或即其亲旧故吏，或即其居官之所，指名取索。其人自当具报，不许有司因而烦扰。又诸公遗文，各处或已刊行，开具模印；未刊板者，令有司即其家抄录，校雠无讹，申达史馆。严立程限，违者罪及提调官吏，庶几事无所遗，汗青有日矣。”②

以上他对广收文献提出了三个具体的实施步骤，一是选立传主姓名，二是广泛取索，三是刊行遗文。这些方法步骤，与郑樵在《通志·校雠略》中提出的“求书八法”有异曲同工之妙，有所发展者，便是提出了公布“诸公遗文”的具体措施，即在广搜资料的基础上，对一些珍稀文献进行刊印，广为流传，以利后人所用。此外，他提议的与广收文献相配合的规惩措施，也很重要。

（二）文献编纂，经世致用

文献的收集、整理和编纂，要为经世之用，这是与苏天爵“践履笃

① （元）苏天爵：《滋溪文稿·修功臣列传》（卷26），台湾商务印书馆1986年版，第312页。

② 同上。

实”、求实用世的思想基础相一致的。比如，他编纂《元文类》的原则并非要选取美文佳篇、华丽辞章，而是经世致用，“然所取者，必其有系于政治，有补于世教，或取其雅制之足以范俗，或取其论述之足以辅翼史氏，凡非此者，虽好弗取也”。[①] 从这个要求出发，《元文类》中收录的赋骚、乐章、古诗、律诗、绝句并不多，仅有卷一至卷八共9卷，而就是在这9卷堪称“雅致”的诗赋中，也仍负有“足以范俗”的责任。在其余的61卷散文中，如卷九的“诏赦”，卷十的“册文”，卷十一、卷十二的“制”文，卷十三至卷十五的“奏议”，都是元朝开国以来事关政治大局的重要文献；卷二十七到卷三十的各类“记”文，如学记、田记等，是有关经济、教育制度的经世文献；卷四十至卷四十二的《经世大典序录一、二、三》，卷四十九到卷五十六的“行状”、“墓志”、“墓志铭”、“墓碣”、“墓表”，卷五十七到卷六十八的“神道碑”，卷六十九到卷七十的“家传”，则都是“辅翼史氏”的各类档案史料。应该说，苏天爵以经世要求编纂总集的思想，对明清两代编纂《经世文编》的做法是有重要影响的。

苏天爵编纂的《元朝名臣事略》因所收多为开国元勋、辅佐重臣的传记材料，使蒙、元“百余年来，元勋伟绩世未尽白，故知老者湮没无几，家乘志铭不能家至而遍知”[②] 的问题得到了部分解决，自然是关乎政要而有经世之用的，尤为突出的是书中卷九之二还收入了郭守敬这位元代水利专家的传记，叙述郭守敬在上都面陈水利六事，治理黄河，兴修西夏濒河诸渠，开通漕运，以及历法、星象测定等事迹和制度，则更与民生日用密切相关。

（三）无论贵贱，皆可立传

苏天爵认为在历史人物的史料收集方面，无论善恶贵贱都应广为网罗整理，尽可能为后人留下了解历史真实面目的文献材料。比如，他提出在整理功臣列传的史料时，就不能以官阶高低作为立传的标准。他说：“官品虽有高低，人材则无贵贱。且作史者本欲纪载贤能，以为后世之法，初

---

① （元）陈旅：《安雅堂集·〈国朝文类〉序》，台湾商务印书馆1986年版，第46页。

② （元）许有壬：《至正集·序·〈国朝名臣事略〉序》（卷30），台湾商务印书馆1986年版，第214页。

岂别其贵贱而辄以为等差。故赵周既贵，姓名止见于当时，黄宪虽微，善行永传于后世。近自金源以来，始以官至三品者行事得登于史，是使忠烈隐逸之士凡在下位者皆不得文书，何以劝善乎？其法之谬，以至如此。今二品以上，虽有官爵，别无事迹，自可削去。三品以下，或守令之贤，政绩可纪；或隐逸之善，著述可传；或人子之事亲，若王祥之孝感；或义士之赴难，若南霁云之杀身；并宜登载于编，以为将来之劝。"①

在这里，他强调史料编纂的功用在于"纪载贤能，以为后世之法"，因此不能以人物的官阶高低、贵贱差别为据，而应以是否"贤能"作为立传取材的标准。他特别指出，如无事迹，即便品级再高也不必勉强凑数，品级再低，哪怕是不入流的隐逸之士，只要有善行义举，同样可登载于史册，"以为将来之劝"。他还批评金朝的编史方法，认为金朝的功臣列传，三品以上"多无事迹，所书不过历官岁月而已，而四品以下当载者多，而史却不载"；元修金史，当补充史料，"访求书之"。在《元朝名臣事略》中，他也有意贯彻这种思想，全书入传 47 人，绝大多数为高官重臣，而偏偏在最后列入一个"隐居教授，不求闻达"的处士刘因，有议者以为殊不合例，但苏天爵却在传中述及刘因多次推辞朝廷授官之事，并感叹"而斯人也，授以三品清要之官，辞而不顾，非操守有素，能如是乎"！又说"当风俗浇薄之中，忽得斯人，庶几息奔竞，厚风俗，而士类亦知惩劝矣"。② 由此可以看出，刘因传的插入，正是苏天爵尊贤能、寓借鉴思想的具体体现。而从《滋溪文稿》中更可看出，他所收录的 108 篇行状、碑铭中，中下级官吏、儒生隐士、妇女等占了半数以上的篇幅。

（四）善恶并载，功罪并举

苏天爵还强调在史传立目和人物传记资料的采集时，要做到善恶并载，功罪并举。他说："史之为书，善恶并载。盖善者所以为劝，恶者所以为戒也。故《春秋》成而乱臣贼子惧，后世史臣亦云'诛奸谀于既死，发潜德之幽光'。今修史条例只见采取嘉言善行，则奸臣贼子之事将不复

① （元）苏天爵：《滋溪文稿·修功臣列传》（卷 26），台湾商务印书馆 1986 年版，第 312 页。

② （元）苏天爵：《元朝名臣事略》（卷 15），姚景安点校本，中华书局 1996 年版，第 301 页。

登于书欤？彼奸臣者固不恤其书与否也，今从而泯灭之，是使奸计暴行得快于一时，无所垂戒于后世，彼又何惮而不为恶乎！且如阿合马、桑哥、帖失、倒剌沙之流，皆当明著其欺罔之罪，弑逆之谋，庶几奸邪之徒有所警畏。”①

善恶并载、功罪并举的思想也是从惩恶扬善的编纂目的考虑的，所谓“诛奸谀于既死，发潜德之幽光”，就是给后世的乱臣贼子以警示。他对于史馆制订的修史条例在征集材料时只选取嘉言善行的做法十分不满，明确要求增补有关阿合马等奸臣的材料，以著其罪逆，使“善者所以为劝，恶者所以为戒也”。

（五）校雠考辨，抉择去取

苏天爵很重视材料的考校和抉择。他撰写的《三史质疑》就是一篇对辽、金、宋三史史料考辨的杰作。在考辨辽史、金史方面，他指出叶隆礼《契丹国志》、宇文懋昭《大金国志》两书皆不见于国史，其说多得于传闻。“盖辽末金初稗官小说中间失实甚多”②，金毓黻先生指出：“苏天爵《三史质疑》谓隆礼不及见辽国史，得于传闻，故多失实，其说是也。”③ 又如考辨宇文虚中失身仕金为显官，因讥讪慢侮金朝权贵而被杀，宋史却褒扬他是因谋弑金主被害，不免误传；岳珂作《桯史》乃云施宜生出使宋朝时漏言金廷将用兵的消息，也纯属传闻虚构。在考辨宋史方面，则指出宋史记“陈桥兵变”乃掩盖宋太祖赵匡胤篡周之嫌；另外，太祖之死，斧声烛影，也确有疑处等，都反映出他在淹通掌故的基础上，不轻信史料、敢于考辨的精神。

在编纂《元朝名臣事略》的过程中，苏天爵也表现出严谨的考辨态度。欧阳玄记述这部书的编辑有“中帙校雠，栉去而导存，抉隐而蒐逸”的考校过程。④ 四库馆臣也赞许此书在选材时“有所弃取，不尽录全篇”

① （元）苏天爵：《滋溪文稿·修功臣列传》（卷26），台湾商务印书馆1986年版，第313页。

② （元）苏天爵：《滋溪文稿·三史质疑》（卷25），台湾商务印书馆1986年版，第296页。

③ 金毓黻：《中国史学史》，上海古籍出版社2013年版，第150页。

④ （元）欧阳玄：《〈国朝名臣事略〉序》，见苏天爵《元文类》（卷36），台湾商务印书馆1986年版，第452页。

的方法。[①] 例如该书卷十五的《国信使郝文忠公经传》，就分别采用了阎复所撰《墓志》、苟宗道所撰《行状》、卢挚所撰《神道碑》，以及吴澄文集和郝经《班师议》里的记载，其实在这 5 种材料的前 3 种中，任选一篇都可以单独编成郝经的传略，但是苏天爵没有采取偷懒的做法，而是经过精心校勘考辨，从 5 种文献中抉择去取，选出若干片段组成传略。无疑，这种严谨费力的工作，保证了传略的全面、翔实和准确。此书的编纂还有一个"条有征据"[②]、以示信史，为他人考订提供方便的特点。"条有征据"便是在每条原文下注明资料的来源，这种方法不仅有利当世，而且造福后人。

应该指出，苏天爵的校勘取材也有百密一疏之处，但他对于历代文献资料，尤其是元代档案文献的编纂公布，以及他丰富的文献编纂思想和方法，在元代依然是最为突出的。因此，《元史・苏天爵传》称："天爵为学，博而知要，长于纪载"，"于是中原前辈，凋谢殆尽，天爵独身任一代文献之寄，讨论讲辩，虽老不倦"[③]，实为切中肯綮之论。

---

① （元）苏天爵：《元朝名臣事略・附录・四库全书总目提要》，姚景安点校本，中华书局 1996 年版，第 306 页。

② （元）许有壬：《至正集・序・〈国朝名臣事略〉序》（卷 30），台湾商务印书馆 1986 年版，第 214 页。

③ （明）宋濂等：《元史・苏天爵传》（卷 183），中华书局 1976 年版，第 4226—4227 页。

第八章

元代档案文献编纂利用的成就与特征

元代档案文献编纂利用，历来不受史家关注。究其原因，也许是元代不到百年而亡，后世多把宋末元初或元末明初的编纂成就归功于宋代或明代，从而抹杀了元代档案文献编纂利用成就。一部《中国档案文献编纂史》，在提到元代档案文献编纂时也是一笔带过，细看只有“唐宋以来，由记注档案到国史的完整的修史链条有所缺略”[①] 等寥寥数语。实际上，元代档案文献编纂利用不仅有其突出成就和显著特征，而且在保存档案史料上立下了承前启后的功劳。

第一节　元代档案文献编纂利用的突出成就

一　首次用非汉文纂修中国史书

元朝是两种以上少数民族文字并用和交流频繁的时代，是蒙、汉和汉、蒙文字修史译史的黄金时代。元代以蒙古文大规模修史，这在我国史学发展史上是一件大事。早在蒙古族兴起于漠北之时，大蒙古汗国宫廷内就有用畏兀儿蒙古文编纂的记录历代蒙古大汗事迹的史书，蒙古名为“脱卜赤颜”，汉语的意思是“国史”。它详细而真实地汇集了13世纪中叶以前在蒙古民族发展壮大的历史进程中，一代天骄成吉思汗统一蒙古各

① 梁继红：《中国档案文献编纂史》，国家图书馆出版社2009年版，第84页。

部落及对其发动战争的珍贵原始资料，同时也详细记载了成吉思汗的政治观念、军事战略战术以及个人生活等方面的内容，这些正是汉文史料所缺乏的。《脱卜赤颜》是一代又一代“必阇赤”（书记官）长期写成的。元朝正式建立后，由翰林国史院的蒙古人和色目人继续编写，直到元文宗时，这项编写工作仍在进行。《脱卜赤颜》的监修官由宰相兼任。所用的材料一部分是民间口头传说，一部分是当时政权机构所颁布的政令、训示和会议记录。全书采用以叙事为主、抒情为辅的独特编纂手法和不隐恶、不溢美的实录笔法，使人物形象真实鲜明，而且具有多侧面的丰富性。蒙古人统一中国后，用本民族的文字编纂皇家秘史，这是中国历史上首次用非汉文纂修的中国史书。

二　开创了宗教型民族档案文献的编纂方法

在宗教历史观的主导下，元代兴起了一种新的档案文献编纂方法，即以藏传佛教的道统观来比附解释历史，民族学家们称为“宗教史学之风”。首开先河的是成书于元文宗时的《白史册》，蒙文名为《查罕图克》，全名为《崇高至上转轮圣王十善福白史册》。该书是一部忽必烈时在宫廷和皇族内部用畏兀儿体蒙古文颁布的圣旨、法令和典章的总汇，汇集了忽必烈制定的元朝政教合一政治体制的法律和规定，范围包括政治、哲学、道德、法律、宗教、历史、军事等多方面，有很高的史料价值，可补《元史》、《元典章》等书的不足。有的学者认为此书到至顺元年（1330 年）方才整理成册，以抄本流传，至今尚存，其编纂方法完全是模仿藏传佛教经典的著述方式写成。紧步《白史册》后尘的是成书于元末的藏文《红史册》，此书以吐蕃王统为重点，可谓宗教史观的真正经典。元代佚名编修的白族史籍《白古通记》（原书用白文写成）及元代高丽王朝僧一然著的朝鲜族重要史籍《三国遗事》[①] 等，也都带有浓郁的宗教色彩。

三　最早取“文献”二字为书名，从理论上对文献作了界定

元代马端临著《文献通考》，最早取“文献”二字作为书名。自序谓

① “三国”指古代高丽的新罗、高句丽、百济三国。

“引古经史谓之‘文’，参以唐宋以来诸臣之奏议、诸儒之议论谓之‘献’”。他认为凡经史、会要、百家传记等经典著作，稗官野史的记录，名流燕谈的文字材料、口头传说，只要可作为叙事之引典、论事之依据者，都属于文献。该书中凡是顶格写的内容都是文，即文字（书本）记录；凡低一格写的都是献，即名流贤者的言论。

四　创造文、献、注三合一的编纂方法，开历史考证学之先河

马端临在《文献通考》一书中提出了文、献、注三者合为一体的编纂。他说：“凡叙事，则本之经史，而参之以历代会要，以及百家传记之书，信而有徵者从之，乖异传疑者不录，所谓‘文’也。凡论事，则先取当时臣僚之奏疏，次及近代诸儒之评论，以至名流之燕谈、稗官之记录，凡一语一言，可以订典故之得失，证史传之是非者，则采而录之，所谓‘献’也。”“文”就是叙事，即从古经史、历代会要及百家传记中采择史料，并加以考证和鉴辨，“信而有徵者从之，乖异传疑者不录”；“献”是论事，即把臣僚奏疏、诸儒评论、名流燕谈、稗官记录都录于史料下面，使后人容易辨别历史的真相；“注”就是附注按语，即对他人的记录和论断经过分析后得出自己的结论。这种方法开后世历史考证学之先河，值得档案文献编纂工作借鉴。

五　形成网罗文献、编纂史料以资借鉴的学风，丰富了档案编纂思想

元朝统一以前，中国南北分立近四百年，长时期的战乱纷争，文献散佚，导致宋、辽、金“三史文书阙略，辽金为甚”，甚至由于收集不力，“本朝”史料也有“旧文散失”的现象。[①] 因此网罗文献以备征考之用，便成为历史借鉴的重要任务。元朝“致四海于混一”，重建了多民族的统一国家，作为第一个以少数民族统治者为首的封建王朝，其历史借鉴不仅

① （元）虞集：《道园学古录·肃政廉访司事赵公神道碑》（卷42），商务印书馆1937年版，第716页。

要知“内圣外王之道，兴亡得失之故”，而且要探讨少数民族统治与“汉法”结合的历史经验，以求辽、金、宋三朝“为圣朝所取制度、典章、治乱、兴亡之由”，“垂鉴后世，做一代盛典”。[①] 于是，元代的历史借鉴观就有了与以往不同的、鲜明的时代特点和要求。

历史借鉴要有坚实的文献史料为基础，元代历史借鉴观的一个重要方面就是强调文献征实。元代文献征实思想的发展除了史学借鉴本身核实求真的要求外，也与元代社会的务实风气密切相关，它们共同推动、形成了有元一代注重网罗文献、编纂史料以资借鉴的文献编纂思想和学风。如袁桷在英宗时曾受命主持编修三史的工作，为了搜集资料，曾上《修辽金宋史搜访遗书条列事状》，专门奏请搜求辽金宋史料，以供编修三史之用，表达了文献收集的详密主张。虞集利用在史馆任职的机会，收集大量世家功臣的事迹材料，编写了大批人物碑铭行状。苏天爵早年在国子监求学时，就开始了文献收录工作。入仕以后，他以史官强烈的责任感，意识到广收篇籍时不我待的迫切性，上疏要求尽早征集资料，编修功臣列传。他在国史院供职多年，参与修纂英宗、泰定、明宗、文宗四朝实录和《经世大典》，独纂《元朝名臣事略》、《元文类》等，不仅有编纂元代文献资料的大量工作实践，而且对于如何收集考订文献以供历史借鉴之用有自己系统、独到的见解。如：在广搜博取文献资料的基础上，对一些珍稀文献要进行刊印公布，广泛流传，以利后人所用；文献的收集、整理和编辑，要为经世之用；在历史人物史料的收集方面，无论善恶贵贱都应广为网罗整理，尽可能为后人留下了解历史真实面目的文献材料；在史传立目和人物传记资料的采集时，要做到善恶并载、功罪并举；要重视材料的校勘和考辨，以抉择去留，等等。这些丰富的文献编纂思想，在元代学者中是最为突出的。因此，《元史》称其“博而知要，长于记载”，于中原前辈凋零殆尽之际，“独身任一代文献之寄”[②]，实为切中肯綮之论。

六　依累朝实录而修三史

元朝建立不久，即着手组织编写辽、金、宋三史。至正三年（1343

① （元）脱脱等：《辽史·附录·修三史诏》，中华书局1974年版，第1554页。

② （明）宋濂等：《元史·苏天爵传》（卷183），中华书局1976年版，第4227页。

年）三月，元顺帝诏修宋、辽、金三史，令脱脱为都总裁，主持修史。至正五年（1345 年）十月，三史即告完成，皆署脱脱等修。元朝修辽、金、宋三史主要利用了汉人和辽、金修的实录而成的，这一依实录而修断代史的方法，是中国史家的优良传统，蒙古族统治者从汉人那里继承过来了。据钱大昕《元史·艺文志》所考，元有十五帝实录。又据《明史》所载，明太祖洪武元年（1368 年）徐达率军进入北京得元代十三朝实录。忽必烈以前属蒙古汗国时期，从忽必烈（元世祖）以下的元朝累朝皆有实录。元人的实录，为元代史学的一个组成部分。元人灭宋，董文炳进入临安（杭州），把宋据以修国史的“长编”和“会要”取出运到北方，据之以修《宋史》。元人又据耶律俨和陈大任之书以修《辽史》，耶律俨就是《辽皇朝实录》的修撰者。元初，王鹗倡修《金史》，是以顺天张柔所藏《金实录》为据。

综上所述，元代所修辽、金、宋三史，皆是据前人所修的《实录》为蓝本，这是一个继承优良传统的范例，值得推崇。应该说元人既没有贬斥和诋毁三朝所修实录的可信性，又为明人留下了元的累朝实录；元人对前朝及本朝的实录，都未篡改或销毁，在保存档案史料原貌上立下了承前启后的功劳；这种据实录修国史之法，是蒙古人采“汉法”的具体表现之一。元朝保持了中国档案文献编纂的继承性和连续性，这一点应给予新的认识。

第二节　元代档案文献编纂利用的显著特征

一　用蒙、汉两种文字编纂的做法独一无二

元朝官方用蒙文和汉文两种文字修史的做法，是其他王朝不曾有过的。[①] 早在蒙古汗国时期，朝廷就指定少数蒙古、色目大臣用蒙文编写类似实录的“脱卜赤颜”，即蒙古皇室的秘史，这是一种以记述统治者活动为主要内容的史书，是蒙古人关于自己早期历史的最主要的记录，在汉文中通常称为《元朝秘史》。该书的蒙文名称被汉文音译为《忙豁仑·纽

① 周雪恒：《中国档案事业史》，中国人民大学出版社 1994 年版，第 238 页。

察·脱卜察安》，其更精确的汉文译法是《蒙古秘史》，与英文题目“Secret history of the Mongols”意思相同。两种汉文名称现在都在使用。用汉字标音（极不准确）的汉文译本是仅存的版本，它是所有现代蒙文还原本和汉文、日文及西方文字译本的基础。《蒙古秘史》收录的都是“训敕、辞命”等档案文献原文，是成吉思汗和窝阔台汗时期的关键史料，提供了蒙古帝国兴起的独一无二的历史画卷，揭示了其他史料未能提供的蒙古人的扩张动机和目标。同样重要的是，它还有蒙古汗国建国前蒙古族制度发展的生动记录。此书作为国家秘籍藏于翰林国史院，只允许为数不多的几位蒙古高官和皇室主要成员拜读，是集哲学、政治、军事、文化为一体的百科全书。

二 历朝实录纂修不绝，但史稿都已亡佚

元代从世祖始，每位皇帝死后，由史官编修实录，前后共修有十三代实录。其主要依据是中书省下设的时政科所保存的档案文献。为了广采材料，朝廷还下令“内外三品以上官，在皇庆、延祐时除拜、罢免、赏赉、责罚，悉录送史馆”。这些实录及后妃、功臣列传，多由汉族文臣用汉文公开编修①，编成后藏于内廷。

“十三朝”指的是从蒙古建国时的元太祖成吉思汗到元朝宁宗懿璘质班（1332 年春季即位后仅 53 天即去世）共 137 年间的所有大汗和后继的皇帝，每位大汗和皇帝都修有实录，俗名《元十三朝实录》。到顺帝时，《十三朝实录》的史稿才修撰完毕。1368 年 9 月明军攻入大都时，《十三朝实录》和其他档案资料极有可能毁于爨火，幸好有几个忠于明廷的汉人文士的果敢行动才得以保存下来。这些档案全部被转运到南京，并在其后的一年里作为基本史料被纂修《元史》的史局所用。后来，这些未刊行的史稿都已亡佚，它们的纂修经过也难以考究，但从现有的文献记载来看，有几点是可以确认的：

一是实录多由翰林国史院承修。元世祖至元元年（1264 年）建立了翰林国史院，负责实录的修撰，这实际上是继承了唐代以来的史馆制度。

二是历朝实录大多还附有事目和诰制录，这一方面说明其卷帙较大，

① 周雪恒：《中国档案事业史》，中国人民大学出版社 1994 年版，第 238 页。

另一方面把皇帝诰制与实录相配合，更加突出了皇帝诏命同实录的关系。

三是元代实录还有语言文字方面的不便，查阅时需要翻译为蒙古文。元朝修撰实录，往往是先撰成汉文本，然后再翻译成蒙古文。如《元史·世祖纪十一》记：至元二十三年（1286年）十二月，“翰林承旨撒里蛮言：‘国史院纂修太祖累朝实录，请以畏吾字（即畏兀儿或维吾尔字）繙译，俟奏读然后纂定。’从之”。[①] 这是将中统年间已用汉文修撰的《太祖》、累朝《实录》译成畏兀儿蒙古文。元贞二年，“十一月己巳，乌德岱等进所译太宗、宪宗、世祖《实录》”[②]。蒙古族本无文字，成吉思汗命畏兀儿（即后来的维吾尔）人塔塔统阿用畏兀儿字母书写蒙古语，创制了畏兀儿字体蒙古文。由于蒙古文并不成熟，因此元修实录都用汉文撰写，然后再翻译成蒙古文或畏兀儿文。

四是在纂修实录的同时，往往还撰写该朝的后妃、功臣传。如英宗时，“敕纂修《仁宗实录》、《后妃》、《功臣传》”[③]；顺帝时，“诏翰林国史院纂修累朝实录及后妃、功臣列传”[④]。

五是将未做过一天皇帝的父祖追封为帝并修实录。如拖雷未当过一天皇帝，及至其长子宪宗蒙哥继位后，才追尊他为英武皇帝，庙号睿宗，修《元睿宗实录》。甘麻剌是泰定帝之父，被追尊为光圣仁孝皇帝，庙号显宗，泰定元年命翰林国史院修纂《元显宗实录》。[⑤] 真金也未称帝，及至其子成宗继位后，才追尊他为帝，庙号裕宗，并诏修《元裕宗实录》。答剌麻八剌是武宗海山及仁宗爱育黎拔力八达之父，武帝追尊为帝，庙号顺宗，至大元年命国史院为其父修纂《元顺宗实录》[⑥]。可见，元朝在实录修纂上并非对汉族制度亦步亦趋，而是时有发挥和改变。这种变化对后来的明朝所修实录也产生了影响，如明代的《明献皇帝实录》，便是世宗继位后为其父兴献王所修。

六是受皇帝统绪波动的影响，导致多朝并修局面。蒙古人汉化以后，

---

① （明）宋濂等：《元史·世祖纪十一》（卷14），中华书局1976年版，第294页。

② （清）徐乾学：《资治通鉴后编·元成宗纪》（卷159），台湾商务印书馆1986年版，第195页。

③ （明）宋濂等：《元史·英宗纪一》（卷27），中华书局1976年版，第611页。

④ （明）宋濂等：《元史·顺帝纪一》（卷38），中华书局1976年版，第826页。

⑤ （明）宋濂等：《元史·泰定帝纪一》（卷29），中华书局1976年版，第652页。

⑥ （明）宋濂：《元史·武宗纪一》（卷22），中华书局1976年版，第497页。

虽然实行汉族式君主专制制度，但在皇位继承制度上，尚未形成汉族宗法礼制规定的比较有序的体系，因此出现皇帝统绪波动的情况。皇帝统绪的频繁更迭和中断，导致以皇帝为记载对象的实录修撰陷入忙不胜忙的混乱状态，只能数朝并修。如英宗即位不足 3 年，便被御史大夫铁失等弑于行幄。叛臣拥立泰定帝即位，后崩于上都，留守京师大都的佥枢密院事燕铁木儿遂立明宗为帝，因明宗远在沙漠，猝未能至，虑生他变，先迎立其弟文宗。时在上都的权臣倒剌沙则拥立泰定帝太子天顺帝，但为文宗君臣击败。及明宗至京师，文宗退位并迎明宗为帝，但明宗不久暴崩，仍由文宗继位。及文宗崩于上都，留守大都的右丞相燕铁木儿会同诸王立宁宗为帝，次月暴亡。从泰定帝到宁宗，短短 9 年时间换了 5 个皇帝，6 次帝位易人。除泰定帝曾修《英宗实录》（还有未登基的显宗的实录）外，其他各朝根本无暇顾及先帝实录的修纂，直到顺帝继位后，才一口气修成了泰定、文宗、明宗、宁宗四朝《实录》。这在汉族政权实录修撰史上可以说是闻所未闻的现象。①

现今对十三朝实录的修纂情况已经不可能知道得更多，因为它们早已散佚，过去亦没有史学家对它们进行过考证。但不管怎么说，它们不是保存在宫廷中的按照中国史家传统真实记录宫廷活动的起居注，而应该是在元代具有历史观点的汉人学者的推动下产生出来的。

三　国史院人才济济，地位重要

元朝统治者对国史院的重视，可以从元仁宗的一段话中看得很清楚。史载：皇庆元年（1312 年），“升翰林国史院秩从一品。帝谕省臣曰：‘翰林、集贤儒臣，朕自选用，汝等毋辄拟进。人言御史台任重，朕谓国史院尤重；御史台是一时公论，国史院实万世公论’”②。且不论仁宗说此话出于何种目的，但他讲的“一时公论”和“万世公论”之区别，可以说从一个方面道出了国史院地位的重要。

① 谢贵安：《实录修撰与少数民族政权的汉化》，《中南民族大学学报》2007 年第 1 期。

② （明）宋濂等：《元史·仁宗纪一》（卷 24），中华书局 1976 年版，第 549 页。

四 重视政书的编纂，种类和数量较多

元朝立国近百年，对典章格例等政书的编纂极为重视，官修政书的种类和数量较多，但绝大部分已散佚，流传下来的不多，现存的《元典章》、《大元通制条格》都是各种圣旨条律和例案的汇编。

《元典章》原名《大元圣政国朝典章》，1303年开始编纂，分前、后两集，前集60卷，分为诏令、圣政、朝纲、台纲、吏部、户部、礼部、兵部、刑部、工部十纲，纲下统目，共分373目，目下又罗列条格。收录自元世祖至英宗（1260—1321年）历朝的各项诏令、敕旨、条令、条例等典章制度；后集名《新集至治条格》，不分卷，约刊布于至治三年（1323年），分国典、朝纲、吏、户、礼、兵、刑、工八部，续英宗至治二年（1322年）之事，各大类下有门、目，目下列举条格事例，共81门，467目，2391条。所收亦多为律令等原始文牍资料。其文字体例是蒙古语语序，形成独特的蒙古语汉文直译吏牍文体，其书写方式更用独特的“自由奔放”式。“该书收录了大量的条律、敕令、惯例、案例和官员的断案记录，由此反映了元代法律和社会生活的丰富内容。《元典章》中的许多条目是由元代熟悉管理和法律事务的政府官吏按照中国官府公文的式样书写的。行文中保留了大量口语。此外，还有许多条目直接译自蒙古原文。正由于《元典章》具有这些特点，所以传统儒士经常贬低其价值。”①《元典章》实际上是一部有关元代社会史和政府的百科全书，因为有相当多的律例是用元代特定的汉人口语形式书写的，并且在许多律例中反映出按汉文公文模式书写的蒙古文公文的用词和语法，因此它很难读懂并由于语言的粗糙而被文雅的汉人所鄙视。

《大元通制》于仁宗延祐三年（1316年）成书，英宗至治三年（1323年）颁行，是一部有关国家政治法程各部类单行法的汇编集。共30卷，2539余条，内容分为诏敕（制诏）、条格、断例、令类（别类）四大类，以下又详细分类，如“断例”又分为卫禁、职制、户婚、厩库、擅兴、贼盗、斗讼、诈伪、杂律、捕亡、断狱11目，内容相当丰富。但

① 陈恒昭：《蒙古统治下的中国法律传统：1291年法典复原》，普林斯顿，1979年，第31—32页。

原书早已散佚，仅存其中的部分条格散卷，名为《通制条格》。

《经世大典》是元文宗时官修的一部汇集元朝律令的大型法典文书，元文宗至顺元年（1330年）开始编修，至顺二年（1331年）五月告竣，共880卷、781册。另有目录12卷，公牍1卷、纂修通议1卷。由奎章阁的学者编纂。奎章阁是文宗图帖睦尔（1328—1332年在位）建立的国家档案、图书和艺术品的收藏地，也是全国最高的学术机构。《经世大典》主要是在元末著名文臣虞集（1272—1348年）的监督下编修的。它依照《唐六典》、《宋会要》的体例，采集元朝有关档案文件，略加删削，编纂而成，囊括汇集了元朝各方面的典章制度。全书共分10目：帝王四目，即帝号、帝训、帝制、帝系，臣下六典，即治、赋、礼、政、宪、工各为一目，各目又分小类，目有总叙，类有小叙。举凡职官、赋役、礼仪、宗教、军事、刑法、造作等，无不囊括在内。这部大型文献从未刊刻过，所有的抄件似乎在明朝灭亡的万历以前已经散佚，只有不到5%的篇章或叙保存在《永乐大典》和《元文类》中。

此外还有《太常集礼》专辑礼乐制度；《宪台通纪》、《宪台通纪续编》专辑御史台的典章制度；《南台备要》专辑南御史台的有关制度；《秘书监志》则汇辑了秘书监的档案，主要是皇帝的诏旨。

五　始终没有编出一部通用的、全面性的法典

可能是因为在多元文化社会中确定统一的法典有难以克服的困难，也可能是因为蒙古族统治精英认为统一法典会限制他们的权力，所以采取了反对的态度，致使元廷从未制定出一部通行全国的标准法典。法典的缺失引起汉人官员的极大忧虑，他们多次要求编纂法典和律例，以作为判案的依据。最早的补救措施是1291年颁布实施的《至元新格》，这大体只是一部法令汇编。此后铁木耳朝和海山朝编修法典的努力几乎毫无成效。但爱育黎拔力八达很快采取措施对这样的形势加以补救，在1311年即位当月，他命令中书省臣汇集从忽必烈朝初年以来的律令条规，这一汇编于1316年完成，但是对汇编的复审过程比预期的时间长得多，直到硕德八剌即位两年后的1323年，这部新法典才以《大元通制》的名目正式颁行。

《大元通制》很难说是一部全面性的法典，按照现代法制史学者的观

点，此书“是元代法律成熟的标志，因为它有充实的内容并采用了以《泰和律》为代表的中国传统法典的结构”。[①]《泰和律》是金朝的法典，它的编纂基本上是遵循唐代法典的模式。但是作为征服王朝的法典，《大元通制》显然没有完全照搬前朝的中国法典，它在许多方面反映出蒙古人的游牧习俗和元代特有的制度特征。[②]《大元通制》和也是在爱育黎拔力八达朝由江西地方政府或私人编辑的《元典章》，是元代法制史上的两大里程碑，也是作为征服王朝的元朝日趋成熟的标志。

总之，有元一代始终没有制定出一部蒙古、回回、汉各民族通用的统一的、正式的法典。元代的法典常常只是不定期地将“敕旨条令，杂采类编”而成，以此颁发给各级官府作为处理政务的依据。元朝的立法、断狱量刑，都以临时因事而陆续颁发的有关文书为依据。这些文书，一部分以制诏的形式，绝大部分以条格和断例的形式颁行全国。条格中经过皇帝亲自裁定、作为圣旨或圣旨附件中的条文而公布的法令，叫作圣旨条画；此外还有包括中央各主管部门颁发的各式训令。条格中有不少是具体处置各种个别事件的指令性文书，在形式上与划一的法规面目迥异。

六 对汉人利用档案严加防范，限制了私人修史的发展

元朝推行公开化的民族歧视政策，对汉人严加防范，严格控制档案的利用。元王朝的档案管理极为严密，某些重要机密档案，除帝王和蒙古官员外，汉族官员无权查阅。如关系“军机重务”的兵籍，元代“有国百年”，“汉人不阅其数”。非但官府的公文档案不准私人查阅，就是王朝的实录、国史这些经过官方编纂过的史料，也被元统治者视为禁密，对汉族史官严格保密。《元史·宗室世系表系》说：“元之宗系，藏之金匮石室者甚秘，外廷莫能知也。”《元史·虞集传》载：元文宗时，奎章阁学士院虞集等人奉诏采辑本朝典故，修纂《经世大典》，“既而以累朝故事有未备者，请以翰林国史院修祖宗实录时百司所具事迹参订。翰林院臣言于

---

① 陈恒昭：《蒙古统治下的中国法律传统：1291 年法典复原》，普林斯顿，1979 年，第 31—32 页。

② 黄时鉴：《〈大元通制〉考辨》，《中国社会科学》1987 年第 2 期。

帝曰：‘实录，法不得传于外，则事迹亦不当示人。’”[①] 为修太祖实录，“又请以国书《脱卜赤颜》增修太祖以来事迹”，承旨塔失海牙仍以事关机密，曰“《脱卜赤颜》非可令外人传者”[②] 而未获允准。虞集身为学士奉钦命修史，尚且不能利用实录和国史，私人修史就更谈不上利用官方档案，从而极大地限制了私人修史的发展。因此，元朝私家利用档案所修史籍为数甚少，至今仅有几种奏议汇编存世，如元世祖末年“东平布衣”赵天麟所上的《太平金镜策》，成宗大德七年（1303 年）郑介夫所上的《太平策》等。

① （明）宋濂等：《元史·虞集传》（卷 181），中华书局 1976 年版，第 4179 页。

② 同上。

主要参考文献

一　著作、论文集

[1] 冯承均：《元代白话碑》，商务印书馆 1931 年版。

[2] 蔡美彪：《元代白话碑集录》，科学出版社 1955 年版。

[3]（清）张廷玉：《明史》，中华书局 1974 年版。

[4]（明）宋濂：《元史》，中华书局 1976 年版。

[5] 道布整理、转写、注释：《回鹘式蒙古文文献汇编》，民族出版社 1983 年版。

[6] 中国民族古文字研究会：《中国民族古文字研究》，中国社会科学出版社 1984 年版。

[7] 邹家炜、董俭、周雪恒：《中国档案事业简史》，中国人民大学出版社 1985 年版。

[8]（明）解缙、姚广孝：《永乐大典》，中华书局 1986 年版。

[9] 郝苏民翻译、补注：《〈八思巴字蒙古语碑铭〉译补》，内蒙古文化出版社 1986 年版。

[10] 许凡：《元代吏制研究》，劳动人事出版社 1987 年版。

[11] 潘嘉：《中国文书工作史纲要》，档案出版社 1987 年版。

[12] 照那斯图：《八思巴字和蒙古语文献Ⅱ文献汇集》，日本东京外国语大学亚非语言文化研究所，1990 年。

[13] 李逸友：《黑城出土文书》（汉文文书卷），科学出版社 1991 年版。

[14]（元）王士点、商企翁：《秘书监志》，高荣盛点校本，浙江古籍出版社 1992 年版。

[15]［俄］孟列夫：《黑城出土汉文遗书叙录》，王克孝译，宁夏人民出版社 1994 年版。

[16] 周雪恒：《中国档案事业史》，中国人民大学出版社 1994 年版。

[17] 吕发成:《中国公文史》,甘肃文化出版社1995年版。

[18] 西藏自治区档案馆:《西藏历史档案荟萃》,文物出版社1995年版。

[19] 张公瑾:《民族古文献概览》,民族出版社1997年版。

[20] 李晋有等:《中国少数民族古籍论》(1),巴蜀书社1997年版。

[21] 李晋有等:《中国少数民族古籍论》(2),巴蜀书社1998年版。

[22] 刘广生、赵梅庄:《中国古代邮驿史》,人民邮电出版社1999年版。

[23] 瞿林东:《中国史学史纲》,北京出版社1999年版。

[24] 曹之:《中国古籍编撰史》,武汉大学出版社1999年版。

[25] 杨剑宇:《中国秘书史》,武汉大学出版社2000年版。

[26] 聂中东:《中国秘书史》,中州古籍出版社2000年版。

[27] 方龄贵:《通制条格校注》,中华书局2001年版。

[28] 周少川:《元代史学思想研究》,社会科学文献出版社2001年版。

[29] 陈子丹:《云南少数民族金石档案研究》,云南科技出版社2001年版。

[30] 邱树森:《元史辞典》,山东教育出版社2002年版。

[31] 李治安:《元代政治制度研究》,人民出版社2003年版。

[32] 裴燕生、何庄、李祚明、杨若荷:《历史文书》,中国人民大学出版社2003年版。

[33] 包和平、李晓菲、李杰、何丽、王学艳、宛文红、王兰:《中国少数民族文献学概论》,民族出版社2004年版。

[34] 魏忠:《中国的多种民族文字及文献》,民族出版社2004年版。

[35] 周明甫:《中国少数民族古籍论》(5),巴蜀书社2004年版。

[36] 朱崇先:《中国少数民族古典文献学》,民族出版社2005年版。

[37] 刘绍杰:《中国秘书简史》,河南大学出版社2005年版。

[38] 陈高华、陈智超等:《中国古代史史料学》(修订本),天津古籍出版社2006年版。

[39] 包和平、何丽、王学艳:《中国少数民族古籍管理学概论》,民族出版社2006年版。

[40]《中国少数民族古籍集解》编委会:《中国少数民族古籍集解》,云南教育出版社2006年版。

[41] (元)陶宗仪:《南村辍耕录》,武克忠、尹贵友校点,齐鲁书社2007年版。

[42] 瞿林东:《中国少数民族史学研究》,北京图书馆出版社2008年版。

[43] 史金波、黄润华:《中国历代民族古文献探幽》,中华书局2008年版。

[44] 包和平:《中国少数民族文献学研究》,国家图书馆出版社2009年版。

[45] 钟小安、楼淑君:《中国秘书简史》,重庆大学出版社2010年版。

［46］《沈刻元典章》，中国书店2011年版。

［47］陈高华、张帆、刘晓、党宝海点校：《元典章》，中华书局、天津古籍出版社2011年版。

［48］韩儒林、陈得芝、邱树森、姚大力：《元史》，中国大百科全书出版社2011年版。

［49］李硕主编：《铁蹄踏出的强大帝国》，时代文艺出版社2011年版。

［50］丁海斌等：《中国古代科技档案遗存及其科技文化价值研究》，科学出版社2011年版。

［51］赵彦昌：《中国古代档案管理制度研究》，人民出版社2011年版。

［52］孛儿只斤·苏和、孛儿只斤·苏日娜、娜仁高娃：《蒙古三大部》，内蒙古人民出版社2012年版。

［53］白至德：《白寿彝史学二十讲：中古时代·元时期》，中国友谊出版公司2012年版。

［54］［法］沙海昂注：《马可波罗行纪》，冯承均译，商务印书馆2012年版。

二　期刊、辑刊论文

［1］照那斯图：《论八思巴字》，《民族语文》1980年第1期。

［2］杨耐思、照那斯图：《八思巴字研究概述》，《民族语文》1981年第1期。

［3］亦邻真：《元代硬译公牍文体》，见中国元史研究会《元史论丛》第1辑，中华书局1982年版。

［4］照那斯图：《南华寺藏八思巴蒙古语圣旨的复原与考释》，《中国语言学报》1982年第1期。

［5］李逸友：《元丰州甸城道路碑笺证》，见中国元史研究会《元史论丛》第2辑，中华书局1983年版。

［6］陈炳应：《黑城新出土的一批元代文书》，《考古与文物》1983年第1期。

［7］黄才庚：《元朝驿传初探》，《社会科学战线》1984年第2期。

［8］拓跋莹：《元代“硬译汉文公牍”》，《浙江档案》1986年第4期。

［9］黄才庚：《我国古代文书避讳制度初探》，《浙江档案》1986年第7期。

［10］黄才庚：《元朝的文书工作——文书人员必经考选才能录用》，《天津档案》1987年第2期。

［11］黄才庚：《元朝文书及其制度研究》，《宁夏档案》1987年第3期。

［12］内蒙古文物考古所、阿拉善盟文物工作站：《内蒙古黑城考古发掘纪要》，《文物》1987年第7期。

［13］杨剑宇：《元代公文传递制度》，《秘书工作》1988年第3期。

[14] 杨剑宇：《元代的秘书工作》，《上海大学学报》1988 年第 3 期。

[15] 曹大德：《元代是古代文书工作的重要发展时代》，《辽宁档案》1989 年第 1 期。

[16] 特木额：《元代档案初探》，《内蒙古档案》1989 年第 2 期。

[17] 包桂芹：《元朝文书驿传机构简述》，《历史档案》1990 年第 1 期。

[18] 李逸友：《黑城出土的元代合同文书》，《文物天地》1990 年第 2 期。

[19] 郭宝平：《从元朝的例风谈元朝的档案工作》，《天津档案》1990 年第 3 期。

[20] 姚朔民：《再释河北平山所出八思巴文官印》，《文物》1990 年第 10 期。

[21] 李逸友：《元大德四年军粮文卷》，《文物天地》1991 年第 4 期。

[22] 李逸友：《元代文书档案制度举隅——记内蒙古额济纳旗黑城出土元代文书》，《档案学研究》1991 年第 4 期。

[23] 徐绍敏：《元朝的档案立法》，《浙江档案》1991 年第 4 期。

[24] 李逸友：《黑城出土的元代律令文书》，《文物天地》1991 年第 7 期。

[25] 武·呼格吉勒图：《八思巴字和蒙古语文献评介》，《民族语文》1992 年第 2 期。

[26] 陈之：《元史与北元史研究的最新成果——〈黑城出土文书〉》，《内蒙古社会科学》1992 年第 6 期。

[27] 方龄贵：《读〈黑城出土文书〉》，《内蒙古社会科学》1992 年第 6 期。

[28] 黄才庚：《元朝档案及其档案工作》，《兰台世界》1993 年第 Z1 期。

[29] 道布、照那斯图：《河南登封少林寺出土的回鹘式蒙古文和八思巴字圣旨碑考释》，《民族语文》1993 年第 5 期。

[30] 照那斯图：《元代景教徒墓志碑八思巴字考释》，《海交史研究》1994 年第 2 期。

[31] 张文彬、王树楼：《黑龙江桦南县庆发村发现一枚元代八思巴文官印》，《北方文物》1994 年第 4 期。

[32] 蔡美彪：《八思巴字玉册两种译释》，《考古》1994 年第 10 期。

[33] 照那斯图：《关于元统二年正月八思巴字圣旨抄件汉译中的若干问题》，《内蒙古大学学报》1995 年第 3 期。

[34] 张树兴、徐绍敏：《宋元明档案立法》，《档案学通讯》1995 年第 5 期。

[35] 照那斯图：《元代纸币八思巴字官印文字考》，《民族语文》1995 年第 6 期。

[36] 蔡美彪：《元宁远务关防课税务印释》，《文物》1995 年第 7 期。

[37] 照那斯图、胡海帆：《林县宝严寺两道八思巴字蒙古语圣旨》，《民族语文》1996 年第 3 期。

[38] 杨选第：《元代亦集乃路的民间借贷契约》，《内蒙古师范大学学报》1996 年第 3 期。

[39] 韩李敏:《论元代秘书监对档案的收藏和管理》,《档案学研究》1996 年第 4 期。

[40] 萧启庆:《元代的通事与译史——多元民族国家中的沟通人物》,中国元史研究会:《元史论丛》(第六辑),中国社会科学出版社 1997 年版。

[41] 蔡美彪:《元代道观八思巴字刻石集释》,见中国蒙古史学会《蒙古史研究》第 5 辑,内蒙古大学出版社 1997 年版。

[42] 叶新民:《亦集乃路元代契约文书研究》,见中国蒙古史学会《蒙古史研究》第 5 辑,内蒙古大学出版社 1997 年版。

[43] 王金玉:《元代地方志中的架阁库》,《档案管理》1998 年第 2 期。

[44] 王金玉:《宋元明清架阁库纵览》,《郑州大学学报》1999 年第 3 期。

[45] 纳尔松:《蒙古档案事业概述》,见中国蒙古史学会《蒙古史研究》第 6 辑,内蒙古大学出版社 2000 年版。

[46] 丁忱:《元代文书驿传制度述略》,《古代文化长廊》2000 年第 2 期。

[47] 哈斯巴干、乌力吉:《平遥县清虚观八思巴字蒙古文圣旨碑考释》,《内蒙古大学学报》2000 年第 6 期。

[48] 刘晓:《从黑城文书看元代的户籍制度》,《江西财经大学学报》2000 年第 6 期。

[49] 杨富学:《〈祖遗契券志〉——元代西夏遗民整理家藏契券档案的记录》,《档案》2000 年第 6 期。

[50] 普宏良:《一方八思巴字套印考释》,《民族语文》2001 年第 2 期。

[51] 李崇兴:《元代直译体公文的口语基础》,《语音研究》2001 年第 2 期。

[52] 丁华东:《〈元典章〉的编纂评略》,《档案管理》2001 年第 2 期。

[53] 魏灵芝:《俄藏黑水城文献汉文世俗部分叙录》,《图书馆理论与实践》2001 年第 3 期。

[54] 宝音图:《元朝八思巴蒙古文圣旨金牌面世》,《蒙古学信息》2002 年第 1 期。

[55] 李文以:《元代监察机关架阁库述略》,《档案学研究》2002 年第 1 期。

[56] 王铭:《〈亦集乃路河渠司上总管府具保结呈〉考释》,《南京晓庄学院学报》2002 年第 2 期。

[57] 牛汝极、照那斯图:《元代畏兀人使用八思巴字述论》,《西北民族研究》2002 年第 3 期。

[58] 陈高华:《黑城元代站赤登记簿初探》,《中国社会科学院研究生院学报》2002 年第 5 期。

[59] [日] 船田善之:《蒙元时代公文制度初探——以蒙文直译体的形成与石刻上的公文为中心》,见中国蒙古史学会《蒙古史研究》第 7 辑,内蒙古大学出版社

2003 年版。

［60］陈永志：《蒙元时期的牌符》，《内蒙古大学学报》2003 年第 1 期。

［61］金滢坤：《从黑城文书看元代的养济院制度——兼论元代的亦集乃路》，《中央民族大学学报》2003 年第 2 期。

［62］张会超：《解读元代中书省架阁库文献》，《柳州师专学报》2003 年第 3 期。

［63］邱树森、王仁杰：《近五十年来我国蒙元史史料的发现和拓展》，《中国史研究动态》2003 年第 4 期。

［64］张金铣：《元代档案的管理与利用》，《浙江师范大学学报》2003 年第 4 期。

［65］陈子丹：《云南蒙古族的石刻档案》，《档案与社会》2003 年第 5 期。

［66］照那斯图：《新发现的妥欢帖睦尔皇帝羊年圣旨》，《内蒙古大学学报》2004 年第 2 期。

［67］邱树森：《元代官府公文传输的几个问题》，《河北学刊》2004 年第 2 期。

［68］陈子丹：《云南蒙元时期的历史遗存——纪念蒙古人历滇 750 周年》，《档案与社会》2004 年第 2 期。

［69］邱树森、默书民：《元代官府公文传输的几个问题》，《河北学刊》2004 年第 3 期。

［70］马彩霞：《关于黑水城所出一件元代经济文书的考释》，《西域研究》2004 年第 4 期。

［71］照那斯图：《也孙铁木耳皇帝鼠年三月圣旨》，《民族语文》2004 年第 5 期。

［72］陈志英：《〈元皇庆元年（1312 年）十二月亦集乃路刑房文书〉初探》，《内蒙古社会科学》2004 年第 5 期。

［73］许生根：《英藏黑水城文献社会文书述略》，《宁夏社会科学》2004 年第 6 期。［74］石坤：《从黑水城出土汉文文书看元亦集乃路的西夏遗民》，《敦煌学辑刊》2005 年第 2 期。

［75］陈子丹：《二十五年来我国蒙古族档案文献的编纂》，《档案与社会》2005 年第 3 期。

［76］胡若飞：《英藏黑水城文献概述》，《固原师专学报》2005 年第 5 期。

［77］杨晓华：《黑水城汉文文献的发现及其学术价值》，《图书情报》2005 年第 6 期。

［78］陈子丹：《论元代档案文献编纂的特点》，《云南档案》2006 年第 5 期。

［79］潘洁、陈朝辉：《元代亦集乃路大王妃子分例文书复原》，《宁夏社会科学》2007 年第 1 期。

［80］陈高华：《杭州慧因寺的元代白话碑》，《浙江社会科学》2007 年第 1 期。

［81］谢贵安：《实录修撰与少数民族政权的汉化》，《中南民族大学学报》2007 年第 1 期。

[82] 侯爱梅:《失林婚书案文卷初探》,《宁夏社会科学》2007年第2期。

[83] 陈子丹:《元代档案文献编纂三题》,《档案与社会》2007年第3期。

[84] 白滨:《黑水城文献的考证与还原》,《河北学刊》2007年第4期。

[85] 史金波:《创建黑水城出土文献研究新的里程碑》,《河北学刊》2007年第4期。

[86] 郑彦卿:《黑水城所出一件元代职官文书考释》,《宁夏社会科学》2007年第5期。

[87] 陈子丹:《元代档案文献编纂成就与特点》,《档案与社会》2008年第1期。

[88] 王亚莉:《黑城文书所见元代两份整点站赤文书考释》,《内蒙古师范大学学报》2008年第1期。

[89] 张红宣、张玉珍:《黑城出土元代汉文文书研究概述》,《图书馆理论与实践》2008年第2期。

[90] 张国旺:《俄藏黑水城TK194号文书(至正年间提控案牍与开除本官员状)的定名与价值》,《西域研究》2008年第2期。

[91] 马顺平:《北元"宣光二年甘肃等处行中书省亦集乃分省咨文"考释》,《内蒙古大学学报》2008年第2期。

[92] 许生根:《英藏黑水城出土四件元代军政文书初探》,《宁夏社会科学》2008年第2期。

[93] [日] 船田善之、彭向前:《元代汉文公文书(文书原件)的现状及其研究文献》,《西夏学》第4辑,2009年。

[94] 徐绍敏、谭建月、魏佳丽:《元朝文书和档案立法概述》,《浙江档案》2009年第2期。

[95] 潘洁、陈朝辉:《黑水城出土元代亦集乃路选官文书》,《宁夏社会科学》2009年第3期。

[96] 张润泽、朱建路:《宋元时期的档案文书》,《兰台世界》2010年第11期。

[97] 杨淑红:《元代契约文书的刊布与研究综述》,《中国史研究动态》2011年第1期。

[98] 李胜宾:《元代亦集乃路的黑城档案文书探微》,《中国商界》2011年第11期。

[99] 刘广瑞:《黑水城所出元代解由文书初探》,《河北民族师范学院学报》2012年第1期。

[100] 刘晓:《〈大元通制〉到〈至正条格〉:论元代的法典编纂体系》,《文史哲》2012年第1期。

[101] 赵彦昌:《从《元典章》看元代的档案管理制度》,《档案学通讯》2012年第4期。

三 学位论文

［1］刘广瑞：《黑水城所出元代带编号文书初探》，硕士学位论文，河北师范大学，2009 年。

［2］杜道运：《中国古代档案管理思想研究》，硕士学位论文，郑州大学，2006 年。

［3］解非：《元代档案文献编纂研究》，博士学位论文，云南大学，2008 年。

［4］祖生利：《元代白话碑文研究》，博士学位论文，中国社会科学院研究生院，2000 年。

［5］沈乾芳：《元代站赤研究》，硕士学位论文，云南师范大学，2005 年。

［6］尤桦：《从黑水城文献看元代亦集乃路地方文书制度》，硕士学位论文，宁夏大学，2008 年。

四 电子文献

［1］李治安：《元代肃政廉访司研究》［EB/ΘL］. 法律史学术网，flwh. znufe. edu. cn/article－show. asp？ id＝1352. 2005－3－23。

［2］张帆：《元朝诏敕制度研究》［EB/OL］. 中国论文下载中心，studa. net/lishi/060403/15195824－10. html. 2006－4－3。

［3］司马国红、李鑫：《新安发现一通“皇帝圣旨”碑》［EB/OL］. haww. gov. cn/zt/3pucha/haww. gov. cn/html/20081229/520274. html. 2008－12－29。

［4］刘潇潇：《八思巴文大家谈》［EB/OL］. 中国社会科学报刊网，sspress. cass. cn/news/16671. html. 2011－1－11。

［5］刘潇潇：《寻觅八思巴文遗迹》［EB/OL］. 中国社会科学报刊网，sspress. cass. cn/news/16671. html. 2011－1－11。

后　记

元朝文书档案史既是中国秘书史、中国档案史的一部分，又是中国古代少数民族王朝文书档案工作史的一部分。因笔者主要承担中国档案事业史的本科教学工作，科研方面则长期从事少数民族档案史料的研究，所以对元代档案和档案工作的历史尤为关注，并对云南蒙古族的石刻档案（包括大理五华楼遗址出土元碑）和元代档案文献的编纂利用进行了初步探讨，教学之余先后撰写和公开发表了《云南蒙古族的石刻档案》、《云南蒙元时期的历史遗存——纪念蒙古人历滇 750 周年》、《二十五年来我国蒙古族档案文献的编纂》、《论元代档案文献编纂的特点》、《元代档案文献编纂三题》、《元代档案文献编纂成就与特点》等专题论文。另外，受李晓菊教授的博士学位论文《宋代档案文献编纂研究》（中国人民大学，2004 年）的启发，我还指导博士研究生解菲完成了题为《元代档案文献编纂研究》（云南大学，2008 年）的博士学位论文写作，并积累了一些资料。这些前期成果和准备工作，为笔者撰写《元代文书档案工作简史》这本书作了必要的铺垫。

元朝文书档案工作研究既属于中国断代文书档案史的研究内容，又属于中国少数民族文书档案史的研究内容。关于中国断代档案史的研究，不能不提到已故的郑州大学王金玉教授的开创性功劳。在王老之前，已有档案学者“将中国档案史的通史性的框架和史料较为系统、连贯地建设起来”，但内容过于笼统。而王老从“千文架阁法”入手，进而全面研究了宋代的档案和档案工作，写成了《宋代档案管理研究》一书（中国档案出版社 1997 年版）。该书史料翔实，分析透彻，向世人展示了宋代档案工作取得的巨大成就，开启了中国断代档案史研究的先河，为我们今天的中国档案事业史研究开拓了新的思路。

关于中国历史上少数民族建立的封建王朝，如辽、金、西夏、元朝等的文书档案管理工作以及档案事业则长期以来无人问津，《中国档案事业史》（中国人民大学出版社 1994 年版）教材中也是一片空白。对于辽、金、元王朝文书档案的种类、文书档案管理机构人员等都应该展开深入的研究，目前已有相关成果问世，应该吸收消化，补充入中国少数民族档案史中。虽然辽、金、元没有留下太多传世的纸质档案，但是有关的碑石铭刻数量极为可观，尤其是辽代的“哀册”，博物馆界称之为“地宫档案”，足以为我们所借鉴，金朝、元朝也是一样。有关西夏文书和档案工作，宁夏大学的赵彦龙教授进行了系统、深入的研究，不仅公开发表了 40 余篇学术论文，而且出版了《西夏文书档案研究》（宁夏人民出版社 2010 年版）一书，内容涉及西夏文书、西夏文书制度、西夏文书写作、西夏档案、夏宋文书比较、西夏官吏等方面。笔者也对南诏大理国和蒙元时期的文书档案及其管理制度、编纂利用作了初步探讨，这些内容都应该吸收入中国少数民族档案史中，否则《中国档案事业史》的内容就是不完全的、有残缺的。

中国的文书档案工作源远流长，中国文书档案史的研究范围也极其广泛，可谓是纵有千古，横有八荒。但由于历代封建王朝的统治者将文书档案秘藏于深宫大院内，使其始终蒙上了一层神秘的面纱。加之档案史料既丰富又零散，所以若要研究中国档案史，就必须耐得住寂寞，坐得住冷板凳。在这方面，老一辈蒙元史学家方龄贵、档案史学家王金玉等人为我们树立了学习的榜样。在学术风气十分浮躁的今天，但愿有更多的档案学者能像他们那样，沉下心来，将更多的精力投入到基础研究之中，将我们的中国档案史研究扎扎实实地推向前进，“将中国档案史研究进行到底”。

在《元代文书档案工作研究》这本小书即将面世之际，谨向所有关心和支持笔者的领导、师长、同事和家人表示深切的敬意和衷心的感谢，并以此书献给我年迈的母亲和年幼的儿子。

由于文献资料的相对缺乏，且对现有史料的梳理考证需要花费大量的时间和精力，加之笔者学识水平有限，书中还存在许多不足和错漏之出，恳请蒙元史、秘书史和档案史方面的专家学者给予批评指正。

陈子丹

2013 年 9 月 25 日

写于高校小区